Ausgewählte rechtliche Probleme des § 252 StPO

Europäische Hochschulschriften
Publications Universitaires Européennes
European University Studies

Reihe II
Rechtswissenschaft

Série II Series II
Droit
Law

Bd./Vol. 3943

PETER LANG
Frankfurt am Main · Berlin · Bern · Bruxelles · New York · Oxford · Wien

Stephanie Sieker

Ausgewählte rechtliche Probleme des § 252 StPO

PETER LANG
Europäischer Verlag der Wissenschaften

Bibliografische Information Der Deutschen Bibliothek
Die Deutsche Bibliothek verzeichnet diese Publikation in der Deutschen Nationalbibliografie; detaillierte bibliografische Daten sind im Internet über <http://dnb.ddb.de> abrufbar.

Zugl.: Passau, Univ., Diss., 2004

D 739
ISSN 0531-7312
ISBN 3-631-52717-9

www.peterlang.de

Inhaltsverzeichnis

Einleitung

Schon die Lektüre der Beratungsprotokolle der Reichsjustizkommission aus den Jahren 1875 – 1877 zu den Motiven des § 252 StPO (bis 1924 § 251 StPO) läßt einige der Gründe erkennen, die zu einer mehr als hundertjährigen Debatte über das dem § 252 StPO und seinem Kontext implizite Beweisverwertungsverbot führen sollten. Zu dieser teils außerordentlich kontroversen Diskussion trug nicht nur der Gesetzgeber bei; schon bald beteiligten sich die Rechtsprechung, u. a. die Senate des Reichsgerichtes, später des Bundesgerichtshofes, und vor allem die Rechtslehre an der Auseinandersetzung. Denn mit § 252 StPO hat das Gesetz versucht, einen Teilaspekt des zentralen Problems des Strafverfahrensrechtes zu regeln: Den Konflikt zwischen dem umfassenden staatlichen Aufklärungsinteresse und den Individualinteressen, Grundrechten des angehörigen Zeugen.

Eine Fülle von Gesichtspunkten stand im Laufe der Zeit im Mittelpunkt der scheinbar endlosen Kontroverse um die Auslegung des § 252 StPO. Aus dem Problemkreis des § 252 StPO werden hier daher lediglich drei Bereiche ausgewählt, die in der Arbeit behandelt werden sollen:

Im 1. Kapitel wird der Meinungsstand in Rechtsprechung und Lehre zum Regelungsgehalt und zum Umfang des § 252 StPO dargestellt. Im wesentlichen geht es darum, ob § 252 StPO ein Verlesungs- oder ein Verwertungsverbot enthält und welchen Umfang ein solches Beweisverwertungsverbot im Hinblick auf die Zulässigkeit der Einvernahme der (richterlichen) Verhörsperson hat. Bei den Begründungen hinsichtlich der Auslegung des § 252 StPO als Beweisverwertungsverbot wird das Augenmerk besonders auf die Entstehungsgeschichte und den sachlichen Zusammenhang des § 252 StPO mit dem Zeugnisverweigerungsrecht nach § 52 StPO gelenkt.

Im 2. Kapitel geht es um das Verständnis der Begriffe ‚Aussage' und ‚Vernehmung' im Sinne des § 252 StPO, also um Voraussetzungen für die Anwendbarkeit der Regelung. Ausgehend von einer Definition und Abgrenzung der Vernehmungssituation insbesondere von einem privaten Gespräch, werde ich die Problematik aufzeigen, ob Angaben des Zeugen im Rahmen einer Glaubwürdigkeitsuntersuchung durch den Sachverständigen beziehungsweise im Rahmen eines Gesprächs mit dem Strafverteidiger unter den Anwendungsbereich des § 252 StPO fallen – also, ob Befund- und Zusatztatsachen über den Sachverständigen in die Hauptverhandlung bei Zeugnisverweigerung eingeführt werden dürfen beziehungsweise ob der Strafverteidiger das von ihm aufgenommene Protokoll verlesen lassen darf.

Schließlich werden im 3. Kapitel die aktuelle Entscheidung des Bundesgerichtshofes und die Reaktionen darauf in der Rechtslehre zu der Frage aufgegriffen, ob der Verzicht des Zeugen auf das Beweisverwertungsverbot des § 252 StPO bei gleichzeitiger Ausübung des Zeugnisverweigerungsrechtes in der Hauptverhandlung zulässig ist.

Nicht angesprochen werden sollen hingegen in dieser Arbeit u. a. die Problematik des V-Mannes, die Anwendbarkeit des § 252 StPO auf Angaben des Zeugen, die er in einem anderen Verfahren (z. B. vor den Zivilgerichten) gemacht hat, oder die Frage, ob § 252 StPO auch für das Auskunftsverweigerungsrecht nach § 55 StPO gilt, sowie die Bedeutung des § 252 StPO für die Zeugnisverweigerungsrechte nach §§ 53-54 StPO.

Im 4. Kapitel der Arbeit werde ich meine persönliche Auffassung darlegen und versuchen, Lösungsansätze zum Regelungsgehalt und Umfang des § 252 StPO, zur Verwertbarkeit der Befund- und Zusatztatsachen sowie der gegenüber dem Strafverteidiger gemachten Angaben des Zeugen und zum Verzicht des Zeugen auf das Beweisverwertungsverbot des § 252 StPO vorzustellen.

Wer mit dem Diskurs zu diesem Problemkreis vertraut ist, wird keine völlig neuen Vorschläge zur Lösung dieses vielschichtigen Komplexes erwarten, bei dessen Aufarbeitung, so Roxin[1], auch Gesetzgeber, Rechtsprechung und Rechtslehre in gewisser Weise versagt haben. Es geht nicht allein um das Verständnis der Regelung des § 252 StPO, dessen Grundentscheidung, das Interesse des Zeugen in größerem Maße zu berücksichtigen als das Gebot umfassender Sachverhaltsaufklärung, sondern u. a. auch um die Systematik der §§ 249 ff StPO, in deren Kontext § 252 StPO eingebettet ist (und damit um die Grundsätze der Mündlichkeit, Öffentlichkeit und Unmittelbarkeit der Beweisaufnahme, die der Wahrheitsfindung dienen) sowie um die Frage nach der freien richterlichen Beweiswürdigung im Sinne des § 261 StPO und um das Verhältnis zwischen Ermittlungsverfahren und Hauptverhandlung.

Angesichts der praktischen Bedeutung des Verwertungsverbotes ist es jedoch an der Zeit, in einen neuen Dialog[2] einzutreten, um die Einheit von Gesetzgeber, Justiz und Wissenschaft wiederherzustellen. Gefragt ist hier vor allem der Gesetzgeber, denn ihm steht in erster Hinsicht die Entscheidungskompetenz zu, wie

1 Vgl. Roxin, FS Rieß, S. 451, 462 f.

2 Siehe dazu z. B. die „Leitlinien für eine (europäische) Beweisverbotslehre", Wolter, 50 Jahre BGH, S. 963, 1001 ff.

eine Regelung im Spannungsverhältnis Zeugnisverweigerungsrecht – Wahrheitsfindung aussehen soll.[3]

3 So schon 1894 Löwe, § 251 Anm. 3.

1. Kapitel: Regelungsgehalt und Umfang des § 252 der Strafprozeßordnung

I. Ausgangssituation

§ 252 StPO erfaßt die Situation, daß ein zeugnisverweigerungsberechtigter Zeuge[1] im Ermittlungsverfahren eine Aussage gemacht, also zu diesem Zeitpunkt auf die Ausübung seines Zeugnisverweigerungsrechtes verzichtet hat, in der Hauptverhandlung aber von seinem Zeugnisverweigerungsrecht Gebrauch macht und schweigt. Er fällt also als Beweismittel aus.

Nach § 244 II StPO muß jedoch das Gericht alle Beweise heranziehen, die für die Wahrheitsfindung bedeutend sind, kann dabei nach § 261 StPO aber nur die Beweise verwerten, die in die Hauptverhandlung eingeführt wurden. Die frühere Aussage des Zeugen müßte also im Wege der Verlesung des Vernehmungsprotokolls oder über eine Vernehmung der Verhörsperson in die Hauptverhandlung eingeführt werden. Problematisch bei einer solchen Beweisaufnahme über die frühere Aussage des Zeugen ist aber, ob damit nicht das Zeugnisverweigerungsrecht illusorisch gemacht und umgangen würde.

Diese Frage, ob und wie die Aussage des Zeugen aus dem Ermittlungsverfahren in die Hauptverhandlung übernommen werden darf, wird in § 252 StPO geregelt:

„Die Aussage eines vor der Hauptverhandlung vernommenen Zeugen, der erst in der Hauptverhandlung von seinem Recht, das Zeugnis zu verweigern, Gebrauch macht, darf nicht verlesen werden."

---

1 Der Hauptanwendungsfall ist das Zeugnisverweigerungsrecht nach § 52 StPO, d. h. der Zeuge ist Angehöriger des Beschuldigten.
Zeuge ist dabei, wer als Beweisperson in einem (nicht gegen ihn gerichteten) Strafverfahren Auskunft über persönliche Wahrnehmungen, die sich auf vergangene oder gegenwärtige Tatsachen beziehen, geben soll (allgemeine Auffassung, vgl. BGHSt 22, 347, 348; Eisenberg, Beweisrecht, Rn. 1000, 1003 mwN).

Seinem Wortlaut nach wird nur die Verlesung des früheren Vernehmungsprotokolls verboten. Bliebe also die Möglichkeit, die frühere Aussage durch die Vernehmung der Verhörsperson[2] in die Hauptverhandlung einzuführen.

---

2 Die Problematik, ob ein solches Zeugnis vom Hörensagen überhaupt zulässig ist, soll hier nur kurz angesprochen werden:
Der Zeuge vom Hörensagen ist ein Zeuge, der nicht selbst das Tatgeschehen wahrgenommen hat, sondern der – wie eben die Verhörsperson – darüber in der Hauptverhandlung aussagt, was ihm ein Dritter über seine Wahrnehmungen bzgl. des beweisrelevanten Tatgeschehens mitgeteilt hat (vgl. zum Begriff LR-Gollwitzer, § 250 Rn. 24 mwN; Geppert, Jura 1991, 538, 539).
Nach h. M. in Rechtsprechung und Literatur steht § 250 StPO der Vernehmung des Zeugen vom Hörensagen nicht entgegen (so bereits RGSt 2, 160, 161; siehe auch BGHSt 6, 209, 210; 17, 382, 383 f; statt vieler Schneidewin, JR 1951, 481, 482; Roxin, Strafverfahrensrecht, § 44 Rn. 27; LR-Gollwitzer, § 250 Rn. 24 mwN; KK-Diemer, § 250 Rn. 19 mwN; einschränkend Peters, Strafprozeß, § 39 II).
§ 250 StPO enthält den Unmittelbarkeitsgrundsatz, der den Vorrang des Personalbeweises vor dem Urkundsbeweis bedeutet (vgl. BGHSt 6, 209, 210; 15, 253, 254; LR-Gollwitzer, § 250 Rn. 1 mwN, Rn. 3; so auch in den Motiven des Entwurfes der Strafprozeßordnung, vgl. Hahn, Materialien, Bd. 3.1., S. 194; siehe auch Geppert, Unmittelbarkeit S. 275 ff, 280; Geerds, FS Blau, S. 67, 71; Kretschmer, Jura 2000, 461, 462 mwN; a. A. Grünwald, Beweisrecht der StPO, S. 120). Entscheidungserhebliche Wahrnehmungen einer Person sollen möglichst durch deren Vernehmung in die Hauptverhandlung eingeführt werden (so auch Hanack, JZ 1972, 236, 237; Spendel, NJW 1966, 1102, 1106). Dadurch soll dem Gericht die Möglichkeit gegeben werden, sich von dem Zeugen einen persönlichen Eindruck zu machen, was für die Beweiswürdigung wichtig ist (vgl. Mitsch, JZ 1992, 174, 176; Roxin, Strafverfahrensrecht, § 44 Rn. 2, 3). Ein weiterreichender Grundsatz, daß bei der Beweisaufnahme immer das tat- und sachnächste Beweismittel zu benutzen ist, daß also nur der Zeuge, der die Tat unmittelbar wahrgenommen hat, vernommen werden darf, läßt sich aus § 250 StPO nicht entnehmen (statt vieler vgl. LR-Gollwitzer, § 250 Rn. 22 mwN; Kleinknecht/Meyer-Goßner, § 250 Rn. 3; Beulke, StPR, Rn. 422; Kretschmer, Jura 2000, 461, 462 mwN). Somit ist die Vernehmung der Verhörsperson, die ein solcher Zeuge vom Hörensagen ist, nicht durch den Unmittelbarkeitsgrundsatz ausgeschlossen. Denn obgleich die Verhörsperson nur ein mittelbarer Zeuge für die entscheidungserheblichen Tatsachen des Tatgeschehens ist, die ihm zu Ohren gekommen sind, so bezeugt sie doch ihre eigenen Wahrnehmungen – daß und was ihr von einem unmittelbaren Zeugen des beweisrelevanten Tatgeschehens berichtet wurde. Für diese Indizien bzgl. des Tatgeschehens ist die Verhörsperson ein unmittelbarer Zeuge (so auch BGHSt 17, 382, 383 a. E.; 9, 292, 296; Beulke, StPR, Rn. 422; Fuhrmann, JuS 1963, 273, 276; Hanack, JZ 1972, 236, 237; Lesch, JA 1995, 691, 693 f). Wie die Aussage des Zeugen vom Hörensagen hinsichtlich ihres Beweiswertes zu beurteilen ist, ist dann eine Frage der Beweiswürdigung nach § 261 StPO (vgl. KK-Diemer, § 250 Rn. 11 mwN; Beulke, StPR, Rn. 422; Kretschmer, Jura 2000, 461, 462 mwN; Lesch, JA 1995, 691, 694). Sie hat insofern einen geringeren Beweiswert, als der Zeuge nur aussagen kann, was er gehört hat, nicht aber, ob das Gehörte auch wahr ist (so Hanack, JZ 1972, 236, 237).

II. Zulässigkeit der Vernehmung der Verhörsperson

1. Auffassung des Reichsgerichtes

Die Zulässigkeit der Vernehmung der Verhörsperson wurde vom Reichsgericht[3] und Teilen der damaligen Literatur[4] bejaht. Sie leiteten aus § 252 StPO nur ein Verlesungsverbot ab. So stellte das Reichsgericht fest: „*Nach der Bestimmung des § 251 StPO ist es nur unstatthaft, die Aussagen eines vor der Hauptverhandlung vernommenen Zeugen, der erst in der Hauptverhandlung von seinem Rechte, das Zeugnis zu verweigern, Gebrauch macht, zu verlesen. Im vorliegenden Falle ist jedoch [...] die Vernehmung des als Zeuge vorgeladenen [...] Untersuchungsrichters über jene Angaben beantragt worden. Dieser Vernehmung stand eine gesetzliche Bestimmung und insbesondere der § 251 StPO nicht im Wege. Die Ausdehnung der letzteren, nach ihrem klaren Wortlaut auf das Verbot*

Bzgl. weiterer Bedenken, die gegen die Zulässigkeit des Zeugnisses vom Hörensagen vorgetragen werden (Verletzung von §§ 244 II, 261 StPO, Art. 6 III EMRK, Art. 103 I GG) siehe insbes. Seebode/Sydow, JZ 1980, 506 ff; Geppert, Jura 1991, 538 ff; LR-Gollwitzer, § 250 Rn. 24 mwN; Peters, Strafprozeß, § 39 II; zu Art. 6 EMRK siehe auch Wattenberg/Violet, StV 1997, 620 ff; Grünwald, JZ 1966, 489, 494.

3 RGSt 5, 142; 16, 119; 48, 246; 70, 6; 72, 221; Rspr. RG 2, 644; 3, 449, 678; 4, 271; 7,278, 336.

4 Pollack, Archiv für Strafrecht, Bd. 33 (1885), S. 232, 241 f, der es „*höchst bedenklich*" findet, ein Verwertungsverbot aus § 252 StPO im Wege der Auslegung zu gewinnen: Hätte der Gesetzgeber ein solches Verbot gewollt, dann hätte er ohne große Mühe § 252 StPO entsprechend formulieren können. Auch bestehe zwischen der von § 252 StPO verbotenen Verlesung der früheren Aussage und einer Vernehmung der Verhörsperson über die frühere Aussage ein wesentlicher Unterschied; bei der Verlesung handele es sich um ein unmittelbares Zeugnis des angehörigen Zeugen, während bei der Vernehmung der Verhörsperson über die frühere Aussage nicht der angehörige Zeuge ein Zeugnis ablege, sondern die Verhörsperson; vgl. Pollack, Archiv für Strafrecht, Bd. 33 (1885), 232, 252. Der Auffassung des Reichsgerichts stimmt auch Stenglein, § 251 Anm. 2, zu.
Diese Argumentation ist für von Schwarze, GS 33 (1881), 270, 293, dagegen nur „*ein Wortstreit*", da die Verhörsperson die Aussage des Zeugen „*reproduzirt und das Urtheil auf diese reproduzirten Aussagen sich stützen wird.*" Auch Ortloff, GS 37 (1885), 359 ff; Muskat, Archiv für Strafrecht, Bd. 36 (1888), 281 ff; ebenso Ditzen, ZStW 10 (1890), 111, 154 ff; von Hippel, Strafprozeß, S. 391; Gerland, Strafprozeß, S. 203; Graf zu Dohna, StPR, S. 171; Löwe, § 251 Anm. 3 mwN, vertraten wie von Schwarze, GS 33 (1881), 270 ff, die Auffassung, daß die Vernehmung der Verhörsperson, insbesondere des Untersuchungsrichters, durch § 251 StPO (den heutigen § 252 StPO) ausgeschlossen sei.

der Verlesung beschränkten Gesetzesstelle auf den hier unterstellten Fall der Vernehmung eines Zeugen ist nicht zulässig. "[5]

Die Zulässigkeit der Vernehmung des Untersuchungsrichters[6] oder des Polizeibeamten[7] als Zeuge begründete das Reichsgericht nicht nur mit dem *„klaren Wortlaut"*[8] der Vorschrift. Nach der Auffassung des Reichsgerichtes war aus der Entstehungsgeschichte des § 252 StPO keine Absicht des Gesetzgebers erkennbar, *„dem § 251 StPO eine [...] über seinen Wortlaut hinausreichende Bedeutung beizulegen. [...] Durch den § 251 StPO ist nur die Anwendung des in § 249 StPO (heute § 250 StPO, d. Verf.) hinsichtlich des Beweises durch Zeugen und Sachverständige ausgesprochenen allgemeinen Grundsatzes der Mündlichkeit, von welchem nur in den §§ 250, 252, 255 StPO (heute §§ 251, 253, 254 StPO, d. Verf.) bezeichneten Fällen durch Verlesung der [...] Angaben abgewichen werden darf, auf den hier in Betracht kommenden besonderen Fall zum Ausdruck gebracht worden."*[9] § 252 StPO ist also im systematischen Zusammenhang mit den §§ 250 ff StPO zu verstehen.

Dieser Grundsatz der Mündlichkeit werde aber durch die Vernehmung des Untersuchungsrichters als Zeugen nicht verletzt. Zwar sei der Untersuchungsrichter nur ein Zeuge vom Hörensagen[10], aber die Strafprozeßordnung schließe

5 RGSt 5, 142, 143. Nach Beling, Reichsstrafprozeßrecht, S. 289, Fußnote 3, verkannte das Reichsgericht die *„Ratio legis"* des § 252 StPO *„(der Zeuge soll nicht büßen müssen, daß er früher übereilt sich seines Weigerungsrechtes entschlagen hat)"*; dadurch werde *„§ 252 zur Sinnlosigkeit verdammt."*

6 Die Vernehmung des Untersuchungsrichters war nach der Ansicht des Reichsgerichts nur dann unzulässig, wenn der Zeuge bei der Vernehmung nicht über sein Zeugnisverweigerungsrecht belehrt worden war, vgl. RGSt 8, 122, 122.

7 Die Vernehmung des Polizeibeamten war stets unzulässig, da es keine gesetzliche Vorschrift gab, die den Polizisten verpflichtete, den Zeugen über sein Zeugnisverweigerungsrecht zu belehren, vgl. RGSt 70, 6, 7.

8 RGSt 5, 142, 143.

9 RGSt 5, 142, 143; so auch RG Rspr. 2, 644, 645. Auch nach der Ansicht von Stenglein, § 251 Anm. 2, sind die *„Gesetzesmaterialien [...] nicht klar und, da sie nur Meinungen einzelner bringen, nicht entscheidend."*
A. A. RGSt 10, 374, 376 (siehe dazu S. 17 in dieser Arbeit); auch das OLG Düsseldorf lehnte die st. Rspr. des Reichsgerichts ab. In seiner Entscheidung vom 24.7.1947 (HESt 1, 174, 175 f) stellt das OLG Düsseldorf fest, daß durch die vom Reichsgericht für zulässig erachtete Vernehmung der Verhörsperson das Verlesungsverbot des § 252 StPO umgangen werde. Der Zweck des § 252 StPO, zu verhindern, daß die frühere Aussage des Zeugen in die Hauptverhandlung eingeführt werde, werde so aber vereitelt. Die Vernehmung der Verhörsperson sei daher ebenso wie ein Vorhalt unzulässig.

10 Zum Zeugen vom Hörensagen siehe Fußnote 2 mwN.

die Vernehmung sog. Zeugen vom Hörensagen nicht aus.[11] Der Beweis müsse nicht unmittelbar durch den die Tat Wahrnehmenden geführt werden, sondern könne auch mittelbar erbracht werden, insbesondere durch *„Mitteilungen, welche der Wahrnehmende über seine Beobachtungen zu anderen Personen gemacht hat."*[12] Die Frage, welcher Beweiswert der Aussage eines solchen Zeugen vom Hörensagen zukomme, beeinflusse nicht die Zulässigkeit einer solchen Vernehmung, sondern sei im Rahmen der Beweiswürdigung vom Gericht zu beurteilen.[13]

Das Reichsgericht vertrat weiter die Auffassung, daß sich aus dem Gesetz kein Recht des Zeugen ableiten lasse, daß, wenn er in der Hauptverhandlung das Zeugnis verweigere, dann seine früher gemachten Angaben nicht in irgendeiner Weise in die Hauptverhandlung eingeführt würden.[14] In § 51 StPO (heute § 52 StPO) werde dem Zeugen nur das Recht eingeräumt, das Zeugnis zu verweigern.[15] Wenn der Zeuge dann aber eine Aussage mache, also auf sein Zeugnisverweigerungsrecht verzichte, so bilden diese Angaben *„eine seiner Disposition entzogene Thatsache, welche, in Ermangelung entgegenstehender gesetzlicher Bestimmungen, wie jede andere Thatsache in der Hauptverhandlung nach den von der Strafprozeßordnung über die Beweisaufnahme erteilten Vorschriften ermittelt werden kann."*[16] Dem stehe auch die Vorschrift des § 252 StPO nicht ent-

---

11 Vgl. RGSt 5, 142, 144; so auch RGSt 14, 266, 266; 48, 246, 246; 2, 160, 161; RG Rspr 2, 644, 645 f; 7, 336, 338; zustimmend auch Pollack, Archiv für Strafrecht, Bd. 33 (1885), 232, 239, 252, 253 f.

12 RGSt 48, 246, 246.

13 Vgl. RGSt 5, 142, 144; 72, 221, 224; so auch Pollack, Archiv für Strafrecht, Bd. 33 (1885), 232, 253 f.

14 Vgl. RGSt 5, 142, 144; Pollack, Archiv für Strafrecht, Bd. 33 (1885), 232, 250. Für Stenglein, § 251 Anm. 2, ist es nur schwer verständlich, weshalb die im Ermittlungsverfahren *„freiwillig gemachte Aussage"* des angehörigen Zeugen unverwertbar sein soll, *„nachdem durch die Belehrung dem Zeugen der Ernst seiner Aussage klar gemacht"* worden sei – während man es dagegen für zulässig halte, außergerichtliche Äußerungen des Zeugen zu verwerten, bei denen es an einer solchen Belehrung gefehlt habe.

15 Auch aus dem Widerrufsrecht nach § 52 III 2 StPO sei nicht zu entnehmen, so das Reichsgericht, daß durch eine spätere Zeugnisverweigerung die frühere Aussage unverwertbar werde. Das dem Zeugen bei jeder Vernehmung zustehende Recht, den Verzicht auf das Zeugnisverweigerungsrecht zu widerrufen, besage nur, daß der Verzicht auf das Zeugnisverweigerungsrecht nicht über die einzelne Vernehmung hinaus wirke. Der Widerruf habe aber keine rückwirkende Wirkung, so daß der Inhalt der früheren Aussage nicht der Beweisaufnahme entzogen sei. Ebenso Pollack, Archiv für Strafrecht, Bd. 33 (1885), 232, 250 f.

16 RGSt 5, 142, 144; so auch RG Rspr. 3, 449, 450; in diesem Sinne äußerten sich auch schon die Regierungskommissare gegen den Entwurf des heutigen § 252 StPO, vgl. Hahn, Materialien, Bd. 3.2., S. 1562.

gegen. Durch § 252 StPO werde lediglich sichergestellt, daß der Zeuge nicht gezwungen sei, in der Hauptverhandlung auszusagen, und so nochmals die Möglichkeit habe, sich dem Konflikt zwischen Wahrheitsfindung und sozialen Pflichten, die sich aus der familiären Bindung zum Angeklagten ergeben, zu entziehen. Durch diese Möglichkeit, noch in der Hauptverhandlung das Zeugnis zu verweigern, sei „*das Möglichste geschehen.*“ Die Schonung des Gefühls des angehörigen Zeugen sei dadurch erreicht, daß er sich nicht persönlich in der Hauptverhandlung vernehmen lassen müsse.[17] Die „*thatsächlich vorliegende frühere Aussage*“ werde aber durch die Zeugnisverweigerung in der Hauptverhandlung nicht beseitigt und könne daher durch die Vernehmung der Verhörsperson festgestellt werden.[18]

Schließlich sei eine Ausdehnung des § 252 StPO auf ein Verbot der Vernehmung der Verhörsperson auch im Hinblick auf den Grundsatz der Wahrheitserforschung abzulehnen: „*Gegenüber dem allgemein das Strafverfahren beherrschenden Grundsatz der Wahrheitserforschung dürfen Vorschriften, die den Schutz von Einzelpersonen betreffen, nicht ausdehnend ausgelegt werden, wenn dadurch die Erforschung der Wahrheit beeinträchtigt würde.*“[19]

Gegen diese Rechtfertigung der Vernehmbarkeit der Verhörsperson wandte sich von Schwarze. Denn diese Argumentation sei nicht weit von der „*längst verworfenen Regel des alten Verfahrens*“ entfernt, „*welche alle Wahrheitserfor-*

Auch Pollack weist darauf hin, daß alle Tatsachen, die nach der Ansicht des Richters entscheidungserheblich seien, zulässige Beweisgegenstände darstellten. Sollte § 252 StPO davon eine Ausnahme statuieren, müßte die Beweiserhebung über die frühere Aussage schlechthin verboten sein und nicht nur ein einzelnes Beweismittel; vgl. Pollack, Archiv für Strafrecht, Bd. 33 (1885), 232, 242 f; Stenglein, § 251 Anm. 2, meint, der Zeuge müsse wissen, daß ein einmal abgelegtes Zeugnis „*nicht mehr ihm gehört.*“

17 So Stenglein, § 251 Anm. 2.

18 RGSt 5, 142, 144; so auch die Regierungskommissare, vgl. Hahn, Materialien, Bd. 3.2., S. 1562.
Eine andere Auffassung vertritt dagegen von Schwarze, GS 33 (1881), 270, 292 f: Er stimmt dem Reichsgericht insofern zu, als die Tatsache der früheren Aussage nicht ungeschehen gemacht werden könne. Aber es sei ein „*Cardinalsatz, daß das Urtheil nur auf die in der Hauptverhandlung zur Kenntnis der Richter gebrachten Beweise gestützt werden dürfe.*“ Einen Beweis, wie das Vernehmungsprotokoll, der sich nur in den Akten befinde, dürfe der Richter ohne eine entsprechende Erlaubnis in der Strafprozeßordnung daher nicht zur Urteilsfindung heranziehen.

19 RGSt 70, 6, 7; so auch RGSt 72, 221, 223 f; so auch Stenglein, § 251 Anm. 2: „*Das Interesse der Wahrheit steht höher, als die einmal preisgegebenen Gefühle des Einzelnen.*“

schungsmittel in sonst unzulässiger Ausdehnung gestattete, si veritas aliter non haberi nequit."[20]

Im übrigen war auch die Rechtsprechung des Reichsgerichtes nicht einheitlich. Im Urteil vom 2. Mai 1884[21] äußerte der 2. Strafsenat Bedenken gegen die Vernehmung des Untersuchungsrichters als Zeugen. Als solche Bedenken führt der Senat zunächst an, daß § 252 StPO als Verlesungsverbot „*unnütz*" sei, da sich dieses Verbot bereits aus § 250 StPO ergebe. Ferner beschäftigt sich der 2. Senat ausführlich mit der Entstehungsgeschichte der Vorschrift. Er weist ausdrücklich darauf hin, daß im Reichstag vom Berichterstatter „*unter dem Beifall der Versammlung*" die Einführung der früher gemachten Aussage durch die Vernehmung der Verhörsperson „*als eine Umgehung des Gesetzes bezeichnet*" wurde. Aus der Entstehungsgeschichte werde also deutlich, „*daß man bei dem Verbote der Verlesung nicht auf die Form der Beweiserhebung und auf die Aufrechterhaltung des in dem § 249 StPO (heute § 250 StPO) aufgestellten Prinzips [...] Gewicht gelegt hat. Man hat nicht nur die Verlesung, sondern auch, als eine selbstverständliche Konsequenz hiervon, verbieten wollen, daß der Inhalt der Aussage zum Gegenstand des Beweises gemacht werde. Und in der That stellt sich die Unzulässigkeit einer Zeugenvernehmung [...] über die frühere Aussage als eine notwendige Konsequenz des Verbotes der Verlesung dar.*"[22] Letztendlich hat jedoch der 2. Strafsenat keine Entscheidung über die Auslegung des § 252 StPO getroffen, da die Frage für das Urteil nicht entscheidungserheblich war. Aus seinen Bedenken hat der 2. Senat im folgenden keine Konsequenzen gezogen[23] und hat seine Auffassung dann mit dem Urteil vom 4. März 1887 auch aufgegeben „*und sich den anderen Senaten angeschlossen.*"[24]

2. Auffassung des BGH und eines Teils der Literatur

Nach herrschender Ansicht in der Literatur[25] und ständiger Rechtsprechung des Bundesgerichtshofes[26] beinhaltet § 252 StPO über seinen Wortlaut hinaus jedoch

---

20 Vgl. von Schwarze, GS 33 (1881), 270, 283.

21 RGSt 10, 374 ff.

22 Vgl. RGSt 10, 374, 376 f.

23 So auch RGSt 14, 266, 267; RG Rspr. 7, 336, 338 a. E.

24 RG Rspr. 9, 170, 170 f.

25 Siehe mit jeweils weiterführenden Nachweisen: LR-Gollwitzer, § 252 Rn. 4 ff; KK-Diemer, § 252 Rn. 1; Eisenberg, Beweisrecht, Rn. 1301; Fezer, JuS 1977, 669, 671 f; ders., Strafprozeßrecht II, Fall 15 Rn. 68 ff; Kretschmer, Jura 2000, 461, 462; Lesch, Strafprozeßrecht, Rn. 143; Beulke, StPR, Rn. 419, 420; Alsberg/Nüse/Meyer, Beweisantrag, S. 468; Schroeder/Meindl, Fall 6, S. 68 ff. „*Das Verwer-*

ein Verwertungsverbot, das grundsätzlich auch die Vernehmung der Verhörsperson ausschließt.

Zwar spricht die Wendung *„darf nicht verlesen werden"* für die Ansicht, daß § 252 StPO nur die Verlesung verbieten will.[27] Aber nach h. M. läßt sich die Annahme eines Verwertungsverbots auf den Zusammenhang, in dem § 252 StPO steht, die Entstehungsgeschichte und auch den Zweck der Vorschrift stützen.

a. Zusammenhang, in dem § 252 StPO steht

Im Zusammenhang mit §§ 250, 251, 253 StPO käme § 252 StPO kein eigenständiger Sinn zu, wäre er nur als Verlesungsverbot zu verstehen.[28] § 252 wäre vielmehr *„überflüssig"*[29]: *„Wollte man, lediglich dem Wortlaute des § 251 a.a.D. (gemeint ist der heutige § 252 StPO, d. Verf.) folgend annehmen, dieser verbiete*

---

tungsverbot geht also über ein nur den Urkundsbeweis betreffendes Verlesungsverbot hinaus", vgl. Geerds, JuS 1991, 199, 199 in Fn. 7.
Auch zur Zeit des Reichsgerichts wurde diese Auffassung von einem Teil der Literatur vertreten: Von Schwarze, GS 33 (1881), 270 ff; Muskat, Archiv für Strafrecht, Bd. 36 (1888), 281 ff; von Hippel, Strafprozeß, S. 391 (dort Fußnote 5); Gerland, Strafprozeß, S. 203 (mit Fußnote 113); Graf zu Dohna, StPR, S. 176 (mit Fußnote 101); Löwe, § 251 Anm. 3; Beling, Reichsstrafprozeßrecht, S. 289: *„(S)o müssen alle seine in dem Prozeß früher gemachten Aussagen in Dunkel gehüllt bleiben."*
A. A. KMR- Paulus, § 252 Rn. 2 a. E., 3 (unter Verweis auf die Vorauflage mit der Kommentierung von Sax), wonach § 252 StPO nur ein Verlesungsverbot enthält. Nach Ansicht von Sax und Paulus entscheidet nicht § 252 StPO über die Verwertbarkeit der früheren Zeugenaussage durch die Einvernahme der Verhörsperson, sondern der Schutzzweck der §§ 52 ff StPO; KMR-Paulus, § 252 Rn. 4.

26 Seit BGHSt 2, 99, 101 ff; vorher schon vertreten vom Obersten Gerichtshof der Britischen Zone, OGHSt 1, 299, 301 f, sowie vom OLG Düsseldorf, HESt 1, 174, 175 f.

27 So RG Rspr. 3, 449 und 678; RGSt 5, 143.
Daß § 252 StPO dem Wortlaut nach nur ein Verlesungsverbot statuiere, läßt nach von Schwarze, GS 33 (1881), 270, 289, nicht die Schlußfolgerung des Reichsgerichtes zu, daß ein anderer Beweis zulässig sei. Die Verlesung sei in § 252 StPO nur als das Mittel verboten, durch das der Grundsatz der Mündlichkeit nach § 250 StPO verletzt würde. Zudem, so Muskat, Archiv für Strafrecht, Bd. 36 (1888), 281, 298, bedeute die Beschränkung des § 252 StPO auf ein Verlesungsverbot, daß man *„am Buchstaben des Gesetzes"* hafte, *„ohne seinen Geist zu durchdringen."*

28 Vgl. Schneidewin, JR 1951, 481, 486; Geppert, Unmittelbarkeit, 259 f; Fezer, JuS 1977 669, 670; Rengier, Jura 1981 299, 300; Mehner, Vernehmung von Verhörspersonen, S. 189.

29 BGHSt 2, 99, 102; diese Konsequenz zieht auch Pollack, der § 252 StPO aber dennoch nur als Verlesungsverbot versteht, vgl. Archiv für Strafrecht, Bd. 33 (1885), S. 232, 256. Nach Sax ist § 252 StPO hingegen auch als bloßes Verlesungsverbot nicht überflüssig, KMR-Sax (6.Aufl.), § 252 Anm. 1a.

nur die Verlesung der fraglichen Aussage, lasse aber jede andere Art der Beweisaufnahme über dieselbe, insbesondere die Vernehmung des Untersuchungsrichters zu, so würde diese Vorschrift unsinnig sein; denn, [...], so folgt schon aus dem durch den § 249 a.a.D. (heute § 250 StPO, d. Verf.) aufgestellten Prinzipe, daß die Verlesung der früheren Aussage eines solchen Zeugen unstatthaft ist."[30]

Das Verlesungsverbot ergibt sich danach bereits aus § 250 S. 2 StPO.[31] Diese Vorschrift verbietet, die Vernehmung eines Zeugen durch die Verlesung eines Protokolls über die Vernehmung zu ersetzen. Wenn eine beweiserhebliche Tatsache von einer Person wahrgenommen wurde, so soll dieser Zeuge über seine Wahrnehmungen auch persönlich in der Hauptverhandlung aussagen, § 250 S. 1 StPO. Dieses Gebot im Interesse der optimalen Wahrheitsfindung wird durch das Verbot des ersetzenden Urkundsbeweises in § 250 S. 2 StPO abgesichert.[32] Auch ohne § 252 StPO dürften die Vernehmungsprotokolle des Zeugen aufgrund des § 250 S. 2 StPO nicht verlesen werden – § 252 StPO würde dieses Verbot bzgl. des Urkundsbeweises nur nochmals bestätigen, ohne eine eigenständige Regelung zu enthalten.

---

30 So schon RGSt 10, 374, 375 f.

31 Vgl. Schneidewin, JR 1951, 481, 487; BGHSt 2, 99, 102 mit Verweis auf RGSt 10, 374, 375; Fuhrmann, JuS 1963, 273, 274; Fezer, JuS 1977, 669, 670; ders., Strafprozeßrecht II, Fall 15 Rn. 64; Rengier, Jura 1981, 299, 300; Kretschmer, Jura 2000, 461, 462; Lesch, Strafprozeßrecht, Rn. 143 a. E.; Gössel, NJW 1981, 2217, 2220; Alsberg/Nüse/Meyer, Beweisantrag, S. 468, Fußnote 305; ähnlich auch Mehner, Vernehmung von Verhörspersonen, S. 187.
Nach Mitsch greift allerdings § 250 S. 2 StPO gerade in den Fällen des zeugnisverweigerungsberechtigten Zeugen, der in der Hauptverhandlung erstmals schweigt, nicht ein. Eine Ersetzung iSv § 250 S. 2 StPO liegt nach Mitsch nur dann vor, wenn der Zeuge überhaupt nicht vernommen worden sei; vgl. Mitsch, JuS 1988, 306, 309 (die Verweisung von Mitsch auf BGHSt 17, 337, 349 f paßt nicht so recht; im dort entschiedenen Fall war der Zeuge zuvor vernommen worden, und diese Aussage sollte nun über § 251 I Nr. 2 StPO in die Hauptverhandlung eingeführt werden). Nach der Ansicht von Mitsch ist § 252 StPO neben § 250 S. 2 StPO deshalb nicht überflüssig, da hinter § 250 StPO das Gebot einer möglichst optimalen Wahrheitsfindung stehe, während § 252 StPO eine andere Intention (Schutz der Zeugnisverweigerungsrechte) verfolge; vgl. Mitsch, JuS 1998, 306, 309; ähnlich ders., JZ 1992, 174, 180.
Ebenso wendet Paulus ein, daß sich aus § 250 S. 2 StPO noch gar kein Verlesungsverbot ergebe (vgl. JuS, 1988, 873, 877) und es daher sinnvoll sei, „*gemäß § 252 StPO ein Urkundsbeweisverbot zu statuieren*". Für Paulus ist § 252 StPO nur als „*reines Urkundsverlesungsverbot*" zu verstehen; vgl. auch KMR-Paulus, § 252 Rn. 3.

32 Vgl. Mitsch, JZ 1992,174, 175 f; so auch Spendel, NJW 1966, 1102, 1106.

Ferner ist § 252 StPO auch nicht als Ausnahme zu § 251 StPO, der Ausnahmen vom Unmittelbarkeitsgrundsatz des § 250 StPO zuläßt, zu sehen.[33] Im Falle des zeugnisverweigerungsberechtigten Zeugen ist gerade keine der Ausnahmen des § 251 I Nr. 1-3 StPO einschlägig[34], da § 251 StPO im Gegensatz zu § 252 StPO einen nicht in der Hauptverhandlung anwesenden Zeugen voraussetze.[35] § 251 I Nr. 4 StPO wurde erst später, als § 252 StPO schon lange galt, in die Strafprozeßordnung eingefügt, so daß sich aus § 251 I Nr. 4 StPO nicht die Bedeutung des § 252 StPO ableiten läßt.[36]

Auch sei § 252 StPO keine Ausnahme zu § 253 StPO. § 253 StPO regelt die ergänzende Urkundsbeweisführung neben der persönlichen Vernehmung und damit eine ganz andere Situation als die des § 252 StPO.[37]

Trifft für den zeugnisverweigerungsberechtigten Zeugen demnach keine der in §§ 251, 253 StPO enumerativ aufgeführten Ausnahmen von § 250 StPO zu[38], dann kann § 252 StPO auch nicht als Ausnahme zu diesen Vorschriften verstanden werden. § 252 StPO muß also etwas anderes regeln wollen, *„als den bloßen Urkundsbeweis im Sinne der §§ 250, 251, 253 StPO."*[39]

b. Entstehungsgeschichte des § 252 StPO

Auch aus der Entstehungsgeschichte, so wird in Rechtsprechung und Literatur argumentiert[40], werde deutlich, daß § 252 StPO mehr als ein bloßes Verlesungs-

---

33 BGHSt 2, 99, 102; Schneidewin, JR 1951, 481, 487.

34 Siehe Geppert, Unmittelbarkeit, S. 260 f; RGSt 10, 374, 376; so auch schon in der Diskussion über den Entwurf der §§ 251, 252 StPO, vgl. Hahn, Materialien, Bd. 3.2., S. 1366: Die Regierungskommissare beantragten, im Fall der Zeugnisverweigerung in § 251 StPO eine Verlesungsmöglichkeit zu schaffen, was abgelehnt wurde. Auch bei den Beratungen in der Kommission ging man davon aus, daß § 251 StPO nicht die Fälle der Zeugnisverweigerung erfasse und lehnte deshalb eine entsprechende Regelung in § 251 StPO ab. Statt dessen nahm man § 252 StPO in den Entwurf auf, vgl. Hahn, Materialien, Bd. 3.1., S. 861 f.

35 So BGHSt 2, 99, 102; 10, 77, 78; siehe auch Schmidt, JZ 1957, 98, 98; Peters, Strafprozeß, § 39 III 3a.

36 Vgl. Schneidewin, JR 1951, 481, 487; so auch BGHSt 10, 77, 79.

37 Vgl. Schneidewin, JR 1951, 481, 487.

38 Vgl. RGSt 10, 374, 375; BGHSt 2, 99, 102; Geppert, Unmittelbarkeit, S. 260; ders., Jura 1988, 305, 307; Rengier, Jura 1981, 299, 300; Paulus, JuS 1988, 873, 877; Mitsch, Jura 1998, 306, 308.

39 Schneidewin, JR 1951, 481, 487.

40 RGSt 10, 374, 376 f; BGHSt 2, 99, 103 f; Fuhrmann, JuS 1963, 273, 274; Löwe, § 251 Anm. 3; Mehner, Vernehmung von Verhörspersonen, S. 203; a. A. aber RGSt 5, 142, 144.

verbot statuiere. Aus ihr ergebe sich, daß die Sorge um eine mögliche Aushöhlung des Zeugnisverweigerungsrechtes das entscheidende Motiv gewesen sei.

Zunächst war im Entwurf der Strafprozeßordnung keine derartige Vorschrift vorgesehen. Man ging wohl davon aus, daß sich ein Verlesungsverbot selbstverständlich schon aus § 212 S. 2 des Entwurfes der Strafprozeßordnung (heute § 250 S. 2 StPO) ergäbe.[41] Deshalb machte der Abgeordnete Dr. Wolffson bei den Beratungen der Reichsjustizkommission am 1. 9. 1875 geltend, daß der Entwurf lückenhaft sei.[42]

In § 213 des Entwurfes der Strafprozeßordnung (heute § 251 StPO) sei nämlich für den Fall, daß ein zeugnisverweigerungsberechtigter Zeuge in der Hauptverhandlung die Aussage verweigere, keine Verlesungsmöglichkeit vorgesehen. Er ging wie seine Kollegen also offenbar davon aus, daß bei Fehlen einer solchen Vorschrift im § 213 des Entwurfes der Strafprozeßordnung im Fall der Zeugnisverweigerung die Protokollverlesung nach § 212 S. 2 des Entwurfes der Strafprozeßordnung (heute § 250 S. 2 StPO) unzulässig sei. Er beantragte daher, § 213 des Entwurfes im Interesse der umfassenden Sachaufklärung insoweit zu ergänzen, als die Aussage des verweigernden Zeugen verlesen werden könnte.[43]

Diesem Ansinnen trat der Abgeordnete Dr. Grimm mit seinem Antrag entgegen. Es sollte *„als Zusatz zu § 213"* des Entwurfes folgender Text in den Entwurf aufgenommen werden: *„Die in der Voruntersuchung gemachten Aussagen solcher Zeugen, welche das Zeugnis ablehnen können und in der Hauptverhandlung von diesem Recht Gebrauch machen, dürfen nicht verlesen werden."*[44]

Diesen Zusatz wollte Dr. Grimm auf jeden Fall in den Entwurf einbringen, auch wenn der Antrag des Dr. Wolffson abgelehnt werden sollte. Dem Einwand Dr. Wolffsons, daß der Zusatz in diesem Fall nur etwas Selbstverständliches regele, setzte Dr. Grimm die Wichtigkeit des Zusatzes entgegen.[45] Damit sollte die Kontroverse, ob die Aussagen eines weigerungsberechtigten Zeugen aus der

---

41 Vgl. Argumentation des Abgeordneten Wolffson, der den Antrag des Abgeordneten Grimm zurückwies, da das, *„was Grimm beantrage, selbstverständlich"* sei *„und [...] nicht in das Gesetz"* passe, nach Hahn, Materialien, Bd. 3.1., S. 862.
Vgl. auch die Motive des Entwurfes, nach Hahn, Materialien, Bd. 3.1., S. 194: Danach *„gestatten die §§ 213, 216 StPO (heute §§ 251, 254 StPO, d. Verf.) die notwendigen Ausnahmen, jedoch in so festen Grenzen, daß für willkürliche Abweichungen [...] kein Raum bleibt."* Bei der näheren Erläuterung der Ausnahmefallgruppen taucht das Zeugnisverweigerungsrecht nicht auf, d. h. dafür gilt die Regel des § 212 StPO (heute § 250 StPO).

42 Nach Hahn, Materialien, Bd. 3.1., S. 861.

43 Nach Hahn, Materialien, Bd. 3.1., S. 861.

44 Nach Hahn, Materialien, Bd. 3.1., S. 861.

45 Nach Hahn, Materialien, Bd. 3.1., S. 862.

Voruntersuchung verlesen werden dürften oder nicht, eindeutig beendet werden.[46] Die Mehrheit der Mitglieder der Kommission schloß sich Dr. Grimms Auffassung an und stimmte für diesen Zusatz und gegen den Antrag des Dr. Wolffson[47], da eine Verlesungsmöglichkeit im Falle des Zeugnisverweigerungsrechtes *„dem Geiste des Gesetzes zuwider sei."*[48]

Im Bericht der Kommission wird die Annahme des § 213a als *„besondere Bestimmung"*[49] empfohlen und in den Sachzusammenhang zu den §§ 52 ff StPO gestellt[50]: *„Das Recht zur Ablehnung der Aussage, welches der Zeuge noch in der Hauptverhandlung geltend machen kann, würde illusorisch sein, wenn dessenungeachtet die von ihm früher erstattete Aussage, bei welcher er vielleicht noch nicht die Tragweite seines Zeugnisses zu erkennen vermochte, in der Hauptverhandlung zur Vorlesung gebracht werden dürfte."*[51]

Damit stellte sich die Kommission gegen die Auffassung des Bundesrates, der § 213a streichen lassen wollte.[52] Im Bundesrat hatte sich die Meinung durchgesetzt, daß im Sinne des Antrags von Dr. Wolffson im § 213 des Entwurfes (heute § 251 StPO) für den Fall der Zeugnisverweigerung eine Verlesungsmöglichkeit vorgesehen sein sollte[53]: *„Der Fall des § 213a falle unter denselben Gesichtspunkt wie andere Fälle, in denen eine nochmalige Vernehmung in der Hauptverhandlung nicht möglich sei. Ob diese Unmöglichkeit in einem physischen Umstand, wie Tod, Geisteskrankheit und dergleichen oder in dem Willen des Zeugen selbst ihre Ursache habe, solle keinen Unterschied begründen."*[54]

Im Interesse der Erforschung der materiellen Wahrheit sei eine Verlesungsmöglichkeit geboten, sonst werde gerade in den Fällen, in denen *„die Anklage lediglich auf der Aussage eines solchen Zeugen beruhe [...], [...] der Gerechtig-*

---

46 Nach Hahn, Materialien, Bd. 3.1., S. 861.

47 Nach Hahn, Materialien, Bd. 3.1., S. 863.

48 So der Abgeordnete Dr. Mayer; nach Hahn, Materialien, Bd. 3.1., S. 862.

49 Nach Hahn, Materialien, Bd. 3.2., S. 1562.

50 Das wird auch daraus deutlich, daß die Kommission über § 213a des Entwurfes erst im Zusammenhang mit § 51 des Entwurfes (heute § 52 StPO) berät; nach Hahn, Materialien, Bd. 3.2., S. 1342: *„Zu [...] § 213a wird wegen des Zusammenhangs [...] mit § 51 [...] beschlossen, die Diskussion über all diese Paragraphen auf die nächste Tagesordnung zu setzen."*

51 Nach Hahn, Materialien, Bd. 3.2., S. 1562.

52 Nach Hahn, Materialien, Bd. 3.2., S. 1366, 1598.

53 Nach Hahn, Materialien, Bd. 3.2., S. 1366.

54 So argumentierte der Geh. Oberregierungsrat Hanauer, nach Hahn, Materialien, Bd. 3.2., S. 1366.

keit kein guter Dienst geleistet."[55] Die Reichsjustizkommission beließ trotz dieser Einwände § 213a im Entwurf der Strafprozeßordnung.

Auch im Reichstag wandten sich Abgeordnete gegen die Einführung des § 213a. So machte der Abgeordnete Dr. Lenz in der zweiten Beratung im Plenum geltend, daß § 213a die Erforschung der materiellen Wahrheit behindere, indem er dem Gericht die Zeugenaussage vorenthalte. Es gäbe aber keinen Grund, der dies angesichts des hochrangigen Ziels der Hauptverhandlung, die materielle Wahrheit aufzudecken, rechtfertige[56], zumal die freiwillig gemachte Aussage des Zeugen „*eine historisch gewordene Thatsache*"[57] sei. Sollte § 213a des Entwurfes dennoch vom Plenum angenommen werden, dann könne aber auch dieser Paragraph nicht verhindern, daß die Aussage des Zeugen dem Richter bekannt werde, indem sich der Verteidiger oder der Staatsanwalt auf sie beziehe.[58] Auch sei nicht auszuschließen, „*daß die Parteien die Befugniß hätten, die Thatsache, daß ein solches Zeugnis abgelegt wäre, dadurch zu konstatiren, daß der Untersuchungsrichter und die Polizeibehörde, der gegenüber jenes erste Zeugniß abgelegt wäre, in die Hauptverhandlung als Zeuge zitirt würde.*"[59] Und diese Vernehmung der Verhörsperson würde der Richter als Beweismittel heranziehen, eben weil die Aufklärung des Sachverhalts, die Feststellung der materiellen Wahrheit unbedingten Vorrang genieße: „*Die materielle Wahrheit [...], das Bedürfniß der materiellen Aufklärung der Sache nach allen Seiten wird [...] auch einem geschriebenen Paragraphen gegenüber doch durchdringen.*"[60]

Der Referent der Vorlage, von Schwarze, wandte sich „*in einiger Verlegenheit*", also höchst erstaunt, und ganz entschieden unter dem Beifall der Abgeordneten gegen diese Argumentation: „*Denn wenn das zulässig ist, daß durch derartige Manipulationen, wie sie der Herr Kollege Lenz uns vorgeführt hat, der Gedanke und die Vorschrift des Gesetzes illusorisch gemacht werden kann und darf, ja, meine Herren, da hört jede Gesetzgebung auf.*"[61]

---

55 So der Geh. Justizrat Dehlschläger, nach Hahn, Materialien, Bd. 3.2., S. 1634; dieses Problem sieht auch der Bundesgerichtshof, vgl. BGHSt 10, 393, 393.

56 Nach Hahn, Materialien, Bd. 3.2., S. 1880.

57 Nach Hahn, Materialien, Bd. 3.2., S. 1880.

58 Nach Hahn, Materialien, Bd. 3.2., S. 1881.
Auch Pollack, Archiv für Strafrecht, Bd. 33 (1883), 232, 245 f, weist darauf hin, daß es unmöglich sei, die frühere Aussage, die sich in den Akten befinde, aus der Wahrnehmung des Richters zu beseitigen bzw. zu verhindern, daß sie in irgendeiner Weise in der Hauptverhandlung erwähnt werde.

59 Nach Hahn, Materialien, Bd. 3.2., S. 1881. Dies ist übrigens die einzige Stelle in der Diskussion, in der die Frage der Vernehmung der Verhörsperson auftaucht.

60 Nach Hahn, Materialien, Bd. 3.2., S. 1881.

61 Nach Hahn, Materialien, Bd. 3.2., S. 1881.

Die Einführung der Aussage in die Hauptverhandlung durch die Vernehmung der Verhörsperson stellte sich somit für den Referenten von Schwarze und die Mehrheit der Abgeordneten als Umgehung des Gesetzes dar; dies respektiere nicht den Sinn des Gesetzes. Gerade das verlange er aber von den Beamten bei der Anwendung des Gesetzes: *„daß sie (die Gesetze, d. Verf.) in einer Weise gehandhabt werden, daß der Sinn, den der Gesetzgeber damit verbunden hat, respektirt wird.“*[62] Mit dieser Ansicht vertrat von Schwarze die Mehrheit der Abgeordneten, die nun § 213a des Entwurfes endgültig annahmen.[63]

Insgesamt wird hier deutlich, daß mit dem Verbot der Verlesung nicht nur die Verlesung an sich, sondern *„als selbstverständliche Konsequenz hiervon“*[64] auch verboten werden sollte, daß der Inhalt der Aussage auf irgendeine Weise in die Hauptverhandlung eingeführt würde.

c. Sinn und Zweck des § 252 StPO

Schließlich läßt sich ein Verwertungsverbot auch aus dem Zweck ableiten, der mit § 252 StPO verfolgt wird.

§ 252 StPO steht im Gesetz zwar bei den §§ 250 ff StPO, die eine optimale Wahrheitsfindung gewährleisten sollen, indem beim Tatsachenbeweis, der sich auf Wahrnehmungen einer Person stützt, diese Person in der Hauptverhandlung vernommen werden und nicht auf eine Vernehmungsniederschrift, ein Beweissurrogat, zurückgegriffen werden soll (Vorrang des Personal- vor dem Urkundsbeweis). § 252 StPO ist aber im sachlichen Zusammenhang mit den §§ 52 ff StPO zu sehen[65] und soll diese Zeugnisverweigerungsrechte schützen.[66]

---

62 Nach Hahn, Materialien, Bd. 3.2., S. 1881.

63 Nach Hahn, Materialien, Bd. 3.2., S. 1883.

64 RGSt 10, 374, 377; zustimmend auch BGHSt 2, 99, 103.

65 Siehe insbes. BGHSt 2, 99, 104: *„Es ergibt sich dabei, daß § 252 mit den Vorschriften über die Mündlichkeit des Verfahrens und über die Verlesung von Schriftstücken nur in einem äußeren Zusammenhang steht. Sachlich gehört § 252 zu den §§ 52 ff StPO.“* So bereits auch OGHSt 1, 299, 300 f; siehe auch Hahn, Materialien, Bd. 3.2., S. 1342; Löwe, § 251 Anm. 3 und Fußnote 50 dieser Arbeit.
Ebenso BGHSt 18, 146, 148; 40, 211, 214; Kretschmer, Jura 2000, 461, 463; Geppert, Unmittelbarkeit, S. 259 mwN; ders., Jura 1988, 305, 307; Geerds, JuS 1991, 199, 199 in Fn 2; Paulus, JuS 1988, 873, 877; Fuhrmann, JuS 1963, 273, 274; LR-Gollwitzer, § 252 Rn. 1; Schmidt, Lehrkommentar, § 252 Rn. 2; Alsberg/Nüse/Meyer, Beweisantrag, S. 96; zu den einzelnen Schutzzwecken des § 52 StPO siehe Rengier, Zeugnisverweigerungsrechte, S. 8 ff.

66 So BGHSt 1, 373, 374 f, 375; Mitsch, JZ 1992, 174, 180; vgl. auch Muskat, Archiv für Strafrecht, Bd. 36 (1888), 281, 294 f, 296; KK-Diemer; § 252 Rn. 1.

aa. Sinn der Zeugnisverweigerungsrechte

Durch die §§ 52 ff der Strafprozeßordnung wird bestimmten Personen ein Zeugnisverweigerungsrecht eingeräumt. Nach § 52 I StPO haben insbesondere nahe Angehörige des Beschuldigten das Recht, nicht aussagen zu müssen. Machen sie von diesem Recht Gebrauch, fallen sie als Beweismittel aus. Damit behindern Zeugnisverweigerungsrechte eine optimale Wahrheitsfindung. Wegen ihrer nahen Beziehung zum Beschuldigten hat sich der Gesetzgeber jedoch entschieden, die nahen Angehörigen von der unbedingten Aussagepflicht eines Zeugen zu entbinden[67]: „*Die Zeugnispflicht erleidet [...] Ausnahmen, [...] überall dort, wo diese Pflicht mit anderen Pflichten, die der Staat gleichfalls zu achten hat, in Widerstreit treten würde.*“[68]

Der Gesetzgeber hat also der Erforschung der Wahrheit keinen unbedingten Vorrang eingeräumt, sondern sie mit Rücksicht auf gewichtige Interessen des Zeugen beschränkt[69]- es ist eine „*schonende Rücksicht auf die Familienbande, die den Angeklagten mit dem Zeugen verknüpfen.*“[70] Als Ehegatte oder Kind des Beschuldigten ist der Zeuge mit dem Beschuldigten in einem besonderen Vertrauensverhältnis[71] verbunden. Müßte er nun gegen seinen Angehörigen aussagen, befände sich der Zeuge im psychischen Konflikt zwischen seiner Aussage- und Wahrheitspflicht einerseits und seiner engen Beziehung zum Beschuldigten

---

67 Vgl. BGHSt 2, 99, 104; 1, 337, 338; 1, 373, 374 f; 10, 393, 393; 18, 146, 148; Hahn, Materialien, Bd. 3.2. S. 1520; so auch OGHSt 1, 299, 301 f; Geppert, Unmittelbarkeit, S. 260; Eisenberg, Beweisrecht, Rn. 1241; Beling, Reichsstrafprozeßrecht, S. 306: „*Belange, die dem Gesetzgeber vordringlicher erschienen als das Bedürfnis nach der strafprozessualen Wahrheitserforschung.*“
Die Pflicht des Zeugen, zur Vernehmung zu erscheinen und wahrheitsgemäß auszusagen, ist nicht in der Strafprozeßordnung geregelt, sondern wird von ihr vorausgesetzt. Sie ist nach deutscher Rechtstradition eine allgemeine Staatsbürgerpflicht (vgl. BVerfGE 49, 280, 284; BVerfG NJW 1988, 897, 898).

68 Motive des Entwurfes nach Hahn, Materialien, Bd. 3.1, S. 99.

69 Vgl. BGHSt 17, 337, 348; BGH NJW 1981, 2825, 2826; OGHSt 1, 299, 300; OLG Düsseldorf HESt 1, 174, 176; Grünwald, JZ 1966, 489, 497; Schöneborn, MDR 1974, 457, 457; siehe auch Hoffmann, MDR 1990, 111, 112; Schmidt, Lehrkommentar, Vorbem. §§ 52-56 Rn. 4; Spendel, JuS 1964, 465, 470; Mitsch, Jura 1998, 306, 309; Dahs/Langkeit, StV 1992, 492, 494; ähnlich auch Rudolphi, MDR 1970, 93, 97.

70 BGHSt (Gr. Senat) 11, 213, 216; ähnlich Spendel, NJW 1966, 1102, 1106. Unter Hinweis auf Art. 6 GG, Dahs/Langkeit, StV 1992, 492, 495; Rengier, Zeugnisverweigerungsrechte, S. 9.

71 Zum Vertrauensverhältnis unter Angehörigen siehe Grünwald, JZ 1966, 489, 497; ebenso Rengier, Zeugnisverweigerungsrechte, S. 10 f; Dahs/Langkeit, StV 1992, 492, 494 f.

andererseits, dem er sich durch die familiäre Beziehung verpflichtet und besonders verbunden fühlt.[72] Durch die Gewährung eines Zeugnisverweigerungsrechts[73] hat der Gesetzgeber Rücksicht genommen auf diese innere Belastung des Zeugen und seine Zwangslage, entweder den Angehörigen belasten oder die Unwahrheit aussagen zu müssen: Dem Zeugen soll erspart werden, seinen Angehörigen gegebenenfalls belasten zu müssen[74] und zwar eventuell mit Angaben, die

---

72 Vgl. BGHSt (Gr. Senat) 11, 213, 216; ebenso RGSt 10, 374, 377; siehe auch BGHSt 2, 99, 104; 17, 324, 327; 18, 146, 148; 40, 211, 214; BGH NStZ 1988, 562, 563; BGH NJW 1998, 2229, 2230 = StV 1998, 360, 362; so bereits auch RGSt 12, 143, 145.
Auch bei der Begründung der Zeugnisverweigerungsrechte in den Materialien wird diskutiert, ob die *„Beziehung [...] (eine, d. Verf.) so enge"* sei, *„daß man durch die Zeugnißpflicht eine Verletzung der Pietät befürchten müsse"*, nach Hahn, Materialien, Bd. 3.1, S. 583.
Die Konfliktsituation als Grund für die Zeugnisverweigerungsrechte sehen auch: Fuhrmann, JuS 1963, 273, 274; Kretschmer, Jura 2000, 461, 463 und 465 in Fußnote 41; Geppert, Jura 1988, 305, 310; Rengier, Jura 1981, 299, 300; Mitsch, Jura 1998, 305, 309; Paulus, JuS 1988, 873, 877; Schroth, JuS 1998, 969, 975; Eisenberg, NStZ 1988, 488, 489; ders., Beweisrecht, Rn. 1241; Lesch, JA 1995, 691, 696; Heinitz, JZ 1960, 226, 228; Ranft, Jura 2000, 628, 630; Fezer, Strafprozeßrecht II, Fall 15, Rn. 3, der aber auch den Schutz der Wahrheitsfindung als Grund der Zeugnisverweigerungsrechte nennt.

73 Über dieses Zeugnisverweigerungsrecht ist der Zeuge vor jeder Vernehmung zu belehren, § 52 III 1 StPO. Das wurde schon bei der Einführung der Zeugnisverweigerungsrechte gefordert, siehe Hahn, Materialien, Bd. 3.1., S. 583. Vgl. auch BGHSt 9, 195, 197. Dabei soll ihn die Belehrung vor dem Irrtum schützen, gegenüber einem *„Staatsorgan zur Aussage gezwungen zu sein"*, vgl. Schlüchter/Radbruch, NStZ 1997, 297, 299.
Eine ohne diese Belehrung zustande gekommene Zeugenaussage ist unverwertbar, vgl. u. a. BGH StV 1992, 308, 308.

74 Vgl. RGSt 33, 350, 351 f: *„hat die Berechtigung der Zeugnisverweigerung [...] ihren Grund darin, daß das Gesetz niemand in die Zwangslage bringen will, entgegen seinen durch Ehe, nahe Verwandtschaft [...] begründeten Interessen und Gefühlen nachteilige Aussagen zu machen."* So auch RGSt 1, 207, 208; BGHSt 2, 99, 104 f; 10, 393, 394; BGHSt (Gr. Senat) 11, 213, 216; BGHSt (Gr. Senat) 12, 235, 239; 17, 337, 348; 22, 35, 36 f; 27, 231, 232.
Bereits von Schwarze bezeichnete den *„berechtigten Widerwillen, gegen Personen, die mit uns durch die Bande [...] der Familie verknüpft sind, Zeugniß abzulegen"*, (GS 21 (1869), S. 60, 60), als das von der Rechtsordnung zu berücksichtigende Motiv für die Gewährung von Zeugnisverweigerungsrechten; vgl. auch Schroeder/Meindl, Fall 6, S. 69; Sternberg-Lieben, JZ 1995, 844, 844; Muskat, Archiv für Strafrecht, Bd. 36 (1888), 281, 296 f.

er nur aufgrund der engen Beziehung machen kann[75], und so zu seiner Verurteilung beizutragen. Um zu vermeiden, daß der Zeuge zu Gunsten des Beschuldigten falsch aussagt und sich strafbar macht, soll er vom Zeugnisverweigerungsrecht Gebrauch machen, auch wenn er dadurch als Beweismittel ausfällt.[76] Ihm soll die Sorge genommen werden, daß er durch seine Aussage seinen Verwandten schädigt und zu dessen Verurteilung beiträgt.[77] *„Aus übergeordneten Gründen, nicht nur wegen des Gewissenskonfliktes des Zeugen, sondern auch zum Schutz der Familie des Angeklagten, soll es im Ermessen des Zeugen liegen, ob er aussagen will oder nicht."*[78]

Insoweit hat der Gesetzgeber das *„Gebot der umfassenden Sachaufklärung"*[79] und das Strafverfolgungsinteresse zurücktreten lassen und verzichtet auf eine optimale Wahrheitsfindung.[80]

Eine a. A. zum Sinn der Zeugnisverweigerungsrechte wird teilweise im älteren Schrifttum vertreten.[81] Danach dient das Zeugnisverweigerungsrecht (auch) dem

---

75 Vgl. Hoffmann, MDR 1990, 111, 112; nach Rengier, Zeugnisverweigerungsrechte, S. 9, wird durch das Zeugnisverweigerungsrecht die Familie *„als Ausspracheforum und unbefangenes Kommunikationszentrum"* geschützt.

76 So die Begründung in den Motiven des Entwurfes der Strafprozeßordnung, nach Hahn, Materialien, Bd. 3.1., S. 107.

77 So von Schwarze, GS 33 (1881), 270, 287; vgl. auch Sternberg-Lieben, JZ 1995, 844, 844; Rengier, Zeugnisverweigerungsrechte, S. 8.

78 BGHSt (GSSt) 11, 213, 216; ebenso BGHSt (GSSt) 12, 235, 239; ähnlich auch BGH NJW 1961, 1484, 1485.
Damit der Zeuge von seinem Zeugnisverweigerungsrecht *„frei und unbefangen"* (BGHSt 22, 113, 114; BGH NStZ-RR 1998, 277, 277) Gebrauch machen kann, darf das Gericht keine für den Angeklagten nachteiligen Schlüsse aus der Zeugnisverweigerung bei der Beweiswürdigung ziehen, vgl. BGHSt 22, 113, 114 (unter Aufgabe der alten Rechtsprechung, BGHSt 2, 351, 353 f); 32, 140, 141 f; 34, 324, 327; BGH StV 1997, 171, 172.
Das hatte schon Nüsse, JR 1960, 281, 283, gefordert. Vgl. auch Fezer, Strafprozeßrecht II, Fall 15, Rn. 7; Rengier, Jura 1981, 299, 299; Dahs/Langkeit, StV 1992, 492, 494.

79 Geppert, Unmittelbarkeit, S. 260.

80 Vgl. BGHSt 2, 99, 104; ebenso BGHSt 17, 337, 348; 1, 337, 338; 1, 373, 374 f; 40, 211, 214; BGHSt (GSSt) 12, 235, 239; BGH NJW 1981, 2825, 2826; OLG Düsseldorf HESt 1, 174, 176; siehe auch Fuhrmann, JuS 1963, 273, 274; Mitsch, Jura 1998, 306, 309; Grünwald, JZ 1966, 489, 489; Leipold, StraFo 1998, 79, 79; Mehner, Vernehmung von Verhörspersonen, S. 189; KK-Diemer, § 252 Rn. 1 a. E.

81 Vgl. insbesondere Schmidt, JZ 1958, 596, 599 ff; Busch, JZ 1953, 703, 703 f; Niese, JZ 1953, 219, 223; Rudolphi, MDR 1970, 93, 96; Gössel, NJW 1981, 2217, 2220; ders., FS Bockelmann, S. 801, 805, 806, 817; Rengier, Zeugnisverweigerungsrechte, S. 56 ff; ähnlich auch in BGHSt 10, 393, 393 f angedeutet. Nach Mi-

Schutz der Wahrheitsfindung[82], da bei verwandten Zeugen die Gefahr unrichtiger Aussagen besonders nahe liege.

Zur Begründung verweist Schmidt[83] auf die rechtsgeschichtliche Entwicklung der Zeugnisverweigerungsrechte. Bevor im 19. Jahrhundert dem Zeugen mit den Zeugnisverweigerungsrechten subjektive Rechte zugestanden wurden, waren die Zeugen in drei verschiedene Kategorien eingeteilt. Die Angehörigen des Beschuldigten gehörten zur Kategorie der *„verdächtigen, bedenklichen Zeugen"*. Bei der Festlegung der verschiedenen Kategorien sei die Wahrheitsermittlung bestimmend gewesen.[84] Aufgrund seiner Pflicht als Richter, die Wahrheit zu erforschen, habe der Richter dann teilweise die als unzuverlässig eingestuften Zeugen gar nicht erst vernommen oder sie zumindest nicht zur Aussage gezwungen. Durch die Einführung der Zeugnisverweigerungsrechte habe aber dann nur die gesetzgeberische *„Gestaltung des Zeugenbeweises"* gewechselt, was nichts daran ändere, *„daß der Richter davor bewahrt wird, Zeugenaussagen von erfahrungsgemäß zweifelhaftem Wahrheitsgehalt seinem Urteil zugrunde zu legen."*[85] Der

---

chaelis, NJW 1969, 730, 730, hat § 52 StPO *„eine Doppelfunktion. Er dient zugleich dem Schutz der Rechtspflege."*

82 Dies lehnt der BGH ausdrücklich ab, vgl. BGHSt (GSSt) 11, 213, 215.

83 Vgl. Schmidt JZ 1958, 596, 599 ff; auch bei den Römern waren Angehörige als Zeugen ausgeschlossen: Parentes et liberi invicem adversus se nec volentes ad testimonium admittendi sunt (Eltern und Kinder dürfen gegen ihren Willen zur Zeugenaussage gegeneinander nicht zugelassen werden.); vgl. Muskat, Archiv für Strafrecht, Bd. 36 (1888), 281, 294.

84 Siehe Schmidt, JZ 1958, 596, 599.

85 Schmidt, JZ 1958, 596, 600; ähnlich auch Gössel, FS Bockelmann, S. 801, 805, 806; Rudolphi, MDR 1970, 93, 98: Durch die Zeugnisverweigerungsrechte sollen konfliktbehaftete und möglicherweise falsche Aussagen verhindert werden.
Nach Ansicht Butenuths (Wirkung von Zeugnisverweigerungsrechten, S. 11) wird dagegen durch den Wechsel vom kategorischen Zeugenausschluß zum Zeugnisverweigerungsrecht als einem disponiblen Weigerungsrecht deutlich, daß ein Motivationswechsel stattgefunden habe. Dem Ausschluß bestimmter Zeugen lag ein anderes Verständnis zugrunde als den jetzigen Zeugnisverweigerungsrechten. Zeugen wurden ausgeschlossen, weil man ihnen aufgrund des engen Verhältnisses zum Beschuldigten Mißtrauen entgegenbrachte und ein unzuverlässiges Zeugnis befürchtete. Zwar wurde beim Zeugenausschluß also auch die Konfliktlage des angehörigen Zeugen beachtet, aber dies geschah nach Butenuth (Wirkung von Zeugnisverweigerungsrechten, S. 8) nicht um des Zeugen selbst willen, sondern *„lediglich zur Wahrung des Wahrheitsfindungsprozesses."*
Das Zeugnisverweigerungsrecht werde hingegen dem Zeugen gewährt, um ihn vor der Konfliktsituation zwischen der Pflicht zu einer wahrheitsgemäßen Aussage und den familiären Bindungen zu schützen (Butenuth, Wirkung von Zeugnisverweigerungsrechten, S. 10, 11). Diese Motivation sei in den Mittelpunkt getreten (S. 13), wie auch die Gesetzesmaterialien zeigten: Es sei *„lieber auf ein Beweismittel zu verzichten, als einen nahen Angehörigen des Beschuldigten der Versuchung auszuset-*

Sinn der Zeugnisverweigerungsrechte müsse daher im Zusammenhang mit der Wahrheitsermittlung gesehen werden.[86] Da dem Zeugen nun die Möglichkeit gegeben sei, aufgrund seines Zeugnisverweigerungsrechtes zu schweigen, und für ihn kein Aussagezwang bestehe, sei bei seiner freiwilligen Aussage *„die durch den Pflichtenwiderstreit bedingte Gefahr für die Wahrheitsermittlung erheblich geringer."*[87]

Wenn auch nach Ansicht Rengiers der *„geschichtliche Rückblick keine eindeutige Antwort auf die Frage"* zuläßt, ob § 52 StPO dem Schutz der Wahrheitsfindung diene[88], so läßt sich diese Schutzrichtung aber aus Forschungsergebnissen und der *„wahrheitsfördernde(n) Funktion"* der Belehrungspflicht nach § 52 III 1 StPO ableiten.[89] So hätten Forschungsergebnisse gezeigt, daß Falschaussagen zum überwiegenden Teil auf *„personale Beziehungen [...] des Zeugen zum Beschuldigten [...] zurückzuführen"* seien und zu fehlerhaften Urteilen führten. Indem Zeugnisverweigerungsrechte Falschaussagen verhinderten, seien sie *„ein Mittel im Dienst der Wahrheitsfindung."*[90] Auch die Belehrungspflicht nach § 52 II 1 StPO mache dies deutlich. Durch diese werde dem Richter *„die Bedenklichkeit des Beweismittels bewußt."*[91] Darüber hinaus verhindere die Belehrung, daß sich der Zeuge irrig für aussagepflichtig halte und deshalb eine Falschaussage mache. Die Aussage des belehrten Zeuge sei weniger konfliktbehaftet, da der Zeuge den Konflikt in Kenntnis seines Zeugnisverweigerungsrechtes lösen könne, und er scheide, wenn er von seinem Weigerungsrecht Gebrauch mache, als *„wahrheitsgefährdendes Beweismittel aus."*[92]

---

zen, zugunsten des letzteren einen Meineid zu leisten"(So die Motive des Entwurfes, nach Hahn, Materialien, Bd. 3.1, S. 107). Von einem geringeren Beweiswert des Beweismittels sei dagegen keine Rede (so Butenuth, Wirkung von Zeugnisverweigerungsrechten, S. 14).

86 So auch Niese, JZ 1953, 219, 223; Busch, JZ 1953, 703, 703; Fezer, Strafprozeßrecht II, Fall 15 Rn. 3.
Dies ergibt sich nach Gössel, FS Bockelmann, S. 801, 805, auch daraus, daß nach § 52 I Nr. 2 StPO auch der geschiedenen Ehefrau noch ein Zeugnisverweigerungsrecht zusteht. Das Zeugnisverweigerungsrecht könne in diesem Fall aber wohl kaum dem Schutz *„nicht mehr vorhandener familiärer [...] Beziehungen dienen."*

87 Michaelis, NJW 1969, 730, 730; ebenso Rengier, Zeugnisverweigerungsrechte, S. 64.

88 So Rengier, Zeugnisverweigerungsrechte, S. 60.

89 So Rengier, Zeugnisverweigerungsrechte, S. 61 ff, 63 ff.

90 Rengier, Zeugnisverweigerungsrechte, S. 61 f.

91 Rengier, Zeugnisverweigerungsrechte, S. 64.

92 Rengier, Zeugnisverweigerungsrechte, S. 64.

Dem wird in Literatur und Rechtsprechung jedoch entgegengehalten, die Zeugnisverweigerungsrechte dienten nicht zum Schutz der Wahrheitsfindung.[93]

Im Strafverfahrensrecht gebe es keine Regel, nach der unzuverlässige Beweismittel automatisch untaugliche Beweismittel seien, die nicht verwertet werden dürften.[94] Auch eine konfliktbeladene Aussage sei verwertbar trotz ihrer eventuell verminderten Glaubwürdigkeit. Dies läßt sich nach Mitsch[95] auch aus der Regelung des § 60 Nr. 2 StPO ableiten. Die dort genannten Personen dürften zwar nicht vereidigt werden, ein Verbot der Verwertung ergebe sich aber für ihre Aussage, die nicht ohne jeden Zweifel sei, nicht. Nach Mehner[96] hätte allein der Gesichtspunkt, das Strafverfahren vor unwahren Aussagen zu schützen, die Normierung eines Verwertungsverbotes bei Aussagen konfliktbehafteter Zeugen kaum gerechtfertigt. Auf die Gefahr für die Wahrheitsfindung wiese die Bestimmung über die Nichtvereidigung naher Angehöriger nach § 61 Nr. 2 StPO den Richter „*nachdrücklich*" hin.[97] Wird die Zeugenaussage unter Verzicht auf das Zeugnisverweigerungsrecht gemacht, wird sie vom Gericht zunächst entgegengenommen und ist verwertbar.[98] Es ist dann vielmehr Aufgabe des Gerichts, im Rahmen der Beweiswürdigung nach § 261 StPO, den Beweiswert einer solchen

---

93 Vgl. BGHSt (GSSt) 11, 213, 215 f; BGHSt 45, 203, 207; BGH NJW 1961, 1484, 1485; Schöneborn, MDR 1974, 457, 457; Mitsch, JZ 1992, 174, 182 f; Grünwald, JZ 1966, 486, 497; Leipold, StraFo 1998, 79, 79; Ranft, Jura 2000, 628, 630; ders., StV 2000, 520, 520; Schittenhelm, NStZ 2001, 50, 51; Butenuth, Wirkung von Zeugnisverweigerungsrechten, S. 7 ff; Dudel, Widerspruchserfordernisse, S. 68 f; Eisenberg, Beweisrecht, Rn. 1241 mwN. Nach Schroeder/Meindl (Schroeder/Meindl, Fall 6, S. 69) spricht schon die bloße Einräumung eines Rechts zur Zeugnisverweigerung dagegen, daß die Zeugnisverweigerungsrechte dem Zweck der Wahrheitsfindung dienen. Denn durch diese Konstruktion liegt es im Ermessen des Zeugen, ob er aussagt oder von dem Recht Gebrauch macht und schweigt. Der Wahrheitsgehalt der freiwilligen Aussage wird dadurch aber nicht verbessert (so aber Michaelis, NJW 1969, 730, 730; Rengier, Zeugnisverweigerungsrechte, S. 64). Ähnlich wendet auch Schittenhelm, NStZ 2001, 50, 51, ein, daß sich der Schutz der Wahrheitsfindung nur mit einem „*Aussageverbot für Angehörige*" erreichen ließe – eine Konstruktion, die der Gesetzgeber aber nicht gewählt habe.
In diesem Sinne äußerten sich auch schon vor der Einführung der Strafprozeßordnung im Jahre 1877 Wesche, GS 22 (1870), 369, 372, 374, 376 f; Muskat, Archiv für Strafrecht, Bd. 36 (1888), 281, 297.

94 Vgl. Grünwald, JZ 1966, 486, 493, 497, 499; Mitsch, JZ 1992, 174, 176, dort auch Fußnote 60; Schittenhelm, NStZ 20001, 50, 51; ähnlich auch Roxin, FS Rieß, S. 451, 454.

95 Vgl. Mitsch, JZ 1992, 174, 182 f.

96 Vgl. Mehner, Vernehmung von Verhörspersonen, S. 190.

97 Vgl. Mehner, Vernehmung von Verhörspersonen, S. 190.

98 So Mitsch, JZ 1992, 174, 182 f; auch Grünwald, JZ 1966, 489, 497.

Zeugenaussage eines Angehörigen zu bewerten[99]: „*Die Wahrheitsermittlung geschieht nach § 261 StPO im Wege der freien Beweiswürdigung, bei der die Zeugenaussagen auf ihre Tauglichkeit hin geprüft werden. Beweisregeln und Zeugenaussschlüsse sind dem geltenden Strafverfahrensrecht fremd (vgl. § 244 III StPO). [...] Dem Mißtrauen des Gesetzgebers gegen die Zeugen verdanken die [...] Aussageverweigerungsrechte jedenfalls nicht ihre Entstehung.*“[100]

bb. Normzweck des § 252 StPO

Dieses Zeugnisverweigerungsrecht, das die optimale Wahrheitsermittlung behindert, steht dem Zeugen in jeder Phase des Verfahrens, bei jeder Vernehmung zu. Der Gesetzgeber hat dem Zeugen aber nicht nur ein Zeugnisverweigerungsrecht gegeben, sondern für den Fall, daß der Zeuge es ausübt, das Verbot des § 252 StPO normiert.[101] Über § 252 StPO soll dem Zeugnisverweigerungsberechtigten also auch noch in der Hauptverhandlung der Schutz durch das Zeugnisverweigerungsrecht gewährt werden[102] und gewährleistet sein, daß er sich noch in der Hauptverhandlung „*frei entscheiden kann, ob seine frühere, vielleicht voreilige oder unbedachte Aussage verwertet werden darf.*“[103]

---

99 So auch Schroth, JuS 1998, 969, 972; Mitsch, JZ 1992, 174, 176; Schöneborn, MDR 1974, 457, 457; ähnlich auch Grünwald, JZ 1966, 489, 497; Dudel, Widerspruchserfordernisse, S. 69; kritisch Rengier, Zeugnisverweigerungsrechte, S. 65 f. Auch bei der Diskussion im Rahmen der Entstehung des § 252 StPO wurde festgestellt, daß bei einem Zeugen, dem das Zeugnisverweigerungsrecht zusteht, nicht automatisch von einer unrichtigen Aussage auszugehen ist, sondern die Beurteilung darüber dem Richter obliegt, vgl. Hahn, Materialien, Bd. 3.1., S. 862; Bd. 3.2., S. 1634.

100 BGHSt (GSSt) 11, 213, 215 f; 1, 337, 338.

101 So BGHSt 1, 373, 375; 40, 211, 214 f.

102 Vgl. Mitsch, Jura 1998, 306, 309: Danach „*basiert § 252 StPO auf dem Gebot des optimalen Schutzes des Zeugen*“; ähnlich auch Gössel, NJW 1981, 2217, 2220: „*Das in [...] (§ 52 StPO, d. Verf.) eingeräumte Recht, die Aussage zur Sache [...] zu verweigern, wird durch § 252 StPO gleichsam verlängert.*“ Auch nach Meyer-Goßner enthält § 252 StPO „*eine Ergänzung der §§ 52 ff StPO für den Fall nachträglicher Zeugnisverweigerung*“, vgl. Kleinknecht/Meyer-Goßner, § 252 Rn. 1. Als „*Schlußstein dieser Ausgestaltung des Zeugenrechtes*“ bezeichnet bereits Muskat, Archiv für Strafrecht, Bd. 36 (1888), 281, 294, die Regelung des § 252 StPO. Siehe auch BGHSt 1, 373, 374 f, 375: Durch das Verbot des § 252 StPO wolle der Gesetzgeber „*dem Recht zur Zeugnisverweigerung einen besonders wirksamen Schutz verleihen.*“ Zustimmend Ranft, Jura 2000, 628, 630.

103 BGHSt 45, 203, 208, vgl. auch BGHSt 10, 77, 78; 36, 384, 388; Ranft, StV 2000, 520, 520; Dallmeyer, JA 2000, 275, 276; Müller-Christmann, JuS 2001, 682, 684; KK-Diemer, § 252 Rn. 1; LR-Gollwitzer, § 252 Rn. 4, 3.

Ein Gebrauch des Zeugnisverweigerungsrechts in der Hauptverhandlung wäre aber sinnlos und gäbe keinen Schutz, wenn die frühere Aussage des Zeugen dann doch in die Hauptverhandlung eingeführt werden könnte.[104] Was dem Zeugen durch das Zeugnisverweigerungsrecht gewährt wurde, würde ihm durch eine Einführung seiner Aussage in die Hauptverhandlung durch Verlesung des Vernehmungsprotokolls oder durch die Vernehmung der Verhörsperson wieder genommen[105]: Er befände sich genau in der Konfliktsituation, die ihm durch das Zeugnisverweigerungsrecht erspart werden sollte; er würde damit belastet, daß sein Zeugnis entgegen seinem Willen Einfluß auf das Urteil haben könnte. Der Zweck der §§ 52 ff StPO wird daher nur erreicht, wenn das Verbot des § 252 StPO nicht nur die Verlesung der früheren Aussage, sondern auch jegliche andere Beweisaufnahme über ihren Inhalt untersagt.[106] Nur durch ein Verwertungsverbot kann § 252 StPO dem Schutz der Zeugnisverweigerungsrechte tatsächlich dienen und ihre Umgehung verhindern.[107]

d. Umfang des Verwertungsverbotes

Streitig zwischen Literatur und der Rechtsprechung des Bundesgerichtshofes ist allerdings der Umfang dieses Verwertungsverbotes.

---

104 So schon im Bericht der Kommission, nach Hahn, Materialien, Bd. 3.2., S. 1562; ebenso RGSt 10, 374, 376; BGH NJW 1991, 2432, 2432 f; Mitsch, JZ 1992, 174, 182; Paulus, JuS 1988, 873, 877; Rengier, Jura 1981, 299, 300; Sternberg-Lieben, JZ 1995, 844, 845 f.

105 Vgl. BGHSt 2, 99, 105; 18, 146, 148 f; 10, 77, 78; siehe auch BGHSt 36, 384, 388, wonach § 252 StPO bezweckt, *„daß eine Festlegung auf frühere Aussagen grundsätzlich ausgeschlossen ist“*; ähnlich auch BGH NJW 1991, 2432, 2432 f; Kiehl, StV 1988, 48, 49 f.

106 So auch Geppert, Jura 1989, 305, 307; ebenso Fezer, JZ 1990, 875, 876; Schmidt, Lehrkommentar, § 252 Rn. 2; Geppert, Unmittelbarkeit, S. 260. Auch nach Ansicht Muskats, Archiv für Strafrecht, Bd. 36 (1888), 281, 297, ist in jeder Verwertung der Aussage bei der Verurteilung eine Verletzung des Zeugnisverweigerungsrechtes zu sehen: Die vom Zeugnisverweigerungsrecht geschützten ideellen Güter (Familienglück, persönliche Empfindungen des Zeugen) würden verletzt, da die Verurteilung eine Folge der Zeugenaussage sei.

107 So auch Mitsch, JZ 1992, 174, 190; Rengier, Jura 1981, 299, 300. Vor der Einführung der Strafprozeßordnung hatte bereits Haager, GS 23 (1871), 81, 90, die Auffassung vertreten, daß es nur konsequent sei, wenn man dem Zeugen ein Zeugnisverweigerungsrecht gebe, dann auch bei der Ausübung dieses Rechtes die frühere Aussage aus dem Beweismaterial herauszunehmen.

aa. Auffassung des Bundesgerichtshofes

Der Bundesgerichtshof[108] differenziert in seiner Rechtsprechung zwischen richterlichen und nichtrichterlichen Vernehmungen. Danach soll es bei einer Vernehmung des Zeugen durch den Ermittlungsrichter, der den Zeugen ordnungsgemäß nach § 52 III 1 StPO über sein Zeugnisverweigerungsrecht belehrt hat, zulässig sein, den Ermittlungsrichter in der Hauptverhandlung als Zeugen über die frühere Aussage des Zeugen zu vernehmen, wenn dieser in der Hauptverhandlung sein Zeugnis verweigert. Diese Ausnahme soll hingegen nicht gelten, wenn der Zeuge im Ermittlungsverfahren von einem Polizeibeamten oder einem Staatsanwalt vernommen wurde. Diese Verhörspersonen fallen nach Auffassung des Bundesgerichtshofes unter das Verwertungsverbot des § 252 StPO und dürfen daher nicht über die frühere Aussage des Zeugen in der Hauptverhandlung als Zeugen gehört werden.

Dieser eingeschränkte Umfang des Beweisverwertungsverbotes ergibt sich nach Ansicht des Bundesgerichtshofes *„aus einer Abwägung zwischen [...] (zwei, d. Verf.) gegenläufigen Belangen"*[109], *„dem Grundsatz der Wahrheitserforschung, der zum Wohle der Allgemeinheit die Aufklärung [...] von Verbrechen unter Verwendung aller [...] Beweismittel fordert, und dem Grundsatz, daß dem einzelnen, [...] wegen seiner persönlichen Nähe zur Sache [...], die damit verbundene innere Belastung erspart bleiben soll."*[110] Das Verbot des § 252 StPO sei ein Ausgleich zwischen diesen widerstreitenden, unvereinbaren Verfahrens-

---

108 Vgl. BGHSt 2, 99, 105 ff; 11, 338, 339 f; 13, 394, 395 f; 17, 324, 326; 18, 146, 148 f; 21, 218, 218 f; 27, 231, 232; 36, 384, 385 f; 42, 391, 397; 45, 203, 205 f; 45, 342, 345 f; 46, 1, 3; 46, 189, 192, 195; BGH NStZ 1993, 294, 295; BGH NJW 1998, 2229, 2230 = StV 1998, 360, 362; ebenso bereits OGHSt 1, 299, 302; zustimmend Fuhrmann, JuS 1963, 273, 277; Lesch, Strafprozeßrecht Rn. 146 ff; ders., JA 1995, 691, 695 f; ders., JA 1997, 364, 364 f; zustimmend KK-Diemer, § 252 Rn. 22 a. E.; Alsberg/Nüse/ Meyer, Beweisantrag, S. 100 ff.
Auch nach Paulus, KMR-Paulus, § 252 Rn. 3-4, ist die richterliche Verhörsperson vernehmbar. Er begründet dies jedoch anders als der Bundesgerichtshof. Seiner Ansicht nach leitet sich das Verwertungsverbot nicht aus § 252 StPO, sondern aus dem Schutzzweck des § 52 StPO ab (so auch Mitsch, JZ 1992, 174, 180). Ein Rückgriff auf die frühere Aussage des Zeugen sei nur dann zulässig, *„wenn der Zeuge jene Aussage in qualitativ gleicher prozessualer Lage erstattet hatte, in der er sie jetzt in der Hauptverhandlung gemäß §§ 52 ff verweigert, d. h. nur im Rahmen einer richterlichen Vernehmung."*

109 BGHSt 45, 342, 345; so auch BGHSt 46, 189, 195; einer solchen Abwägung stimmt auch Fuhrmann, JuS 1963, 273, 277, zu.

110 BGHSt 2, 99, 105.

grundsätzen[111], indem es den allgemeinen Anspruch auf Aufklärung *„weitgehend“*[112] zurücktreten lasse und der Rücksicht auf den weigerungsberechtigten Zeugen Vorrang einräume. Sei aber die Regelung des § 252 StPO als Ausgleich zu verstehen, bedeute dies, daß der allgemeine Anspruch nach wahrheitsgemäßer Aufklärung nicht weiter zurücktreten müsse als es die schutzwürdigen Interessen des Zeugen erforderten.[113]

Betrachte man unter diesem Aspekt die Zeugenvernehmungen durch Polizei, Staatsanwalt und Ermittlungsrichter, so sei zwischen nichtrichterlichen und richterlichen Vernehmungen zu unterscheiden: Während bei der nichtrichterlichen Vernehmung die Rücksicht auf das Weigerungsrecht des Zeugen Vorrang vor der Wahrheitsfindung genieße, trete bei einer richterlichen Vernehmung der Anspruch der Allgemeinheit nach wahrheitsgemäßer Aufklärung nicht zurück.[114]

Zur Begründung dieser Differenzierung hatte der Bundesgerichtshof zunächst auf die unterschiedlichen Belehrungspflichten von Polizei, Staatsanwalt und Ermittlungsrichter bei der Zeugenvernehmung verwiesen: Nur der Richter war nach damaliger Rechtslage verpflichtet, den Zeugen über sein Zeugnisverweigerungsrecht nach § 52 StPO zu belehren.[115] Allein diese Belehrung gewährleiste jedoch, daß der Zeuge Kenntnis von seinem Zeugnisverweigerungsrecht habe und ihm die Bedeutung dieses Rechtes deutlich werde. Der belehrte Zeuge könne sich dann die Bedeutung und Tragweite seiner Aussage vergegenwärtigen, die Konfliktsituation selber abwägen und in eigener Verantwortung die Entscheidung treffen, ob er aussagt oder nicht.[116] Sage der Zeuge nach dem Hinweis auf sein Zeugnisverweigerungsrecht dann letztlich vor dem Richter aus, habe er freiwillig und in Kenntnis der Tragweite seines Entschlusses ausgesagt. Er habe durch den Verzicht auf die Ausübung des Zeugnisverweigerungsrechts die Folgen, *„die ihm das Gesetz durch die Zubilligung des Zeugnisverweigerungsrechts ersparen wollte, durch freiwillige Entschließung im Bewußtsein ihrer Bedeutung auf sich*

---

111 Der BGH spricht von Grundsätzen, *„die sich nicht voll miteinander vereinigen lassen“*, BGHSt 2, 99, 105; vgl. auch Eisenberg, NStZ 1988, 488,489, der ein *„Spannungsverhältnis“* zwischen dem Zeugnisverweigerungsrecht und dem Gebot umfassender Aufklärung sieht.

112 BGHSt 2, 99, 105.

113 So BGHSt 2, 99, 105; 22, 35, 37; im Ansatz ebenso OGHSt 1, 299, 301 f; zustimmend auch Fuhrmann, JuS 1963, 273, 277; Lesch, JA 1995, 691, 695 f; KK-Diemer, § 252, Rn. 22 a. E.

114 So BGHSt 2, 99, 106.

115 Vgl. BGHSt 2, 99, 106; so auch bereits OGHSt 1, 299, 302 – zum Zeitpunkt dieser Entscheidungen gab es noch keine Belehrungspflicht für den Polizeibeamten und Staatsanwalt nach § 163a V StPO bzw. § 161a I 2 StPO.

116 Vgl. BGHSt 2, 99, 106; 32, 25, 31; OGHSt 1, 299, 302. So auch Schlüchter/Radbruch, NStZ 1997, 354, 354.

genommen."[117] Dieser Zeuge erleide dann aber „*keinerlei Einbußen in seinen Rechten*"[118], wenn seine Aussage später durch die Vernehmung des Ermittlungsrichters in die Hauptverhandlung eingeführt werde. Es seien keine schützenswerten Interessen des Zeugen ersichtlich, die ein Zurücktreten des Anspruchs nach wahrheitsgemäßer Aufklärung verlangten, wenn der Zeuge selbst doch seine Interessen nicht für so schützenswert hielt, daß er bei seiner früheren Vernehmung von seinem Zeugnisverweigerungsrecht Gebrauch machte. Das Interesse des Zeugen, sich die Entscheidungsfreiheit noch bis zur Hauptverhandlung erhalten zu können, sei in dieser Konstellation von geringerer Bedeutung als das öffentliche Interesse an einer effektiven Strafverfolgung. Dies rechtfertige die Ausnahme vom Verwertungsverbot, die richterliche Verhörsperson als Zeugen zu hören.[119]

Anders sei die Situation dagegen bei einer polizeilichen oder staatsanwaltschaftlichen Vernehmung. Hier sei, mangels Belehrungspflicht, davon auszugehen, daß der Zeuge im Regelfall seine Aussage mache, ohne sein Zeugnisverweigerungsrecht überhaupt zu kennen und sich deshalb zur Aussage verpflichtet fühle.[120] Werde er dann in der Hauptverhandlung über sein Zeugnisverweigerungsrecht erstmalig in Kenntnis gesetzt und mache er von seinem Weigerungsrecht dann Gebrauch, müsse ein Verbot bezüglich der Einführung der früheren Aussage in die Hauptverhandlung bestehen. Denn diese frühere Aussage sei nicht durch einen bewußt erklärten Verzicht auf das Zeugnisverweigerungsrecht zustande gekommen; der Zeuge habe sich nicht nach einer Abwägung bezüglich etwaiger Konflikte zur Aussage bereit erklärt. Diese bewußte Entscheidung treffe der nichtrichterlich vernommene Zeuge erst in der Hauptverhandlung.

Die Folgen, die durch die Einführung seiner früheren Aussage in die Hauptverhandlung entstünden, hat er folglich nicht bei der damaligen Vernehmung bedacht und bewußt auf sich genommen.[121] Seine schutzwürdigen Interessen verlangen in dieser Konstellation vielmehr, daß Rücksicht auf sein Zeugnisverweige-

---

117 BGHSt 2, 99, 106; vgl. auch OGHSt 1, 299, 302; BGHSt 13, 394, 396; zustimmend auch Lesch, Strafprozeßrecht Rn. 146; ders., JA 1995, 691, 695; ders., JA 1997, 364, 364. Fuhrmann, JuS 1963, 273, 277, bemerkt dazu: „*Er (der Zeuge, d. Verf.) muß, wie fast überall im Leben, die Folgen eines Entschlusses tragen.*"

118 BGHSt 32, 25, 31; vgl. auch Lesch, Strafprozeßrecht Rn. 146; ders., JA 1997, 364, 364.

119 Vgl. BGHSt 45, 342, 346; siehe auch BGHSt 18, 146, 148; und Fuhrmann, JuS 1963, 273, 277, der zudem darauf hinweist, daß die nachträgliche Zeugnisverweigerung in der Hauptverhandlung zumeist die Folge einer Zeugenbeeinflussung sei und nicht aus der erst jetzt erkannten Konfliktsituation herrühre. Im Ergebnis dem Bundesgerichtshof zustimmend KMR-Paulus, § 252 Rn. 4 a. E.

120 Vgl. BGHSt 2, 99, 106.

121 Vgl. BGHSt 2, 99, 106; ähnlich auch OGHSt 1, 299, 302.

rungsrecht genommen wird und das Strafverfolgungs- und Aufklärungsinteresse zurücktreten. Eine andere Auslegung ließe den Gesetzeszweck des § 252 StPO – den Schutz des Zeugnisverweigerungsrechtes – außer acht. Eine Ausnahme vom Verwertungsverbot des § 252 StPO ist deshalb hier nicht gerechtfertigt.

Nach Auffassung des Bundesgerichtshofes hat aber auch die nunmehr[122] vorgeschriebene Belehrungspflicht bei nichtrichterlichen Vernehmungen nach § 163a V StPO für Polizeibeamte und nach § 161a I 2 StPO für Staatsanwälte nicht zu einer Gleichstellung von nichtrichterlichen und richterlichen Vernehmungen geführt.[123] Die Ausnahme vom Verwertungsverbot gelte auch weiterhin nur für die Vernehmung der richterlichen Verhörsperson über die frühere Aussage des in der Hauptverhandlung sein Zeugnis verweigernden Zeugen.

Als Begründung zieht der Bundesgerichtshof die Regelung des § 251 I, II StPO heran. Das Strafverfahrensrecht mache in diesen Absätzen deutliche Unterschiede zwischen richterlichen und nichtrichterlichen Vernehmungen, indem es die Verlesung der jeweiligen Protokolle von unterschiedlichen Voraussetzungen abhängig mache.[124] Diese unterschiedliche Behandlung der Vernehmungsprotokolle zeige, daß das Gesetz den richterlichen Vernehmungen *„ganz allgemein höheres Vertrauen entgegenbringt."*[125] Daher sei nach wie vor nur bei der Vernehmung durch den Ermittlungsrichter eine Einführung der früheren Aussage in die Hauptverhandlung durch Einvernahme der Verhörsperson als Ausnahme vom Beweisverwertungsverbot des § 252 StPO zulässig.

Gegen diese Ausnahme lasse sich auch nicht einwenden, daß das Gesetz dem Zeugen nach § 52 III 2 StPO erlaube, seinen Verzicht auf das Zeugnisverweigerungsrecht noch während der Hauptverhandlung zu widerrufen. Ein solches Widerrufsrecht stehe dem Zeugen zwar noch während seiner Vernehmung in der

---

122 § 163a V StPO wurde durch das Strafprozeßänderungsgesetz vom 19. Dezember 1964 (BGBl I, S. 1067) in die Strafprozeßordnung eingefügt. Das 1. Strafverfahrensreformgesetz vom 9. Dezember 1975 hat die Belehrungspflicht der Staatsanwaltschaft aus § 163a V StPO herausgenommen und separat in § 161a I 2 StPO geregelt (BGBl I, S. 3393).

123 Vgl. BGHSt 21, 218, 218 f; 45, 342, 345 f; 46, 189, 195; zustimmend Lesch, Strafprozeßrecht, Rn. 147; ders., JA 1995, 691, 696.

124 Vgl. BGHSt 2, 99, 106; 21, 218, 219; ebenso Lesch, Strafprozeßrecht Rn. 147, der als weiteres Beispiel für die unterschiedliche Behandlung von richterlichen und nichtrichterlichen Protokollen noch § 254 StPO nennt.

125 BGHSt 21, 218, 218; so auch BGHSt 36, 384, 386; 46, 189, 195; zustimmend Lesch, Strafprozeßrecht Rn 147, ders., JA 1995, 691, 696, der zur Begründung die neutralere Rolle des Richters gegenüber dem Beschuldigten im Verhältnis zur Staatsanwaltschaft und Polizei anführt. Zudem gebe es eine durch die Strafandrohung der §§ 153, 154, 163 StGB bewehrte Wahrheitspflicht nur bei der richterlichen Vernehmung.

Hauptverhandlung zu, so daß er nunmehr unter Berufung auf sein Zeugnisverweigerungsrecht schweigen könne. Dem Gesetz sei aber nicht zu entnehmen, daß dieser Widerruf auch rückwirkend (ex tunc) wirke.[126] Dem Zeugen werden folglich nicht die Folgen seiner früheren, freiwillig und bewußt getroffenen Entscheidung auszusagen, abgenommen. Das Gericht dürfe die Aussage, die der Zeuge bis zum Widerruf gemacht habe, verwerten. Sie ist nicht als nicht vorhanden zu betrachten.[127] Vergleiche man dies mit der Situation, daß der Zeuge in der Hauptverhandlung vollends schweige und der Ermittlungsrichter über die frühere Aussage als Zeuge gehört werde, ergebe sich, daß in beiden Fällen den Zeugen nur die Folgen treffen, die er aufgrund eines freiwilligen Entschlusses und in Kenntnis dessen Tragweite auf sich genommen hat.[128] Daher sei es gerechtfertigt, beide Fälle (Widerruf des Verzichts auf das Zeugnisverweigerungsrecht und nachträgliche Zeugnisverweigerung in der Hauptverhandlung) rechtlich gleich zu behandeln[129] und die frühere Aussage jeweils zu verwerten.

Wollte man keine Ausnahme vom Beweisverwertungsverbot zulassen, so könne letztendlich der Zeuge das Verfahren massiv beeinflussen und zum „*Herrn des Verfahrens*" werden.[130] Zwar sei es eine logische Konsequenz aus der Gewährung von Zeugnisverweigerungsrechten, daß der Zeuge einen gewissen Einfluß auf das Verfahren habe[131], indem es bei ihm liege, ob er aussage oder als Beweismittel ausfalle. Aber dieser Einfluß dürfe nicht unbegrenzt gelten: „*Die Interessen der Allgemeinheit, zu denen [...] auch sehr schutzwürdige Interessen des Beschuldigten treten können, verlangen jedoch, daß dem Einfluß des Zeugen auf ein Strafverfahren dort eine Grenze gezogen wird, wo seine eigenen schutzwürdigen Interessen das nicht mehr zwingend gebieten.*"[132]

Bei der nach einer Belehrung über das Zeugnisverweigerungsrecht erfolgten Aussage vor dem Ermittlungsrichter sei es nicht mehr zwingend notwendig, den

---

126 Vgl. BGHSt 2, 99, 106 f; Lesch, Strafprozeßrecht Rn. 146; ders., JA 1995, 691, 695; so auch bereits Pollack, Archiv für Strafrecht, Bd. 33 (1885), 232, 250. Die Wirkung des Widerrufes nach § 52 III 2 StPO ist aber umstritten; so vertreten u. a. Schmidt, JR 1959, 369, 372 f, und Heinitz, JR 1960, 226, 227, die Auffassung, der Widerruf habe rückwirkende Kraft.

127 Vgl. BGHSt 2, 99, 107.

128 Vgl. BGHSt 2, 99, 107.

129 Vgl. BGHSt 2, 99, 107.

130 Vgl. BGHSt 2, 99, 107 f.

131 Vgl. BGHSt 2, 99, 108.

132 BGHSt 2, 99, 108; vgl. auch Fuhrmann, JuS 1963, 273, 277, der diese Grenzziehung für notwendig hält, um den Mißbrauch des Zeugnisverweigerungsrechts zu verhindern und die Interessen der Allgemeinheit zu wahren. In diesem Sinne vgl. auch die Entscheidungen BGHSt 25, 176, 177 f; 27, 139, 142 f.

Interessen des Zeugen Vorrang vor dem Interesse an wahrheitsgemäßer Aufklärung einzuräumen. Hier sei daher dem Einfluß des Zeugen eine Grenze zu ziehen.

Die Möglichkeit, den Ermittlungsrichter über die frühere Aussage zu vernehmen, führe überdies dazu, daß unlautere Beeinflussungsversuche vom Zeugen wirksam ferngehalten werden könnten, anders als es bei einem umfassenden Beweisverwertungsverbot möglich wäre.[133] Denn wenn sich der Zeuge nach entsprechender Belehrung durch den Ermittlungsrichter freiwillig zur Aussage entschieden habe, dann könne diese Aussage in der späteren Hauptverhandlung verwertet werden. Versuche, zwischen Ermittlungsverfahren und Hauptverhandlung auf den Zeugen einzuwirken und ihn so in der Hauptverhandlung zum Schweigen zu veranlassen, können nicht mehr zum beabsichtigten Ausfall einer Beweismöglichkeit führen und machen daher keinen Sinn mehr. Die Ausnahme vom Beweisverwertungsverbot sei folglich auch deshalb gerechtfertigt, um durch § 252 StPO nicht derartigen Beeinflussungsversuchen *„einen Einfluß und eine Wirkung"* zu geben, *„die sie nicht verdienen."*[134]

bb. Auffassung in der Literatur zum Umfang des Beweisverwertungsverbotes

Die Literatur[135] leitet aus § 252 StPO dagegen ein umfassendes, absolutes Verwertungsverbot ab, das jegliche Einführung der Aussage des Zeugen aus dem Ermittlungsverfahren in die Hauptverhandlung durch eine Verhörsperson ausnahmslos untersagt. Begründet wird das umfassende Verwertungsverbot insbesondere mit dem Zweck des § 252 StPO, wobei die einzelnen Ansatzpunkte divergieren.

---

133 Vgl. BGHSt 2, 99, 109; 45, 342, 347 f.

134 BGHSt 2, 99, 109.

135 Vgl. Geppert, Jura 1988, 305, 307; Mitsch, Jura 1998, 306, 310; Fezer, JZ 1990, 875, 876; ders., JuS 1977, 669, 671 f; ders., Strafprozeßrecht II, Fall 15, Rn. 68 ff; Rengier, Jura 1981, 299, 302 f; Eckstein, JA 2002, 119, 123; Kretschmer, Jura 2000, 461, 463 f; Heinitz, JR 1960, 226, 227; zustimmend auch Grünwald, JZ 1966, 489, 497 f; Hanack, JZ 1972, 236, 238; Spendel, JuS 1964, 465, 470; ders., NJW 1966, 1102, 1105; Seydel, NJW 1966, 740, 741; Michaelis, NJW 1966, 117, 118; ders., NJW 1968, 58 ff; Dallmeyer, JA 2000, 275, 277; Roxin, Strafverfahrensrecht, § 44 Rn. 21; ders., 40 Jahre BGH, S. 66, 76; Peters, Strafprozeß, § 39 III 3a; Mehner, Vernehmung von Verhörspersonen, S. 182 ff; im Ergebnis auch Eser, NJW 1963, 234, 236 f.
Zur Zeit des Reichsgerichtes wurde diese Auffassung u. a. vertreten von: von Schwarze, GS 33 (1881), 270 ff; Muskat, Archiv für Strafrecht, Bd. 36 (1888), 281 ff; Beling, Beweisverbote, S. 25; Löwe, § 251 Anm. 3; Graf zu Dohna, StPR, S. 176; von Hippel, Strafprozeß, S. 391; Gerland, Strafprozeß, S. 203.

Ein Teil der Autoren stellt darauf ab, daß § 252 StPO dem Zeugen noch in der Hauptverhandlung die freie, selbstverantwortliche Entscheidung über die Ausübung seines Zeugnisverweigerungsrechtes ermöglichen soll.[136] Dieser Zweck wird aber verfehlt, wenn durch die Vernehmung irgendeiner Verhörsperson doch auf die frühere Aussage zurückgegriffen werden kann. Denn wenn der Zeuge weiß, daß seine frühere Aussage durch die Vernehmung der Verhörsperson in die Hauptverhandlung eingeführt werden kann, ist er gerade nicht mehr frei bezüglich seiner Entscheidung, ob er sein Zeugnisverweigerungsrecht in der Hauptverhandlung ausüben will.[137] Es entsteht vielmehr ein indirekter Aussagezwang für ihn.[138] Die vom Bundesgerichtshof angeführte bessere Qualität der richterlichen Vernehmung ist angesichts dieses Zwecks des § 252 StPO völlig irrelevant.[139]

Soll § 252 StPO nach anderer Akzentuierung zudem gewährleisten, daß der Zeuge noch in der Hauptverhandlung wirksam von seinem Zeugnisverweigerungsrecht Gebrauch machen kann und die Ausübung des Zeugnisverweigerungsrechts in der Hauptverhandlung überhaupt noch Sinn macht, dann darf es ausnahmslos keinen Rückgriff auf die frühere Aussage geben. Denn jede Verwertung der früheren Zeugenaussage stellt sich letztlich als Umgehung des Zeugnisverweigerungsrechtes aus § 52 StPO dar[140]; das Zeugnisverweigerungsrecht wird wirkungslos. Der Bundesgerichtshof führt in seiner Entscheidung selbst aus, daß der

---

136 So Fezer, JuS 1977, 669, 672; ders., Strafprozeßrecht II, Fall 15, Rn. 70 f; ders., JZ 1990, 875, 876; Seydel, NJW 1966, 740, 740; Eckstein JA 2002, 119, 123; ähnlich Sternberg-Lieben, JZ 1995, 844, 846; Grünwald, Beweisrecht der StPO, S. 128 f; Geerds, JuS 1991, 199, 200 (*„Autonomie der Beweisperson"*); sowie Heinitz, JR 1960, 226, 227; siehe auch Muskat, Archiv für Strafrecht, Bd. 36 (1888), 281, 297; andeutungsweise auch Schmidt, JZ 1957, 98, 99.
Auch der Bundesgerichtshof nimmt dies in seinen Entscheidungen an, vgl. statt vieler BGHSt 45, 203, 208: *„Es (das Beweisverwertungsverbot des § 252 StPO, d.Verf.) soll gewährleisten, daß der zur Zeugnisverweigerung Berechtigte bis zur Hauptverhandlung frei entscheiden kann, ob seine frühere, vielleicht voreilige oder unbedachte Aussage verwertet werden darf."*
Ähnlich auch Schlüchter, Kernwissen, S. 192, die aber im Ergebnis die Vernehmung aller Verhörspersonen zulassen will.

137 Vgl. Fezer, Strafprozeßrecht II, Fall 15, Rn. 70 f; Dallmeyer, JA 2000, 275, 277.

138 So Rengier, Jura 1981, 299, 304; ähnlich Michaelis, NJW 1966, 117, 117.

139 Vgl. Fezer, JuS 1977, 669, 672; ders., Strafprozeßrecht II, Fall 15, Rn. 70 f; ders., JZ 1990, 875, 876; Geerds, JuS 1991, 199, 200; Kretschmer, Jura 2000, 461, 463.

140 So Hanack, JZ 1972, 236, 239; Muskat, Archiv für Strafrecht, Bd. 36 (1888), 281, 295, 297; von Schwarze, GS 33 (1881), 270, 288. Die Vernehmung der Verhörsperson sei eine *„Umgehung des Gesetzes"*, so auch von Hippel, Strafprozeß, S. 391 (Fußnote5); Graf zu Dohna, StPR, S. 176 (Fußnote 101); Gerland, Strafprozeß, S. 203 (Fußnote 113).

Schutzzweck des § 252 StPO – der Schutz des Zeugnisverweigerungsrechtes – nicht erreicht werden kann, wenn über die frühere Aussage des Zeugen Beweis erhoben wird[141]; dies muß dann aber konsequent für alle Verhörspersonen gelten.[142]

So weist auch bereits von Schwarze darauf hin, daß sich das Motiv des Gesetzgebers, aufgrund dessen er dem angehörigen Zeugen ein Zeugnisverweigerungsrecht gewährt hat, nicht durch die frühere Aussage erledigt hat.[143] Das Motiv für die Gewährung des Zeugnisverweigerungsrechtes war nicht, den Zeugen davor zu schützen, in Anwesenheit des angehörigen Angeklagten aussagen zu müssen, sondern man wollte *„dem Zeugen die Sorge benehmen [...], daß er durch seine Aussage den Angeklagten schädige und zu dessen Verurtheilung beitrage. [...] Die Kollision der Pflichten und Gefühle des Zeugen bezieht sich auf den Inhalt seiner Aussage und die Verwertung des Inhalts bei der Aburtheilung des Verwandten."*[144] Würde die frühere Aussage über die Vernehmung des Untersuchungsrichters (heute des Ermittlungsrichters) Grundlage der Urteilsfindung, so hätte doch der Zeuge die Verurteilung veranlaßt. Das aber sollte durch die Bestimmung des § 52 StPO gerade vermieden werden.

Denn, so bringen andere Autoren vor, bei § 252 StPO geht es nicht darum, vor *„angeblich minderwertigen Vernehmungssurrogaten"*[145] zu schützen, sondern § 252 StPO bezweckt, den Zeugen davor zu schützen, daß seine frühere Aussage aus dem Ermittlungsverfahren überhaupt in die Hauptverhandlung eingeführt wird[146], und gewährleistet dem Zeugen insofern umfassenden Schutz. Daher spielt bei § 252 StPO das vom Bundesgerichtshof erwähnte besondere Vertrauen in die richterliche Vernehmung keine Rolle.[147]

Mitsch[148] wendet ein, wenn die richterliche Vernehmung tatsächlich vertrauenswürdiger sein sollte, dann hätte diese richterliche Zeugenaussage deshalb in der Hauptverhandlung auch mehr Einfluß und Gewicht. Sie würde also das Urteil

---

141 Vgl. BGHSt 2, 99,104 f.

142 So Eckstein, JA 2002, 119, 123; ebenso Grünwald, Beweisrecht der StPO, S. 130; Roxin, 40 Jahre BGH, S. 66, 76; ähnlich betont auch Geerds, daß die Ausnahme des Bundesgerichtshofes nicht mit dem Schutzzweck des § 252 StPO vereinbar sei, vgl. JuS 1991, 199, 200; Michaelis, NJW 1966, 117, 117; LR-Gollwitzer,§ 252 Rn. 4.

143 So von Schwarze, GS 33 (1881), 270, 287 f.

144 Von Schwarze, GS 33 (1881), 270, 287; so auch Schneidewin, JR 1951, 481, 487.

145 Mitsch, Jura 1998, 306, 310; so stellt auch Geppert fest, daß § 252 StPO nicht im Dienst der Wahrheitsfindung die *„Ausschaltung qualitativ unzuverlässiger Beweissurrogate"* bezwecke, Geppert, Unmittelbarkeit, S. 259 f.

146 Vgl. Mitsch, Jura 1998, 306, 310; in diesem Sinn auch BGHSt 1, 373, 375; OLG Düsseldorf, HESt 1, 174, 175.

147 Vgl. Geerds, JuS 1991, 199, 200.

148 Vgl. Mitsch, Jura 1998, 306, 310.

mehr beeinflussen als die Aussage eines Staatsanwaltes oder Polizeibeamten. Das führe aber doch dazu, daß die richterliche Vernehmung des Zeugen den Schutzzweck des § 252 StPO (Schutz der Zeugnisverweigerungsrechte) noch viel mehr beeinträchtige als die nichtrichterliche Vernehmung. Daher dürfe die richterliche Verhörsperson erst recht nicht vernommen werden.

Andere sehen durch die Ausnahmeregelung des Bundesgerichtshofes das, auch vom Bundesgerichtshof, aus dem Zweck des § 252 StPO abgeleitete Verwertungsverbot gefährdet.[149] Durch die Möglichkeit, die richterliche Verhörsperson zu vernehmen, wird nicht nur das Weigerungsrecht des Zeugen nach einer richterlichen Vernehmung obsolet[150], da trotz Zeugnisverweigerung in der Hauptverhandlung die frühere Aussage des Zeugen Grundlage der Beweiswürdigung werden kann. Vielmehr wird das Verwertungsverbot des § 252 StPO auf diese Weise umgangen und, wenn die richterliche Vernehmung in der Praxis zum Regelfall wird, völlig ausgehöhlt, so daß es letztlich keine Bedeutung mehr hat.[151]

Daß die maßgebliche Entscheidung des Zeugen, von seinem Zeugnisverweigerungsrecht nun in der Hauptverhandlung Gebrauch zu machen, nur für die Zukunft respektiert wird, findet Heinitz[152] an der Ansicht des Bundesgerichtshofes bedenklich. Denn das bedeute, daß am Ende – anders als es der Normzweck des § 252 StPO iVm § 52 StPO wolle – auf den Zeugen nicht als Beweismittel verzichtet wird. Seine Aussage wird doch in die Hauptverhandlung eingeführt – über den Umweg der Vernehmung der Verhörsperson.[153] Der Inhalt des Zeugnisver-

149 Vgl. Rengier, Jura 1981, 299, 303.

150 So bemängelt Rengier, daß vom Zeugnisverweigerungsrecht nach der richterlichen Vernehmung nichts mehr übrig bleibe (Jura 1981, 299, 303); ebenso Geerds, JuS 1991, 199, 202; Michaelis, NJW 1966, 117, 117; auch der Berichterstatter von Schwarze sprach, auf die Möglichkeit der Vernehmung der Verhörsperson angesprochen, von *„Manipulationen"* des Gesetzes, vgl. Hahn, Materialien, Bd. 3.2., S. 1881.

151 Vgl. Spendel, NJW 1966, 1102, 1105; Rengier, Jura 1981, 299, 303 mwN, der auch darauf hinweist, daß der Bundesgerichtshof die Gefahr der Aushöhlung zwar erkannt habe (s. BGHSt 21, 218, 219 a. E.), aber dem nicht entgegentrete und in der Ermittlungspraxis daher die richterliche Vernehmung des Zeugen *„unbedingt"* durchgeführt werde; ähnlich auch Geerds, JuS 1991, 199, 202.

152 Vgl. Heinitz, JR 1966, 226, 227; ebenso Schmidt, JZ 1957, 98, 98. Für Schmidt ergibt sich aus § 252 StPO, daß der Zeuge in der Hauptverhandlung *„die letzte maßgebende Entscheidung über die Ausübung seines Zeugnisverweigerungsrechtes mit allen daraus zu ziehenden Folgerungen haben soll."* Werde aber der Richter als Zeuge über die frühere Aussage vernommen, verliere der Zeuge gerade diese Möglichkeit, *„in der Hauptverhandlung die maßgebende Entscheidung"* zu treffen.

153 Heinitz, JR 1960, 226, 227, der auch zu bedenken gibt, daß nach der Strafprozeßordnung das Schwergewicht bezüglich der Urteilsfindung auf der Hauptverhandlung

weigerungsrechtes besteht auch nach der Auffassung Muskats[154] aber gerade darin, daß es von dem Willen des Zeugen in der Hauptverhandlung abhängt, ob eine Aussage von ihm als Beweismittel für die Verurteilung benutzt werden soll oder nicht. In jeder Verwertung seiner Aussage bei der Urteilsfindung gegen seinen in der Hauptverhandlung erklärten Willen liegt daher eine Verletzung seines Zeugnisverweigerungsrechtes. Durch § 252 StPO gibt der Gesetzgeber dem Zeugen die Möglichkeit, seinen Entschluß noch in der Hauptverhandlung zu ändern und nunmehr nicht auszusagen. Wäre es dem Gesetzgeber nur darauf angekommen, daß sich der Zeuge nicht *„widerwillig nochmals vernehmen"* lassen muß, wäre eine Verlesungsmöglichkeit für das Protokoll über die frühere Aussage zweckmäßig gewesen.[155] Dessen Verlesung hat der Gesetzgeber jedoch verboten, und das kann nur bedeuten, daß er mit der Berücksichtigung *„des neueren Entschlusses des Zeugen"* in der Hauptverhandlung jede Verwertung der früheren Aussage untersagen wollte.[156]

Aus dem Sinn und Zweck der Zeugnisverweigerungsrechte und dem Sinn des Widerrufsrechtes in diesem Zusammenhang leitet sich nach Ansicht einiger in der Literatur die rückwirkende Kraft des Widerrufes nach § 52 III 2 StPO ab.[157] Wenn der angehörige Zeuge zunächst unter Verzicht auf das Zeugnisverweigerungsrecht aussagt, bedeutet dies nicht, daß das Zeugnisverweigerungsrecht endgültig erlischt; *„vielmehr besteht es latent fort und tritt mit dem Widerruf wieder voll in Funktion."*[158] Dieses Widerrufsrecht steht dem Zeugen auch noch während einer Vernehmung zu, also wenn er bereits Angaben gemacht hat. Widerruft er dann und schweigt aufgrund seines Zeugnisverweigerungsrechtes, ist dem Gesetzeswortlaut nicht zu entnehmen, daß das bisher Gesagte für die Beweisführung

---

und der unmittelbaren Beweisaufnahme in der Hauptverhandlung liege. Soweit die §§ 250 StPO ausnahmsweise den Rückgriff auf Ergebnisse des Vorverfahrens gestatteten, sei dies nur ein Notbehelf. Daher müsse das Beweisverwertungsverbot des § 252 StPO umfassend verstanden werden.

154 Vgl. Muskat, Archiv für Strafrecht, Bd. 36 (1888), 281, 297.

155 So Löwe, § 251 Anm. 3.

156 Vgl. Löwe, § 251 Anm. 3.

157 So Heinitz, JR 1960, 226, 227; Schmidt, JR 1959, 369, 372 f; ferner Rengier, Jura 1981, 299, 304; ders., NStZ 1998, 47, 48; Peters, Strafprozeß, § 39 III 3a; Eisenberg, Beweisrecht, Rn. 1257 mwN.

158 Schmidt, JR 1959, 369, 373; a. A. ist allerdings der Bundesgerichtshof (vgl. BGHSt 2, 99, 107; BGHSt (GSSt) 12, 235, 242 f; BGH NJW 1988, 716, 716), für den der Widerruf nur zur Folge hat, daß die Vernehmung nicht weitergeführt wird. (Diese Folge ist für Schmidt eine Selbstverständlichkeit; JR 1959, 369, 373.) Was der Zeuge bisher geäußert habe, ist nach Auffassung des Bundesgerichtshofes also verwertbar; zustimmend LR-Dahs, § 52 Rn 35 mwN; vgl. auch die Ausführungen auf S. 31 f dieser Arbeit.

verwertbar ist.[159] *„Mit dem Widerruf werden alle bisher erstatteten Aussagen unverwertbar."*[160] Denn das Zeugnisverweigerungsrecht solle die familiären Beziehungen schützen, und das verlangt *„die Vermeidung etwaiger Folgewirkungen einer Aussage im Sinne eines Schadens für die familiäre Intimsphäre."*[161] Dann aber ist es nicht rechtens, *„dieses gesetzliche Recht (= Widerrufsrecht, d. Verf.) des Zeugen über die Hintertreppe einer Vernehmung der Verhörsperson praktisch unwirksam zu machen."*[162]

§ 52 III 2 StPO stellt zudem klar, daß das Gesetz den Zeugen nicht an seiner einmal getroffenen Entscheidung festhält[163]; es gestattet ihm durch das Widerrufsrecht, seinen Willen zu ändern, den Verzicht auf das Zeugnisverweigerungsrecht zu widerrufen, und *„verstärkt (damit, d. Verf.) den Schutz der Entscheidungsfreiheit des Zeugen."*[164] Dabei verlangt das Gesetz vom Zeugen nicht, daß er die Gründe seines Entschlusses angibt. Dem Gesetzgeber scheint es gleichgültig gewesen zu sein, ob der Zeuge das Zeugnisverweigerungsrecht ausübt, weil er sich plötzlich der Tragweite seines Tuns bewußt geworden ist, oder ob *„der Gesinnungswandel auf unlautere Beeinflussungsversuche"* zurückzuführen ist.[165] Da § 252 StPO an diese Situation des § 52 III 2 StPO, den Widerruf des Verzichtes auf das Zeugnisverweigerungsrecht, anknüpft, zielt der mit § 252 StPO verfolgte Zweck darauf ab, den Rückgriff auf den Inhalt der früheren Aussage des Zeugen zu verhindern.[166]

Ein anderer Teil der Literatur setzt bei der Begründung des umfassenden Verwertungsverbotes im Rahmen des Normzwecks des § 252 StPO bei der Konfliktsituation des Zeugen an. Aufgrund dieser Konfliktsituation und des damit verbundenen Zeugnisverweigerungsrechtes ist § 252 StPO über seinen Wortlaut hinaus als Verwertungsverbot zu verstehen; und der Gesetzgeber hat mit der Regelung des § 252 StPO für den Zeugen auch in der Hauptverhandlung einen Aus-

---

159 Nach Peters folgt daraus, daß dem Zeugen selbst noch in der Hauptverhandlung ein Widerrufsrecht zusteht, daß eine frühere Aussage nicht irgendwie verwertet werden dürfe. Denn sonst würde die Entscheidung des Zeugen in der Hauptverhandlung *„weitgehend gegenstandslos"*, vgl. Peters, Strafprozeß, § 39 III 3a.
Auch nach Beling hat die Zeugnisverweigerung in der Hauptverhandlung rückwirkende Wirkung, siehe Beling, Beweisverbote, S. 25.

160 Schmidt, JR 1959, 369, 373.

161 Eisenberg, Beweisrecht, Rn. 1257.

162 Heinitz, JR 1960, 226, 227.

163 Vgl. BGH NJW 1961, 1484, 1485; Mehner, Vernehmung von Verhörspersonen, S. 191.

164 BGH NJW 1961, 1484, 1485.

165 So Mehner, Vernehmung von Verhörspersonen, S. 192.

166 Vgl. Mehner, Vernehmung von Verhörspersonen, S. 192.

weg aus dieser Situation geschaffen[167]: Er hat den Belangen des Zeugen vor dem Aufklärungsinteresse der Allgemeinheit abermals Vorrang eingeräumt. Die Gründe des Gesetzgebers, dies zu tun, sind aber bei jeder Aussage, ob sie bei einer richterlichen oder nichtrichterlichen Vernehmung erfolgt ist, dieselben: Es geht immer darum, dem Zeugen die innere Belastung, vor der ihn das Zeugnisverweigerungsrecht schützen soll, auch in der Hauptverhandlung zu ersparen.[168] Denn diese Belastung kann auch dadurch entstehen, daß die frühere Aussage des Zeugen in der Hauptverhandlung bei der Beweiswürdigung berücksichtigt wird – und sie ist bei jeder Verwertung der Aussage (Verlesung des Vernehmungsprotokolls oder Vernehmung der Verhörsperson) dieselbe.[169] Deshalb hat der Gesetzgeber bei § 252 StPO anders als bei § 251 StPO schon im Wortlaut nicht zwischen richterlichen und nichtrichterlichen Vernehmungen differenziert.[170]

Die spezifische Konfliktsituation wird zudem für den Zeugen oft erst in der Hauptverhandlung spürbar, so daß die Belange des Zeugen keineswegs schon nach einer richterlichen Vernehmung weniger schutzwürdig sind.[171] Zumal der Richter auch nicht verpflichtet ist, den Zeugen bei der Vernehmung darauf hinzuweisen, daß er (der Richter) über die Aussage in der Hauptverhandlung gegebenenfalls vernommen werden kann.[172] Folglich wird dem Zeugen mitnichten die volle Tragweite und Bedeutung seines jetzigen Verzichts auf das Zeugnisverweigerungsrecht deutlich.[173] Sein Schutzbedürfnis besteht daher auch nach einer richterlichen Vernehmung ungemindert fort.

Einen ganz anderen Ansatz wählt Eser[174], der § 252 StPO im Zusammenhang mit §§ 250 ff StPO sieht. Nach seiner Ansicht ergibt sich aus dem Zweck des § 252 StPO, daß dieser das Unmittelbarkeitsprinzip des § 250 StPO bestätige und zwar

167 Vgl. Kretschmer, Jura 2000, 461, 464.

168 Vgl. Seydel, NJW 1966, 740, 741; Schmidt, JR 1963, 267, 268, ähnlich auch Kretschmer, Jura 2000, 461, 464.

169 Vgl. Seydel, NJW 1966, 740, 741; siehe auch Schmidt, JR 1963, 267, 268: Werde trotz Zeugnisverweigerung in der Hauptverhandlung die frühere Aussage verwertet, werde der Konflikt, der durch § 252 StPO eigentlich vermieden werden sollte, gerade nicht verhindert.

170 Vgl. Mitsch, Jura 1998, 306, 310; Kretschmer, Jura 2000, 461, 464; Seydel, NJW 1966, 740, 741; ähnlich auch Eckstein, JA 2002, 119, 123.

171 Vgl. Eisenberg, NStZ 1988, 488, 489; Fezer, JuS 1977, 669, 672; Heinitz, JR 1960, 226, 227; kritisch gegenüber der Ansicht des Bundesgerichtshofes auch Eser, NJW 1963, 234, 236.

172 So BGHSt 32, 25, 31 f; eine sog. qualifizierte Belehrung ist demnach nicht erforderlich.

173 Vgl. Eisenberg, NStZ 1988, 488, 489.

174 Vgl. Eser, NJW 1963, 236, 237.

für den Fall, daß der Zeuge von seinem Zeugnisverweigerungsrecht Gebrauch mache und schweige.[175] Als Ausfluß des Unmittelbarkeitsgrundsatzes wolle § 252 StPO dann aber nicht nur einseitig den Zeugen schützen, sondern auch den Angeklagten. Die Vernehmung der richterlichen Verhörsperson sei daher nicht durch den Verzicht des Zeugen auf sein Zeugnisverweigerungsrecht bei der früheren Aussage gerechtfertigt. Die Interessen des Angeklagten müßten trotz des Verzichts des Zeugen berücksichtigt und geschützt werden. Durch die Vernehmung der richterlichen Verhörsperson werde aber die Verteidigungsstellung des Angeklagten in der Hauptverhandlung beeinträchtigt. So könne der Angeklagte Behauptungen des richterlichen Zeugen nur schwer entkräften, da der Tatzeuge dazu keine Stellung nehme. Zum Schutz des Angeklagten sei § 252 StPO daher als umfassendes Beweisverwertungsverbot auszulegen.[176]

Die Argumente des Bundesgerichtshofes für seine Differenzierung werden in der Literatur als *„wenig tragfähig"*[177] abgelehnt:

Da die Verpflichtung zur Belehrung über das Zeugnisverweigerungsrecht nunmehr für alle Verhörspersonen gilt, ist schon aus dieser Perspektive keine Unterscheidung zwischen richterlichen und nicht-richterlichen Verhörspersonen gerechtfertigt.[178]

Aber auch die vom Bundesgerichtshof vorgenommene Interessenabwägung zwischen den Belangen des Zeugen und dem allgemeinen Aufklärungsinteresse kann nicht akzeptiert werden. Es steht fest, daß die § 252 StPO zugrundeliegende Wertung jede Verwertung der früheren Aussage verbietet.[179] Diese *„eindeutige Auslegung"* kann der Bundesgerichtshof nicht einfach durch eine Interessenabwägung korrigieren.[180] Eine solche Korrektur ist dem Gericht nur dann erlaubt,

175 Ähnlich auch Geerds, JuS 1991, 199, 200: § 252 StPO bekräftige den Grundsatz der Unmittelbarkeit.

176 Kritisch zu diesem Ansatz von Eser äußert sich Fuhrmann, JuS 1963, 273, 275 ff.

177 Geppert, Jura 1988, 305, 308; in diesem Sinne äußern sich auch Fezer, JuS 1977, 669, 671; ders., Strafprozeßrecht II, Fall 15, Rn. 68; Eisenberg, NStZ 1988, 488, 489.

178 Vgl. Geppert, Jura 1988, 305, 308; Fezer, JuS 1977, 669, 671; ders., Strafprozeßrecht II, Fall 15, Rn. 69; Kretschmer, Jura 2000, 461, 463; Mitsch, Jura 1998, 306, 310; Geerds, JuS 1991, 199, 200; Peters, JR 1967, 467, 467; Spendel, NJW 1966, 1102, 1105; Michaelis, NJW 1966, 117, 118; LR-Gollwitzer, § 252 Rn. 7; ähnlich auch Hanack, JZ 1972, 236, 238.

179 Vgl. Reinicke, NJW 1952, 1153, 1155.

180 So Fezer, JuS 1977, 669, 671; in diesem Sinne auch Hanack, JZ 1972, 236, 238. Auch das OLG Düsseldorf vertritt in seiner Entscheidung vom 24. Juli 1947 die Ansicht, der Richter sei *„nicht befugt, eine in ihrer Zielsetzung eindeutige Vorschrift des Gesetzes durch sinnwidrige Auslegung zu umgehen, weil er sie für ein Hemmnis bei der Wahrheitsermittlung und deshalb für kriminalpolitisch verfehlt"* erachtet;

wenn sich die vom Gesetzgeber getroffene Wertung in der Weise als fehlerhaft herausstellt, daß der Gesetzgeber bei der Schaffung des § 252 StPO gar nicht an die verschiedenen Vernehmungsmöglichkeiten gedacht hat.[181] Dies ist aber im Hinblick auf § 251 StPO zu verneinen. Wenn man aus kriminalpolitischen Erwägungen, um Täter gerade im Bereich des familiären Mißbrauchs zu überführen, aus § 252 StPO nur ein eingeschränktes Beweisverwertungsverbot ableiten möchte, so ist es die Sache des Gesetzgebers, § 252 StPO entsprechend zu ändern.[182] Schon Löwe betonte 1894, daß *„de lege ferenda"* die Bestimmung des damaligen § 251 StPO (heute § 252 StPO) nicht zu billigen ist, da sie *„in übertriebenem Maße das Interesse des Zeugen"* berücksichtigt und *„ihm dasjenige der öffentlichen Ordnung"* nachstellt.[183] Allerdings entbindet dies die Gerichte nicht von ihrer Verpflichtung, die Vorschrift im Sinne des Gesetzgebers zu handhaben – selbst dann nicht, wenn dies dazu führt, daß ein Schuldiger nicht verurteilt werden kann. Die *„Verantwortlichkeit (dafür, d. Verf.) trifft den Gesetzgeber."*[184]

Nach Ansicht der Literatur stützt auch der Verweis des Bundesgerichtshofes auf die Regelung des § 251 I, II StPO die Differenzierung zwischen richterlichen und nichtrichterlichen Vernehmungen nicht.[185] Die einzelnen Begründungen gehen auseinander:

Ein Teil der Literatur[186] wendet ein, daß bereits die Bezugnahme auf § 251 StPO als solche widersprüchlich ist. Stellt der Bundesgerichtshof zunächst zutref-

---

vgl. HESt 1, 174, 176. Außerdem, so Grünwald, Beweisrecht der StPO, S. 129, habe der Gesetzgeber bereits eine Abwägung vorgenommen – *„und zwar mit dem Ergebnis, daß das Interesse des Angehörigen, noch in der Hauptverhandlung frei über einen Beitrag zur Überführung entscheiden zu können, dem Strafverfolgungsinteresse in jedem Falle vorgeht."* A. A. Fuhrmann, JuS 1963, 273, 277, der in der Abwägung eine sinnvolle Methode sieht, *„um eine allen Belangen gerecht werdende Lösung zu finden"*.

181 Vgl. Reinicke, NJW 1952, 1153, 1155.

182 Vgl. Fezer, JuS 1977, 669, 671; Rengier, Jura 1981, 299, 303; Kretschmer, Jura 2000, 461, 464; im Ergebnis auch Eser, NJW 1963, 234, 237 a. E.; zustimmend auch Friedrichs, S. 110. Auch für Eisenberg, NStZ 1988, 488, 489, ders., Beweisrecht, Rn. 1315a, ist die Regelung des Bundesgerichtshofes eine kriminalpolitische Entscheidung ohne Stütze im Gesetz; ähnlich Reinicke, NJW 1952, 1153, 1155; Michaelis, NJW 1968, 58, 59; LR-Gollwitzer, § 252 Rn. 7.

183 So Löwe, § 251 Anm. 3.

184 Löwe, § 251 Anm. 3.

185 Vgl. Rengier, Jura 1981, 299, 302 f; Fezer, JuS 1977, 669, 672; ders., JZ 1990, 875, 876; ders., Strafprozeßrecht II, Fall 15, Rn. 70; Eisenberg, NStZ 1988, 488, 489; Geppert, Jura 1988, 305, 308; Kretschmer, Jura 2000, 461, 463; Eckstein, JA 2002, 119, 123; Michaelis, NJW 1968, 58, 59.

186 So Geppert, Jura 1988, 305, 308; Kretschmer, Jura 2000, 461, 463.

fend fest, daß § 252 StPO in den Sachzusammenhang der §§ 52 ff StPO und nicht zu den §§ 250 ff StPO gehört[187], zieht er dann für seine Begründung der Differenzierung doch wieder die §§ 250 ff StPO heran, aus deren Zusammenhang er § 252 StPO zuvor gelöst hatte.

Nach anderer Ansicht geht die Bezugnahme auf § 251 StPO inhaltlich fehl.[188] In § 251 I, II StPO werden Ausnahmen vom Unmittelbarkeitsgrundsatz des § 250 StPO zugelassen, um den Beweis trotz des Ausfalls des Zeugen zu ermöglichen[189]; und zwar bei § 251 StPO durch die Verlesung eines richterlichen Vernehmungsprotokolls. § 251 StPO soll also den „*Beweisverlust*" verhindern und eine „*praktische und zügige Durchführung des Strafverfahrens*" gewährleisten.[190] Dabei unterscheide § 251 StPO aus gutem Grund zwischen richterlichen und nichtrichterlichen Vernehmungen, denn diese Vernehmung werde später durch die Verlesung des Protokolls unmittelbare Grundlage der Beweiswürdigung des Gerichtes.[191] Und deshalb sei in diesem Zusammenhang, also bei § 251 StPO, die Qualität der Vernehmung wichtig.[192] Bei der richterlichen Vernehmung könne aufgrund der richterlichen Unabhängigkeit und des Anwesenheitsrechts des Verteidigers nach § 168c II StPO bzw. § 224 StPO von einer größeren Zuverlässigkeit ausgegangen werden, die dem richterlichen Protokoll einen höheren Beweiswert verleihe.[193] Aus diesem Grund dürfe das richterliche Protokoll nach § 251 I StPO in mehr Fällen zum Beweis herangezogen werden als das nichtrichterliche Protokoll nach § 251 II StPO. Die Differenzierung in § 251 I, II StPO habe folglich mit der Beweisqualität zu tun; § 252 StPO betreffe hingegen ein anderes Problem, nämlich das „*Zeugnisverweigerungsrecht im Spannungsverhältnis zur Wahrheitsfindung.*"[194] Dabei sei der Wille des Zeugen, von seinem Zeugnisverweigerungsrecht Gebrauch zu machen oder nicht, entscheidend,

---

187 So BGHSt 2, 99, 104; zustimmend u. a. Kretschmer, Jura 2000, 461, 463; Heinitz, JR 1960, 226, 227; Geppert, Unmittelbarkeit, S. 259 ff mwN.

188 Vgl. Rengier, Jura 1981, 299, 302 f; Fezer, JuS 1977, 669, 672; ders., Strafprozeßrecht II, Fall 15, Rn. 70; ders., JZ 1990, 875, 876; Eisenberg, NStZ 1988, 488, 489; Michaelis, NJW 1968, 58, 59.

189 Vgl. Rengier, Jura 1981, 299, 302; in den Materialien zur Strafprozeßordnung wird von den „*notwendigen*" Ausnahmen vom Unmittelbarkeitsprinzip gesprochen, vgl. Hahn, Materialien, Bd. 3.1., S. 194.

190 BGHSt 10, 186, 189; ähnlich auch Rengier, Jura 1981, 299, 302 f, für den § 251 I iVm §§ 162, 168a, 168c, 202, 223, 224 StPO eine Beweissicherung durch eine „*vorweggenommene richterliche Zeugenvernehmung*" bezweckt.

191 So Fezer, JuS 1977, 669, 672; Michaelis, NJW 1968, 58, 59.

192 So Fezer, Strafprozeßrecht II, Fall 15, Rn. 70.

193 Vgl. Eisenberg, NStZ 1988, 488, 489; ähnlich Grünwald, Beweisrecht der StPO, S. 117, 118. – Bei einer Zeugenvernehmung durch den Staatsanwalt nach § 161a StPO besteht für den Verteidiger dagegen kein Anwesenheitsrecht.

194 Eisenberg, NStZ 1988, 488, 489.

nicht aber die Zuverlässigkeit der früheren Vernehmung.[195] Für *„den Zweck des § 252, dem Zeugen die freie Wahl zwischen Aussage und Aussageverweigerung so lange wie möglich zu erhalten"*[196], ist die Zuverlässigkeit der richterlichen Protokolle vielmehr irrelevant. Diese institutionelle Zuverlässigkeit der Vernehmung spielt bei § 252 StPO keine Rolle. Denn § 252 StPO regelt kein Problem der Beweissicherung, sagt also nicht, wie ein möglicher Beweisverlust im Hinblick auf den Unmittelbarkeitsgrundsatz verhindert werden kann, sondern betrifft die Frage, ob generell auf die Zeugenvernehmung eines weigerungsberechtigten Zeugen aus dem Ermittlungsverfahren zurückgegriffen werden darf.[197] Damit unterscheiden sich die Regelungen in § 251 StPO und § 252 StPO, so daß die Differenzierung in den Absätzen des § 251 StPO nicht als Begründung für eine solche Unterscheidung auch bei § 252 StPO herangezogen werden kann.

Außerdem ist die Regelung des Bundesgerichtshofes, allein die Vernehmung der richterlichen Verhörsperson zuzulassen, die Verwertung des Vernehmungsprotokolls aber auszuschließen, eine der Strafprozeßordnung völlig fremde Konstruktion, verglichen mit §§ 251, 253, 254 StPO[198], und auch aus diesem Grunde abzulehnen. Hätte der Gesetzgeber eine Verwertung der früheren Aussage des Zeugen gewollt, so hätte er nicht in § 252 StPO die Verlesung des Protokolls untersagt. Denn nach der Strafprozeßordnung ist gerade die von § 252 StPO ausdrücklich verbotene Verlesung des Protokolls *„das geeignete Mittel"*, um den Inhalt der früheren Aussage festzustellen, wie die Regelungen der §§ 251, 253, 254 StPO zeigen.[199] Die Vernehmung der Verhörsperson hat der Gesetzgeber gegenüber der Protokollverlesung als das unzuverlässigere Beweismittel angesehen.[200] Davon geht auch die Regelung des § 251 StPO aus. Wären das Verneh-

---

195 So Peters, JR 1967, 467, 467; nach seiner Ansicht sind die Verfahrensbeteiligten an diesen Willen des Zeugen gebunden mit der Folge, daß die Verhörsperson nicht die Aussage des Zeugen ersetzen könne, vgl. JR 1967, 467, 468. Ähnlich ist auch für Schmidt, JZ 1957, 98, 99, der Wille des Zeugen entscheidend dafür, ob sein Wissen für die Urteilsfindung verwertet werden soll oder nicht.

196 Roxin, 40 Jahre BGH, S. 66, 76.

197 Vgl. Rengier, Jura 1981, 299, 302 f; ähnlich auch Fezer, JuS 1977, 669, 672. Schlüchter, Kernwissen, S. 192, verweist noch auf einen weiteren Unterschied: Die Differenzierung im Rahmen des § 251 StPO betreffe die Verlesbarkeit; diese unterschiedlichen Verlesungsmöglichkeiten könnten aber nicht für die im Rahmen des § 252 StPO relevante Frage der Verwertbarkeit durch die Vernehmung der Verhörsperson herangezogen werden.

198 Vgl. Rengier, Jura 1981, 299, 303; ähnlich äußert sich auch Mitsch, Jura 1998, 306, 309.

199 Vgl. Löwe, § 251 Anm. 3.

200 Vgl. Mitsch, Jura 1998, 306, 309; so auch Fezer, JuS 1977, 669, 672; ders., Strafprozeßrecht II, Fall 15, Rn. 70 a. E.; Michaelis, NJW 1966, 117, 118; Grünwald,

mungsprotokoll und die Verhörsperson gleichwertige Beweismittel, hätte der Gesetzgeber nicht mit § 251 StPO Ausnahmen vom Unmittelbarkeitsgrundsatz zulassen müssen – der Beweis über die Verhörsperson hätte ausgereicht. Mit § 251 StPO werde deutlich, daß das Vernehmungsprotokoll die „*Funktion des Vernehmungsersatzes am besten erfüllt.*"[201] Der Inhalt der früheren Aussage kann „*durch die Protokoll-Verlesung vollständig und zuverlässig, durch die Vernehmung der Gerichtspersonen dagegen [...] nur unvollständig und unzuverlässig*" ermittelt werden.[202] Wenn nun § 252 StPO schon verbietet, das Protokoll als das zuverlässigere Beweismittel zu verlesen, bedeutet dies, daß erst recht die Vernehmung der Verhörsperson, also das weniger verläßliche Beweismittel, ausgeschlossen ist.[203]

Die Bezugnahme auf § 251 I, II StPO trägt auch aus einem weiteren Grund die Differenzierung des Bundesgerichtshofes nicht: Der vom Bundesgerichtshof betonte Unterschied zwischen den Verlesungsmöglichkeiten der richterlichen Vernehmungsprotokolle nach § 251 I StPO und der nichtrichterlichen nach § 251 II StPO ist mittlerweile weitgehend aufgehoben.[204] Allein im Fall des § 251 I Nr. 3 StPO ist nur ein richterliches, nicht aber ein nichtrichterliches Vernehmungsprotokoll verlesbar. Aus den Motiven dieser Gesetzesänderung wird deutlich, daß die Beibehaltung bzw. Einschränkung des Unmittelbarkeitsgrundsatzes erfolgte, um das Hauptverfahren zu vereinfachen und zu beschleunigen.[205] Diese gesetzgeberische Entscheidung hat aber mit dem Sinn des § 252 StPO, dem Schutz der Zeugnisverweigerungsrechte, nichts zu tun. Die Regelung des § 251 StPO ist daher ungeeignet, die Differenzierung des Bundesgerichtshofes bei § 252 StPO zu stützen.

Eine Beschränkung des Verwertungsverbotes läßt sich nach Ansicht der Literatur auch damit nicht begründen, daß dies notwendig ist, um die Verfahrensherrschaft des Zeugen zu verhindern.[206] Es ist sicherlich nicht zu begrüßen, wenn ein Angeklagter freigesprochen werden muß, nur weil der Zeuge von seinem Zeug-

---

Beweisrecht der StPO, S. 120, 126; von Hippel, Strafprozeß, S. 391 (Fußnote 5); Löwe, § 251 Anm. 3.

201 Mitsch, Jura 1998, 306, 309; so auch Löwe, § 251 Anm. 3; Gerland, Strafprozeß, S. 203 (Fußnote 113): Protokoll als „*beste Erkenntnisquelle*".

202 So Löwe, § 251 Anm. 3.

203 Vgl. Mitsch, Jura 1998, 306, 309; so bereits auch Gerland, Strafprozeß, S. 203 (Fußnote 113). In diesem Sinne äußert sich auch OLG Düsseldorf, HESt 1, 174, 175 f, das noch hinzufügt, wie „*wenig eine solche Vernehmung für die Wahrheitsfindung geeignet ist.*"

204 So Fezer, JZ 1990, 875, 876.

205 So Fezer, JZ 1990, 875, 876; vgl. BT-Drucksache 10/6592 S. 19 f; 10/1313 S. 10.

206 Vgl. Heinitz, JR 1960, 226, 227; Michaelis, NJW 1968, 58, 59; Eckstein, JA 2002, 119, 123.

nisverweigerungsrecht Gebrauch macht. Aber diesen Einfluß des Zeugen hat der Gesetzgeber durch die Gewährung des Zeugnisverweigerungsrechtes, das nun einmal die Wahrheitsfindung behindert, und mit der Schaffung des § 252 StPO bewußt[207] in Kauf genommen. Und er hat sich dessen ungeachtet entschlossen, durch § 252 StPO alle Vernehmungsprotokolle unterschiedslos zur Disposition des Zeugen zu stellen.[208] Wenn aber § 252 StPO nicht nur ein Verlesungsverbot enthält, gilt dies auch bezüglich der Vernehmung aller Verhörspersonen: Der Zeuge ist Herr *„über seine Aussage und deren Verwertung."*[209]

Bezüglich des vom Bundesgerichtshof hervorgehobenen besonderen Vertrauens der Allgemeinheit in die richterliche Vernehmung[210] wendet ein Teil der Literatur äußerst kritisch ein, daß dies unabhängig vom Normzweck des § 252 StPO schon nicht plausibel ist.[211] Einige Autoren[212] machen geltend, daß die Qualität einer Vernehmung von der Persönlichkeit des Vernehmenden abhänge und nicht von seiner Funktion und prozessualen Stellung.

Andere[213] berufen sich auf Erkenntnisse der Aussage- und Vernehmungspsychologie, die die These von der höheren Qualität richterlicher Vernehmungen gegenüber nichtrichterlichen als nicht haltbar erweist. Schon die Ausbildung der Richter und Staatsanwälte ist in diesem Punkt völlig unzureichend, während der Polizeibeamte bis zu einem gewissen Grade damit in seiner Ausbildung vertraut gemacht wird.[214] Zudem ist die herausgehobene Stellung des Richters, der Autorität und Respekt ausstrahlt, bei einer Zeugenvernehmung eher ungünstig.[215] Em-

---

207 So Heinitz, JR 1960, 226, 227; vgl. auch Hahn, Materialien, Bd. 3.2., S. 1634: In der Diskussion um die Schaffung des § 252 StPO wurde gegen diese Vorschrift gerade eingewandt, daß es als Folge zu Freisprüchen käme und *„der Gerechtigkeit kein guter Dienst erwiesen"* werde. Trotzdem wurde § 252 StPO in dem Entwurf belassen. Zustimmend Muskat, Archiv für Strafrecht, Bd. 36 (1888), 281, 302. So auch Michaelis, NJW 1968, 58, 59.

208 So Eckstein, JA 2002, 119, 123.

209 Seydel, NJW 1966, 740, 742; ähnlich auch Grünwald, JZ 1966, 489, 497; Michaelis, NJW 1968, 58, 59.

210 So BGHSt 21, 218, 219.

211 Vgl. Geerds, JuS 1991, 199, 200; Eisenberg, NStZ 1988, 488, 488; Mitsch, Jura 1998, 306, 310; Peters, JR 1967, 467, 467; Kretschmer, Jura 2000, 461, 463.

212 Vgl. Peters, JZ 1967, 467, 467; ähnlich Eisenberg, NStZ 1988, 488, 488; ders., Beweisrecht, Rn. 1315a.

213 So Geerds, JuS 1991, 199, 200 f mwN zu den Fragen der Aussage- und Vernehmungspsychologie; zustimmend auch Kretschmer, Jura 2000, 461, 463; Mitsch, Jura 1998, 306, 310; Eisenberg, Beweisrecht, Rn. 1315a.

214 Vgl. Eisenberg, NStZ 1988, 488, 488; ders., Beweisrecht, Rn. 1315a; Geerds, JuS 1991, 199, 200 f; so auch Friedrichs, S. 109 f.

215 Vgl. Eisenberg, NStZ 1988, 488, 488.

pirisch unbegründet ist letztlich die Annahme, der Richter (denn er, nicht sein Protokoll wird ja zum Beweis herangezogen, anders als bei § 251 StPO) sage zuverlässiger aus als ein Polizeibeamter oder Staatsanwalt.[216]

Dabei ist auch zu berücksichtigen, daß sich der Ermittlungsrichter, der als Zeuge vom Hörensagen aussagt, nur noch selten genau an diese bestimmte Zeugenvernehmung erinnern wird, die oft schon einige Zeit zurückliegt.[217] Um seinem Erinnerungsvermögen zu helfen, wird in der Hauptverhandlung für einen formlosen Vorhalt sein richterliches Vernehmungsprotokoll „verlesen", und der Ermittlungsrichter macht dann seine Aussage.[218] Bei genauerer Betrachtung ist die Aussage des Ermittlungsrichters deshalb oftmals nur eine Bestätigung des Protokolls, da er sich gerade nicht mehr genau erinnern kann. Das Protokoll hat dann doch die entscheidende Bedeutung. Der Unterschied zwischen einer nach § 252 StPO ausgeschlossenen Verlesung des Protokolls und der Vernehmung der richterlichen Verhörsperson ist dann aber nur ein geringfügiger[219] und rechtfertigt keine unterschiedliche Behandlung im Rahmen des § 252 StPO.

Die Vernehmung des Untersuchungs-/Ermittlungsrichters ist auch deshalb problematisch, da das Gericht die vom angehörigen Zeugen bezeugten Tatsachen nicht durch die Befragung des Richters aufklären kann, sondern nur die Tatsache der Befragung des Zeugen durch den Untersuchungsrichter. Der Untersuchungs-

---

216 So Eisenberg, NStZ 1988, 488, 488; ähnlich Michaelis, NJW 1968, 58, 59.

217 Vgl. Heinitz, JR 1960, 226, 227; Eser, NJW 1963, 234, 237; Seydel, NJW 1966, 740, 741.

218 Nach st. Rspr. ist es zulässig, ein richterliches Vernehmungsprotokoll im Rahmen des § 252 StPO zum Zweck des „formfreien Vorhaltes" zu verwenden, so BGHSt 11, 338, 340 f; RGSt 72, 221, 222 f; zustimmend Kleinknecht/Meyer-Goßner, § 252 Rn. 15; LR-Gollwitzer, § 252 Rn. 27; zum Vorhalt iRd § 254 StPO siehe BGHSt 1, 337, 339 f. Für die Beweiswürdigung darf aber nur das verwertet werden, was der Zeuge, in diesem Fall der Ermittlungsrichter, selbst ausgesagt hat; der Inhalt des Protokolls darf also keine Rolle spielen – der Vorhalt ist kein Urkundsbeweis. Vgl. BGHSt 14, 310, 312; 11, 338, 341; RGSt 72, 221, 223; Beulke, StPR, Rn. 421; Geerds, FS Blau, S. 67, 69 f; Eisenberg, Beweisrecht, Rn. 869; Rengier, Jura 1981, 299, 303 mwN.

219 So Eser, NJW 1963, 234, 237; Seydel, NJW 1966, 740, 741; kritisch zur Figur des Vorhaltes auch Heinitz, JR 1960, 226, 227; Riegner, NJW 1961, 63, 63; Fezer, JuS 1977, 669, 672 f; Eisenberg, Beweisrecht, Rn. 871, 1315. Der 3. Strafsenat des Reichsgerichtes wandte gegen die Zulässigkeit des Vorhaltes ein, daß dadurch die Aussage zur Reproduktion des Protokollinhaltes wird und sich *„das Verfahren als eine Umgehung des gesetzlichen Verbotes (gemeint ist das Verlesungsverbot, d. Verf.)"* darstellt, RGSt 8, 122, 123; ablehnend auch OLG Düsseldorf, HESt 1, 174, 175 f; Geerds, FS Blau, S. 67, 74 f, 80 f, da der Vorhalt im Falle eines Zeugnisverweigerungsrechtes dieses Weigerungsrecht *„unterlaufen würde."* Auch Eisenberg, Beweisrecht, Rn. 1315, hält eine Verlesung zum Zweck des Vorhaltes im Fall des § 252 StPO für unzulässig.

richter wiederholt nur die Aussage des Zeugen; und Staatsanwalt und Angeklagter können keine Fragen zur Aufklärung an den eigentlichen Zeugen des Geschehens stellen.[220]

3. Mindermeinung in der Literatur

Nach einer vereinzelt im Schrifttum vertretenen Ansicht[221] erlaubt § 252 StPO die Einführung der früheren Aussage des Zeugen in die Hauptverhandlung über die Vernehmung aller Verhörspersonen, wenn der Zeuge seine Aussage im Ermittlungsverfahren nach ordnungsgemäßer Belehrung iSv § 52 III 1 StPO bzw. in Kenntnis seiner Berechtigung, das Zeugnis zu verweigern, gemacht hat.

Diese Ansicht differenziert, anders als der Bundesgerichtshof, somit nicht zwischen richterlichen und nichtrichterlichen Verhörspersonen. Ihr Kriterium für die Verwertbarkeit der Aussage ist, ob der Zeuge bei seiner Aussage ordnungsgemäß belehrt wurde.[222] Wenn dies der Fall war, ist die Vernehmung jeder Verhörsperson über die frühere Aussage des Zeugen zulässig.

Die Vertreter dieser Ansicht gehen wie der Bundesgerichtshof davon aus, daß sich das Verwertungsverbot des § 252 StPO nicht allein an den Belangen des weigerungsberechtigten Zeugen ausrichte. Im Rahmen des § 252 StPO seien auch das Gebot der Wahrheitsfindung, die effektive Strafverfolgung zu berücksichtigen und das Verwertungsverbot insofern zu relativieren.[223] Für diese Relativierung sei der Zweck des Verwertungsverbotes maßgeblich[224]: Der Zeuge solle vor einer Verwertung seiner Aussage geschützt werden, die er in Unkenntnis seines Zeugnisverweigerungsrechtes gemacht habe. Denn § 252 StPO diene dazu, dem Zeugen die freiverantwortliche Entscheidung für oder gegen eine Aussage zu sichern. Diese Entscheidung sei aber nur dann tatsächlich freiverantwortlich, wenn der Zeuge bei der Entscheidung sein Zeugnisverweigerungsrecht kenne und nicht meine, unbedingt aussagen zu müssen.[225]

Das Verwertungsverbot des § 252 StPO sei daher dahingehend zu relativieren, daß es nur die Verwertung solcher Angaben verbiete, die der Zeuge gemacht

---

220 So von Schwarze, GS 33 (1881), 270, 284 f.

221 Vgl. Schlüchter, Strafverfahren, Rn. 497.3; dies., Kernwissen, S. 191 f; Nüse, JR 1966, 281, 283; Kohlhaas, NJW 1965, 1254, 1255; Gössel, NJW 1981, 2217, 2220 f; SK-Schlüchter, § 252 Rn. 25.

222 So besonders deutlich Gössel, NJW 1981, 2217, 2220.

223 Vgl. Schlüchter, Kernwissen, S. 191; dies., Strafverfahren, Rn. 497.3; Nüse, JR 1966, 281, 283.

224 So Schlüchter, Kernwissen, S. 192.

225 Vgl. Schlüchter, Kernwissen, S. 192.

habe, ohne über sein Weigerungsrecht nach § 52 III 1 StPO belehrt worden zu sein[226] – also ohne eine freiverantwortliche Entscheidung. Habe der Zeuge aufgrund freier Entscheidung auf sein Zeugnisverweigerungsrecht verzichtet und ausgesagt, sei aber kein Interesse des Zeugen erkennbar, das nunmehr noch gegenüber dem Gebot umfassender Sachaufklärung vorrangig sei.[227] Daher dürfe jede Verhörsperson über die nach ordnungsgemäßer Belehrung erfolgte Aussage vernommen werden.

Sowohl beim Richter als auch bei Staatsanwaltschaft und Polizei befindet sich der Zeuge in der Konfliktsituation, aufgrund derer ihm ein Zeugnisverweigerungsrecht zusteht. Er muß sich entscheiden, ob er aussagt oder vom Weigerungsrecht Gebrauch macht.[228] Eine Differenzierung zwischen den Vernehmungssituationen ist aus dieser Perspektive nicht gerechtfertigt.

Da nunmehr bei allen Vernehmungen eine Belehrungspflicht bezüglich des Zeugnisverweigerungsrechtes bestehe, sei überdies der Grund des Bundesgerichtshofes für seine Differenzierung zwischen richterlichen und nichtrichterlichen Vernehmungen weggefallen.[229] Wenn jetzt auch Staatsanwälte und Polizeibeamte korrekt belehrten, sei nicht einzusehen, warum sie nicht auch als Zeugen über die frühere Aussage in der Hauptverhandlung gehört werden dürften.[230] Angesichts der unterschiedslos geltenden Belehrungspflicht bedeute die Unterscheidung des Bundesgerichtshofes eine deutliche Diskriminierung der Polizeibeamten und Staatsanwälte.[231] Ihnen werde unterstellt, daß ihre Belehrung über das Zeugnisverweigerungsrecht nicht so deutlich für den Zeugen sei wie eine richterliche Belehrung, daß sie ihrer Belehrungspflicht nicht im erforderlichen Umfang nachkämen.[232]

Daß der Richter sich besser als ein Staatsanwalt oder Polizeibeamter an die frühere Zeugenvernehmung erinnert oder gewissenhafter aussagt, läßt sich ebenfalls schwerlich als sachlichen Grund für eine Differenzierung anführen. Die Probleme eines Zeugnisses vom Hörensagen bestehen bei jeder Verhörsperson gleichermaßen.[233]

---

226 Vgl. Schlüchter, Kernwissen, S. 192; dies, Strafverfahren, Rn. 497.3.
227 So Nüse, JR 1966, 281, 283; ebenso Schlüchter, Strafverfahren, Rn. 497.3
228 Vgl. Nüse, JR 1966, 281, 283.
229 Vgl. Nüse, JR 1966, 281, 283; Kohlhaas, NJW 1965, 1254, 1255; ähnlich Gössel, NJW 1981, 2217, 2220.
230 So Kohlhaas, NJW 1965, 1254, 1255, der folgert, daß durch die Erweiterung der Belehrungspflicht sich auch der Kreis der vernehmbaren Verhörspersonen erweitert habe. Dies sei aber „*ein wohl kaum gewolltes und sinnvoll überdachtes Ergebnis.*"
231 Vgl. Nüse, JR 1966, 281, 283; Gössel, NJW 1981, 2217, 2220.
232 Vgl. Gössel, NJW 1981, 2217, 2220.
233 Vgl. Nüse, JR 1966, 281, 283.

Einen etwas anderen Ansatz zur Begründung des relativen Beweisverwertungsverbotes verwendet Gössel[234]: Nach seiner Ansicht muß der Zweck des § 252 StPO – und damit der Umfang des § 252 StPO – mit dem der Zeugnisverweigerungsrechte übereinstimmen.[235] Diese dienen nach Auffassung Gössels dem Schutz der Wahrheitsfindung vor konfliktbeladenen Aussagen.[236] Also wolle auch § 252 StPO vor der Verwertung solcher Aussagen schützen. Eine Aussage des angehörigen Zeugen sei jedoch dann keine Gefahr für die Wahrheitserforschung mehr, wenn das Gesetz die Verwertung dieser Aussage des Zeugen gestatte. Dies sei der Fall, wenn der Zeuge nach ordnungsgemäßer Belehrung über sein Zeugnisverweigerungsrecht aussage. Eine solche Aussage sei nicht mehr konfliktbehaftet. Dann liege aber auch kein Grund vor, weshalb § 252 StPO die Verwertung dieser Aussage untersagen sollte.[237] Die Vernehmung der Verhörsperson über die Aussage eines ordnungsgemäß belehrten Zeugen sei folglich zulässig.[238]

Dieses Ergebnis sei zudem kriminalpolitisch sinnvoll: Der Zeuge müsse sich als mündiger Bürger an dem, was er gesagt habe, festhalten lassen.[239] Schließlich habe er in freier Entscheidung ausgesagt.

---

234 Gössel, NJW 1981, 2217, 2220 f.

235 Gössel, NJW 1981, 2217, 2220, begründet dies damit, daß § 252 StPO nur eine rückwirkende Ausdehnung des Zeugnisverweigerungsrechtes auf frühere Aussagen bezwecke.

236 So Gössel, NJW 1981, 2217, 2220; ders., FS Bockelmann, S. 801, 805, 806, 817. Wenn dagegen, wie der Bundesgerichtshof ausführe (vgl. BGHSt [GSSt] 11, 213, 216; BGHSt 17, 324, 327; 2, 99, 104), der Zweck der Zeugnisverweigerungsrechte darin bestehe, dem Zeugen eine unzumutbare innere Belastung zu ersparen, dann sei über § 252 StPO jede Verwertung der früheren Aussage verboten. Denn diese Belastung werde unterschiedslos durch jede Verwertung der früheren Aussage herbeigeführt, vgl. Gössel, NJW 1981, 217, 2220.

237 Vgl. Gössel, NJW 1981, 2217, 2220. – Ansonsten sei die Vernehmung *„jeglicher Verhörsperson"* nach § 252 StPO verboten, Gössel, FS Bockelmann, S. 801, 806.

238 So Gössel, NJW 1981, 2217, 2220. Die Verlesung des Vernehmungsprotokolls sei schon nach § 250 S.2 StPO unzulässig, vgl. Gössel, NJW 1981, 2217, 2221.

239 S. Gössel, NJW 1981, 2217, 2221.

2. Kapitel: Vernehmung und Aussage im Sinn von § 252 StPO

Die Vorschrift des § 252 StPO verbietet die Verwertung derjenigen Aussage des Zeugen, die dieser vor der Hauptverhandlung bei einer Vernehmung gemacht hat, d. h. § 252 StPO greift nur dann ein, wenn die Zeugenaussage in einer Vernehmungssituation zustande gekommen ist. Außerhalb einer Vernehmung erfolgte Äußerungen des Zeugen fallen dagegen nicht unter das Verwertungsverbot.

Fraglich ist, ob eine solche, von § 252 StPO vorausgesetzte Vernehmungssituation bei der Befragung des Zeugen durch einen Sachverständigen beziehungsweise durch den Strafverteidiger des Beschuldigten vorliegt, mit der Folge, daß diese Angaben unverwertbar nach § 252 StPO wären, wenn der Zeuge in der Hauptverhandlung von seinem Zeugnisverweigerungsrecht Gebrauch macht – oder ob es sich um verwertbare Angaben, also um Äußerungen außerhalb einer Vernehmung handelt.

I. Vernehmungs- und Aussagebegriff

Voraussetzung für das Verwertungsverbot nach § 252 StPO ist nach dessen Wortlaut, daß es sich um die Aussage eines Zeugen handelt, die dieser bei einer früheren Vernehmung gemacht hat. Der Begriff der Aussage hängt dabei mit dem der Vernehmung zusammen: Als Aussage werden nur solche Äußerungen eines Zeugen angesehen, die er innerhalb einer Vernehmung gemacht hat.[1]

Eine Vernehmung liegt nach h. M.[2] dann vor, wenn *„der Vernehmende dem Zeugen in amtlicher Funktion gegenübertritt (z. B. als Polizei- oder Zollbeamter, als*

1 Vgl. SK-Schlüchter, § 252 Rn. 3; Ranft, Jura 2000, 628, 630.
2 Vgl. BGHSt 40, 211, 213; 46, 1, 3 f; BGH NStZ 1996, 200, 200; NStZ 1995, 410, 410; BayObLG MDR 1983, 427, 427 f = StV 1983, 142, 142 f; Geppert, Jura 1988, 363, 363; Lesch, Strafprozeßrecht, Rn. 153; Fezer, Strafprozeßrecht II, Fall 15, Rn. 76; Ranft, Jura 2000, 628, 630; Gollwitzer, JR 1981, 126, 126; Sternberg-Lieben, JZ 1995, 844, 845; Schlüchter, Kernwissen, S. 193; dies., Strafverfahren, Rn. 501; LR-Gollwitzer, § 252 Rn. 10 mwN; AK-Meier, § 252 Rn. 3 mwN; zustimmend zu BGHSt 40, 211 ff s. Schlüchter, NStZ 1995, 354, 355. A. A. ist Gusy, StV 1995, 449 ff, der versucht, eine eigene, abweichende Definition zu geben – Widmaier äußert sich kritisch dazu, s. Widmaier, StV 1995, 621 ff.

Staatsanwalt oder Richter) und in dieser Eigenschaft von ihm Auskunft verlangt.“[3]

Der Begriff der Vernehmung ist dabei in weitem Sinn zu verstehen[4]: Es werden alle Bekundungen erfaßt, die der Zeuge aufgrund einer amtlichen Befragung abgegeben hat. Also nicht nur Äußerungen bei förmlichen Vernehmungen iSd §§ 57 f, 161a I 2, 163a V etc. StPO, sondern auch Angaben bei einer formlosen (informatorischen) Befragung durch die Polizei oder bei vernehmungsähnlichen Situationen werden vom Begriff der Vernehmung umfaßt.[5] Eine sog. informatorische Befragung liegt dann vor, wenn sich ein Zeuge gegenüber einem Strafverfolgungsorgan auf Initiative des Strafverfolgungsorganes äußert, dies jedoch zeitlich vor der eigentlichen, förmlichen Vernehmung und meist ganz zu Beginn der Ermittlungen geschieht.[6] Zunächst galten diese Äußerungen des Zeugen nach Ansicht der Rechtsprechung[7] wie Äußerungen gegenüber Privatpersonen als verwertbar. Da der Zeuge sich freiwillig, d. h. außerhalb einer Zeugenpflicht, geäußert hat, liegt keine Vernehmung iSd § 252 StPO vor. Seit der Entscheidung des Bundesgerichtshofes vom 25. 3. 1980[8] *„ist ein Zeuge auch dann ‚vernommen' worden, wenn ihn die Polizei formlos (informatorisch) über den Ermittlungsgegenstand befragt hat.“* Denn der Zeuge äußert sich gegenüber der Polizei aus Anlaß und im Zusammenhang mit der Ermittlungstätigkeit, und zwar auf Initiative des Polizisten hin. Deshalb muß ihm auch dergleiche Schutz wie bei einer Vernehmung zukommen, zumal der Zeuge unbelehrt und somit in Unkenntnis der Tragweite seiner Äußerung aussagt. Außerdem erscheinen dem Zeugen die im Vorfeld abgegebenen Angaben von geringerem Gewicht als die bei einer förmli-

---

3 BGHSt 40, 211, 213. Einschränkend LG Oldenburg, StV 1996, 416, wonach die Befragung einer einreisenden Person im Rahmen der Zollkontrolle noch keine Vernehmung darstellt; vgl. Fahl, JA 1996, 922 ff.

4 Vgl. BayObLG StV 1983, 142, 143 = MDR 1983, 427, 427 f; StV 1983, 452, 452; LR-Gollwitzer, § 252 Rn. 10; Rengier, Jura 1981, 299, 301; Geppert, Jura 1988, 363, 363; Eisenberg, Beweisrecht, Rn. 1302.

5 So BGHSt 29, 230, 232 f; 40, 211, 213; BayObLG StV 1983, 142, 142 f = MDR 1983, 427, 428; StV 1983, 452, 452; LR-Gollwitzer, § 252 Rn. 10; AK-Meier, § 252 Rn. 3; KK-Diemer, § 252 Rn. 14, 17; Geppert, Jura 1988, 363, 363.
Ob die Angaben des Zeugen protokolliert wurden oder nicht, ist für das Vorliegen einer Vernehmung nicht entscheidend, vgl. BGHSt 29, 230, 232; BayObLG StV 1983, 142, 143 = MDR 1983, 427, 427; Geppert, Jura 1988, 363, 363; LR-Gollwitzer, § 252 Rn. 10.

6 Die informatorische Befragung dient der Orientierung, um beurteilen zu können, gegen wen Ermittlungen zu führen sind, wer als Zeuge in Betracht kommt; so Geppert, FS Oehler, S. 324; Müller-Christmann, JuS 2001, 682, 684, dort Fußnote 20.

7 Vgl. u. a. BGH NJW 1956, 1886, 1887 unter Bezugnahme auf RG JW 1935, 2979 und BayObLGSt 1, 605; OLG Düsseldorf NJW 1968, 1840, 1840.

8 BGHSt 29, 230 ff.

chen Vernehmung nach Belehrung über das Zeugnisverweigerungsrecht gemachten.[9]

Das Verbot des § 252 StPO gilt in allen den Fällen, „*in denen der Zeuge seine Angaben nicht aus freien Stücken*", sondern in Erfüllung seiner (zumindest vorgestellten) Zeugenpflicht gemacht hat.[10] Auf diese Angaben, die also „*unter dem Druck staatlicher Autorität zustande*"[11] gekommen sind, soll sich das Gericht bei der Urteilsfindung nicht stützen können. Entscheidend für das Vorliegen einer Vernehmung ist, daß der Zeuge von einem mit der Strafverfolgung beauftragten Staatsorgan in amtlicher Eigenschaft zum Gegenstand des Ermittlungsverfahrens befragt wurde[12], um von ihm eine Auskunft zu erhalten.[13]

Insbesondere spontane Äußerungen, also Mitteilungen, die ein Zeuge gegenüber einem Strafverfolgungsorgan ungefragt und auch ohne Provokation von dessen Seite, also von sich aus, in Eigeninitiative, im Vorfeld einer Vernehmung macht[14], werden hingegen wie Äußerungen gegenüber Privatpersonen[15] nicht

---

9 In diesem Sinne äußerten sich bereits das LG Lüneburg, NJW 1969, 442, 443; BayObLG StV 1983, 142, 143 = MDR 1983, 427, 428; StV 1983, 452, 452. Zustimmend auch Gollwitzer, JR 1981, 126, 126; Haubich, NJW 1981, 803, 804; Rengier, Jura 1981, 299, 301; Sternberg-Lieben, JZ 1995, 844, 845; Eisenberg, Beweisrecht, Rn. 1302; Beulke, StPR, Rn. 118; Ranft, StPR, Rn. 1733; Geppert, FS Oehler, S. 332.

10 BGHSt 36, 384, 387; ebenso BGHSt 29, 230, 232; 40, 211, 215; 46, 1, 5; vgl. auch BGHSt 1, 373, 375; 20, 384, 385 f; Sternberg-Lieben, JZ 1995, 844, 847; Schittenhelm, NStZ 2001, 50, 51; zustimmend auch Ranft, StV 2000, 520, 520.

11 Sternberg-Lieben, JZ 1995, 844, 847; so auch Geerds, JuS 1991, 199, 202.

12 Vgl. BGHSt 40, 211, 213; BayObLG StV 1983, 142, 143 = MDR 1983, 427, 428; StV 1983, 452, 453; Gollwitzer, JR 1981, 126, 126; Geppert, Jura 1988, 363, 363; Schlüchter/Radbruch, NStZ 1997, 354, 354; Ranft, StV 2000, 520, 520; Müller-Christmann, JuS 2001, 682, 684 mwN zum sog. formellen Vernehmungsbegriff; Lesch, Strafprozeßrecht, Rn. 153; Schlüchter, Kernwissen, S. 193.

13 So LR-Gollwitzer, § 252 Rn. 10; Gollwitzer, JR 1981, 126, 126; Rengier, Jura 1981, 299, 301; Ranft, StV 2000, 520, 520.

14 Sie fallen nach ständiger Rechtsprechung nicht unter das Beweisverwertungsverbot des § 252 StPO, da keine Vernehmung vorliege, vgl. BGHSt 1, 373, 374 f; 29, 230, 232; BGH NStZ 1986, 232, 232 = StV 1988, 46, 47; BGH NJW 1998, 2229, 2229 = StV 1998, 360, 361; BGHR StPO § 252 Vernehmung 1; so auch LR-Gollwitzer, § 252 Rn. 10, 30; KK-Diemer, § 252 Rn. 20; Sternberg-Lieben, JZ 1995, 844, 845; Schlüchter, Kernwissen, S. 194; Ranft, StPR, Rn. 1732; zustimmend wohl auch Müller-Christmann, JuS 2001, 682, 684, dort Fußnote 20 a. E. Kritisch dazu Geppert, Jura 1988, 363, 366; Kiehl, StV 1988, 48, 49 f; Rengier, Jura 1981, 299, 301; Roxin, Strafverfahrensrecht, § 44 Rn. 22; KK-Diemer, § 252 Rn. 20 a. E.; Geppert, FS Oehler, S. 333; siehe auch AK-Meier, § 252 Rn. 3, der eine analoge Anwendung des § 252 StPO empfiehlt. Auch nach der Ansicht Eisenbergs, Beweisrecht, Rn. 1303, greift § 252 StPO in entsprechender Anwendung ein, „*und zwar wegen der*

vom Vernehmungsbegriff erfaßt.[16] Als Äußerungen außerhalb einer Vernehmung sind sie schon nach dem Wortlaut des § 252 StPO vom Beweisverwertungsverbot ausgenommen und dürfen verwertet werden. Auch nach dem Sinn und Zweck des § 252 StPO fallen sie nicht unter das Beweisverwertungsverbot: Denn in diesen Situationen besteht für den Zeugen keine Pflicht zur Aussage (anders als bei einer Vernehmung) und damit auch gerade nicht die Interessenkollision, die § 252 StPO und die Vorschrift über das Zeugnisverweigerungsrecht nach § 52 StPO voraussetzen[17]: Den Konflikt des angehörigen Zeugen zwischen der Wahrheitspflicht bei einer Vernehmung und den sozialen Pflichten, die er aufgrund der familiären Bindung zum Beschuldigten hat.[18] Nur dieser Konflikt hat aber den Ge-

---

rechtstatsächlichen Schwierigkeit der Abgrenzung zur Vernehmung wie auch wegen ähnlicher Interessenlage des Zeugen." Für eine Einschränkung der Anwendbarkeit des § 252 StPO fehlt *„jede Rechtfertigung"*, so Grünwald, Beweisrecht der StPO, S. 131. Nach einer Entscheidung des Bayrischen Obersten Landesgerichtes ist eine Vernehmungssituation nicht schon deshalb abzulehnen, weil der Zeuge von sich aus, ungefragt Angaben gemacht habe, vgl. BayObLG StV 1983, 142, 143 = MDR 1983, 427, 428. Dagegen ist nach Ansicht Dallingers, MDR 1970, 196, 198, eine *„weitere Ausdehnung des Verwertungsverbots [...] weder durch den Wortlaut noch durch den Sinn des § 252 StPO gefordert. Eine Überspannung des fraglichen Beweisverbots könnte eine wirksame Verbrechensbekämpfung beeinträchtigen."*

15 Nach der Definition des Obersten Gerichtshofes der Britischen Zone ist Privatperson jeder Dritte, der mit dem Verfahren nicht amtlich befaßt ist, vgl. OGHSt 1, 299, 300.

16 Bei Äußerungen gegenüber Privatpersonen ist es unstreitig, daß diese nicht unter das Beweisverwertungsverbot des § 252 StPO fallen, vgl. BGHSt 1, 373, 374 f; 20, 384, 386; OGHSt 1, 299, 300; BayObLG StV 1983, 142, 142 = MDR 1983, 427, 427; Gollwitzer, JR 1981, 126, 126; Rengier, Jura 1981, 299, 302; Geppert, Jura 1988, 363, 363; Ranft, StV 2000, 520, 520; Fezer, JuS 1977, 813, 815; ders., Strafprozeßrecht II, Fall 15, Rn. 81; Sternberg-Lieben, JZ 1995, 844, 847; Schlüchter, Kernwissen, S. 193; Eisenberg, Beweisrecht, Rn. 1303; LR-Gollwitzer, § 252 Rn. 10 mwN; KK-Diemer, § 252 Rn. 20; SK-Schlüchter, § 252 Rn. 5.
Es ist unerheblich, ob die Privatperson von vornherein vorhatte, ihr Wissen an die Strafverfolgungsbehörde weiterzugeben oder nicht, vgl., Sternberg-Lieben, JZ 1995, 844, 844.

17 So BGHSt 40, 211, 214 f; ähnlich BGHSt 1, 373, 374 f, s. S. 375: *„Dieser eigentümliche Widerstreit der Pflichten, auf den das Gesetz mit den Vorschriften über die Zeugnisverweigerung wie bei dem Verbot des § 252 StPO Rücksicht nimmt, besteht nur, soweit jemand in Erfüllung einer Zeugenpflicht [...] ausgesagt hat, jedoch nicht, soweit sich jemand freiwillig, ohne damit einer Zeugnispflicht nachkommen zu wollen, anderen gegenüber geäußert hat"*; vgl. auch Sternberg-Lieben, JZ 1995, 844, 847; Schittenhelm, NStZ 2001, 50, 50 f; Eckstein, JA 2002, 119, 125; Eisenberg, Beweisrecht, Rn. 1302 a. E.

18 Vgl. BGHSt 40, 211, 214; 1, 373, 374 f; BGH NJW 1998, 2229, 2230 = StV 1998, 360, 362; sowie die Ausführungen zum Sinn des Zeugnisverweigerungsrechtes im ersten Kapitel dieser Arbeit, S. 24 ff.

setzgeber veranlaßt, dem Zeugen ein Zeugnisverweigerungsrecht und den Schutz dieses Zeugnisverweigerungsrechtes durch § 252 StPO zu gewähren.[19] Ein solcher Konflikt bestehe für den Zeugen jedoch nicht – und somit greife auch das Beweisverwertungsverbot des § 252 StPO nicht – wenn er sich „*außerhalb einer Vernehmung anderen gegenüber aus freien Stücken*“[20] und nicht unter dem Druck einer Zeugenvernehmung, dem „*Druck staatlicher Autorität*“[21], äußert. Der Zeuge gehe durch sein Gespräch das Risiko, daß diese Privatperson die Informationen weitergebe, „*bewußt und freiverantwortlich*“[22] ein. Was „*der Angehörige in Gesprächen mit Nachbarn, wahren oder falschen Freunden äußert, bleibt verwertbar*“[23] und kann über die Privatperson als Zeugin vom Hörensagen in die Hauptverhandlung eingeführt werden. Diese Folge „*eigener Geschwätzigkeit hat der Zeuge zu tragen.*“[24]

II. Angaben eines zeugnisverweigerungsberechtigten Zeugen gegenüber einem Sachverständigen

Nach § 73 I 1 StPO können der Richter, nach § 161a I 2 iVm § 73 StPO auch der Staatsanwalt beziehungsweise nach § 163 I StPO die Polizei einen Sachverständigen beauftragen, z. B. ein Glaubwürdigkeitsgutachten über den ordnungsgemäß belehrten, kindlichen Zeugen anzufertigen. Im Rahmen des Gespräches mit dem Sachverständigen äußert sich der Zeuge nun auch zum Tatgeschehen in Einzelheiten. In der Hauptverhandlung macht dieser Zeuge von seinem Zeugnisverweigerungsrecht als Angehöriger des Beschuldigten Gebrauch und schweigt.

Fraglich ist in dieser Situation, ob der Sachverständige dennoch sein Gutachten zur Glaubwürdigkeit des Zeugen vortragen darf und auch das, was der Zeuge ihm vom Tathergang berichtet hat, dem Gutachten zugrunde legen und dem Gericht mitteilen darf – oder ob § 252 StPO der Verwertbarkeit entgegensteht.

---

19 So BGHSt 40, 211, 214 f.

20 BGHSt 40, 211, 215; ebenso BGHSt 36, 384, 387; 29, 230, 232; 46, 1, 5.

21 Geerds, JuS 1991, 199, 201.

22 Sternberg-Lieben, JZ 1995, 844, 844.

23 BGHSt 40, 211, 215; in diesem Sinne auch Lesch, Strafprozeßrecht, Rn. 154; Dencker, StV 1994, 667, 672.
Das Problem, ob Äußerungen gegenüber V-Leuten Vernehmungen darstellen und deshalb unter das Beweisverwertungsverbot des § 252 StPO fallen, soll in dieser Arbeit nicht behandelt werden; vgl. dazu BGHSt 40, 211 ff; LR-Gollwitzer, § 252 Rn. 29 mwN sowie BVerfG StV 2000, 233 ff.

24 Sternberg-Lieben, JZ 1995, 844, 844.

1. Sachverständigenbeweis

Der Sachverständige besitzt eine besondere Sachkunde, die dem Gericht im Einzelfall fehlt, um bestimmte beweisrelevante Tatsachen zu beurteilen oder festzustellen. Deshalb wird der Sachverständige oftmals als *„Gehilfe des erkennenden Gerichts"*[25] bezeichnet. Dabei darf aber nicht vergessen werden, daß der Sachverständige ein Beweismittel nach der Strafprozeßordnung ist.[26]

„Der Sachverständige ist nicht wie der Richter, der StA und der Polizeibeamte ein Organ der Strafverfolgung. Seine Aufgabe ist es nicht, durch seine Tätigkeit unmittelbar zu der Klärung beizutragen, ob der Beschuldigte die ihm vorgeworfene Straftat begangen hat [...]. Er hat sich vielmehr auf Grund seiner Sachkunde nur zu bestimmten einzelnen Fragen zu äußern."[27]

Aufgrund seiner besonderen Kenntnisse kann der Sachverständige dem Gericht in seinem Gutachten über Tatsachen und allgemeine Erkenntnisse des jeweiligen Fachgebietes (Erfahrungssätze) Auskunft erteilen beziehungsweise einen bestimmten Sachverhalt feststellen und beurteilen.[28] Dabei ist zu beachten, daß sich der Sachverständige auf diese Aufgabe beschränken muß: *„Er hat dem Gericht den Tatsachenstoff zu unterbreiten, der nur aufgrund besonders sachkundiger Beobachtungen gewonnen werden kann, und das wissenschaftliche Rüstzeug zu vermitteln, das die sachgemäße Auswertung ermöglicht."*[29] Der Sachverständige darf aber nicht selbst rechtliche Schlüsse daraus ziehen. Das bleibt dem Gericht vorbehalten.[30]

Die Tatsachen, die der Sachverständige dabei seinem Gutachten zugrunde legt, werden als Anknüpfungstatsachen bezeichnet.[31] Er muß sie bei der Gutach-

---

25 BGHSt 9, 292, 293; s. auch BGHSt 7, 238, 239; 11, 97, 99 f; 13, 1, 4.

26 Vgl. Beulke, StPR, Rn. 199; HK-Lemke, Vor §§ 72 ff Rn. 1, 7; KK-Senge, Vorb. § 72 Rn. 1; Eisenberg, Beweisrecht, Rn. 1506; Lesch, Strafprozeßrecht, Rn. 91; Fezer, Strafprozeßrecht II, Fall 12, Rn. 23 ff; Peters, JR 1969, 232, 232, der sich kritisch zum Begriff des Richtergehilfen äußert, da so der Eindruck erweckt werde, *„als ob der Sachverständige eine dem Richter angenäherte Stellung im Strafverfahren innehätte."*

27 BGH NJW 1968, 2297, 2297 = JR 1969, 231, 231.

28 Vgl. Beulke, StPR, Rn. 197; Roxin, Strafverfahrensrecht, § 27 Rn. 1; Peters, Strafprozeß, § 42 I; Eisenberg, Beweisrecht, Rn. 1501.

29 BGHSt 7, 238, 239.

30 Vgl. BGHSt 7, 238, 240; 8, 113, 119; Roxin, Strafverfahrensrecht, § 27 Rn. 2; Peters, Strafprozeß, § 43 I; Schäfer, Strafverfahren, Rn. 728. So auch Grünwald, Beweisrecht der StPO, S. 47, der darauf hinweist, daß die *„Grenzziehung zwischen der Anwendung der Sachkunde und der rechtlichen Subsumtion [...] problematisch"* ist.

31 Vgl. BGHSt 18, 107, 108; 28, 235, 236; Beulke, StPR, Rn. 198; Geppert, Jura 1988, 363, 364; KK-Senge, Vorb. § 72 Rn. 3; KMR-Paulus, Vorb. § 48 Rn. 59: Anknüpfungstatsachen als die zur Beantwortung des Beweisthemas benötigten Tatsachen.

tenerstattung in der Hauptverhandlung ebenso wie die angewandten allgemeinen Erfahrungssätze mitteilen und seine Schlußfolgerungen darlegen. Die *„diagnostischen Schlußfolgerungen"* müssen *„vom Sachverständigen [...] für alle Verfahrensbeteiligten nachvollziehbar dargestellt [...] werden [...], namentlich durch die Benennung und Beschreibung der Anknüpfungs- und Befundtatsachen. [...] (Es) muß durch die Beteiligten – zumindest aber durch andere Sachverständige – überprüfbar sein, auf welchem Weg der Sachverständige zu den von ihm gefundenen Ergebnissen gelangt ist [...]. Daraus folgt im einzelnen: [...] Die der Begutachtung vom Sachverständigen zugrundegelegten Hypothesen sind im Gutachten im einzelnen zu bezeichnen [...]. Die jeweils verwendeten Untersuchungsmethoden und Testverfahren sind zu benennen und zu den gebildeten Hypothesen in Bezug zu setzen, d. h. es muß deutlich gemacht werden, welche Fragestellung mit welchem Verfahren bearbeitet wurde und warum diese Verfahren methodisch indiziert waren."*[32] In seinem Gutachten darf der Sachverständige schließlich nur jene Tatsachen als Anknüpfungstatsachen berücksichtigen, deren Verwertung nicht vom Gesetz, z. B. durch das Beweisverwertungsverbot des § 252 StPO, ausgeschlossen ist.[33] Wenn beispielsweise die Verwertung von Protokollen nach §§ 250, 251, 256 StPO unzulässig ist, dann *„darf aber ihr Inhalt auch nicht auf dem Umweg über das Gutachten eines Sachverständigen zur Urteilsgrundlage werden."*[34] Tatsachen, von deren Vorliegen das Gericht unabhängig von den Angaben des weigerungsberechtigten Zeugen aufgrund der Beweisaufnahme in der Hauptverhandlung überzeugt ist, darf der Sachverständige auch bei Zeugnisverweigerung des Zeugen seinem Gutachten zugrunde legen.[35]

Die Anknüpfungstatsachen werden in Befund- und Zusatztatsachen unterschieden: Befundtatsachen sind solche Tatsachen, die der Sachverständige nur auf-

---

Sofern das Gericht im Rahmen seiner Leitungsbefugnis nach § 78 StPO dem Sachverständigen die Anknüpfungstatsachen (Basistatsachen) nicht vorgibt oder mangels Sachkunde nicht oder nicht vollständig vorgeben kann, stellt er sie selbst durch eigene Ermittlungen unter Beachtung des § 80 StPO fest; vgl. HK-Lemke, Vor §§ 72 ff, Rn. 4; Pfeiffer, Vor §§ 72 ff, Rn. 1; KMR-Paulus, Vorb. § 48 Rn. 60; KK-Senge, Vorb. § 72 Rn. 3; Eisenberg, Beweisrecht, Rn. 1603; Krauß, ZStW 85 (1973), 320, 322 f.

32 BGHSt 45, 164, 178 ff; s. auch HK-Lemke, Vor §§ 72 ff, Rn. 6; Schäfer, Strafverfahren, Rn. 733.

33 Vgl. KK-Diemer, § 252 Rn. 18; BGH StV 1993, 563, 563.

34 BGH JR 1962, 111, 111.

35 Vgl. u. a. BGHSt 18, 107, 109; 13, 1, 4; 13, 250, 251 f; BGH StV 1984, 453, 453; StV 1987, 328, 328; BGHR StPO § 252 Verwertungsverbot 1; LR-Gollwitzer, § 252 Rn. 34; KMR-Paulus, § 252 Rn. 29; Ranft, StPR, Rn. 1746.

grund seiner besonderen Sachkunde erkennen kann.[36] Sie werden in die Hauptverhandlung durch die gutachterliche Äußerung des Sachverständigen eingeführt.[37] Das Gericht übernimmt sie dann „*ohne weitere Beweisaufnahme aus dem mündlich erstatteten Gutachten als eigene Feststellungen [...], sofern die Aufklärungspflicht nicht ausnahmsweise eine [...] Beweiserhebung [...] erfordert.*"[38]

Dagegen ist für die Feststellung von Zusatztatsachen keine besondere Sachkunde erforderlich. Das Gericht hätte sie „*mit den ihm zur Verfügung stehenden Erkenntnis- und Beweismitteln*"[39] selbst feststellen können. Diese Tatsachen, dabei handelt es sich um Angaben zum Tatgeschehen[40], die der Sachverständige zufällig bei seinem Gespräch mit dem Zeugen erfahren hat, können nicht durch den Sachverständigenbeweis in die Hauptverhandlung eingeführt werden.[41]

„*Derartige Tatsachen müssen vielmehr in der Hauptverhandlung unter den Verfahrenssicherheiten des Hauptverfahrens erst festgestellt werden, bevor der Sachverständige sein Gutachten auf sie stützt, §§ 250, 80 StPO.*"[42]

Denn der Sachverständige würde sonst bei seiner Gutachtenerstattung „*vom Gericht noch ungeprüftes Wissen*"[43] benutzen. Da es sich aber um Tatsachen handelt, deren Feststellung keine besonderen Kenntnisse erfordert, und sich somit

---

36 Vgl. BGHSt 18, 107, 108; als Beispiele werden in BGHSt 13, 1, 2 „*das Verhalten des Kindes bei der Untersuchung [...], das Maß seiner Aufgeschlossenheit bei fachlichen Fragen*", der Zustand, das Auftreten und dgl. des Kindes genannt.

37 Vgl. BGHSt 18, 107, 108; 13, 1, 2; 22, 268, 271; 28, 235, 236; BGH NStZ 1985, 182, 182; Geppert, Jura 1988, 363, 364; Lesch, Strafprozeßrecht, Rn. 93; Fezer, Strafprozeßrecht II, Fall 12, Rn. 63; LR-Gollwitzer, § 252 Rn. 33 mwN; AK-Meier, § 252 Rn. 13; SK-Schlüchter, § 252 Rn. 28; HK-Lemke, Vor §§ 72 ff Rn. 4; KMR-Paulus, Vorb. § 48 Rn. 66; KK-Senge, Vorb. § 72 Rn. 4.

38 BGHSt 9, 292, 293; allerdings bleibt das Gericht verpflichtet, das Gutachten, die berücksichtigten Befundtatsachen selbständig zu würdigen, bevor es sie der Urteilsfindung zugrunde legt. Die Urteilsgründe müssen diese selbständige Beweiswürdigung erkennen lassen; vgl. BGHSt 7, 238, 239 f; 8, 113, 118; 12, 311, 314 f; Fezer, Strafprozeßrecht II, Fall 12, Rn. 28, 67; Roxin, Strafverfahrensrecht, § 27 Rn. 2; Peters, Strafprozeß, § 43 I; Schäfer, Strafverfahren, Rn. 732; Eisenberg, Beweisrecht, Rn. 1607 ff, 1611; KMR-Paulus, Vorb. § 48 Rn. 68.

39 BGHSt 18, 107, 108.

40 Vgl. BGHSt 18, 107, 108; 36, 384, 386; BGH NJW 1995, 1501, 1502: „*das Tatgeschehen selbst betreffende Tatsachen (Zusatztatsachen).*" Einschränkend BGH NStZ 1985, 182, 182.

41 Vgl. BGHSt 9, 292, 294 f; 13, 1, 3 f; 13, 250, 251; 18, 107, 108; 22, 268, 271; BGH NStZ 1985, 182, 182; NStZ 1993, 245, 246; NStZ 1995, 1501, 1502; LR-Gollwitzer, § 252 Rn. 32; HK-Lemke, Vor §§ 72 ff Rn. 5; SK-Schlüchter, § 252 Rn. 28; KK-Senge, Vorb. § 72 Rn. 5; Fezer, Strafprozeßrecht, Fall 12, Rn. 64; Schlüchter, Kernwissen, S. 201; Eisenberg, Beweisrecht, Rn. 1611 a. E.

42 BGHSt 9, 292, 294.

43 BGHSt 9, 292, 294.

„nicht die spezifische Stellung des Sachverständigen ausprägt“[44], *„kann und soll der Sachverständige den vollen Beweis, dessen Erhebung dem Gericht in der Hauptverhandlung obliegt, nicht ersetzen, und es besteht dafür auch kein Bedürfnis.“*[45] Das Gericht darf diese Zusatztatsachen folglich nicht ohne weitere Beweisaufnahme einfach vom Sachverständigen für die Urteilsfindung übernehmen, sondern diese Tatsachen müssen im Wege des Urkunds-, Augenscheins- und vor allem des Zeugenbeweises in die Hauptverhandlung eingeführt und bewiesen werden.[46] D. h. das Gericht vernimmt darüber den angehörigen Zeugen und gegebenenfalls den Sachverständigen als Zeugen vom Hörensagen. *„Entscheidend für die Notwendigkeit der Vernehmung des Sachverständigen als Zeuge ist [...], ob er (vom Hörensagen) Beweiserhebliches zum Tatgeschehen bekundet.“*[47]

2. Verwertbarkeit der Befundtatsachen

Fraglich ist, ob der Sachverständige auch dann in der Hauptverhandlung seine Eindrücke vom Verhalten des Zeugen bei der Glaubwürdigkeitsuntersuchung, die Ergebnisse seiner Aussageanalyse sowie seine sachkundigen Schlußfolgerungen daraus für die Glaubwürdigkeit[48] vortragen darf, wenn der weigerungsberechtig-

---

44 Schlüchter, Kernwissen, S. 201; so auch BGHSt 13, 1, 3.

45 BGHSt 9, 292, 295; in diesem Sinne auch BGHSt 13, 1, 3.

46 Vgl. BGHSt 22, 268, 271; 13, 1, 3; 9, 292, 292; 18, 107, 108; 13, 250, 251; BGH NStZ 1993, 245, 246; Geppert, Jura 1988, 363, 364; Fezer, Strafprozeßrecht II, Fall 12, Rn. 64; Fall 15, Rn. 99; Lesch, Strafprozeßrecht, Rn. 93; Schäfer, Strafverfahren, Rn. 732; Schlüchter, Kernwissen, S. 201; Eisenberg, Beweisrecht, Rn. 1611; Grünwald, Beweisrecht der StPO, S. 49; KMR-Paulus, Vorb. § 72 Rn. 37.
Nach der Ansicht von Peters dagegen bleibt der Sachverständige auch hinsichtlich der Zusatztatsachen Sachverständiger und wird nicht Zeuge. Denn die festgestellten Zusatztatsachen hingen *„so eng mit dem Gutachten zusammen, daß sich dadurch die Äußerungen des Gutachters in ihrem Charakter nicht ändern.“* Allerdings sei erforderlich, daß die vom Sachverständigen neu in die Hauptverhandlung eingebrachten Tatsachen durch das übliche Beweisverfahren, also die Einvernahme der Personen, von denen der Sachverständige sein Wissen habe, bewiesen werden, vgl. Peters, Strafprozeß; § 42 I.

47 BGHSt 13, 250, 251.

48 Grundsätzlich ist es die Aufgabe des Tatrichters, die Glaubwürdigkeit des Zeugen zu beurteilen. Ihm wird die dafür erforderliche Sachkunde zuerkannt, da die Würdigung von Zeugenaussagen *„zum Wesen der richterlichen Rechtsfindung“* (BGHSt 8, 130, 131; BGH StV 1985, 398, 398) gehört. Die Einholung eines Sachverständigengutachtens kann aber *„ausnahmsweise geboten sein, wenn besondere Umstände zu erhöhter Vorsicht bei der Bewertung der Aussagerichtigkeit einer [...] Zeugin mahnen“* (BGHSt 8, 130, 130; BGH StV 1985, 398, 398). *„Nach ziemlich übereinstim-*

te, ordnungsgemäß belehrte Zeuge in der Hauptverhandlung seine Einwilligung zur Untersuchung widerruft und von seinem Zeugnisverweigerungsrecht Gebrauch macht, oder ob diese Befundtatsachen nunmehr nach § 252 StPO unverwertbar sind.

Die Glaubwürdigkeitsuntersuchung gehört nicht zu den nach § 81c StPO vom Zeugen zu duldenden Untersuchungen. Damit ist diese Untersuchung überhaupt nur dann zulässig, wenn der Zeuge vorher seine Einwilligung erklärt.[49] Dabei ist ein Zeuge, der nach § 52 I StPO als Angehöriger des Beschuldigten das Zeugnis verweigern kann, analog § 81c III 2, 2.HS iVm § 52 III 1 StPO über sein Recht, die Mitwirkung an der Untersuchung zu verweigern, zu belehren.[50] Der Bundesgerichtshof begründet dies damit, daß § 81c StPO bei Untersuchungen, die der angehörige Zeuge zu dulden habe, eine entsprechende Belehrung vorschreibe, und sie dann auch bei freiwilligen Untersuchungen zu verlangen sei.[51] Denn die Belehrung diene dazu, dem Zeugen die Konfliktsituation deutlich zu machen, damit er eine freie Entscheidung treffen kann: *„Das Gesetz will nicht, daß jemand zu einem freiwilligen Beweisakt gegen einen verwandten Beschuldigten veranlaßt wird, ohne sich wenigstens der Konfliktlage bewußt zu sein.“*[52] Der Zeuge ist also darüber zu belehren, daß er sich weder den psychologischen Tests des Sachverständigen unterziehen noch auf dessen Fragen antworten muß. Eine frühere Belehrung des angehörigen Zeugen bei seiner richterlichen Vernehmung über sein Zeugnisverweigerungsrecht ist allein nicht ausreichend.[53]

---

mender Auffassung namhafter forensisch tätiger Psychiater und Psychologen setzt die Erstattung eines seriösen Glaubwürdigkeitsgutachtens die Anwendung eines erprobten wissenschaftlichen Instrumentariums voraus, zu dem neben der Exploration und den [...] ‚quasi therapeutischen‘ Rahmenbedingungen eine Reihe sog. projektiver Tests gehören“, vgl. Blau, StV 1991, 406, 407 mwN.

49 Vgl. BGHSt 13, 394, 398; 14, 21, 23; 36, 217, 219; BGH StV 1993, 563, 563; StV 1990, 246, 246; StV 1991, 405, 405; StV 1991, 405, 406; so auch Heinitz, JR 1960, 226, 227; Eisenberg, Beweisrecht, Rn. 1867; Blau, Jura 1993, 513, 518; KK-Senge, § 81c Rn. 9.

50 Vgl. BGHSt 13, 394, 398 f; 14, 21, 24; 36, 217, 220; 40, 336, 337; BGH StV 1995, 563, 563 = NStZ 1996, 95, 96 = NJW 1996, 206, 206; Schlüchter, Kernwissen, S.202.

51 Vgl. BGHSt 13, 394, 399.

52 BGHSt 13, 394, 399, s. auch BGHSt 9, 195, 197. Zustimmend Heinitz, JR 1960, 226, 228; Schlüchter, NStZ 1995, 354, 354; s. auch Fincke, ZStW 1974, 656, 657, der die Belehrung auch deshalb für erforderlich hält, damit der Zeuge nicht irrig annimmt, gegenüber dem Sachverständigen eine Redepflicht zu haben.

53 Vgl. BGHSt 13, 394, 399; BGH StV 1993, 563, 563; StV 1988, 419, 419; zustimmend Schlüchter, Strafverfahren, Rn. 197.1; Eisenberg, Beweisrecht, Rn. 1315 a. E.;

Belehrungspflichtig ist das Strafverfolgungsorgan, das das Gutachten in Auftrag gegeben hat, nicht hingegen der Sachverständige. Denn *„Adressat der prozessualen Belehrungspflicht bleibt der Auftraggeber"*[54], und wenn der Sachverständige das Fehlen der Belehrung bemerkt, muß er zunächst von der Untersuchung absehen.[55] Eine Delegation an einen Dritten wie den Sachverständigen lehnt der Bundesgerichtshof mit der herrschenden Meinung ab, da sonst die Gewähr einer ordnungsgemäßen Belehrung nicht mehr gegeben sei.[56] Die bei einer Untersuchung ohne Belehrung des Zeugen gewonnenen Ergebnisse sind unverwertbar.[57] Sie sind nur dann ausnahmsweise verwertbar, wenn der Belehrungs-

---

anders jedoch BGH StV 1995, 564, 564 f = NJW 1998, 838, 839 = NStZ 1997, 296, 297.
Nach Ansicht des Bundesgerichtshofes soll die Erstellung eines Gutachtens durch den Sachverständigen aber auch dann möglich sein, wenn der Zeuge nicht in die Untersuchung einwilligt, vgl. BGHSt 23, 1, 1 f; BGH StV 1990, 246, 246 f; StV 1991, 405, 406. Der Sachverständige könne der richterlichen Vernehmung in oder außerhalb der Hauptverhandlung beiwohnen, dem Zeugen Fragen stellen gemäß § 80 II StPO und sich aufgrund dessen gutachterlich äußern. Durch die fehlende Einwilligung des Zeugen sei nur die außerhalb der Hauptverhandlung stattfindende typisch psychologische Untersuchung nicht möglich; s. KK-Senge, § 81c Rn. 9; LR-Dahs, § 81c Rn. 9; ablehnend Blau, StV 1991, 406, 407; ders., Jura 1993, 513, 518; Eisenberg, Beweisrecht, Rn. 1868; Peters, JR 1970, 68, 69, da auf diese Weise das Weigerungsrecht des Zeugen umgangen werde. Kritisch auch Dippel, Stellung des Sachverständigen, S. 178.

54 KMR-Paulus, Vorb. § 72 Rn. 39.

55 Vgl. auch Heinitz, JR 1960, 226, 228; Schmidt, JR 1959, 369, 371; Schlüchter, Strafverfahren, Rn. 197.1; Fincke, ZStW 1974, 656, 665; KK-Senge, § 81c Rn. 12; § 52 Rn. 30; Eisenberg, Beweisrecht, Rn. 1867, 1580, 1260 a. E., der aber dafür plädiert, daß auch der Sachverständige auf das Weigerungsrecht hinweisen sollte, schon um den Eindruck zu vermeiden, es bestehe zwischen ihm und dem Zeugen ein vertrauliches Therapeutenverhältnis; vgl. auch Eisenberg/Kopatsch, NStZ 1997, 297, 298. Bei vielen vom Bundesgerichtshof entschiedenen Fällen ging es um eine richterlich angeordnete Untersuchung, für die der Bundesgerichtshof dann auch eine richterliche Belehrungspflicht annimmt (vgl. BGH [GSSt] St 12, 235, 242; BGHSt 36, 217, 220); bei einer staatsanwaltschaftlich angeordneten Untersuchung stellt der Bundesgerichtshof fest: *„Die Pflicht zur Belehrung obliegt demjenigen, der die Untersuchung angeordnet hat"*, BGH StV 1993, 563, 563; so auch BGH StV 1997, 231, 232.

56 Vgl. BGHSt 9, 195, 197; so auch BGH NJW 1991, 2432, 2433; NJW 1996, 206, 206 = NStZ 1996, 95, 96 = StV 1995, 563, 563; zustimmend mit teils anderer Begründung Fincke, ZStW 1974, 656, 671; Schlüchter, Kernwissen, S.202; dies., Kernwissen, Rn. 197.1 Fn. 104; KK-Senge, § 81c Rn. 12, § 52 Rn. 30; LR-Dahs, § 81c Rn. 35; a. A. Peters, JR 1969, 232, 233, der eine Delegation der Belehrungspflicht an den Sachverständigen für zweckmäßig hält.

57 Vgl. BGH (GSSt) St 12, 235, 242; BGHSt 13, 394, 399; 36, 217, 220; 40, 336, 339; BGH NJW 1991, 2432, 2432.

mangel durch die nachträgliche Zustimmung des Zeugen in der Hauptverhandlung geheilt wurde.[58]

a. Auffassung des Bundesgerichtshofes und der herrschenden Literatur

Widerruft der angehörige Zeuge seine Einwilligung zur Untersuchung seiner Glaubwürdigkeit in der Hauptverhandlung, so hat das nach Auffassung des Bundesgerichtshofes und der herrschenden Literatur nicht die Unverwertbarkeit der Befundtatsachen zur Folge.[59]

Bezüglich des Widerrufes, der nach §§ 81c III 2, 2. HS iVm 52 III 2 StPO analog jederzeit möglich ist, gelten die für den Widerruf nach § 52 III 2 StPO *„entwikkelten Grundsätze“*[60]: Der Widerruf der Einwilligung habe demnach nur zur Folge, daß nach dem Widerruf keine weiteren Untersuchungen mehr zulässig seien.[61] Der Widerruf wirke nur ex nunc, nicht aber rückwirkend. Daher sei der Widerruf nach beendeter Untersuchung *„bedeutungslos.“*[62] So könne der Sachverständige das, was er vor dem Widerruf aufgrund seiner Sachkunde herausgefunden habe, in seinem Gutachten verwerten und dem Gericht in der Hauptverhandlung vortragen.[63]

Der Verwertbarkeit der Befundtatsachen stehe auch § 252 StPO nicht entgegen. Denn, so ein Teil der Literatur[64], § 252 StPO betreffe nur das Aussageverweigerungsrecht, nicht aber das bei einer Untersuchung nach § 81c StPO rele-

---

58 So BGHSt 20, 234, 234.

59 Vgl. BGH (GSSt) 12, 235, 242; LR-Dahs, § 81c, Rn. 36 mwN; KK-Senge, § 81c Rn. 14 a. E.; LR-Gollwitzer, § 252 Rn. 33 mwN; KK-Diemer, § 252 Rn. 18, 23; SK-Schlüchter, § 252 Rn. 28; so wohl auch Fezer, JuS 1977, 813, 816.

60 BGHSt (GSSt) 12, 235, 242; dem stimmt Schmidt, JR 1959, 369, 372, insofern zu, daß beide Widerrufsfälle gleich zu behandeln seien.

61 Vgl. BGHSt (GSSt) 12, 235, 242; BGH StV 1997, 231, 232; Schlüchter, Kernwissen, S. 202; dies., Strafverfahren, Rn. 197.1; Fezer, JuS 1977, 813, 816. A. A. Schmidt, JR 1959, 369, 372, für den diese Schlußfolgerung des Bundesgerichtshofes eine selbstverständliche Folge des Widerrufes ist.

62 BGHSt (GSSt) 12, 235, 242. A. A. Schmidt, JR 1959, 369, 373: *„Mit dem Widerruf werden alle bisher erstatteten Aussagen unverwertbar.“* Dies gilt dann auch für die Untersuchungsbefunde. Auch sie sind unverwertbar, da sonst das *„im Untersuchungsverweigerungsrecht enthaltene Beweisverbot außer Funktion gesetzt wird.“*

63 Vgl. BGHSt (GSSt) 12, 235, 242; LR-Dahs, § 81c Rn. 36; KK-Senge, § 81c Rn. 14; SK-Schlüchter, Strafverfahren, Rn. 186, 197.1; LR-Gollwitzer, § 252 Rn. 33.

64 Vgl. Schlüchter, Kernwissen, S. 202; dies., Strafverfahren, Rn. 197.1, dort Fußnote 105 a. E.; LR-Dahs, § 81c Rn. 36; LR-Gollwitzer, § 252 Rn. 36 mwN; a. A. bezüglich des Untersuchungsverweigerungsrechtes jedenfalls im Hinblick auf gewonnene Zusatztatsachen Ranft, Jura 2000, 628, 630.

vante Untersuchungsverweigerungsrecht. Für das Untersuchungsverweigerungsrecht sei § 252 StPO daher nicht einschlägig. Eine dem § 252 StPO entsprechende Regelung habe der Gesetzgeber für das Untersuchungsverweigerungsrecht nicht getroffen.

Problematisch ist aber, daß der angehörige Zeuge im Zusammenhang mit den psychologischen Tests bezüglich seiner Glaubwürdigkeitsuntersuchung auch Fragen des Sachverständigen beantwortet. Seine Mitwirkung an der Untersuchung ist daher nicht rein passiv wie bei Untersuchungen nach § 81c StPO. Dementsprechend ist er nach Auffassung des Bundesgerichtshofes auch darüber zu belehren, daß sein „*Recht zur Zeugnisverweigerung [...] ebenso gegenüber den Fragen, die die allgemeine Glaubwürdigkeit prüfen sollen, wie gegenüber denen, die sich auf die Glaubwürdigkeit der Aussage zum Tatgeschehen beziehen*“[65], besteht.

Die Angaben, die der Zeuge gegenüber dem Sachverständigen im Rahmen der Untersuchung seiner Glaubwürdigkeit[66] macht, könnten somit doch als Aussagen im Sinne von § 252 StPO zu werten sein; die Situation könnte sich für den Zeugen zumindest als vernehmungsähnlich darstellen.

Ein Teil der Literatur[67] verneint dies. Die Antworten, die der Zeuge dem Sachverständigen im Rahmen der Untersuchung gebe, seien keine Aussagen im

---

65 BGHSt 11, 97, 100; vgl. auch BGH StV 1995, 563, 563 = NJW 1996, 206, 206 = NStZ 1996, 95, 96.

66 Der Sachverständige untersucht dabei zum einen die allgemeine Glaubwürdigkeit des Zeugen, u. a. „*charakterlich festgelegte Erscheinungen (z.B. Oberflächlichkeit, lebhafte Phantasie, Wichtigtuerei)*“, gemütsmäßige Schwächen, Intelligenz, „*reaktiv bedingte seelische Erscheinungen*“ (z. B. Frustrationsphänomene), und zum anderen die Glaubhaftigkeit der konkreten Aussage (u. a. innere Stimmigkeit der Aussage, Divergenzen mit Angaben anderer Personen; dabei werden u. a. die Motive für die Aussage, die Situation, in der die Beschuldigung erstmals geäußert wurde, die Erstaussage an sich als Kriterien herangezogen); vgl. Eisenberg, Beweisrecht (2. Auflage), Rn. 1876 ff, 1882 ff. Insbesondere zur Glaubwürdigkeitsuntersuchung der konkreten Aussage sehr kritisch Fischer, NStZ 1994, 1, 1 ff. Während der Bundesgerichtshof in seiner Entscheidung BGHSt 11, 97, 98, 100, (vgl. auch BGH StV 1994, 64, 64) zwischen der allgemeinen Glaubwürdigkeit und der speziellen, auf die Aussage des Zeugen bezogenen Glaubwürdigkeit unterschieden hat, führt er in seiner Entscheidung, BGHSt 45, 164, 167, nunmehr aus: „*Gegenstand einer aussagepsychologischen Begutachtung ist [...] nicht die Frage nach einer allgemeinen Glaubwürdigkeit des Untersuchten im Sinne einer dauerhaften personalen Eigenschaft. Es geht vielmehr um die Beurteilung, ob auf ein bestimmtes Geschehen bezogene Angaben zutreffen, d. h. einem tatsächlichen Erleben der untersuchten Person entsprechen.*“

67 Vgl. Schlüchter, Kernwissen, S. 202; Eckstein, JA 2002, 119, 125, nach dessen Ansicht Befundtatsachen deshalb nicht unter den Begriff „Aussage“ fallen, weil sie „*im*

Sinne von § 252 StPO. Denn der Zeuge äußere sich nicht in einer Vernehmung. Eine solche setze voraus, daß der Zeuge von einem mit der Strafverfolgung beauftragten Staatsorgan befragt werde.[68] Das treffe auf den Sachverständigen jedoch nicht zu.[69] Außerdem sei der Sachverständige gar nicht befugt, eine Vernehmung durchzuführen.[70] Nach § 80 StPO sei es ihm lediglich gestattet, einer Vernehmung beizuwohnen und Fragen an den Zeugen zu stellen.[71] Die Untersuchung des Zeugen durch den Sachverständigen stelle somit keine Vernehmung dar, so daß die Angaben des Zeugen auch keine Aussage im Sinne von § 252 StPO seien. § 252 StPO sei folglich auch nicht einschlägig, und sein Beweisverwertungsverbot gelte nicht, so daß die Befundtatsachen auch dann verwertbar blieben, wenn der Zeuge in der Hauptverhandlung von seinem Zeugnisverweigerungsrecht Gebrauch mache.

Der Bundesgerichtshof weist demgegenüber darauf hin, daß die Antworten, die der Zeuge dem Sachverständigen gebe, *„nicht den Mitteilungen an außenstehende Personen"*[72] gleichgestellt werden können. Obwohl kein Staatsorgan, ist der Sachverständige auch keine Privatperson, die in der Hauptverhandlung über ihr Gespräch mit dem Zeugen berichten könnte, ohne daß das Beweisverwertungsverbot des § 252 StPO entgegenstünde.[73] Der Sachverständige wird vielmehr im Auftrag eines staatlichen Organes tätig[74], dem die erforderliche Sachkunde fehlt.

Unterschied zu Zusatztatsachen per definitionem erst vor dem Hintergrund sachkundigen Wissens entstehen."

68 Vgl. die Begriffsbestimmung im 1. Teil dieses 2. Kapitels, S. 55 ff.

69 BGH NJW 1968, 2297, 2297= JR 1969, 231, 231; zustimmend auch Peters, Strafprozeß, § 43 VI 2a; Lesch, JA 1997, 364, 365.

70 Vgl. BGH JR 1962, 111, 111; LG Oldenburg, StV 1994, 646, 646; Weigend, JZ 1990, 48, 49; Eisenberg/Kopatsch, NStZ 1997, 297, 298; Peters, JR 1969, 232, 232; ders., Strafprozeß, § 43 VI 2a; Fincke, ZStW 86 (1974), 656, 664, 670; Krauß, ZStW 85 (1973), 320, 323; Eckstein, JA 2002, 119, 124; Eisenberg, Beweisrecht, Rn. 1580; Dippel, Stellung des Sachverständigen, S. 152; Beulke, StPR, Rn. 200; Lesch, Strafprozeßrecht, Rn. 158; KMR-Lesch, Vor § 133 Rn. 17; Kleinknecht/Meyer-Goßner, § 80 Rn. 2.

71 Vgl. Weigend; JZ 1990, 48, 49; Eisenberg/Kopatsch, NStZ 1997, 297, 298; Beulke, StPR, Rn. 200; Krauß, ZStW 85 (1973), 320, 323; Kleinknecht/Meyer-Goßner, § 80 Rn. 2.

72 BGHSt 11, 97, 99; zustimmend Eisenberg/Kopatsch, NStZ 1997, 297, 298.

73 Vgl. dazu die Ausführungen im 1.Teil des 2.Kapitels, S. 57 ff; zustimmend auch Fezer, JuS 1977, 813, 816.

74 Vgl. BGHSt 11, 97, 99 f; ähnlich BGHSt 9, 292, 293; in dieser Entscheidung wird der Sachverständige auch als *„Wahrnehmungsperson"* des Gerichtes bezeichnet, BGHSt 9, 292, 294. Ansonsten fällt die Begründung des Bundesgerichtshofes in allen Entscheidungen eher sehr spärlich aus. Siehe auch SK-Schlüchter, § 252 Rn. 4; Lesch, Strafprozeßrecht, Rn. 91; Sternberg-Lieben, JZ 1995, 844, 844.

Er erfährt die Befundtatsachen also nur, weil ihn ein Strafverfolgungsorgan mit der Erstellung eines Gutachtens beauftragt hat. Aus der Sicht des Zeugen ist der Sachverständige damit nicht irgendeine Privatperson, der er etwas erzählt oder anvertraut, völlig ohne jeglichen Druck. Denn, anders als bei einem Gespräch mit einer Privatperson, wird der Zeuge vor der Untersuchung auch über sein Zeugnisverweigerungsrecht belehrt. Die Angaben, die er nun gegenüber dem Sachverständigen macht, erfolgen unter einem gewissen *„Druck staatlicher Autorität"*[75] und nicht völlig *„aus freien Stücken."*[76] Ob der Bundesgerichtshof die Situation daher als vernehmungsähnlich ansieht, so daß § 252 StPO (analog) anwendbar wäre, läßt sich seinen Entscheidungen nicht entnehmen.[77]

Jedenfalls ergibt sich für den Bundesgerichtshof[78] daraus jedoch nicht, daß die Befundtatsachen bei Zeugnisverweigerung des Zeugen in der Hauptverhandlung unverwertbar sind. Da der Sachverständige ein *„Gehilfe des Gerichts"*[79] sei, seien die nach einer richterlichen Belehrung des Zeugen *„vor ihm gemachten Angaben wie Aussagen vor Gericht"*[80] zu behandeln. Der Sachverständige wird damit einer richterlichen Verhörsperson gleichgestellt.[81]

Darf nach Auffassung des Bundesgerichtshofes der Ermittlungsrichter als Zeuge in der Hauptverhandlung über die frühere Aussage des Zeugen gehört

---

75 Sternberg-Lieben, JZ 1995, 844, 847; nach Gollwitzer, LR-Gollwitzer, § 252 Rn. 31, ist der Sachverständige *„eine Verhörsperson"*, so daß § 252 StPO gelte.

76 BGHSt 36, 384, 387; 29, 230, 232; 40, 211, 215; 46, 1, 5.

77 Der Bundesgerichtshof äußert sich hierzu in seinen Urteilsbegründungen nicht. Nach Lesch, JA 1997, 364, 367, ist die Anhörung über Befundtatsachen keine Vernehmung, aber sie *„wird in Bezug auf § 252 StPO wie eine richterliche Vernehmung behandelt."* Für eine direkte oder analoge Anwendung des § 252 StPO u. a. Rengier, Jura 1981, 299, 304, 305; Geppert, Jura 1988, 363, 365; LR-Gollwitzer, § 252 Rn. 31; AK-Meier, § 252 Rn. 13; HK-Julius, § 252 Rn.13; wohl auch Fezer, Strafprozeßrecht II, Fall 15, Rn. 97.

78 Vgl. BGHSt 11, 97, 98; 13, 1, 2; 13, 250, 252; 18, 107, 108; zustimmend KK-Senge, § 81c Rn. 14 a. E.; siehe auch LR-Gollwitzer, § 252 Rn. 33 mwN; wohl auch Lesch, JA 1997, 364, 367.

79 BGHSt 11, 97, 99 f; 13, 1, 4; ähnlich BGHSt 9, 292, 293; 7, 238, 239.

80 BGHSt 11, 97, 100.

81 So Lesch, Strafprozeßrecht, Rn. 160; auch Fezer, JuS 1977, 813, 816; Lesch, JA 1997, 364, 365; Eckstein, JA 2002, 119, 125; s. aber auch BGH StV 1995, 563, 563 = NStZ 1996, 95, 96 = NJW 1996, 206, 207, wo der Bundesgerichtshof den Sachverständigen ausdrücklich zu den nichtrichterlichen Verhörspersonen zählt.
Nach Dippel ist die Gleichstellung des Sachverständigen mit dem Richter abzulehnen. Denn es bestehe zwischen dem Sachverständigen und dem Richter ein wesentlicher Unterschied: Vor dem Sachverständigen bestehe für keinen Zeugen eine Aussagepflicht, *„gleichgültig, ob er ein Zeugnisverweigerungsrecht hat oder nicht hat"* (S. 188).

werden[82], so gilt dies entsprechend für den Sachverständigen: Er darf die Befundtatsachen seinem Gutachten zugrunde legen und in der Hauptverhandlung trotz Zeugnisverweigerung des Zeugen vortragen.[83]

Voraussetzung für diese Verwertbarkeit der Befundtatsachen ist nach Ansicht des Bundesgerichtshofes allerdings, daß der Zeuge vor der Untersuchung richterlich über seine Verweigerungsrechte belehrt wurde.[84] Dabei soll es nach einer Entscheidung des 1. Senates ausreichen, daß der Zeuge irgendwann *„im Laufe des Verfahrens einmal von einem Richter"*[85] iSd § 52 III 1 StPO über sein Zeugnisverweigerungsrecht belehrt wurde. Dies ist meines Erachtens insgesamt eine reichlich diffuse Entscheidung: Der Zeuge hat sowohl Angaben zur Person, Lebensgeschichte des Beschuldigten als auch zum Tathergang gemacht, der Bundesgerichtshof unterläßt es jedoch, festzustellen, ob es sich um Befund- und/oder Zusatztatsachen handelt, und erklärt alle Äußerungen des Zeugen gegenüber dem Sachverständigen für verwertbar. Zur Begründung verweist er auf seine Entscheidung in BGHSt 11, 97 ff, die aber nicht richtig paßt, da es dort nicht um die Verwertbarkeit der Angaben zum Tathergang ging, sondern darum, ob außer dem Ergebnis der allgemeinen Glaubwürdigkeitsbegutachtung auch das Ergebnis der *„Begutachtung der Glaubwürdigkeit der Aussage"* der Zeugin über *„die Ankla-*

---

82 Vgl. dazu die Ausführungen im 1. Kapitel, S. 32 ff.

83 Vgl. BGHSt 13, 1, 2; 13, 250, 252; 18, 107,108; 11, 97, 98; Fezer, JuS 1977, 813, 816; SK-Schlüchter, § 252 Rn. 28; LR-Gollwitzer, § 252 Rn. 33 mwN.

84 Vgl. BGHSt 11, 97, 100; BGHSt (GSSt) 12, 235, 242:*„Da die sachgemäße Belehrung [...] von nicht geringer Bedeutung ist, meint der Große Senat, daß nur der Richter sie vorzunehmen hat."* Eine richterliche Belehrung als Voraussetzung für die Verwertbarkeit der Befundtatsachen verlangen auch BGHSt 36, 217, 220; BGH StV 1995, 563, 563; BGH StV 1995, 564, 564 =NJW 1998, 838, 839 = NStZ 1997, 296, 297; BGH StV 1995, 563, 563 = NStZ 1996, 95, 96 = NJW 1996, 206, 206. Zustimmend KK-Diemer, § 252 Rn. 18 a. E.; 23; LR-Gollwitzer, § 252 Rn. 33; SK-Schlüchter, § 252 Rn. 28; Schäfer, Strafverfahren, Rn. 679; KMR-Paulus, § 252 Rn. 30; Fezer, JuS 1977, 813, 816; Lesch, JA 1997, 364, 367.
In anderen Entscheidungen des Bundesgerichtshofes (StV 1993, 563, 563; StV 1997, 231, 232) wird jedoch festgestellt, daß die Belehrung durch die zuständige Stelle – in diesen Fällen ist das die Staatsanwaltschaft – zu erfolgen habe. Inwieweit dann gewonnene Befundtatsachen verwertbar sind, ist den Urteilen jedoch nicht zu entnehmen.

85 BGH StV 1995, 564, 564 = NJW 1998, 838, 839 = NStZ 1997, 296, 297.
Demgegenüber hatte der Bundesgerichtshof in einer anderen Entscheidung gerade darauf hingewiesen, daß eine *„frühere Belehrung [...] bei einer richterlichen Vernehmung über sein Zeugnisverweigerungsrecht"* nicht ausreiche, vgl. BGH StV 1993, 563, 563, 2; StV 1996, 195, 195; so auch bereits BGHSt 13, 394, 399. Zustimmend Eisenberg, Beweisrecht, Rn. 1315 a. E.; Eisenberg/Kopatsch, NStZ 1997, 297, 299, die betonen, daß das Gesetz nach § 52 III 1 StPO vor jeder Vernehmung eine erneute Belehrung vorschreibe; so auch BGH NJW 1991, 2432, 2433.

getatsachen" verwertet und der Sachverständige darüber in der Hauptverhandlung trotz Zeugnisverweigerung gehört werden durfte.[86] Es ging also um die Verwertbarkeit von Befundtatsachen: Ob das, was der Sachverständige bei der Untersuchung der Glaubwürdigkeit der Aussage festgestellt hatte (also innere Stimmigkeit, Divergenz mit anderen Aussagen), verwertbar bleibt, auch wenn die Zeugin nunmehr ihr Zeugnis verweigert und damit die Aussage, die Grundlage seiner Begutachtung war, nun entfällt – ob der Sachverständige diese Angaben zum Tatgeschehen auch weiterhin seiner Begutachtung zugrunde legen darf.[87]

Nach anderer Ansicht sind die Befundtatsachen auch dann verwertbar, wenn der Zeuge nichtrichterlich über sein Weigerungsrecht belehrt wurde.[88] Die Belehrung durch die Staatsanwaltschaft bzw. Polizei sei der *„richterlichen Belehrung gleichzuachten."*[89] An der Entscheidung des Großen Senates für Strafsachen, daß nur richterlich zu belehren sei, könne nicht festgehalten werden, da die Entscheidung zu einem Zeitpunkt ergangen sei, als für die Staatsanwaltschaft und Polizei noch keine Belehrungspflicht bestand.[90]

b. Mindermeinung im Schrifttum

Nach Auffassung einer Mindermeinung in der Literatur sind die Befundtatsachen hingegen unabhängig von der Belehrung bei Zeugnisverweigerung des angehörigen Zeugen in der Hauptverhandlung unverwertbar.[91] Der Anwendungsbereich des § 252 StPO sei auf diese Fallkonstellation zu erstrecken bzw. § 252 StPO gelte analog.[92]

Für die vom Bundesgerichtshof vorgenommene Einschränkung des Beweisverwertungsverbotes gibt es keinen Ansatzpunkt, weder vom Wortlaut noch Normzweck oder der systematischen Stellung des § 252 StPO her.[93]

---

86 Vgl. BGHSt 11, 97, 99.
87 Zum schwierigen Verständnis dieser Entscheidung s. auch BGHSt 46, 189, 193 f.
88 Vgl. Schlüchter, Strafverfahren, Rn. 197.1, dort Fußnote 105.
89 Schlüchter, Strafverfahren, Rn. 197.1, dort Fußnote 105.
90 Vgl. Schlüchter, Strafverfahren, Rn. 197.1, dort Fußnote 105, 103.
91 Vgl. Rengier, Jura 1981, 299, 304 f; Geppert, Jura 1988, 363, 365; Wohlers, StV 1996, 192, 193 f; Fincke, ZStW 86 (1974), 656, 673; AK-Meier, § 252 Rn. 13; HK-Julius, § 252 Rn. 13, 2; kritisch auch Eisenberg, Beweisrecht, Rn. 1612; Eisenberg/Kopatsch, NStZ 1997, 297, 299; Weigend, JZ 1990, 48, 49.
92 Für eine analoge Anwendung Geppert, Jura 1988, 363, 365; Weigend, JZ 1990, 48, 49; wohl auch Fezer, JZ 1990, 875, 876; Beling, Beweisverbote, S. 25, dort Fußnote 1.
93 So AK-Meier, § 252 Rn. 13.

Nach dem Wortlaut des § 252 StPO greift das Beweisverwertungsverbot des § 252 StPO immer dann ein, wenn eine *„Aussage eines [...] vernommenen Zeugen"* vorliegt. Die Aussage des Zeugen muß also im Rahmen einer Vernehmung, d. h. bei einer von einem Strafverfolgungsorgan veranlaßten Befragung, zustande gekommen sein.[94] Auch die Befragung des Zeugen durch den Sachverständigen ist aber eine solche, von einem Strafverfolgungsorgan veranlaßte Befragung.[95] Der Sachverständige ist zwar selbst kein Strafverfolgungsorgan[96], er wird aber auf Geheiß eines Strafverfolgungsorganes tätig, so daß eine *„halbamtliche Vernehmung"*[97] vorliegt. Angaben innerhalb einer Vernehmung im Sinne von § 252 StPO zeichnen sich zudem dadurch aus, daß sie unter staatlichem Druck, zutreffende Angaben machen zu müssen, erfolgen.[98] Ein solcher Druck lastet aber auch auf dem Zeugen, der von einem gerichtlich bestellten Sachverständigen befragt wird – einer Person mit *„zumindest abgeleiteter staatlicher Autorität."*[99] Denn der Sachverständige ist im Auftrag eines staatlichen Organes tätig. Dies wird für den Zeugen auch dadurch deutlich, daß ihn dieses staatliche Organ über sein Weigerungsrecht gegenüber dem Sachverständigen belehrt und er (der Zeuge) wie vor diesem Strafverfolgungsorgan ein Weigerungsrecht hat. Der Zeuge sieht sich damit *„einem staatlicherseits ausgeübten [...] Druck zu wahrheitsgemäßen"*[100] Antworten gegenüber dem Sachverständigen – wie bei einer förmlichen Vernehmung – ausgesetzt. Die Befragung des Zeugen durch den Sachverständigen fällt daher in den Anwendungsbereich des § 252 StPO.

Sie ist zwar keine förmliche Vernehmung[101], da der Sachverständige dazu nach der Strafprozeßordnung nicht befugt ist, vgl. § 80 StPO, der sonst keinen

---

94 Vgl. die Begriffsbestimmung im 1. Teil dieses Kapitels, S. 55 ff.

95 So AK-Meier, § 252 Rn. 13.

96 So u. a. Sternberg-Lieben, JZ 1995, 844, 844; Peters, JZ 1969, 232, 232; ders., Strafprozeß, § 43 VI 2a.

97 Sternberg-Lieben, JZ 1995, 844, 844; so auch Geppert, Jura 1988, 363, 363 f.

98 Vgl. dazu die Begriffsbestimmung im 1. Teil dieses Kapitels, S. 56 f; s. auch Sternberg- Lieben, JZ 1995, 844, 847; Geerds, JuS 1991, 199, 202.

99 Sternberg-Lieben, JZ 1995, 844, 847.

100 Sternberg-Lieben, JZ 1995, 844, 847.

101 So Eisenberg/Kopatsch, NStZ 1997, 297, 298; Eisenberg, Beweisrecht, Rn. 1589; wohl auch Weigend, JZ 1990, 48, 49; vgl. auch in dieser Arbeit S. 68, Fußnote 68, 69 mwN. Siehe auch Fincke, ZStW 86 (1974), 656, 657, 658, 672 f, der problematisiert, daß der Sachverständige deshalb seine Informationen ohne die Beachtung von Vernehmungsvorschriften erhalte. Nach der Ansicht des LG Oldenburg, StV 1994, 646, 646 f, darf deshalb der Sachverständige keinesfalls selbständig den Zeugen vernehmen. Halte er die Vernehmung zum Erlangen einer vollständigeren Grundlage für sein Gutachten für notwendig, habe er dies anzuregen. *„Die Vernehmung selber folgt dann den strafprozessualen Erfordernissen mit ihren Mitwirkungs- und Anwesenheitsrechten von Verteidigung und StA. Diese strafprozessuale Sicherung*

Sinn macht.[102] Der Sachverständige erhält die Informationen, die er für sein Gutachten benötigt, aber auch nicht rein privat.[103] Denn er stellt seine Fragen dem Zeugen, für diesen erkennbar, im Rahmen eines staatlichen Auftrages. Dadurch nimmt der Sachverständige eine Stellung im Strafverfahren ein, die mit der einer Privatperson, deren Wissen nicht unter das Beweisverwertungsverbot des § 252 StPO fällt, nicht vergleichbar ist.[104] Auch durch die Belehrung, an der Untersuchung nicht mitwirken zu müssen, unterscheidet sich das Gespräch mit dem Sachverständigen deutlich von dem mit einer unbeteiligten Privatperson: Bei einem solchen Gespräch besteht weder ein Weigerungsrecht mangels Aussagepflicht noch erfolgt eine Belehrung. Dient § 252 StPO dem Normzweck nach nun dazu, den weigerungsberechtigten Zeugen in einer Situation, in der er sich dem Druck, wahrheitsgemäß auszusagen, ausgesetzt sieht, vor dem Konflikt zwischen Aussagepflicht und den Interessen bezüglich seines Angehörigen zu schützen[105], muß dies auch für die Exploration durch den Sachverständigen gelten.[106] Denn bei diesem Gespräch zum Zweck der Exploration befindet sich der Zeuge in eben dieser von § 252 StPO vorausgesetzten Konfliktlage: Der Zeuge sieht sich einer staatlichen Bedrängnis ausgesetzt, dem Sachverständigen wahrheitsgetreue Auskünfte zu geben.[107] Der Sachverständige ist für ihn keine unbeteiligte Privatperson, mit der er frei und unbefangen redet.[108] Die Situation ist vielmehr *„vernehmungsähnlich.“*[109]

Auch der Sinn des Widerrufsrechtes verlangt nach Ansicht einiger Autoren, daß das Beweisverwertungsverbot des § 252 StPO sich auf das Weigerungsrecht des Zeugen bei der Glaubwürdigkeitsuntersuchung erstreckt bzw. analog angewandt wird.[110] Der Widerruf des Verzichtes auf das Weigerungsrecht bei der Untersuchung hat, ebenso wie der bezüglich der Aussagebereitschaft nach § 52 III 2

---

würde vereitelt“, wenn der Sachverständige trotz der Regelung des § 80 StPO selber vernehmen dürfte.

102 Vgl. Eisenberg/Kopatsch, NStZ 1997, 297, 298; Weigend, JZ 1990, 48, 49; Peters, JR 1969, 232, 232; so auch LG Oldenburg, StV 1994, 646, 646.

103 Vgl. Fincke, ZStW 86 (1974), 656, 657.

104 So Eisenberg/Kopatsch, NStZ 1997, 297, 298.

105 Siehe zum Normzweck des § 252 StPO die Ausführungen im 1. Kapitel, S. 31 f; ferner Sternberg-Lieben, JZ 1995, 844, 847; Ranft, StV 2000, 520, 521.

106 Vgl. Geppert, Jura 1988, 363, 365; AK-Meier, § 252 Rn. 13; Sternberg-Lieben, JZ 1995, 844, 847.

107 So Sternberg-Lieben, JZ 1995, 844, 847.

108 Zur Privatperson vgl. BGHSt 40, 211, 215 sowie die Ausführungen dazu im 1.Teil dieses Kapitels, S. 57 f; in diesem Sinne auch LG Oldenburg, StV 1994, 646, 647.

109 Fincke, ZStW 86 (1974), 656, 657.

110 Vgl. Rengier, Jura 1981, 299, 305; zustimmend Geppert, Jura 1988, 363, 365.

StPO, rückwirkende Wirkung.[111] Ferner ist für den Zeugen die Mitwirkung an der Untersuchung *„die logische Fortsetzung seiner Aussagebereitschaft."*[112] Beides gehört demnach zusammen. Daher muß, auch wenn § 252 StPO das Untersuchungsverweigerungsrecht nicht erwähnt, § 252 StPO auch dafür gelten.[113]

Die Vertreter der Mindermeinung wehren sich aber dagegen, den Sachverständigen, wie der Bundesgerichtshof, als Gehilfe des Gerichts zu bezeichnen.[114] Dieses Schlagwort stellt eine *„bestenfalls nichtssagende, schlechtestenfalls irreführende Charakterisierung des Instituts des Sachverständigen"*[115] dar und *„verdunkelt"*[116] das Verhältnis zwischen dem Richter und dem Sachverständigen nur. Der Sachverständige ist ein Beweismittel[117], *„dessen spezifische Funktion darin bestehe, dem Gericht Sachkunde zu vermitteln."*[118] Der Sachverständige erhebt Befunde über die allgemeine Glaubwürdigkeit und gegebenenfalls die der konkreten Aussage des Zeugen.[119] Seine Aufgabe ist es aber nicht, die Tat aufzuklären – das bleibt dem Richter vorbehalten.[120] Problematisch ist in diesem Zusammenhang die Gutachtenerstellung über die spezielle Glaubwürdigkeit, die Glaubhaftigkeit der Aussage des Zeugen. Denn dadurch wirkt der Sachverständige *„tatsächlich nicht selten maßgebend für den Ausgang des Verfahrens"*[121] mit: Der Sachverständige hat sich, meint Krauß, *„als eine [...] die Entscheidung vorprogrammierende Institution etabliert."*[122] Der Sachverständige soll dem Richter hingegen nur insofern helfen, als dieser zur Tataufklärung Fachwissen benötigt.

---

111 Vgl. Schmidt, JR 1959, 369, 372 f; ebenso Eisenberg, Beweisrecht, Rn. 1257; sowie die Ausführungen dazu im 1. Kapitel, S. 42 f.

112 Rengier, Jura 1981, 299, 304; ders., NStZ 1998, 47, 48; ebenso Eisenberg, Beweisrecht, Rn. 1257; Dippel, Stellung des Sachverständigen, S. 188.

113 Vgl. Rengier, Jura 1981, 299, 304.

114 Vgl. Peters, JR 1969, 232, 232; Wohlers, StV 1996, 192, 193; kritisch auch Fischer, NStZ 1994, 1, 4.

115 Wohlers, StV 1996, 192, 193.

116 Peters, JR 1969, 232, 232.

117 Vgl. Wohlers, StV 1996, 192, 193; Peters, JR 1969, 232, 232; Beulke, StPR, Rn. 199; HK-Lemke, Vor §§ 72 ff Rn. 1, 7; Eisenberg, Beweisrecht Rn. 1506.

118 Wohlers, StV 12996, 192, 193; so auch Fischer, NStZ 1994, 1, 4.

119 Vgl. Schmidt-Recla, NJW 1998, 800, 800.

120 Vgl. Schmidt-Recla, NJW 1998, 800, 800, 801; Peters, JR 1969, 232, 233; Lesch, Strafprozeßrecht, Rn. 91; so auch BGH NJW 1968, 2297, 2297=JR 1969, 231, 231. Kritisch auch Fischer, NStZ 1994, 1, 3 ff, der daher die Ansicht vertritt, daß eine solche Begutachtung der konkreten Glaubwürdigkeit *„in der Regel ausscheiden"* muß; vgl. auch KMR-Paulus, Vorb. § 72 Rn. 40.

121 Eisenberg, Beweisrecht, Rn. 1869; so auch Schmidt-Recla, NJW 1998, 800, 801.

122 Krauß, ZStW 85 (1973), 320, 320.

Das soll ihm der Sachverständige vermitteln, nicht aber „*Wertungen der Wahrheit.*"[123]

Somit hat der Sachverständige keine „*dem Richter angenäherte Stellung im Strafprozeß.*"[124] Die Ausnahme, die der Bundesgerichtshof von dem Verwertungsverbot des § 252 StPO für richterliche Verhörspersonen macht, kann deshalb auf den Sachverständigen (auch) im Hinblick auf die Befundtatsachen nicht übertragen werden.[125]

Der Bundesgerichtshof erlaube, den Ermittlungsrichter als Zeugen in der Hauptverhandlung zu hören, weil dieser den Zeugen sorgfältig belehrt habe und gewährleiste, daß der Zeuge sich der Tragweite seiner Entscheidung, auf das Zeugnisverweigerungsrecht zu verzichten oder nicht, bewußt sei.[126] Darüber hinaus betone der Bundesgerichtshof das „*höhere[...] Vertrauen*"[127]der Allgemeinheit hinsichtlich der richterlichen Vernehmung.[128] Sowohl der Vernehmung durch den Richter als auch der Zeugenaussage des Ermittlungsrichters mißt der Bundesgerichtshof einen besonderen Wert bei. Dies alles trifft auf den Sachverständigen jedoch gar nicht zu.[129] Zumal er – auch nach Ansicht des Bundesgerichtshofes[130] – den Zeugen gerade nicht belehren darf. Auch ein irgendwie geartetes höheres Vertrauen gegenüber der Exploration durch den Sachverständigen ist nicht erkennbar.[131] Die Gründe für die Ausnahmeregelung des Bundesgerichtshofes vom Beweisverwertungsverbot des § 252 StPO lassen sich somit auf

---

123 Fischer, NStZ 1994, 1, 2. Daher sieht es Fischer als äußerst bedenklich an, daß der Sachverständige die Exploration zur Glaubwürdigkeit der konkreten Aussage durchführt. Dies ist „*Wertung, wenn der Sachverständige [...] die Gesamtheit sonstiger Beweismittel heranzieht, um die Stimmigkeit der Aussage zu prüfen*", vgl. Fischer, NStZ 1994, 1, 3. Und gerade diese Beurteilung der Glaubwürdigkeit der Zeugenaussage fällt als „*ureigene Aufgabe*", als „*Wesen richterlicher Rechtsfindung*" dem Strafrichter zu (BGHSt 8, 130, 131), nicht aber dem Sachverständigen, vgl. Fischer, NStZ 1994, 1, 4 ff. Insgesamt sehr kritisch zu den Glaubwürdigkeitsuntersuchungen Fischer NStZ 1994, 1, 1 ff. Zur Problematik des Sachverständigenbeweises siehe auch Fezer, Strafprozeßrecht II, Fall 12, Rn. 68, 69; Krauß, ZStW 85 (1973), 320, 327 ff.

124 Peters, JR 1969, 232, 232.

125 Vgl. Eisenberg/Kopatsch, NStZ 1997, 297, 299; HK-Julius, § 252 Rn. 13.

126 Vgl. statt vieler BGHSt 2, 99, 106.

127 BGHSt 21, 218, 219; 36, 384, 386.

128 Vgl. dazu die Ausführungen im 1. Kapitel zum Umfang des Beweisverwertungsverbotes, S. 32 ff.

129 So Fincke, ZStW 86 (1974), 656, 662; Eisenberg/Kopatsch, NStZ 1997, 297, 299.

130 Vgl. BGH NJW 1991, 2432, 2433; NJW 1996, 206, 206 = NStZ 1996, 95, 96 = StV 1995, 563, 563.

131 In diesem Sinne Eisenberg/Kopatsch, NStZ 1997, 297, 299.

den Sachverständigen gar nicht übertragen – er ist nicht, auch nicht *„in gewissem Maße wie ein Richter"* zu behandeln.[132]

Anders als bei einer Vernehmung durch den Ermittlungsrichter ist das Gespräch mit dem Sachverständigen für den Zeugen auch nicht ohne weiteres als Teil der Ermittlungstätigkeit zu erkennen.[133] Der Zeuge könne anders als vor dem Richter irrig annehmen, daß der Sachverständige als Mediziner zur Verschwiegenheit verpflichtet sei und von einem vertrauensvollen Arzt-Patienten-Verhältnis ausgehen.[134] Auch aus diesem Grunde verbiete sich eine Gleichstellung des Sachverständigen mit dem Richter.

Ferner wenden Kritiker der Auffassung des Bundesgerichtshofes zu § 252 StPO ein, daß dessen Ausnahmeregelung bezüglich des Ermittlungsrichters ohnehin nur eine *„kriminalpolitische Zweckmäßigkeitsentscheidung"*[135] darstellt, um Beweislücken zu schließen.[136] Verwertungsinteressen können aber allein den *„(Nicht)Anwendungsbereich"*[137] des § 252 StPO nicht bestimmen – die partielle Nichtanwendung des § 252 StPO beim Sachverständigenbeweis ist daher abzulehnen.[138]

---

132 So aber der Bundesgerichtshof, BGHSt 11, 97, 100. In einer anderen Entscheidung stellt der Bundesgerichtshof dagegen den Sachverständigen mit einer nichtrichterlichen Verhörsperson gleich, vgl. BGH StV 1995, 563, 563 = NJW 1996, 206, 207 = NStZ 1996, 95, 96. Dann lasse sich die Anhörung des Sachverständigen aber schon gar nicht aus der Zulässigkeit der Vernehmung des Ermittlungsrichters ableiten, so Wohlers, StV 1996, 192, 193.

133 Vgl. Eisenberg/Kopatsch, NStZ 1997, 297, 298; Wohlers, StV 1996, 192, 194.

134 So Wohlers, StV 1996, 192, 194; Eisenberg/Kopatsch, NStZ 1997, 297, 298; das befürchtet auch das LG Oldenburg, StV 1994, 646, 647. Grundsätzlich liegt auch bei einer Begutachtung des Zeugen durch einen Sachverständigen ein vertrauensvolles Arzt-Patienten-Verhältnis vor, wie ein Vergleich mit § 203 I Nr. 1, 2 StGB zeigt. Auch das, was der Sachverständige erfährt, ist ihm „anvertraut" im Sinne des § 203 I StGB und vor der unbefugten Weitergabe durch § 203 I Nr. 1, 2 StGB geschützt. Allerdings muß der Sachverständige dem Gericht das mitteilen, *„was er bei seiner Tätigkeit ermittelt hat"*, vgl. Tröndle/Fischer, § 203 Rn. 29 a. E., d. h. soweit seine Gutachterpflicht reicht, sind *„die in Erfüllung dieses Auftrages gemachten Mitteilungen nicht von § 203 I StGB geschützt"*; vgl. Schmidt-Recla, NJW 1998, 800, 801. Zum Auftrag des Sachverständigen gehört es, Befunde zu erheben (nicht hingegen die Tat aufzuklären, vgl. dazu die Ausführungen auf S. 74 f sowie dort die Fußnoten 120, 123) – hinsichtlich dieser Befundtatsachen besteht demnach kein *„Arzt-Patienten-Verhältnis mit Vertrauensbeziehung"*, siehe Schmidt-Recla, NJW 1998, 800, 801.

135 Wohlers, StV 1996, 192, 192; ebenso Eisenberg, Beweisrecht, Rn. 1315a a. E.

136 So Wohlers, StV 1996, 192, 193; Schmidt-Recla, NJW 1998, 800, 800.

137 Wohlers, StV 1996, 192, 193.

138 Vgl. Wohlers, StV 1996, 192, 192.

Gegen die Verwertbarkeit der Befundtatsachen spricht überdies, daß es für den Sachverständigen „*als juristischen Laien*“[139] sehr schwierig ist, die verwertbaren Befundtatsachen korrekt und genau von den unverwertbaren Zusatztatsachen zu trennen.[140]

Außerdem besteht die Gefahr, daß die „*Zusatztatsachen, deren Gewinnung dem gutachterlichen Verständnis der beobachteten bzw. untersuchten Tatsachen dienen soll, mittelbar*“[141] Einfluß auf die Gewichtung und Darstellung der Befundtatsachen nehmen, ohne daß der Sachverständige sie eindeutig dem Gericht als Zusatztatsachen ausweist.[142]

Bezüglich der Begutachtung der Glaubhaftigkeit der konkreten Aussage des Zeugen kann der Sachverständige zudem nichts Sinnvolles feststellen, „*wenn er nicht mit dem Zeugen mehr oder weniger eingehend über das Tatgeschehen (= Zusatztatsachen, d.Verf.) gesprochen*“[143] hat. Denn nur so kann er die Stimmigkeit der Aussage prüfen und beurteilen. Dies kommt aber einer „*Exploration zur Sache*“[144], einer Vernehmung, gleich und ist Aufgabe des Richters, nicht des Sachverständigen. Der Gesetzgeber wollte eine solche Vernehmung durch den Sachverständigen gerade nicht, wie die Regelung des § 80 StPO zeigt.[145] Denn dabei kann „*das Ergebnis seiner selbständigen Sachaufklärung via Glaubwürdigkeitsgutachten in bereits ‚gewürdigtem‘, mit Schlußfolgerungen vermischtem und damit kaum noch angreifbarem Zustand in die Hauptverhandlung*“[146] gelangen. Dies gilt insbesondere für Tatangaben, aber auch bezüglich der allgemeinen Glaubwürdigkeitsprüfung: Bei dieser allgemeinen Exploration erfährt der Sachverständige mehr als der Richter bei einer Vernehmung zur Person nach § 68 S.1 StPO, da er Angaben zur Lebensgeschichte, zu Begabungen und zur Intelligenz erlangt.[147]

---

139 Rengier, Jura 1981, 299, 305.

140 Vgl. Rengier, Jura 1981, 299, 305; Fincke, ZStW 86 (1974), 656, 673; Weigend, JZ 1990, 48, 49; Eisenberg, Beweisrecht, Rn. 1612; so auch BGH NStZ 1993, 245, 246. Vgl. auch BGH NStZ 1985, 182, 182, dort heißt es: Der „*mit dem Aussageverhalten untrennbar verknüpfte Aussageinhalt.*“ Daraus ließe sich nach Ansicht des Bundesgerichtshofes dann eine Einordnung insgesamt als verwertbare Befundtatsache herleiten (in der Entscheidung aber offengelassen).

141 Eisenberg, Beweisrecht, Rn. 1612; vgl. als Beispiel dazu BGHSt 13, 250, 252.

142 So Eisenberg, Beweisrecht, Rn. 1612.

143 Weigend, JZ 1990, 48, 49.

144 Weigend, JZ 1990, 48, 49.

145 Vgl. Weigend, JZ 1990, 48, 49; Eisenberg/Kopatsch, NStZ 1997, 297, 298.

146 Weigend, JZ 1990, 48, 49.

147 So Weigend, JZ 1990, 48, 49.

Die Differenzierung zwischen Befund- und Zusatztatsachen ist damit letztlich nur ein *„Notbehelf“*[148] und kaum praktizierbar[149], weil *„alle für das Gutachten nützlichen Informationen notwendig die Tat betreffen.“*[150] Exploration und Vernehmung unterscheiden sich inhaltlich daher kaum.[151] Der Sache nach vernimmt der Sachverständige den Zeugen bei der Exploration[152], so daß die Regeln über Vernehmungen auch gelten sollten und müßten, damit die Begutachtung der Glaubwürdigkeit des Zeugen nicht länger in einer *„Art rechtsfreien Raum“*[153] stattfindet.

Es ist außerdem sehr fraglich, ob die vom Bundesgerichtshof als Befundtatsachen eingestuften Tatsachen überhaupt solche sind. Befundtatsachen sind nach allgemeiner Ansicht die Tatsachen, deren Wahrnehmung besondere Sachkunde erfordert.[154] Dies trifft jedoch auf die Äußerungen des Zeugen im Rahmen der Exploration zu seiner Lebensgeschichte, Begabung, Intelligenz ebensowenig zu wie auf Angaben des Zeugen zum Tatgeschehen – nur letztere stuft der Bundesgerichtshof aber als Zusatztatsachen ein.[155] Zur Wahrnehmung all dieser Äußerungen ist aber keine besondere Sachkunde erforderlich[156] – sie könnten auch vom Gericht *„mit den ihm zur Verfügung stehenden Erkenntnis- und Beweismitteln“*[157] festgestellt werden. Daß die Auswertung und Interpretation der Äußerungen des Zeugen zu seiner Lebensgeschichte etc. besondere Sachkunde erfordert, ändert daran nichts[158]: Es sind keine Befundtatsachen, sondern Zusatztatsachen, nur das Ergebnis der Deutung ist dann Befundtatsache. Der Inhalt der Äußerungen des Zeugen – nicht nur bezüglich des Tatgeschehens, sondern auch Angaben im Rahmen der allgemeinen Exploration – darf damit nicht im Rahmen des Sachverständigenbeweises in die Hauptverhandlung eingeführt werden, sondern nur im Wege des Zeugenbeweises.[159] Bei Zeugnisverweigerung des angehörigen

---

148 Weigend, JZ 1990, 48, 49.

149 Vgl. Weigend, JZ 1990, 48, 49; Fincke, ZStW 86 (1974), 656, 673.

150 Fincke, ZStW 86 (1974), 656, 673.

151 Vgl. Fincke, ZStW 86 (1974), 656, 656, 667.

152 Vgl. Weigend, JZ 1990, 48, 49.

153 Weigend, JZ 1990, 48, 48; vgl. auch Paulus, KMR-Paulus, Vorb. § 72 Rn. 40, der von *„rechtlichen Grauzonen“* spricht.

154 So Wohlers, StV 1996, 192, 193: *„Befundtatsachen sind allein die Erkenntnisse, deren Wahrnehmung eine besondere Sachkunde voraussetzt, was bei Äußerungen von Auskunftspersonen regelmäßig nicht der Fall sein wird.“*

155 Vgl. BGHSt 46, 189, 192; BGH StV 1996, 522, 523 = NStZ 1997, 95, 96; so auch Lesch, JA 1997, 364, 366.

156 Vgl. Wohlers, StV 1996, 192, 193 f.

157 BGHSt 18, 107, 108.

158 Vgl. Wohlers, StV 1996, 192, 193 f.

159 So Wohlers, StV 1996,192, 194.

Zeugen in der Hauptverhandlung greift dann das Beweisverwertungsverbot des § 252 StPO, so daß auch diese Angaben unverwertbar sind.

3. Verwertbarkeit der Zusatztatsachen

Wenn der über sein Zeugnisverweigerungsrecht ordnungsgemäß belehrte Zeuge in der Hauptverhandlung von seinem Recht zu schweigen Gebrauch macht, könnte das Gericht den Sachverständigen als Zeugen darüber vernehmen wollen, was der Zeuge ihm über den Tathergang anläßlich der Exploration berichtet hat. Das Gericht würde den Sachverständigen dabei nicht in seiner Funktion als Sachverständigen, sondern als Zeugen über diese Zusatztatsachen hören.[160]

Nach allgemeiner Meinung sind die Angaben des Sachverständigen über die Zusatztatsachen jedoch nach § 252 StPO unverwertbar.[161]

---

160 Vgl. dazu die Ausführungen unter II.1. dieses Kapitels, S. 61 f; sowie BGHSt 9, 292, 294 f; 13, 1, 3, 4; 13, 250, 251; 18, 107, 108; 22, 268, 271; BGH NStZ 1993, 245, 245; Beulke, StPR, Rn. 198; Roxin, Strafverfahrensrecht, § 27 Rn. 20; Schlüchter, Kernwissen, S. 201; Rengier, Jura 1981, 299, 305; Geppert, Jura 1988, 363, 365; Eisenberg, Beweisrecht, Rn. 1611; LR-Gollwitzer, § 252 Rn. 32; HK-Lemke, Vorb. §§ 72 Rn. 5; SK-Schlüchter, § 252 Rn. 28; KMR-Paulus, Vorb. § 48 Rn. 64; Vorb. § 72 Rn. 37; anders Peters, Strafprozeß, § 43 VI 2c, vgl. Fn. 32.
Allerdings bezweifelt der Bundesgerichtshof, ob die Angaben zum Tatgeschehen auch dann Zusatztatsachen sind, *„wenn diese Angaben im Rahmen der Exploration eines Glaubwürdigkeitsgutachtens erfolgen."* Er entscheidet seine Zweifel dann aber nicht, vgl. BGH NStZ 1985, 182, 182.

161 So BGHSt 13, 1, 4; 13, 250, 251; 18, 107, 108; 36, 384, 386; 45, 203, 205 f; 46, 189, 192 f; 46, 203, 206; BGH NJW 1991, 2432, 2432; NJW 1995, 1501, 1502; StV 1997, 328, 328; BGH StV 1995, 563, 563 = NJW 1996, 206, 206 = NStZ 1996, 95, 96; StV 1996, 522, 523 = NStZ 1997, 95, 96; BGHR StPO § 252 Verwertungsverbot 1, 2. Zustimmend Beulke, StPR, Rn. 198 a. E.; 420 a. E.; Schlüchter, Kernwissen, S. 201; Roxin, Strafverfahrensrecht, § 27 Rn. 20; Ranft, StPR; Rn. 1745; ders., StV 2000, 520, 523; ders., Jura 2000, 628, 631; ders., NJW 2001, 1305, 1306; Lesch, Strafprozeßrecht, Rn. 160; Schäfer, Strafverfahren, Rn. 678; Beling, Beweisverbote, S. 25 (dort Fußnote 1); Fezer, Strafprozeßrecht II, Fall 15, Rn. 99; ders., JuS 1977, 813, 816; Rengier, Jura 1981, 299, 305; Geppert, Jura 1988, 363, 365; Sternberg-Lieben, JZ 1995, 844, 845 (dort auch Fußnote 19); Eckstein, JA 2002, 119, 124; Eisenberg, Beweisrecht, Rn. 1611, 1304; LR-Gollwitzer, § 252 Rn. 32; SK-Schlüchter, § 252 Rn. 28; HK-Julius, § 252 Rn. 14; KMR-Paulus, § 252 Rn. 29; KK-Diemer, § 252 Rn. 18; AK-Meier, § 252 Rn. 14; wohl auch Schmidt-Recla, NJW 1998, 800, 801; Geerds, JuS 1991, 199, 202.
A. A. aber anscheinend BGH StV 1995, 564, 564 f = NStZ 1997, 296, 297 = NJW 1998, 838, 839. In dieser Entscheidung nimmt der Bundesgerichtshof keine Zuordnung der Angaben des Zeugen (Äußerungen über Lebensgeschichte sowie Tather-

Zwar ist auch die Befragung des Zeugen durch den Sachverständigen zum Tathergang (im Rahmen der Prüfung der Glaubwürdigkeit der konkreten Aussage) keine Vernehmung, so daß die Angaben des Zeugen zum Tatgeschehen keine Aussage im Sinne von § 252 StPO sind.[162] Eine solche Aussage im Sinne von § 252 StPO liegt nur dann vor, wenn der Zeuge seine Angaben im Rahmen einer Vernehmung, also gegenüber einem Strafverfolgungsorgan gemacht hat, das ihm mit hoheitlichen Befugnissen gegenübergetreten ist.[163] Der Sachverständige ist jedoch kein derartiges staatliches Organ der Strafverfolgung[164] und zudem nach der Strafprozeßordnung nicht zur Durchführung einer Vernehmung befugt, vgl. § 80 StPO.[165] Er darf nur einer Vernehmung beiwohnen und einzelne Fragen stellen, § 80 II StPO, *„deren Erörterung für das Gutachten unentbehrlich ist.“*[166] Die gesamte Befragung oder ein Abschnitt davon darf ihm nicht überlassen werden.

Anders als bei einer Vernehmung, meint Ranft, ist die Befragung des Zeugen durch den Sachverständigen auch nicht primär auf die Erforschung des Tatgeschehens ausgerichtet.[167] Der Sachverständige brauche die Angaben zum Tatgeschehen nur, um daraus Schlüsse (Befunde) für die Glaubhaftigkeit der konkreten Aussage zu ziehen – nicht aber, um den Täter zu überführen.

---

gang) vor und erklärt alle Angaben für verwertbar – allerdings ohne dies irgendwie (genauer) zu begründen. Zu dieser diffusen Entscheidung (so Lesch, Strafprozeßrecht, Rn. 160, Fußnote 370) vergleiche die Ausführungen auf S. 70.
Für eine Verwertbarkeit der Zusatztatsachen dagegen KK-Senge, § 52 Rn. 39.

162 So Ranft, Jura 2000, 628, 630; ders., StV 2000, 520, 523; ders., NJW 2001, 1305, 1306; Lesch, Strafprozeßrecht, Rn. 158; ders., JA 1997, 364, 365; ähnlich Fezer, JR 2000, 341, 341.

163 Vgl. dazu die Begriffsbestimmung unter I. dieses Kapitels, S. 55 ff; siehe auch Ranft, Jura 2000, 628, 630; Lesch, JA 1997, 364, 365.

164 Der Sachverständige ist nach der Strafprozeßordnung ein Beweismittel; siehe S. 60 Fußnote 25, 26; ferner Eisenberg/Kopatsch, NStZ 1997, 297, 298.

165 So KMR-Lesch, Vor § 133 Rn. 17; Fezer, JR 2000, 341, 341; Lesch, Strafprozeßrecht, Rn. 158; ders., JA 1997, 364, 365; Eckstein, JA 2002, 119, 124; Eisenberg, Beweisrecht, Rn. 1589 f; vgl. außerdem die Nachweise in den Fußnoten 70, 71.

166 Eisenberg, Beweisrecht, Rn. 1590.

167 Vgl. Ranft, Jura 2000, 628, 630. Kritisch dazu Dippel, Stellung des Sachverständigen, S. 152: Die *„spezielle Exploration zur Sache“* sei *„erklärtermaßen darauf angelegt, die Wahrheit über das Tatgeschehen herauszufinden“;* vgl. auch S. 165 mwN; ebenso Krauß, ZStW 85 (1973), 320, 320: *„Der Sachverständige hat sich [...] als eine den Tathergang ermittelnde und die Entscheidung vorprogrammierende Institution etabliert.“*

Eine Vernehmung sei auch deshalb nicht anzunehmen, da bei der Exploration, anders als bei einer Vernehmung, Anwesenheits- und sonstige Beteiligungsrechte des Beschuldigten bzw. seines Verteidigers nicht bestünden.[168]

Dennoch stehen die „*Mitteilungen eines gemäß § 52 StPO zur Verweigerung des Zeugnisses berechtigten Zeugen gegenüber einem Sachverständigen über Zusatztatsachen [...], zu denen regelmäßig auch die Tatschilderung eines auf seine Glaubwürdigkeit zu begutachtenden Zeugen gehört [...], [...] einer Aussage im Sinne des § 252 StPO gleich.*“[169] Der Bundesgerichtshof begründet dies vor allem damit, daß die Angaben des Zeugen gegenüber dem Sachverständigen „*nicht Mitteilungen an außenstehende Personen*“[170] gleichgesetzt werden können. Zwar ist der Sachverständige kein Strafverfolgungsorgan, aber eben auch keine unbeteiligte Privatperson, die in der Hauptverhandlung unstreitig über den Inhalt ihres Gespräches mit dem Zeugen berichten könnte.[171] Denn „*der gerichtliche Sachverständige ist [...] Gehilfe des Gerichts und in gewissem Sinne dessen Wahrnehmungsperson.*“[172] Er erfährt die Tatsachen zum Tatgeschehen (Zusatztatsachen) nur, weil er im Rahmen eines staatlichen Auftrages – für das Gericht – den Zeugen befragt hat. Ihm gegenüber hat der Zeuge daher seine Angaben zum Tatvorgang nicht völlig aus eigenem Antrieb gemacht wie bei einem Gespräch mit Nachbarn, Freunden, mit an dem Strafverfahren nicht beteiligten Privatpersonen. Das Verwertungsverbot des § 252 StPO erfaßt daher auch die Angaben des Zeugen gegenüber dem Sachverständigen zum Tathergang, da das Verbot in allen Fällen gelten muß, in denen „*der Zeuge seine Angaben nicht aus freien Stücken gemacht hat.*“[173]

In der Literatur wird dieser Erstreckung des Anwendungsbereiches des § 252 StPO auf die vom Sachverständigen ermittelten Zusatztatsachen zugestimmt.[174]

---

168 Vgl. Fezer, JR 2000, 341, 341.

169 BGHSt 46, 189, 192; 45, 203, 205 f; BGH StV 1996, 522, 523 = NStZ 1997, 95, 96; zustimmend SK-Schlüchter, § 252 Rn. 4; Eckstein, JA 2002, 119, 124.

170 BGHSt 11, 97, 99.

171 Zur Vernehmbarkeit von Privatpersonen vgl. die Ausführungen unter I. in diesem Kapitel, S. 57 ff.

172 BGHSt 13, 1, 4; 9, 292, 296.

173 BGHSt 36, 384, 387; siehe auch BGHSt 29, 230, 232; 40, 211, 215; 46, 1, 5; zustimmend Ranft, StV 2000, 520, 523.

174 Vgl. KMR-Paulus, § 252 Rn. 29; LR-Gollwitzer, § 252 Rn. 31, 32; Eisenberg, Beweisrecht, Rn. 1304; Ranft, StPR, Rn. 1745; ders., Jura 2000, 628, 631; ders., NJW 20001, 1305, 1306; Beling, Beweisverbote, S. 25 (dort Fußnote 1); Geppert, Jura 1988, 363, 365; Fezer, JZ 1990, 875, 876.

Der Sachverständige ist zwar bei der Ermittlung der Tatangaben nicht in seiner Eigenschaft als Sachverständiger tätig gewesen, da zur Feststellung dieser Angaben gerade nicht seine besondere Sachkunde erforderlich war.[175] Er hat die Angaben zum Tatgeschehen so erfahren, wie wenn der Zeuge die Tat privat erzählt hätte. Mit einer Privatperson kann der Sachverständige aber dennoch nicht gleichgestellt werden.[176] Der Sachverständige ist zwar selbst kein Strafverfolgungsorgan, aber er wird für den Zeugen erkennbar im Auftrag eines staatlichen Organes tätig[177], so daß sich die Gesprächssituation für den Zeugen grundlegend von der mit einer Privatperson unterscheidet. Dabei erfährt der Sachverständige die Einzelheiten zum Tatgeschehen vom Zeugen nur deshalb, weil der Sachverständige im Rahmen seines gerichtlichen Auftrages Fragen an den Zeugen richtet – und nicht, weil der Zeuge sich ihn freiwillig zum Gesprächspartner ausgesucht hat. Für den Zeugen liegt eine *„vernehmungsähnliche prozessuale Situation“*[178] vor, die die Anwendung des § 252 StPO rechtfertigt: Der Zeuge sieht sich bei der Befragung durch den Sachverständigen der *„staatlichen Bedrängnis [...] ausgesetzt“*, dem Sachverständigen als einer Person, die von einem Strafverfolgungsorgan mit der Untersuchung seiner Glaubwürdigkeit beauftragt ist, die also mit *„abgeleiteter staatlicher Autorität“* ihre Fragen stellt, *„zutreffende Auskünfte geben zu ‚müssen‘.“*[179]

Stellt sich der Zeuge bei dieser *„halbamtlichen Vernehmung“*[180] vor, gegenüber dem Sachverständigen grundsätzlich eine Aussagepflicht zu haben[181], dann befindet er sich außerdem genau in dem Interessenkonflikt zwischen Wahrheitspflicht und den sozialen Pflichten gegenüber seinem Angehörigen, vor dem § 252

175 Vgl. zum Begriff der Zusatztatsachen die Ausführungen unter I. in diesem Kapitel, S. 61 f; sowie BGHSt 13, 1, 3; Geppert, Jura 1988, 363, 365; Schlüchter, Kernwissen, S. 201; Ranft, StPR, Rn. 1745.

176 Vgl. Fezer, JuS 1977, 813, 816; ders., Strafprozeßrecht II, Fall 15, Rn. 99; Geppert, Jura 1988, 363, 365; Lesch, JA 1997, 364, 365; ders., Strafprozeßrecht, Rn. 159; Eisenberg/Kopatsch, NStZ 1997, 297, 298; SK-Schlüchter, § 252 Rn. 4.

177 Vgl. Geppert, Jura 1988, 363, 363 f, 365; Geerds, JuS 1991, 199, 201; Ranft, Jura 2000, 628, 630; Lesch, Strafprozeßrecht, Rn. 91; SK-Schlüchter, § 252 Rn. 4.

178 KMR-Paulus, § 252 Rn. 29; Geppert, Jura 1988, 363, 365; Ranft, Jura 2000, 628, 631; Gollwitzer, LR-Gollwitzer, § 252 Rn. 31, bezeichnet den Sachverständigen sogar als *„Verhörsperson“*.

179 Sternberg-Lieben, JZ 1995, 844, 847; so auch Geerds, JuS 1991, 199, 201. Da der Zeuge nicht *„aus freien Stücken“* dem Sachverständigen antwortet, fordert auch Ranft, StV 2000, 520, 523, eine Gleichstellung der Befragung mit einer Vernehmung; ebenso LG Oldenburg, StV 1994, 646, 647.

180 Geppert, Jura 1988, 363, 363 f; Sternberg-Lieben, JZ 1995, 844, 844.

181 Vgl. BGHSt 13, 1, 5; Fezer, JuS 1977, 813, 816; Geppert, Jura 1988, 363, 365; Sternberg-Lieben, JZ 1995, 844, 847; kritisch Dippel, Stellung des Sachverständigen, S. 188.

StPO den zeugnisverweigerungsberechtigten Zeugen gerade schützen soll.[182] Sinn und Zweck des § 252 StPO gebieten es daher, das Verwertungsverbot des § 252 StPO auch auf die vom Sachverständigen ermittelten Zusatztatsachen zu erstrecken[183]: *„§ 252 StPO soll prinzipiell alle im Rahmen des Verfahrens erfolgten Äußerungen des Zeugen zum Tatgeschehen erfassen."*[184] Die Angaben des Zeugen zum Tathergang gegenüber dem Sachverständigen sind solche Äußerungen, die im Rahmen des Verfahrens erfolgt sind – der Sachverständige hat einen *„verfahrensbezogenen behördlichen Auftrag"*[185] gehabt, im Rahmen dessen er diese Äußerungen vom Zeugen erhalten hat. Daher müssen sie dem Verwertungsverbot des § 252 StPO ebenso unterliegen wie Aussagen bei einer Vernehmung.

Auch wenn die Befragung zum Tatvorwurf durch den Sachverständigen keine Vernehmung im Sinne der Strafprozeßordnung ist, so unterscheidet sie sich letztlich doch nicht von ihr[186]: Wie der Staatsanwalt oder Richter stellt der Sachverständige dem Zeugen Fragen zum Tatvorwurf, die der Zeuge beantwortet. Stellt man den Sachverständigen hinsichtlich der so erworbenen Kenntnisse einer Privatperson gleich und verwertet sein Wissen trotz Zeugnisverweigerung des Zeugen in der Hauptverhandlung, führt dies zu einer (weiteren) Aushöhlung der Zeugnisverweigerungsrechte.[187]

Die Vernehmung einer Person als Zeuge vom Hörensagen ist im Hinblick auf die Zeugnisverweigerungsrechte nur dann tragbar, wenn diese Person (also hier der Sachverständige) von den fraglichen Tatsachen als Privatperson erfahren hat[188] – in einer Situation also, in der für den Zeugen kein Zeugnisverweigerungsrecht besteht, weil es auch keinen Grund dafür gibt: Der Zeuge äußert sich freiwillig, für ihn besteht beim privaten Gespräch kein Konflikt zwischen einer Aussagepflicht und den Interessen des Angehörigen. Wird die Privatperson über

---

182 Zum Normzweck des § 252 StPO vergleiche die Ausführungen im 1. Kapitel (S. 24 ff, 31 ff) sowie unter I. dieses Kapitels (S. 58 mit Fußnoten 16, 17, 18); ferner Sternberg-Lieben, JZ 1995, 844, 847.

183 Vgl. Rengier, Jura 1981, 299, 305.

184 Rengier, Jura 1981, 299, 305.

185 Lesch, Strafprozeßrecht, Rn. 91; so auch LG Oldenburg, StV 1994, 646, 647: *„Der Sachverständige ist [...] kein unbeteiligter Dritter. Er ist gezielt im Sinne der Wahrheitserforschung von Polizei, Staatsanwalt oder Gericht im Verfahren eingesetzt. In diesem Sinne wird er gezielt tätig."*

186 So Schmidt-Recla, NJW 1998, 800, 801, der den Sachverständigen vorwirft, daß sie in Bereichen *„wildern [...], die den Strafverfolgungsbehörden vorbehalten sind."* Auch nach Dippel, Stellung des Sachverständigen, S. 152, ist die spezielle Exploration *„eindeutig materiell eine Vernehmung."*

187 So Ranfts Befürchtung, Jura 2000, 628, 630.

188 Vgl. Geerds, JuS 1991, 199, 201.

dieses Gespräch als Zeuge vom Hörensagen vernommen, sind die Zeugnisverweigerungsrechte und damit § 252 StPO nicht berührt.[189] Der Zeuge hat „*keinen Schutz vom Staat davor zu erwarten*", daß seine freiwilligen Äußerungen „*Gegenstand der Beweisaufnahme eines Strafverfahrens werden.*"[190] Eine solche Privatperson ist der Sachverständige aber nicht, denn er wird im Rahmen eines staatlichen Auftrages tätig und ist damit ein „*in einem staatlichen Verfahren Mitwirkender.*"[191] In diesem staatlichen Verfahren bestehen für den Zeugen grundsätzlich eine Aussage- und Wahrheitspflicht – und, um die sich daraus für den angehörigen Zeugen ergebenden Konflikte zu lösen, Zeugnisverweigerungsrechte. Wenn der Zeuge von seinem Zeugnisverweigerungsrecht auch noch in der Hauptverhandlung sinnvoll Gebrauch machen soll, muß § 252 StPO die Einführung des Inhalts aller früheren Äußerungen des Zeugen verbieten, die er innerhalb des staatlichen Verfahrens gemacht hat[192] – dazu gehören auch die Angaben des Zeugen gegenüber dem Sachverständigen zum Tatvorwurf.

Ferner wird die Anwendung des § 252 StPO im Bereich der Zusatztatsachen damit begründet, daß der Zeuge durch § 252 StPO geschützt werden muß.[193] Denn bei der Befragung durch den Sachverständigen besteht die Gefahr, daß sich der „*unberatene Proband*" dem Sachverständigen „*mehr öffne[...] als dem Richter, Staatsanwalt.*"[194] Zum einen kann das Mißtrauen des Zeugen gegenüber dem Sachverständigen geringer sein als bei einer förmlichen Vernehmung[195], da der Sachverständige kein Strafverfolgungsorgan ist und das Gespräch in Räumen mit weniger förmlicher Atmosphäre stattfindet. Zum anderen ist der Zeuge den „*Tests und Fageritualen*" des Sachverständigen „*in der Regel ohne Beistand ausgeliefert*"[196] und sagt auch deshalb u. U. mehr aus als vor einem Richter oder Staatsanwalt. Um zu verhindern, daß die „*Exploration [...] zur Informationser-*

189 Vgl. dazu die Ausführungen unter I. in diesem Kapitel, S. 57 ff.

190 Geerds, JuS 1991, 199, 201; vgl. auch Sternberg-Lieben, JZ 1995, 844, 844.

191 Geerds, JuS 1991, 199, 202.

192 Vgl. Geerds, JuS 1991, 199, 202: „*Der Staat darf sich nicht auf Aussagen seiner Organe über Angaben stützen, die der Zeuge früher unter dem Druck eines staatlichen Verfahrens gemacht hat. Denn sonst würde das einem Zeugen eingeräumte Verweigerungsrecht praktisch obsolet und das in § 252 StPO enthaltene Verwertungsverbot unterlaufen.*" Ähnlich auch Ranft, NJW 2001, 1305, 1306.

193 Vgl. Fezer, JZ 1990, 875, 876; ähnlich auch Schmidt-Recla, NJW 1998, 800, 801, der sich allerdings hauptsächlich zur Exploration des Beschuldigten äußert.

194 Schmidt-Recla, NJW 1998, 800, 801; ähnlich auch LG Oldenburg, StV 1994, 646, 647.

195 Vgl. Schmidt-Recla, NJW 1998, 800, 801.

196 Schmidt-Recla, NJW 1998, 800, 801.

schleichung"[197] wird, müssen die vom Sachverständigen ermittelten Zusatztatsachen unter das Verwertungsverbot des § 252 StPO fallen.

Schließlich legt, so Ranft, auch das Gesetz eine Anwendung des § 252 StPO nahe.[198] § 81 III 2, 2. HS StPO gewähre dem zeugnisverweigerungsberechtigten Zeugen bei Untersuchungen (analog bei Glaubwürdigkeitsuntersuchungen) ein Untersuchungsverweigerungsrecht und schreibe wie beim Zeugnisverweigerungsrecht eine entsprechende Belehrung vor. Dabei beziehe sich der Gesetzgeber immer wieder auf die Regelung des § 52 StPO zum Zeugnisverweigerungsrecht. Dann sei aber auch § 252 StPO hinsichtlich der Untersuchungen durch einen Sachverständigen anwendbar und verbiete die Verwertung der Zusatztatsachen.

Die Ausnahme vom Beweisverwertungsverbot des § 252 StPO, die der Bundesgerichtshof für Aussagen des weigerungsberechtigten Zeugen vor dem Ermittlungsrichter und letztlich auch im Bereich der Befundtatsachen macht, gilt indes nicht für den Sachverständigen im Hinblick auf die von ihm ermittelten Zusatztatsachen: *„Die Befragung einer Zeugin über den Anklagetatbestand ist jedoch keine richterliche Vernehmung [...]. Nur für diese hat die Rechtsprechung (BGHSt 2, 99 ff, 106, 108, 109) Ausnahmen gemacht, die naturgemäß eng auszulegen sind. Diese Grundsätze können für die Befragung einer vom Sachverständigen zu untersuchenden Person selbst dann nicht gelten, wenn die Erforschung in einem Zeitpunkt erfolgte, in dem die zu Beurteilende [...] bereits vom Richter vernommen und von diesem über ihr Zeugnisverweigerungsrecht belehrt worden war.*"[199]

Die vorherige Belehrung des Zeugen durch den Richter über sein Zeugnisverweigerungsrecht kann *„nicht bewirken, daß der Sachverständige wie ein Richter über die Befragung des Zeugen als Zeuge vernommen werden*"[200] darf. Denn die Befragung des Zeugen durch den Sachverständigen ist keinesfalls einer

---

197 Schmidt-Recla, NJW 1998, 800, 801. Sonst könnte der Sachverständige bewußt von den Strafverfolgungsorganen zur Sachverhaltsermittlung eingesetzt werden, ohne an die Vorschriften, die für Vernehmungen gelten, gebunden zu sein, so daß u. a. die *„strafprozessuale Sicherung"* von Mitwirkungs- und Anwesenheitsrechten von Verteidigung und Staatsanwaltschaft *„vereitelt"* würde, vgl. auch LG Oldenburg, StV 1994, 646, 647. Ähnlich auch Eisenberg/Kopatsch, NStZ 1997, 297, 299, die eine *„Verlagerung kriminalistischer Aktivitäten auf den Sachverständigen"* befürchten; ebenso Eisenberg, Beweisrecht, Rn. 1589.

198 Vgl. Ranft, NJW 2001, 1305, 1306.

199 BGHSt 13, 1, 4. Siehe auch BGHSt 46, 189, 192; 36, 384, 386; 45, 203, 206; ebenso Fezer, Strafprozeßrecht II, Fall 15, Rn. 99; Rengier, Jura 1981, 299, 305; Geppert, Jura 1988, 363, 365; Ranft, Jura 2000, 628, 631; ders., NJW 2001, 1305, 1307; Eckstein, JA 2002, 119, 124; Schäfer, Strafverfahren, Rn. 678; AK-Meier, § 252 Rn. 14; LR-Gollwitzer, § 252 Rn. 32.

200 Fezer, JuS 1977, 813, 816.

richterlichen Vernehmung *„mit ihren besonderen Garantien“*[201] gleichzusetzen.[202] Der Sachverständige ist kein Richter – und macht sich deshalb, anders als dieser bei einer Vernehmung, auch keine Gedanken *„über die Frage eines Aussageverweigerungsrechtes“*[203] des Zeugen. Dieser glaubt, er müsse sich äußern. Von einem bewußten Verzicht des Zeugen auf sein Zeugnisverweigerungsrecht, in Kenntnis der Tragweite seiner Entscheidung[204], kann daher in dieser Situation nicht ausgegangen werden. Bei der Ermittlung der Tatangaben ist der Sachverständige außerdem nicht in seiner *„spezifischen Stellung“*[205] als Sachverständiger tätig gewesen, da für die Zusatztatsachen gerade charakteristisch ist, daß zu ihrer Feststellung keine besondere Sachkunde erforderlich ist.[206] Damit hat sie der Sachverständige aber auch nicht als *„Gehilfe des Gerichts“*[207] ermittelt, so daß sich auch aus diesem Grund eine Gleichsetzung mit der richterlichen Verhörsperson verbietet.[208]

Der Sachverständige habe eine mit einer nichtrichterlichen Verhörsperson vergleichbare Stellung im Strafverfahren.[209] Nichtrichterliche Verhörspersonen, *„zu denen der Sache nach auch der Sachverständige zu rechnen ist“*, dürfen aber in der Hauptverhandlung *„nicht über den Inhalt früherer Angaben eines zur Zeugnisverweigerung berechtigten Zeugen gehört werden.“*[210]

Allerdings liegt nach Ansicht des Bundesgerichtshofes nicht bei jeder Exploration des Zeugen durch den Sachverständigen eine vernehmungsähnliche Situation vor, so daß gegebenenfalls die Angaben des Zeugen zur Tat verwertbar bleiben[211]: In dem zur Entscheidung stehenden Fall hatten ein Diplompsychologe und eine Sozialpädagogin ein Kind in 3 Sitzungen zu sexuellen Verfehlungen des Angeklagten befragt. Das Kind hatte dabei u. a. die Äußerung gemacht, der An-

---

201 Fezer, JuS 1977, 813, 816.

202 Vgl. BGHSt 45, 203, 206; 46, 189, 193; Fezer, Strafprozeßrecht II, Fall 15, Rn. 99; Ranft, Jura 2000, 628, 631; ders., NJW 2001, 1305, 1307.

203 BGHSt 13, 1, 5.

204 Damit begründete der Bundesgerichtshof aber die Ausnahme vom Verwertungsverbot für den Ermittlungsrichter, vgl. dazu die Ausführungen im 1. Kapitel, S. 35 f.

205 Schlüchter, Kernwissen, S. 201; so auch BGHSt 13, 1, 3; Geppert, Jura 1988, 363, 365; Ranft, StPR, Rn. 1745.

206 Vgl. dazu die Ausführungen beim Sachverständigenbeweis, S. 59 ff.

207 BGHSt 13, 1, 4; 11, 97, 99.

208 Vgl. Geppert, Jura 1988, 363, 365; wohl auch Fezer, Strafprozeßrecht II, Fall 15, Rn. 99.

209 Vgl. AK-Meier, § 252 Rn. 14; Lesch, Strafprozeßrecht, Rn. 160; ders., JA 1997, 364, 366.

210 BGH StV 1995, 563, 563 = NStZ 1996, 95, 96 = NJW 1996, 206, 207.
Zum Verbot, nichtrichterliche Verhörspersonen zu vernehmen, vgl. auch die Ausführungen im 1. Kapitel.

211 BGH NStZ 1992, 247, 247 = BGHR StPO § 252 Verwertungsverbot 5.

geklagte habe es mit dem Tode bedroht. Diese Angaben zur Tat hält der Bundesgerichtshof für verwertbar, weil sich das Kind *„im Rahmen einer ‚unverfänglichen Spielsituation‘ “*[212] geäußert habe. *„Für solche Angaben, die nicht in einer vernehmungsähnlichen Situation, sondern aus freien Stücken gemacht werden, gilt – wie der Bundesgerichtshof in der Entscheidung BGHSt 36, 384, 389 ausdrücklich klargestellt hat – das (erweiterte) Verwertungsverbot nicht.“*[213]

Bedenkt man, daß die Tests und Fragerituale des Sachverständigen bei der Exploration gerade auch auf *„willensunabhängige“*[214] Antworten des Zeugen zielen und ihn zu solchen *„provozieren“*[215] sollen, ist die Entscheidung des Bundesgerichtshofes nicht unbedenklich.[216] Denn das Kind hat sich immerhin im Rahmen von Sitzungen geäußert, die das Thema *„sexuelle Verfehlungen des Angeklagten“* hatten – vom Bundesgerichtshof merkwürdigerweise als unverfängliche Spielsituation charakterisiert.

Grundsätzlich aber gilt, daß die Angaben des Zeugen zur Tat, die er gegenüber dem Sachverständigen gemacht hat, unter das Beweisverwertungsverbot des § 252 StPO fallen und daher unverwertbar sind. *„Unzulässig [...] ist im Fall rechtmäßiger Zeugnisverweigerung eine Vernehmung des Gutachters, soweit er dabei über Tatsachen berichten muß, die er nur durch den jetzt seine Aussage verweigernden Zeugen erfahren hat, wenn das Gericht erst auf Grund solcher Bekundungen des Gutachters seine Überzeugungsbildung abschließt. Dadurch würde gegen das Verwertungsverbot des § 252 StPO verstoßen.“*[217]

Kann der Sachverständige sein Gutachten, und damit seine Befunde[218], nur unter Verwendung solcher Zusatztatsachen erstatten und ist das Gericht nicht durch andere Beweise vom Vorliegen dieser Tatsachen überzeugt, ist bei Zeugnisverweigerung des Zeugen in der Hauptverhandlung das Gutachten des Sachverständigen, *„soweit es sich auf die dem Zeugnisverweigerungsrecht unterlie-*

---

212 BGH NStZ 1992, 247, 247 = BGHR StPO § 252 Verwertungsverbot 5.

213 BGH NStZ 1992, 247, 247 – die vom Bundesgerichtshof zitierte Äußerung aus der Entscheidung BGHSt 36, 384 steht dort nicht auf S. 389, sondern auf S. 387.

214 Eisenberg, Beweisrecht, Rn. 1864; so auch Dippel, Stellung des Sachverständigen, S. 159, 165.

215 Eisenberg, Beweisrecht, Rn. 1864.

216 Kritisch auch Eisenberg, Beweisrecht, Rn. 1303, der wegen *„ähnlicher Interessenlage des Zeugen“* auch bei spontanen Äußerungen § 252 StPO anwenden will. Zu den Bedenken vgl. auch Blau, Jura 1993, 513, 518 mwN.

217 BGHSt 18, 107, 109; so auch BGH StV 1987, 328, 328; StV 184, 453, 453 (Leitsatz).

218 Betroffen sind vor allem *„die zur Bewertung ihrer Aussage (gemeint ist die Aussage der zeugnisverweigerungsberechtigten Zeugin, d. Verf.) dienenden Untersuchungsergebnisse des Sachverständigen“*, BGHSt 20, 234, 234.

genden Tatsachen stützt"[219], unverwertbar.[220] Denn der Sachverständige darf seinem Gutachten keine Tatsachen zugrunde legen, die vom Gericht nicht selbst hätten festgestellt werden dürfen[221], *„deren Verwertung das Gesetz verbietet."*[222]

Der Sachverständige darf von den Angaben des Zeugen zum Tatgeschehen nur dann in seinem Gutachten ausgehen und sie u. a. bei der Bewertung der Aussage des Zeugen vortragen, wenn sie *„offenkundig"* sind[223] oder das Gericht unabhängig von seinem Gutachten von der *„Richtigkeit"* der Angaben zum Tatgeschehen bereits überzeugt ist[224], d. h. wenn der Richter den Umstand, daß der Zeuge auch gegenüber dem Sachverständigen das Tatgeschehen bekundet hat, nicht *„noch zu seiner Überzeugungsbildung benötigt."*[225]

III. Angaben des zeugnisverweigerungsberechtigten Zeugen in einem vom Strafverteidiger aufgenommenen Protokoll

Problematisch ist folgende Situation: Der Verteidiger des Beschuldigten trifft sich z. B. vor der Hauptverhandlung mit dem angehörigen Zeugen zu einem Gespräch in seiner Kanzlei, bei dem der Zeuge sich zum Tathergang äußern soll. Die Äußerungen des Zeugen werden in einem Protokoll von dem Verteidiger festgehalten. In der Hauptverhandlung macht der Zeuge von seinem Zeugnisverweigerungsrecht Gebrauch und schweigt. Das Gericht könnte nun das anwaltliche Protokoll über die Äußerungen des Zeugen verlesen lassen. Dies ist jedoch nur dann möglich, sofern sich die Äußerungen des Zeugen gegenüber dem Strafverteidiger nicht als Aussagen im Sinne des § 252 StPO, also als Äußerungen im

---

219 Ranft, StPR, Rn. 1746.

220 So BGHSt 18, 107, 109; 13, 250, 251; BGH StV 1987, 328, 328; StV 1993, 563, 563; KMR-Paulus, § 252 Rn. 29; KK-Diemer, § 252 Rn. 18; Ranft, StPR, Rn. 1746.

221 Vgl. KMR-Paulus, § 252 Rn. 29.

222 KK-Diemer, § 252 Rn. 18; so auch BGH StV 1993, 563, 563.

223 BGHSt 18, 107, 108.

224 Vgl. BGHSt 18, 107, 109; BGH StV 1984, 453, 453 – wobei der Bundesgerichtshof in dieser Entscheidung die Angaben zum Tatgeschehen anscheinend als Befundtatsachen ansieht, jedenfalls widerspricht er der so vom LG Gießen getroffenen Einordnung nicht. Das LG Gießen hielt es für unbedenklich, *„daß die Sachverständige bei der Prüfung der Glaubwürdigkeitskriterien auch die von der Zeugin [...] ihr gegenüber gemachten Angaben zum Tatgeschehen herangezogen habe, da es sich insoweit um Befundtatsachen handele, die trotz der späteren Zeugnisverweigerung der Zeugin dem Gutachten hätten zugrunde gelegt werden dürfen."* Ähnlich auch BGH NStZ 1985, 182, 182: *„Angaben des Verletzten zum Tatgeschehen [...] sind Zusatztatsachen [...]. Ob das auch dann der Fall ist, wenn diese im Rahmen der Exploration eines Glaubwürdigkeitsgutachtens erfolgen, mag zweifelhaft sein."*

225 BGHSt 18, 107, 109.

Rahmen einer Vernehmung darstellen. Denn das Protokoll einer solchen Aussage dürfte nach § 252 StPO nicht verlesen werden.

1. Stellung des Strafverteidigers

Die Stellung des Strafverteidigers ist in den §§ 137-149 StPO *„eher fragmentarisch"* geregelt.[226] Danach ist der Verteidiger Beistand des Beschuldigten, § 137 I 1 StPO. In dieser Funktion hat er die Interessen des Beschuldigten wahrzunehmen: *„Der Verteidiger hat dem Beschuldigten zu helfen, den Angriff der Anklage abzuwehren und dafür Sorge zu tragen, daß der Strafanspruch des Staates im prozeßordnungsgemäßen, justizförmigen Wege verfolgt wird."*[227]

Die Verurteilung des Beschuldigten ist nach der Strafprozeßordnung nur aufgrund eines justizförmigen, rechtsstaatlichen Verfahrens zulässig, in dem die Schuld des Beschuldigten mit prozeßordnungsgemäßen Mitteln in der Hauptverhandlung nachgewiesen werden kann.[228] Die Wahrheit darf also *„nicht um jeden Preis erforscht werden."*[229] Vielmehr hat der Beschuldigte ein Recht auf ein faires, rechtsstaatliches Verfahren nach Art. 2 I GG iVm Art. 20 III GG; Art. 6 EMRK.[230] Dies erfordert eine verfahrensrechtliche Waffengleichheit zwischen Ankläger und Beschuldigtem.[231] Der Beschuldigte ist *„im Rechtsstaat nicht nur Objekt des Verfahrens, sondern Verfahrenssubjekt."*[232] Daher muß es ihm möglich sein, Einfluß auf das Verfahren zu nehmen. Durch den Beistand des Strafverteidigers soll der Beschuldigte, der sich selbst nicht sachgerecht verteidigen

226 Müller-Dietz, Jura 1979, 242, 248. – Die folgenden Ausführungen zur Stellung des Strafverteidigers erheben keinen Anspruch auf Vollständigkeit. Sie sollen nur einen kurzen Überblick geben, soweit das für diese Arbeit als notwendig erschien. Für eine ausführliche Darstellung siehe u. a. Beulke, Strafverteidiger mwN; ders., StPR, Rn. 147 ff; ferner Krekeler, NStZ 1989, 146 ff; Müller-Dietz, Jura 1979, 242 ff; Ostendorf, NJW 1978, 1345 ff mwN.

227 Vgl. Müller-Dietz, Jura 1979, 242, 248. Die dort angegebene Fundstelle, BGHSt 5, 332, 334, ist falsch.

228 Vgl. BGHSt 5, 332, 333; Beulke, StPR, Rn. 178 a. E.; Müller-Dietz, Jura 1979, 242, 251.

229 BGHSt 38, 215, 220; 38, 372, 374; 14, 358, 365.

230 Vgl. BVerfGE 38, 105, 111 mwN; 39, 156, 163; Beulke, StPR, Rn. 147.

231 Vgl. BVerfGE 38, 105, 111 ; Beulke, Strafverteidiger, S. 37 ff mwN; ders., StPR, Rn. 148.

232 Beulke, StPR, Rn. 147; ders., Strafverteidiger, S. 37; siehe auch BVerfGE 38, 105, 115; 39, 156, 168; BGHSt 5, 332, 333 f; 38, 372, 374; Krauß, ZStW 85 (1973), 320, 342 ff mwN; Müller-Dietz, Jura 1979, 242, 249; von Stetten, StV 1995, 606, 609; Fahl, JuS 1996, 1013, 1014 ff.

kann[233], in die Lage versetzt werden, „*von seinen prozessualen Befugnissen selbständig und seinen Interessen entsprechend sachgerecht Gebrauch zu machen*“[234], um somit Waffengleichheit herzustellen. Aufgrund dieser „*Schutzaufgabe zugunsten des Beschuldigten*“[235] muß der Strafverteidiger alle prozessual zulässigen Mittel nutzen, um zur Beachtung aller für den Beschuldigten günstigen rechtlichen und tatsächlichen Umstände, zu seiner Entlastung beizutragen.[236] So kann er z. B. das Geschehen durch eigene Ermittlungen aufklären und dazu auch Zeugen (informatorisch) befragen.[237] Zudem hat der Verteidiger die Aufgabe, die Rechte des Beschuldigten zu wahren und auf die strenge Justizförmigkeit des Verfahrens zu achten.[238] Als Gegenpol zu Richter und Staatsanwalt wird der Strafverteidiger im Verfahren ausschließlich zugunsten des Beschuldigten tätig.[239] Seine Tätigkeit ist insofern „*einseitig an den Interessen des Beschuldigten orientiert.*“[240]

---

233 Dem Beschuldigten fehlt als Betroffenem oft die notwendige Distanz zur Beurteilung der Sachlage, er verfügt ferner nicht über die erforderlichen Rechtskenntnisse oder ist gegebenenfalls als Untersuchungshäftling in seinen Handlungsmöglichkeiten eingeschränkt. Diese Defizite muß der Verteidiger ausgleichen, vgl. Beulke, StPR, Rn. 148; ders., Strafverteidiger, S. 41 ff; Müller-Dietz, Jura 1979, 242, 248; Ostendorf, NJW 1978, 1345, 1348.

234 BVerfGE 38, 105, 112; siehe auch BGHSt 38, 372, 374.

235 Müller-Dietz, Jura 1979, 242, 248; ebenso BVerfGE 38, 105, 111; BGHSt 13, 337, 343; 29, 99, 102; vgl. auch Krekeler, NStZ 1989, 146, 147.

236 Vgl. BGHSt 9, 20, 22; 12, 367, 369; Müller-Dietz, Jura 1979, 242, 248, 249; Krekeler, NStZ 1989, 146, 146; Rückel, Strafverteidigung und Zeugenbeweis, Rn. 3; Kleinknecht/Meyer-Goßner, Vor § 137, Rn.1.
Dies kann die Verwirklichung des staatlichen Strafanspruches nicht nur erschweren, sondern sogar verhindern, ist jedoch Aufgabe des Strafverteidigers: „*Solange er sich prozessual zulässiger Mittel bedient, kann die Beeinträchtigung des staatlichen Strafanspruchs nicht als Strafvereitelung (nach § 258 StGB, d. Verf.) eingestuft werden*“, Beulke, StPR, Rn. 174. Im einzelnen zu den Grenzen der Verteidigerbefugnisse: Beulke, Strafverteidiger, S. 149 ff; ders., Strafbarkeit des Verteidigers, Rn. 1 ff, 176 ff; ferner Rückel, Strafverteidigung und Zeugenbeweis, Rn. 26 ff.

237 Vgl. Beulke, Strafverteidiger, S. 148 mwN, ders., StPR, Rn. 149, 158; ders., Strafbarkeit des Verteidigers, Rn. 84 ff; Krekeler, NStZ 1989, 146, 150; Rückel, Befragung von Zeugen durch den Strafverteidiger, S. 66 ff, 76 ff; ders., Strafverteidigung und Zeugenbeweis, Rn. 8 ff, 16 ff; Kleinknecht/Meyer-Goßner, Vor § 137 Rn. 2 mwN.

238 Vgl. Beulke, StPR, Rn. 149; Krekeler, NStZ 1989, 146, 146; Kleinknecht/Meyer-Goßner, Vor § 137 Rn. 1.

239 Vgl. Ostendorf, NJW 1978, 1345, 1348: „*Von daher ist die Verteidigung immer einseitig zu Gunsten des Beschuldigten, immer entlastend, niemals belastend.*“ Aufgrund der Beistandsfunktion ist der Verteidiger „*zur einseitigen Interessenwahrnehmung*“ verpflichtet, vgl. Müller-Dietz, Jura 1979, 242, 251; so auch BGHSt 38,

Nach herrschender Ansicht ist der Strafverteidiger nicht nur Beistand des Beschuldigten, sondern auch „*Organ der Rechtspflege*“[241] und nimmt dadurch auch öffentliche Funktionen wahr.[242] Gerade durch seine einseitige Unterstützung des Beschuldigten und die damit herbeigeführte Waffengleichheit wache der Verteidiger auch im Interesse der Allgemeinheit darüber, daß alle Verfahrensvorschriften beachtet werden und sorge dafür, daß in einem fairen Prozeß um die Erforschung der materiellen Wahrheit gerungen werde.[243] Er sei daher „*als Garant staatlicher Rechtspflege einzustufen.*“[244]

Aus dieser Stellung werden gewisse Pflichten des Strafverteidigers „*im Hinblick auf Aufgabe und Zweck des Strafverfahrens abgeleitet.*“[245] Als „*Diener am Recht*“ habe der Strafverteidiger „*der Gerechtigkeit und Wahrheit zu dienen.*“[246] Es sei seine Aufgabe, daran „*mitzuwirken, daß ein gerechtes Urteil gefunden wird.*“[247] Das bedeutet jedoch nicht, daß der Strafverteidiger wie der Richter und der Staatsanwalt zur Ermittlung der materiellen Wahrheit verpflichtet ist.[248] Er ist Beistand des Beschuldigten; sein Verteidigungsinteresse und das Aufklärungsinteresse des Staates sind – außer bei einem Unschuldigen – nicht deckungsgleich.

111, 115; Krekeler, NStZ 1989, 146, 146; Leipold, StraFo 1998, 79, 79; Kleinknecht, Meyer-Goßner, Vor § 137 Rn. 1 a. E.

240 Müller-Dietz, Jura 1979, 242, 248.

241 BGHSt 9, 20, 22; 12, 367, 369; BVerfGE 38, 105, 110, 119; 39, 156, 165; vgl. auch § 1 BRAO; Kleinknecht/Meyer-Goßner, Vor § 137 Rn. 1 mwN.

242 Vgl. BGHSt 29, 99, 106: Der Verteidiger habe „*einen gesetzlichen Auftrag zu erfüllen, dessen Ausführung nicht nur im Interesse des Beschuldigten, sondern auch in dem einer am Rechtsstaatsgedanken ausgerichteten Strafrechtspflege liegt.*“ Ebenso BVerfGE 39, 156, 164 f; BGHSt 38, 111, 114; vgl. statt vieler Beulke, Strafverteidiger, S. 50 ff mwN; ders., StPR, Rn 150 mwN; Paulus, NStZ 1992, 305, 308 f mwN.
Nach verschiedenen Mindermeinungen ist der Strafverteidiger dagegen „*reiner Parteiinteressenvertreter*“. Dies hätte zur Konsequenz, daß der Beschuldigte „*autonom*“, gegebenenfalls auch gegen den Willen des Verteidigers die Verteidigungsstrategie bestimmen könnte, der Verteidiger also nicht vom Willen des Beschuldigten unabhängig wäre. Vgl. zu den einzelnen Ansätzen, Beulke, Strafverteidiger, S. 53 ff; ders., StPR, Rn. 151; Paulus, NStZ 1992, 305, 306 ff.

243 So Beulke, StPR, Rn. 150; ähnlich BGHSt 38, 111, 115.

244 Von Stetten, StV 1995, 606, 609; vgl. auch Beulke, StPR, Rn. 150; Müller-Dietz, Jura, 1979, 242, 248; Otto, Jura 1987, 329, 329.

245 Müller-Dietz, Jura 1979, 242, 248.

246 RGSt 70, 390, 392 f; ähnlich RGSt 77, 153, 155 a. E.; BVerfGE 38, 105, 119: Der Beruf des Rechtsanwaltes „*ist ein staatlich gebundener Vertrauensberuf, der ihm eine auf Wahrheit und Gerechtigkeit verpflichtete amtsähnliche Stellung zuweist.*“

247 RGSt 77, 153, 155; so auch BGHSt 13, 337, 343.

248 Vgl. Müller-Dietz, Jura 1979, 242, 249.

Der Strafverteidiger ist daher „*kein Organ der Wahrheitsermittlung.*“[249] Er darf dem staatlichen Strafverfolgungsanspruch eine möglichst intensive Gegenwehr entgegensetzen und zugunsten des Beschuldigten jede schwache Stelle deutlich machen.[250] Als Organ der Rechtspflege darf er aber die Ermittlung der Wahrheit nicht durch unlautere Mittel beeinträchtigen oder vereiteln[251] und muß den Mißbrauch seiner Rechte „*im Sinne eines Zu-weit-gehens*“[252] unterlassen. An die Wahrheitspflicht gebunden, darf er – anders als der Beschuldigte – nicht lügen, muß aber als Beistand des Beschuldigten nicht alles sagen, was er weiß.[253]

2. Auffassung des Bundesgerichtshofes

Nach Ansicht des Bundesgerichtshofes[254] darf das Protokoll, das bei einer Befragung des angehörigen Zeugen durch den Verteidiger des Beschuldigten über die Äußerungen des Zeugen angefertigt wurde, nicht verlesen werden. Es „*muß ein*

---

249 Müller-Dietz, Jura 1979, 242, 249. Beulke, StPR, Rn. 150, weist daraufhin, daß die Ausrichtung des Verteidigers auf öffentliche Interessen „*von vornherein begrenzt sein*“ müsse, „*und zwar zum einen auf die Effektivität der Verteidigung und zum anderen auf die Effektivität der Rechtspflege in ihrem ‚Kernbereich‘ (sog. eingeschränkte Organtheorie).*“ Einzelheiten bei Beulke, Strafverteidiger, S. 50 ff, 143 ff, 258 ff. Nach Krekeler, NStZ 1989, 146, 147, begrenzen sich die „*Beistandspflicht des Verteidigers und dessen Organstellung [...] zwar gegenseitig. Jedoch ist in Konfliktsituationen der Beistandspflicht der Vorrang zu geben.*“

250 Dies ist die Effektivität der Verteidigung, vgl. Beulke, Strafverteidiger, S. 81 ff; ders., StPR, Rn. 150.

251 Vgl. BGHSt 9, 20, 22; 12, 367, 369; 38, 111, 113; Müller-Dietz, Jura 1979, 242, 249; Kleinknecht/Meyer-Goßner, Vor § 137 Rn. 2 mwN. Auf die Problematik „Strafverteidigung-Strafvereitelung“ soll hier nicht näher eingegangen werden, vgl. dazu aus der Fülle der Veröffentlichungen: Beulke, Strafverteidiger, S. 98 f, 149 ff; ders., Strafbarkeit des Verteidigers, Rn. 1 ff; Rückel, Befragung von Zeugen durch den Strafverteidiger, S. 14 ff mwN; Müller-Dietz, Jura 1979, 242 ff; Krekeler, NStZ 1989, 146 ff; von Stetten, StV 1995, 606 ff; Otto, Jura 1987, 329 ff.

252 Beulke, StPR, Rn. 150: Der „*Kernbereich der Effektivität der Rechtspflege darf nicht in Frage gestellt werden*“; ders., Strafverteidiger, S. 143 ff; siehe auch StPR, Rn. 164. Nach Ansicht des Bundesverfassungsgerichts verlangt das Rechtsstaatsprinzip die Aufrechterhaltung einer funktionsfähigen, wirksamen Strafrechtspflege, „*ohne die der Gerechtigkeit nicht zum Durchbruch verholfen werden kann*“ (BVerfGE 38, 105, 115), und setzt daher dem Verteidiger Grenzen, vgl. BVerfGE 38, 105, 115 f, 117 f; 39, 156, 163.

253 Vgl. Beulke, Strafverteidiger, S. 149 f; ders., StPR, Rn. 175, 150; Müller-Dietz, Jura 1979, 242, 250 mwN; Krekeler, NStZ 1989, 146, 147; Otto, Jura 1987, 329, 329.

254 Vgl. BGHSt 46, 1 ff. (Der Sachverhalt dieser Entscheidung ist für die Arbeit leicht geändert worden; in dem zu entscheidenden Fall war der Zeuge auch Mitbeschuldigter, das Verfahren war jedoch abgetrennt worden.)

Verwertungsverbot entsprechend dem Rechtsgedanken des § 252 StPO für eine vor dem verfahrensbeteiligten Verteidiger des Angeklagten gemachte Aussage angenommen werden, wenn sie zur Verwendung durch den Verteidiger des Angeklagten in dem gegen diesen [...] gerichteten Verfahren bestimmt war."[255]

Zwar gelte das Beweisverwertungsverbot des § 252 StPO nur bei Aussagen im Rahmen einer Vernehmung, nicht aber bei spontanen Äußerungen und Äußerungen außerhalb einer Vernehmung gegenüber Privatpersonen.[256] Eine Vernehmung liege dabei nur dann vor, wenn „*der Vernehmende dem Zeugen in amtlicher Funktion gegenübertritt (z. B. als Polizei- oder Zollbeamter, als Staatsanwalt oder Richter) und in dieser Eigenschaft von ihm Auskunft verlangt.*"[257] Der Zeuge müßte also von einem mit der Strafverfolgung beauftragten Staatsorgan in amtlicher Eigenschaft befragt worden sein.[258] Eine derartige „*amtliche Funktion*"[259] nehme der Strafverteidiger jedoch bei der Befragung des Zeugen nicht wahr[260] – er ist kein „*Angehöriger der Ermittlungsbehörden*" und nicht „*als Staatsorgan mit der Strafverfolgung beauftragt.*"[261] Denn nach der Strafprozeßordnung ist er gar nicht dazu befugt, den Zeugen amtlich zu befragen, vgl. §§ 161a, 163a, 168, 168a bis c StPO. Auch wenn das Gesetz Nachforschungen des Verteidigers zuläßt, vgl. etwa §§ 246 Absatz 2, 364b Absatz 2 Nr. 1 StPO, ist damit keine Befugnis für den Verteidiger verbunden, den Zeugen „*‚amtlich' zu vernehmen.*"[262]

Der Verteidiger kann allerdings eigene Ermittlungen führen, also auch den Zeugen „*vor und außerhalb der Hauptverhandlung*" befragen.[263] Die bei einer solchen Befragung gemachten Angaben des Zeugen können dennoch nicht als Äußerungen außerhalb einer Vernehmung, die nicht unter das Beweisverwertungsverbot des § 252 StPO fallen[264], angesehen werden. Die Aussage des Zeugen ist im Unterschied zu einer Äußerung gegenüber einer unbeteiligten Person „*gezielt für das Strafverfahren herbeigeführt worden.*"[265] Der Zeuge hat sich gegenüber dem Verteidiger nicht wie bei einem Gespräch mit einer Privatperson „*aus freien*

---

255 BGHSt 46, 1, 4.
256 Vgl. zu den Begriffen der Aussage und der Vernehmung die Ausführungen unter I. dieses Kapitels, S. 55 ff; auch BGHSt 46, 1, 3, 5.
257 BGHSt 40, 211, 213; s. auch BGHSt 46, 1, 4.
258 Vgl. dazu die Ausführungen unter I. in diesem Kapitel, S. 55 ff.
259 BGHSt 46, 1, 4.
260 Vgl. BGHSt 46, 1, 4.
261 BGHSt 40, 211, 213.
262 BGHSt 46, 1, 4.
263 BGHSt 46, 1, 4; allgemeine Meinung, siehe auch S. 88 ff mwN.
264 Vgl. dazu die Ausführungen unter I. dieses Kapitels, S. 53 f; sowie BGHSt 46, 1, 5.
265 BGHSt 46, 1, 5.

Stücken"[266] geäußert und ohne darüber nachzudenken, ob diese Äußerungen in einem Strafverfahren verwendet werden.[267] Denn während sich der Zeuge bei einem spontanen Gespräch gegenüber einer Person äußert, die an dem Strafverfahren gar nicht beteiligt ist, hat er sich gegenüber dem Strafverteidiger im *„Zusammenhang mit dem strafrechtlichen [...](V)erfahren"*[268], in dem der Verteidiger tätig gewesen ist, geäußert – also nicht gegenüber einer unbeteiligten Person. Seine Angaben bei der Befragung durch den Strafverteidiger hat der Zeuge vielmehr *„im Bewußtsein ihrer späteren Verwendungsmöglichkeiten im Verfahren abgegeben."*[269] Das Beweisverwertungsverbot des § 252 StPO muß daher auch für diese Angaben des Zeugen gelten.[270]

Für die Einbeziehung der Äußerungen des Zeugen, die er bei einer anwaltlichen Befragung gemacht hat, in den Anwendungsbereich des § 252 StPO spricht nach Ansicht des Bundesgerichtshofes ein Erst-recht-Schluß[271]: Nach § 252 StPO sei es verboten, eine vor der Polizei oder Staatsanwaltschaft gemachte Aussage in der Hauptverhandlung zu verwerten. Dabei handele es sich um eine Aussage, die der Zeuge unter der Strafandrohung der §§ 145d, 164 StGB gemacht habe. Dürfe schon eine solche Aussage nicht verwertet werden, müsse dies erst recht für die Verwertung einer Aussage gelten, die bei einer *„anwaltlichen [...](V)ernehmung"*[272] zustande gekommen sei.

Der Bundesgerichtshof weist zudem darauf hin, daß der Verteidiger des Beschuldigten, anders als Polizei und Staatsanwaltschaft, einseitig die Interessen des Beschuldigten wahrnehme. Die Verpflichtung des § 160 II StPO, sowohl be- als auch entlastende Momente zu ermitteln, gelte für ihn im Gegensatz zu Polizei und Staatsanwaltschaft nicht.[273]

Ein Beweisverwertungsverbot müsse auch deshalb angenommen werden, da sonst über diesen Weg der anwaltlichen Vernehmung *„wesentliche Teile der Verhandlungsführung dem Verantwortungsbereich des Vorsitzenden und des Gerichts entzogen und in die Hände eines anderen Verfahrensbeteiligten gelegt würden, der es dann seinerseits in der Hand hätte, zunächst eine Zeugenaussage zu ‚protokollieren' und den Zeugen dann auf sein Zeugnisverweigerungsrecht*

266 BGHSt 36, 384, 387; ebenso BGHSt 29, 230, 232; 40, 211, 215; 46, 1, 5.
267 Vgl. BGHSt 46, 1, 5; 29, 230, 232.
268 BGHSt 29, 230, 232.
269 BGHSt 46, 1, 5.
270 Vgl. BGHSt 46, 1, 1 (Leitsatz), 4.
271 Vgl. BGHSt 1, 4.
272 BGHSt 46, 1, 4.
273 Vgl. BGHSt 46, 1, 4; Volk spricht von einer *„Aura der Objektivität"*, die die Strafverfolgungsorgane umgebe, vgl. Volk, JuS 2001, 130, 132.

hinzuweisen, von dem dieser dann in der Hauptverhandlung Gebrauch macht. "[274]

Weder das anwaltliche Protokoll noch die Aussagen der „*zur Anhörung hinzugezogene(n) Personen*"[275] über die Angaben des Zeugen dürfen daher in der Hauptverhandlung verwertet werden.

3. Herrschende Auffassung in der Literatur

Der Ansicht des Bundesgerichtshofes, die Angaben, die der Zeuge bei einer anwaltlichen Befragung gemacht hat, seien unverwertbar, wird in der Literatur überwiegend zugestimmt.[276]

Zwar liegt bei der Befragung des Zeugen durch den Strafverteidiger des Beschuldigten keine Vernehmung im Sinne des § 252 StPO vor.[277] Denn der Verteidiger tritt dem Zeugen nicht in der erforderlichen „*amtlichen Funktion*"[278] bei der Befragung gegenüber wie ein Strafverfolgungsorgan.[279] Seine Funktion als „*Organ der Rechtspflege*"[280] ändert daran nichts.[281]

Allerdings befindet sich der Zeuge bei der Befragung durch den Verteidiger des Beschuldigten in einer vernehmungsähnlichen Situation, die eine entsprechende Anwendung des § 252 StPO rechtfertigt. Er wird vom Verteidiger des Beschuldigten zum Tathergang befragt und damit von einem Verfahrensbeteiligten.[282] Auch wenn der Verteidiger eigene, private Ermittlungen durchführt, können die Angaben, die der Zeuge ihm gegenüber dabei macht, nicht mit Angaben gegenüber einer Privatperson gleichgesetzt werden: Die Privatperson kennzeichnet gerade, daß sie am Verfahren unbeteiligt, jedenfalls nicht amtlich beteiligt

---

274 BGHSt 46, 1, 5.

275 BGHSt 46, 1, 6: In dem zu entscheidenden Fall war die Ehefrau des Verteidigers bei der Befragung des Zeugen anwesend gewesen. Auch sie darf aber aufgrund des Beweisverwertungsverbotes des § 252 StPO nicht in der Hauptverhandlung über die Angaben des Zeugen gehört werden.

276 Vgl. Baier, JA 2002, 833, 835; Volk, JuS 2001, 130, 132; Müller-Christmann, JuS 2001, 682, 684 f; Beulke, StPR, Rn. 420a; HK-Julius, § 252 Rn. 7.

277 Vgl. Volk, JuS 2001, 130, 132; Müller-Christmann, JuS 2001, 682, 684; wohl auch Baier, JA 2000, 833, 835.

278 BGHSt 40, 211, 213.

279 So Volk, JuS 2001, 130, 132.

280 Zum Begriff „Organ der Rechtspflege" vergleiche die Ausführungen unter III. 1., S. 91 f.

281 So Volk, JuS 2001, 130, 132.

282 Vgl. Volk, JuS 2001, 130, 132; Müller-Christmann, JuS 2001, 682, 684.

ist[283] – der Strafverteidiger ist hingegen Verfahrensbeteiligter. Aus der Sicht des Zeugen ist ein solches Gespräch mit dem Verteidiger eher mit einer Vernehmung vergleichbar als mit einem privaten Gespräch[284], bei dem der Gesprächspartner ein Unbeteiligter ist und jeglicher Zusammenhang zwischen dem Gespräch und dem konkreten Strafverfahren fehlt. Die Äußerungen des Zeugen gegenüber dem Verteidiger des Beschuldigten erfolgen jedoch im Zusammenhang mit dem Verfahren.[285] Das Ermittlungsverfahren gegen den Beschuldigten ist der Hintergrund des Gespräches und war der Anlaß für den Verteidiger, den Zeugen überhaupt zu einer Befragung zu sich zu bitten. Soll § 252 StPO *„prinzipiell alle im Verfahren erfolgten Äußerungen des Zeugen zum Tatgeschehen erfassen"*[286], so muß dies auch für die Äußerungen des Zeugen gegenüber dem Verteidiger des Beschuldigten gelten. Denn der Verteidiger als Verfahrensbeteiligter wird als *„Beistand des Beschuldigten"*[287] tätig und hat den Zeugen im Rahmen dieses verfahrensbezogenen Auftrages befragt. Einer unbeteiligten Privatperson kann der Strafverteidiger daher nicht gleichgesetzt werden.

Anders als bei einem Privatgespräch sind die Angaben, die der Zeuge gegenüber dem Verteidiger macht, zur Verwertung im Verfahren durch den Verteidiger bestimmt, werden also gezielt zu diesem Zweck durch den Strafverteidiger gewonnen.[288] Der Zeuge wird so mit derselben Intention wie von einem Strafverfolgungsorgan befragt: Um die Angaben im Verfahren zu verwerten. Ebenso wie bei einer Vernehmung kennt der Zeuge diese Zweckbestimmung, weiß, warum der Verteidiger ihn zu sich gebeten hat und was mit seiner Aussage geschehen soll.[289] Das unterscheidet die Situation wiederum von einem privaten Gespräch, bei dem der Zeuge dem Dritten aus *„eigener Geschwätzigkeit"*[290] von der Tat erzählt, also aus einem *„mit dem Verfahren nicht in Zusammenhang stehenden Grund"*[291], nicht aber, damit dies im Verfahren verwertet wird. Die Aussage beim Verteidiger des Beschuldigten macht der Zeuge hingegen allein zu diesem Zweck.

---

283 Siehe dazu die Ausführungen unter I. dieses Kapitels, S. 58 f (dort auch Fußnote 15).

284 So Volk, JuS 2001, 130, 132; Müller-Christmann, JuS 2001, 682, 684.

285 Vgl. Baier, JA 2000, 833, 835.

286 Rengier, Jura 1981, 299, 305.

287 Zu diesem Begriff vergleiche die Ausführungen unter III. 1. in diesem Kapitel, S. 88 f.

288 Vgl. Baier, JA 2000, 833, 835; Volk, JuS 2001, 130, 132; Müller-Christmann, JuS 2001, 682, 684; HK-Julius, § 252 Rn. 7.

289 So Volk, JuS 2001, 130, 132.

290 Sternberg-Lieben, JZ 1995, 844, 844.

291 Baier, JA 2000, 833, 835.

Dabei ist nicht auszuschließen, daß sich der Zeuge gegenüber dem Verteidiger für aussagepflichtig hält.[292] Damit befindet er sich dann aber genau in der Konfliktsituation, vor der ihn § 252 StPO schützen will[293] – dem Konflikt zwischen Aussage- und Wahrheitspflicht sowie den Interessen des angehörigen Beschuldigten. Diese Erwägungen des Zeugenschutzes verlangen, § 252 StPO auch auf Angaben bei einer anwaltlichen Befragung anzuwenden. Denn sonst droht in einem Fall wie diesem „*eine Aushöhlung des Zeugnisverweigerungsrechts.*“[294]

Den Argumenten des Bundesgerichtshofes wird indes nur teilweise zugestimmt, wobei gegen den Erst-recht-Schluß des Bundesgerichtshofes keine Einwände erhoben werden.[295] Nicht überzeugend sei aber, daß der Bundesgerichtshof sein Ergebnis „*nicht primär auf die Interessen des Zeugnisverweigerungsberechtigten, sondern auf Zweifel am Beweiswert von Äußerungen*“[296], die der Zeuge gegenüber dem Verteidiger gemacht habe, stütze. Diene das Beweisverwertungsverbot des § 252 StPO aber gerade nicht der Wahrheitsfindung, hätte das Ergebnis „*eher auf Zeugenschutzerwägungen gestützt werden sollen.*“[297]

Das Mißtrauen, das der Bundesgerichtshof offensichtlich[298] der Verteidigungstätigkeit entgegenbringt, wenn er befürchtet, daß wesentliche Teile der Verhandlungsführung dem Gericht entzogen werden[299], indem der Verteidiger erst den Zeugen vernimmt und ihn dann „*zum Schweigen animiert*“, könne nicht geteilt werden.[300] Dem Verteidiger des Beschuldigten sei es erlaubt, den Zeugen zu bitten, von seinem Zeugnisverweigerungsrecht Gebrauch zu machen.[301] Er habe also durchaus die Möglichkeit, Einfluß auf das Verfahren zu nehmen und zwar

---

292 So Baier, JA 2000, 833, 835.

293 Vgl. Volk, JuS 2001, 130, 132; zum Sinn und Zweck des § 252 StPO siehe die Ausführungen im 1. Kapitel, S. 24 ff, 31 ff.

294 Baier, JA 2000, 833, 836.

295 Vgl. Volk, JuS 2001, 130, 132.

296 Baier, JA 2000, 833, 835.

297 Baier, JA 2000, 833, 835; vgl. dazu auch die Ausführungen im 1. Kapitel, S. 30 f. Auch nach der Auffassung von Schittenhelm, NStZ 2001, 50, 51, ist die Wahrheitsfindung als weiterer Zweck des § 252 StPO abzulehnen. Im Ergebnis kommt sie dann dazu, die Angaben des Zeugen bei einer anwaltlichen Befragung für verwertbar zu erklären.

298 Volk spricht davon, daß in den Bemerkungen des Bundesgerichtshofes ein „*Unterton*“ mitschwingt; „*man befürchtet wohl Mißbrauch, Manipulation und Komplott*“, JuS 2001, 130, 132.

299 Vgl. BGHSt 46, 1, 5.

300 Baier, JA 2000, 833, 835; vgl. auch Volk, JuS 2001, 130, 132.

301 Vgl. Baier, JA 2000, 833, 835; Beulke, StPR, Rn. 176 a. E.; so auch BGHSt 10, 393, 394 f unter Bezugnahme auf die Regelung des § 58 der Richtlinien für die Ausübung des Anwaltsberufes vom 11. Mai 1957.

mit zulässigen Mitteln. Das habe der Bundesgerichtshof auch selbst in einer Entscheidung ausgeführt: *„Wer einen anderen veranlaßt, von einem ihm zustehenden Recht Gebrauch zu machen, handelt nur rechtswidrig, wenn er dabei unerlaubte Mittel anwendet."*[302]

Daß der Zeuge frei entscheiden soll, ob er von seinem Zeugnisverweigerungsrecht Gebrauch macht oder nicht, bedeute nicht, *„daß andere Personen ihn in dieser Beziehung nicht beeinflussen dürfen."*[303] Seine Entscheidungsfreiheit sei nicht schon dadurch beeinträchtigt, daß ihm jemand zurede, sein Zeugnis zu verweigern, sondern erst dann, wenn dabei Mittel angewandt werden, die nach § 136a StPO verboten sind. Das gilt auch für den Verteidiger des Beschuldigten: *„Der Verteidiger des Angeklagten kann insoweit nicht weniger Rechte haben als jeder Dritte."*[304] Er ist daher berechtigt, den Zeugen auf sein Zeugnisverweigerungsrecht hinzuweisen und ihn über die Ausübung dieses Rechtes zu beraten, ihm also zu erklären, *„welche Wirkung auf die Rechtslage des Angeklagten die Ausübung oder Nichtausübung des Zeugnisverweigerungsrechts haben würde."*[305] Er darf den Zeugen *„im Interesse des Angeklagten auch bitten [...], nicht auszusagen."*[306] Daß also der Verteidiger des Beschuldigten dem Zeugen zurede, in der Hauptverhandlung von seinem Zeugnisverweigerungsrecht Gebrauch zu machen, könne ihm daher nicht vorgeworfen werden.

Wenn das Gericht in einem solchen Fall aber Zweifel an dem Beweiswert der vom Verteidiger protokollierten Aussage des Zeugen habe, so könne es bei der Beweiswürdigung berücksichtigen, *„daß die Aussage des Zeugen möglicherweise von einem Interessenvertreter des Beschuldigten gesteuert wurde."*[307] Dieser Möglichkeit, den Beweis zuzulassen und entsprechend zu würdigen, stehe jedenfalls nicht entgegen, daß aus der Ausübung des Zeugnisverweigerungsrechts durch den Zeugen keine nachteiligen Schlüsse für den Beschuldigten vom Gericht gezogen werden dürfen.[308]

Daß *„wesentliche Teile der Verhandlungsführung dem Verantwortungsbereich [...] des Gerichts entzogen und in die Hände eines anderen Verfahrensbeteiligten gelegt würden"*[309], sei tatsächlich nicht mit der *„inquisitorischen*

302 BGHSt 10, 393, 394.
303 BGHSt 10, 393, 394.
304 BGHSt 10, 393, 394.
305 BGHSt 10, 393, 395.
306 BGHSt 10, 393, 395.
307 Baier, JA 2000, 833, 835; so auch Eckstein, JA 2002, 119, 125, der im Ergebnis aber eine Verwertbarkeit der Angaben des Zeugen annimmt.
308 So Baier, JA 2000, 833, 835; zur Unzulässigkeit, aus dem Gebrauch des Zeugnisverweigerungsrechtes nachteilige Schlüsse zu ziehen, s. auch die Ausführungen im 1. Kapitel, S. 27 (dort Fußnote 78 mwN).
309 BGHSt 46, 1, 5.

Struktur“[310] unseres Strafverfahrens vereinbar.[311] Zwar sei der deutsche Strafprozeß kein Inquisitionsprozeß, in dem der Richter zugleich Ermittlungsorgan und Richter sei.[312] In der Hauptverhandlung werde aber insofern inquisitorisch verfahren, als der Richter nicht nur die Hauptverhandlung leite, sondern „*Herr des Verfahrens*“[313] sei: Seine Aufgabe sei es, von Amts wegen die Wahrheit zu erforschen, vgl. § 244 II StPO. Im deutschen Strafverfahren solle also das wirkliche Geschehen (materielle Wahrheit) festgestellt werden.[314] Der Strafprozeß sei daher kein „*Parteiprozeß*“ in dem Sinne, daß der Staatsanwalt und der Verteidiger „*kontradiktorisch [...] um die Wahrheit streiten und sie (re-)konstruieren.*“[315] Deshalb dürften „*wesentliche Teile der Verhandlungsführung dem Verantwortungsbereich [...] des Gerichtes*“[316] nicht entzogen werden.

Allerdings kämen „*andere, kontradiktorisch orientierte Verfahrensmodelle*“ ganz gut damit zurecht, „*daß der Verteidiger ‚seinen Fall‘ und ‚seine Zeugen‘ präsentieren*“[317] dürfe.

Gegen die Manipulationsbefürchtungen des Bundesgerichtshofes wendet Volk ferner ein, daß der Verteidiger angesichts seiner „*spärlichen Rechte*“[318] darauf angewiesen sei, im Interesse des Beschuldigten das Vertrauen des Zeugen zu gewinnen. Fühlen sich die Zeugen nämlich instrumentalisiert, sagen sie dem Verteidiger nichts. Das könne sich dieser gar nicht leisten.[319] Insofern sei die Entscheidung des Bundesgerichtshofes zu begrüßen: Der Zeuge könne sich nunmehr ganz sicher sein, daß seine Angaben gegenüber dem Verteidiger von diesem vertraulich behandelt würden, da sie ohnehin unverwertbar seien.

---

310 Volk, JuS 2001, 130, 132.

311 So jedenfalls Volk, JuS 2001, 130, 132.

312 So Volk, StPR, § 11 Rn. 1. Nach Beulke, StPR, Rn. 21, sollte der Begriff „*Inquisitionsprinzip*“ der „*Umschreibung eines Verfahrens mit völliger Einheit von Ermittlungsorgan und Richter vorbehalten bleiben.*“ Im deutschen Strafprozeß ist die Strafverfolgung auf zwei voneinander unabhängige Instanzen übertragen worden: Auf die Staatsanwaltschaft als Anklagebehörde und das „*letztlich die Entscheidung fällende Gericht*“; vgl. Beulke, StPR, Rn. 18.

313 Volk, StPR, § 11 Rn. 1.

314 Vgl. Beulke, StPR, Rn. 21; Volk, StPR, § 11 Rn. 1.

315 Volk, StPR, § 11 Rn. 1.

316 BGHSt 46, 1, 5.

317 Volk, JuS 2001, 130, 132. Beim kontradiktorischen Modell urteilt der Richter nur darüber, ob eine der beiden Geschehensalternativen, die ihm vom Staatsanwalt beziehungsweise vom Verteidiger präsentiert werden, als wahr gelten kann; so Volk, StPR, § 11 Rn. 1.

318 Volk, JuS 2001, 130, 132. Nach Ansicht Volks kann der Verteidiger von „‚*Waffengleichheit*‘ *ohnehin nur träumen.*“

319 Vgl. Volk, JuS 2001, 130, 132.

4. Mindermeinung in der Literatur

Von einer Mindermeinung in der Literatur[320] wird demgegenüber die Auffassung vertreten, die bei einer anwaltlichen Befragung vom Zeugen gemachten Angaben seien verwertbar und fielen nicht unter das Beweisverwertungsverbot des § 252 StPO.

Begründet wird dies vor allem mit dem Zweck der Regelung des § 252 StPO in Verbindung mit § 52 StPO. Die Regelung diene nach allgemeiner Meinung dazu, daß der Zeuge trotz seiner früheren Aussagen bei Vernehmungen im Ermittlungsverfahren noch in der Hauptverhandlung frei entscheiden könne, ob er von seinem Zeugnisverweigerungsrecht Gebrauch mache oder aussage – dieses Recht solle ihm § 252 StPO sichern.[321] Das gelte indes nur, wenn sich der Zeuge in dem von *„§ 52 StPO typisierend umschriebenen Konflikt befindet"*, also in dem *„Widerstreit zwischen der allgemeinen Zeugenpflicht, wahrheitsgemäß auszusagen, und der Rücksichtnahme auf familiäre Bindungen."*[322] Nur aufgrund dieser Konfliktsituation habe der Gesetzgeber auf eine optimale Sachverhaltsaufklärung verzichtet.

Liege eine solche Zwangslage des Zeugen aber nicht vor, so sei der Schutzbereich der §§ 252, 52 StPO nicht berührt und die frühere Äußerung des Zeugen könne verwertet werden.[323] Allein die Umstände, unter denen sich der Zeuge äußere, könnten nicht schon die Anwendung des § 252 StPO begründen. Ein *„vernehmungsähnliche(r) Charakter"* des Gespräches zwischen dem Verteidiger des Beschuldigten und dem Zeugen schließe daher die Verwertung der Angaben *„nicht von vornherein aus."*[324] § 252 StPO verbiete nur die Verwertung solcher Angaben, die der angehörige Zeuge *„vor einem staatlichen Organ, dem gegenüber ein Zeuge grundsätzlich aussagen muß"*[325], gemacht habe – nicht aber die Verwertung der Angaben, die der Zeuge außerhalb einer Vernehmung, in priva-

320 Vgl. Schittenhelm, NStZ 2001, 50 f; Eckstein, JA 2002, 119, 125; Roxin, FS Rieß, S. 451, 459 ff.

321 So Schittenhelm, NStZ 2001, 50, 50; zum Zweck der Regelung des § 252 StPO vergleiche auch die Ausführungen im 1. Kapitel, S. 31 f mwN.

322 Schittenhelm, NStZ 2001, 50, 50; ähnlich auch Roxin, FS Rieß, 451, 460; s. auch die Ausführungen im 1. Kapitel zur Konfliktsituation, die der Regelung des § 252 StPO zugrunde liegt, S. 24 ff sowie S. 31 f mwN.

323 Vgl. Schittenhelm, NStZ 2001, 50, 51, sowie die Ausführungen unter I. dieses Kapitels, S. 57 f.

324 Schittenhelm, NStZ 2001, 50, 51.

325 Schittenhelm, NStZ 2001, 50, 51.

ten Gesprächen und damit mangels Aussage- und Wahrheitspflicht außerhalb der von § 252 StPO vorausgesetzten Konfliktlage gemacht habe.[326]

Gegenüber dem Verteidiger des Beschuldigten befinde sich der Zeuge jedoch nicht in diesem von §§ 252, 52 StPO vorausgesetzten Konflikt: Der Verteidiger sei weder ein staatliches Organ noch sei der Zeuge ihm gegenüber zur Aussage verpflichtet.[327] Daß der Zeuge die Weitergabe seiner Angaben anders als bei einem Gespräch mit einer Privatperson sogar beabsichtigt habe, ändere daran nichts: *„Denn auch wenn private Äußerungen in Kenntnis des Umstandes abgegeben werden, daß der Hörer sie in den Prozeß einführen kann, stehen sie deshalb noch nicht unter einer Zeugenpflicht."*[328]

Es sei auch nicht einzusehen, daß private Äußerungen nur dann im Prozeß verwertbar sein sollen, wenn der Zeuge an die Möglichkeit der Verwertung nicht gedacht habe.[329] Die Äußerungen des Zeugen gegenüber dem Strafverteidiger seien Äußerungen außerhalb einer Vernehmung, und da bedarf der Zeuge des Schutzes nach § 252 StPO nicht.[330] Zu Recht habe daher der Bundesgerichtshof seine Entscheidung nicht mit dem Schutz des Zeugen begründet.

Ziel der Entscheidung des Bundesgerichtshofes sei wahrscheinlich gewesen, *„geplanten Verfahrensmanipulationen wirksam zu begegnen."*[331] Diesen Zweck verfolge § 252 StPO allerdings nicht. Denn die Regelung des § 252 sei keine *„allgemeine Vorschrift zur Abwehr von prozeßrechtlich nicht ausdrücklich verbotenen, aber als mißbräuchlich angesehenen Handlungen."*[332] § 252 StPO verbiete die Verwertung einer Aussage nicht deshalb, weil ein zweifelhaftes, mani-

---

326 Dies ist allgemeine Meinung, vgl. dazu die Ausführungen unter I. dieses Kapitels, S. 56 ff mwN. So auch Roxin, FS Rieß, S. 451, 459: *„§ 252 StPO erfaßt unstrittig nur vorangegangene* ***amtliche*** *Vernehmungen."* Äußerungen, die außerhalb einer Vernehmung gemacht werden, fallen dagegen nicht unter das Verwertungsverbot des § 252 StPO.

327 So Roxin, FS Rieß, S. 451, 459 f.

328 Roxin, FS Rieß, S. 451, 460, s. auch Schittenhelm, NStZ 2001, 50, 51.

329 So Roxin, FS Rieß, S. 451, 460, der noch hinzufügt, daß der Zeuge den Schutz des § 252 StPO eigentlich noch eher bedürfe, wenn er gerade nicht an die mögliche Verwertbarkeit seiner Äußerung gedacht habe – in diesen Fällen scheitere die Anwendbarkeit des § 252 StPO aber an der fehlenden Konfliktsituation.

330 Vgl. Eckstein, JA 2002, 119, 125, sowie die Ausführungen unter I. dieses Kapitels, S. 57 f.
Von einer Vernehmung im Sinne des § 252 StPO unterscheide sich das Gespräch zwischen dem Verteidiger und dem Zeugen auch insofern, als daß es – wie ein Privatgespräch – *„keinerlei Form"* unterliege, so Schittenhelm, NStZ 2001, 50, 51.

331 Schittenhelm, NStZ 2001, 50, 51.

332 Schittenhelm, NStZ 2001, 50, 51.

puliertes Beweismittel vorliege, sondern aus Zeugenschutzerwägungen.[333] Daher könne auch *„eine noch so große Unzuverlässigkeit der Aussage"* nicht ihre Unverwertbarkeit begründen. Wie der Bundesgerichtshof in seiner Entscheidung BGHSt 45, 203, 207 dargelegt habe, enthalte § 252 StPO keine solche Beweiswürdigungsregel.[334] Bei Manipulationen hinsichtlich einer Aussage genüge § 261 StPO *„als Korrektiv"*[335]: Das Gericht könne bei der Beweiswürdigung berücksichtigen, daß der Verteidiger des Beschuldigten die zu Protokoll gegebene Aussage des Zeugen möglicherweise gelenkt habe.[336]

Die Annahme eines Beweisverwertungsverbotes nach § 252 StPO lasse sich entgegen der Ansicht des Bundesgerichtshofes auch nicht auf den *„besonders zweifelhaften Wahrheitsgehalt"*[337] der bei einem anwaltlichen Gespräch gewonnenen Zeugenaussage stützen. Denn dies setze voraus, daß §§ 252, 52 StPO – zumindest als weiteren Zweck – dem Schutz der Wahrheitsfindung dienen.[338] Mit der herrschenden Meinung sei dies jedoch abzulehnen.[339] Im geltenden Strafverfahrensrecht gebe es keine Beweisregeln und Zeugenausschlüsse, die den Schutz der Wahrheitsfindung bezweckten.[340] Statt dessen gelte so wie für andere konfliktbehaftete Beweismittel auch für die Zeugenaussagen von Angehörigen der Grundsatz der freien Beweiswürdigung nach § 261 StPO.[341]

Durch die Erweiterung des Normzweckes würde aus einer Norm, die das subjektive Recht der Zeugnisverweigerung des angehörigen Zeugen schützen soll, eine Bestimmung, die die Gerichte vor zweifelhaften Aussagen schützt und dabei mit dem *„Gebot einer umfassenden Sachverhaltsaufklärung"*[342] kollidiert: Im Fall der Ausübung des Zeugnisverweigerungsrechtes könnten so frühere, *„vermutlich unter ‚verdächtigen' Umständen"* zustande gekommene Aussagen des Zeugen unter dem Hinweis auf den Zweck des Schutzes der Wahrheitsfin-

---

333 Vgl. die Ausführungen zum Zweck der Regelung des § 252 StPO im 1. Kapitel, S. 31 f, sowie bei Schittenhelm, NStZ 2001, 50, 50 f; ähnlich Roxin, FS Rieß, S. 451, 461.

334 So Roxin, FS Rieß, S. 451, 461.

335 Eckstein, JA 2002, 119, 125; ähnlich auch Roxin, FS Rieß, S. 451, 462.

336 Vgl. Eckstein, JA 2002, 119, 125; sowie Baier, JA 2000, 833, 835, der aber im Ergebnis dennoch die Angaben nach § 252 StPO für unverwertbar hält. Vgl. dazu auch Roxin, FS Rieß, S. 451, 462.

337 Schittenhelm, NStZ 2001, 50, 51; so auch Eckstein, JA 2002, 119, 125; Roxin, FS Rieß, S. 451, 461.

338 So Schittenhelm, NStZ 2001, 50, 51.

339 Vgl. Schittenhelm, NStZ 2001, 50, 51 mwN, sowie die Ausführungen zum Sinn der Zeugnisverweigerungsrechte im 1. Kapitel, S. 24 ff.

340 Vgl. Schittenhelm, NStZ 2001, 50, 51; ebenso bereits Grünwald, JZ 1966, 489, 493, 497, 499; Mitsch, JZ 1992, 174, 176.

341 Vgl. Schittenhelm, NStZ 2001, 50, 51, sowie die Ausführungen im 1. Kapitel, S. 31.

342 Schittenhelm, NStZ 2001, 50, 51.

dung (und damit losgelöst vom Zweck des Schutzes des Zeugen) *„im Extremfall beliebig von einer Berücksichtigung"* bei der Urteilsfindung ausgeschlossen werden.[343] Dies ginge dann aber zu Lasten des Gebotes der optimalen Sachverhaltsaufklärung, das eigentlich vorrangig sein sollte[344] – und das der Gesetzgeber nur wegen der Schutzbedürftigkeit des angehörigen Zeugen zurückgestellt habe.[345]

Auch sei der Begriff „Schutz der Wahrheitsfindung" zu abstrakt, bedürfe der Ausfüllung und bringe daher Gefahren für die Rechtssicherheit im Verfahren mit sich.[346]

Sei der Schutz der Wahrheitsfindung auch nach der Ansicht des Bundesgerichtshofes nicht von der Regelung des § 252 StPO bezweckt[347], dann sei seine Argumentation bezüglich der Unverwertbarkeit der bei einem anwaltlichen Gespräch gewonnenen Angaben nicht *„befriedigend und bruchlos."*[348] So verständlich das Anliegen des Bundesgerichtshofes, Verfahrensmanipulationen zu verhindern, auch sei, die Ausdehnung des Anwendungsbereiches des § 252 StPO auf die anwaltliche Befragung eines Zeugen lasse sich dadurch nicht rechtfertigen.[349]

Auch der Erst-recht-Schluß des Bundesgerichtshofes sei nicht geeignet, die Unverwertbarkeit der bei einem anwaltlichen Gespräch gemachten Angaben zu begründen. Zwar unterlägen die Angaben des Zeugen bei einem privaten Gespräch grundsätzlich nicht der Strafandrohung der §§ 145d, 164 StGB. Anders sei dies aber auch bei einem privaten Gespräch, wenn der Zeuge damit rechne, daß die Privatperson seine falschen Anschuldigungen an die Polizei weitergebe. Dann könne der Zeuge durchaus auch für die privaten Äußerungen strafrechtlich zur Verantwortung gezogen werden.[350]

Schließlich übertreibe der Bundesgerichtshof in den Gründen seines Urteils mit dem Mißtrauen gegenüber dem Strafverteidiger.[351] Wenn der Verteidiger berechtigt sei, eigene Ermittlungen durchzuführen, dann müsse doch auch das Ergebnis dieser Ermittlungen verwertbar sein.[352] Auch die Bedenken hinsichtlich

343 Schittenhelm, NStZ 2001, 50, 51.
344 So Schittenhelm, NStZ 2001, 50, 51; vgl. dazu auch die Ausführungen im 1. Kapitel zum Zweck der Zeugnisverweigerungsrechte, S. 24 ff.
345 Vgl. die Ausführungen zum Sinn der Zeugnisverweigerungsrechte im 1. Kapitel, S. 18 ff.
346 Vgl. Schittenhelm, NStZ 2001, 50, 51.
347 Siehe BGHSt (GSSt) 11, 213, 215 f; BGHSt 45, 203, 207.
348 Schittenhelm, NStZ 2001, 50, 51.
349 So Schittenhelm, NStZ 2001, 50, 51.
350 Vgl. Schittenhelm, NStZ 2001, 50, 51; Roxin, FS Rieß, S. 451, 461.
351 So Roxin, FS Rieß, S. 451, 460.
352 Vgl. Roxin, FS Rieß, S. 451, 461.

eines Entzugs der Verfahrensherrschaft, einer Beschränkung der Verteidigungsmöglichkeiten des Angeklagten oder der Umgehung von Zeugenschutzvorschriften könnten sich auf diese *„außeramtliche Sammlung von Beweismaterial durch den Strafverteidiger"* gar nicht beziehen, sondern nur – wie der § 252 StPO überhaupt – im Rahmen eines *„staatlich betriebene(n) Verfahren(s)"* relevant werden.[353] Dem Gericht werde folglich nicht die Verfahrensherrschaft entzogen, wenn der Strafverteidiger nach Entgegennahme der Erklärung des Zeugen diesen bitte, von seinem Zeugnisverweigerungsrecht Gebrauch zu machen. Denn dazu sei der Strafverteidiger berechtigt, ebenso dazu, Erklärungen von Belastungszeugen entgegenzunehmen.[354] Wie letztlich eine solche Verteidigungsstrategie vom Gericht zu beurteilen sei, sei eine Frage der freien Beweiswürdigung. Diese Beweiswürdigung werde jedenfalls nicht von § 252 StPO vorweggenommen in dem Sinne, daß § 252 StPO die Verwertung eines unzuverlässigen Beweismittels verbiete, *„wie BGHSt 45, 203 insoweit richtig darlegt. Anders ist es erst, wenn der Zeuge durch sein Verhalten bewirkt, daß* ***amtliche*** *Beweismittel in prozeßrechtswidriger Weise die richterliche Vernehmung und die Befragung durch den Angeklagten verdrängen."*[355]

Gegen das Argument des Bundesgerichtshofes, die Befragung durch den Strafverteidiger sei unter *„keinerlei formellen Vorschriften"*[356] zustande gekommen, wendet Roxin[357] ein, daß der Strafverteidiger den Zeugen u. U. sogar eingehend belehrt habe – im Unterschied zum Sachverständigen, dessen Einvernahme in der Hauptverhandlung der Bundesgerichtshof dennoch für zulässig erachtet habe. Außerdem dürfe nicht vergessen werden, daß der Strafverteidiger, auch wenn er einseitig im Interesse des Beschuldigten tätig werde, dennoch auch Organ der Rechtspflege und als solches an die Wahrheitspflicht gebunden sei.[358]

Als bruchlose Lösung schlägt Schittenhelm[359] daher vor, die Angaben aus einem anwaltlichen Gespräch grundsätzlich zu verwerten, es sei denn, der Zeuge sei mit der Weitergabe seiner Angaben nicht einverstanden. In diesem Fall sei ein Beweisverwertungsverbot anzunehmen. Denn die Weitergabe der dem Verteidiger des Beschuldigten anvertrauten Äußerungen falle unter den Tatbestand des § 203

353 Roxin, FS Rieß, S. 451, 461.
354 So Roxin, FS Rieß, S. 451, 462.
355 Roxin, FS Rieß, S. 451, 461. Roxin spielt damit auf das Urteil BGHSt 45, 203 an, in dem der Bundesgerichtshof es für zulässig erklärt, daß der Sachverständige anstelle des Zeugen aussagt.
356 BGHSt 46, 1, 6.
357 Vgl. Roxin, FS Rieß, S. 451, 461.
358 So Roxin, FS Rieß, S. 451, 462.
359 Vgl. Schittenhelm, NStZ 2001, 50, 51.

I Nr. 3 StGB. Für Tatsachen, die der Verteidiger dem Gericht nur mitteilen kann, indem er eine Straftat begeht, lasse sich mit *„gute(n) Gründe(n)"* ein Verwertungsverbot bejahen.[360]

360 So Schittenhelm, NStZ 2001, 50, 51 unter Verweis auf die von Leckner, NJW 1966, 325 f, Welp, FS Gallas, S. 401 ff, sowie Roxin, Strafverfahrensrecht, § 26 Rn. 22 mwN, vertretene Auffassung.

3. Kapitel: Verzicht des Zeugen auf das Beweisverwertungsverbot des § 252 StPO

Besteht für die frühere Zeugenaussage ein Beweisverwertungsverbot, so stellt sich die Frage, ob der Zeuge, der in der Hauptverhandlung von seinem Zeugnisverweigerungsrecht Gebrauch macht, auf dieses Beweisverwertungsverbot aus § 252 StPO verzichten und somit die Verwertung seiner früheren Aussage durch ihre Verlesung oder die Einvernahme der Verhörsperson gestatten kann.

I. Auffassung des Bundesgerichtshofes

Nach Ansicht des Bundesgerichtshofes kann der Zeuge, der das Zeugnis in der Hauptverhandlung verweigert, auf das Beweisverwertungsverbot aus § 252 StPO verzichten, sofern es sich um die Verwertung einer Aussage handelt, die der Zeuge im Ermittlungsverfahren bei einer nichtrichterlichen Vernehmung oder einer amtlich angeordneten Sachverständigenuntersuchung gemacht hat.[1] Nicht möglich sei der Verzicht auf das Beweisverwertungsverbot hingegen bezüglich der Verwertung einer Zeugenaussage, die während einer anwaltlichen Befragung erfolgt sei.[2]

Der Gebrauch des Zeugnisverweigerungsrechtes durch den Zeugen in der Hauptverhandlung hindere ihn grundsätzlich nicht daran, auf das Beweisverwertungsverbot des § 252 StPO zu verzichten und dadurch die Verwertung seiner früheren Aussage zu gestatten.[3]

Denn, so die Begründung des Bundesgerichtshofes, der Verzicht des Zeugen auf das Beweisverwertungsverbot sei mit der gleichzeitigen Ausübung des Zeugnisverweigerungsrechtes durchaus vereinbar.[4] So sei ein Zeuge, der die Aussage

---

1 Vgl. BGHSt 45, 203, 206 ff; 46, 1, 5.
Die Vernehmung der richterlichen Verhörsperson erwähnt der Bundesgerichtshof nicht, da Aussagen, die der Zeuge vor dem Ermittlungsrichter gemacht hat, nach seiner Ansicht (vgl. die Ausführungen dazu im 1.Kapitel, S. 33 ff) ohnehin nicht unter das Beweisverwertungsverbot des § 252 fallen und damit auch bei Zeugnisverweigerung des Zeugen immer verwertbar sind.

2 Vgl. BGHSt 46, 1, 5 f.

3 So BGHSt 45, 203, 206.

4 Vgl. BGHSt 45, 203, 206.

verweigere, nicht an diese Erklärung gebunden.[5] Mache er von der ihm jederzeit zustehenden Widerrufsmöglichkeit Gebrauch und widerrufe die Aussageverweigerung, seien damit auch Beweiserhebungen über die frühere Aussage zulässig.[6]

Zudem schließe die Aussageverweigerung des Zeugen nicht aus, daß er „*in anderer Weise*" an der Sachverhaltsaufklärung mitwirke, indem er zum Beispiel bei der Vernehmung anderer Zeugen einfach anwesend sei.[7] Dabei sei es nicht widersprüchlich, wenn der Zeuge auf diese Weise bei der Aufklärung mitwirken wolle, aber seine erneute Aussage verweigere: „*Vielmehr ist denkbar, daß ein Zeuge zwar seine Vernehmung in der Hauptverhandlung vermeiden möchte, aber doch bereit ist, sich für die Ermittlung der Wahrheit in anderer Weise zur Verfügung zu stellen.*"[8]

Seine Mitwirkung sei daher verfahrensrechtlich zulässig und könne auch darin bestehen, die Verwertung seiner früheren Zeugenaussage zu gestatten und damit auf das Beweisverwertungsverbot zu verzichten.[9]

Auch aus § 252 StPO ergeben sich für den Bundesgerichtshof keine Gründe gegen die Zulässigkeit eines solchen Verzichtes. Vielmehr sprächen Sinn und Zweck des § 252 StPO sowie des Zeugnisverweigerungsrechtes nach § 52 StPO für die Möglichkeit des Zeugen, auf das Beweisverwertungsverbot zu verzichten.[10]

---

5 So BGH NJW 1961, 1484, 1485; BGHSt 45, 203, 206. Zwar sei im Gesetz die Möglichkeit, die Aussageverweigerung zu widerrufen, nicht ausdrücklich geregelt, so BGH NJW 1961, 1484, 1485: Eine solche Möglichkeit ergebe sich aber „*nach dem Wesen und Zweck des Zeugnisverweigerungsrechtes von selbst. Da der Zeuge nach seinem Belieben darüber befinden darf, ob er aussagen will oder nicht, wäre es widersinnig, ihn entgegen seinem Willen an seiner Erklärung, nicht aussagen zu wollen, festzuhalten. Eine verfahrensrechtliche Bindung an einen früheren Verzicht scheidet in diesem Falle aus.*"

6 Vgl. BGHSt 45, 203, 206.

7 So BGHSt 45, 203, 206 f; in diesem Sinne bereits BGH NJW 1960, 2156, 2156.

8 BGHSt 45, 203, 207; so bereits BGH NJW 1960, 2156, 2156.

9 Vgl. BGHSt 45, 203, 207.

10 Vgl. BGHSt 45, 203, 207 f.
Davon zu unterscheiden ist die Konstellation, daß Staatsanwalt, Strafverteidiger und Angeklagter – nicht aber der Zeuge – mit der Verwertung der früheren Zeugenaussage einverstanden sind. Diesen Fall hat der Bundesgerichtshof dahingehend entschieden, daß ein solches Einverständnis anders als bei § 251 I Nr. 2 StPO im Fall des § 252 StPO nichts an der Unzulässigkeit der Verlesung der früheren Aussage ändere, vgl. BGHSt 10, 77, 78. Das Beweisverbot unterliege „*nicht der Verfügung der Verfahrensbeteiligten*" (BGH StV 1996, 522, 523 = NStZ 1997, 95, 96 unter Verweis auf BGHSt 10, 77). So auch BayObLG StV 1981, 12, 13; zustimmend wohl Lesch, JA 1997, 364, 367; ders., Strafprozeßrecht, Rn. 143. Dazu auch Roxin, FS Rieß, S. 451, 451.

Das Zeugnisverweigerungsrecht nach § 52 StPO sei dem angehörigen Zeugen gewährt worden, um ihn vor dem Konflikt zu schützen, der sich aus der Wahrheitspflicht bei einer Vernehmung und der engen Verbundenheit des Zeugen zum Beschuldigten ergeben könne.[11] Damit diene das Zeugnisverweigerungsrecht den ganz persönlichen Belangen des Zeugen – und zwar nur diesen. Das Zeugnisverweigerungsrecht bezwecke nicht den Schutz des Beschuldigten „*vor der Verwertung eines konfliktbeladenen und daher in seinem Wert vielleicht fragwürdigen Beweismittels.*"[12]

Nur wenn das Zeugnisverweigerungsrecht allein dem Schutz des Zeugen diene, sei erklärlich, warum kein Verfahrensbeteiligter verlangen bzw. bestimmen könne, ob der Zeuge von seinem Zeugnisverweigerungsrecht Gebrauch mache oder nicht.[13] Diese Entscheidung stehe allein dem Zeugen zu. Weil das Zeugnisverweigerungsrecht nur seine Belange schützen will, könne der Zeuge auch Verstöße gegen die Belehrungspflicht bei der früheren Vernehmung heilen, indem er in der Hauptverhandlung selbst aussage oder der Verwertung der ohne Belehrung zustande gekommenen Aussage zustimme.[14]

Das Beweisverwertungsverbot des § 252 StPO schließlich diene allein der Sicherung des Zweckes, den das Zeugnisverweigerungsrecht verfolge: „*Es soll gewährleistet sein, daß der zur Zeugnisverweigerung Berechtigte bis zur Hauptverhandlung frei entscheiden kann, ob seine frühere, vielleicht voreilige oder unbedachte Aussage verwertet werden darf.*"[15]

Auch § 252 StPO ziele also auf den Schutz der Belange des Zeugen und diene nicht dem Interesse der Wahrheitsfindung. Mit diesem Zweck des § 252 StPO, den Zeugen noch in der Hauptverhandlung frei über die Verwertbarkeit seiner Angaben entscheiden zu lassen, sei es aber vereinbar, ihn auch auf das Beweisverwertungsverbot verzichten zu lassen. Denn wenn er vom Zeugnisverweigerungsrecht Gebrauch mache und nach einer Belehrung über die Folgen des Verzichtes die Verwertung seiner an sich unverwertbaren Aussage erlaube, bedürfe er des Schutzes nach § 252 StPO nicht.[16]

Darüber hinaus hält der Bundesgerichtshof die Möglichkeit eines „*solchen isolierten Verzicht(s)*" auf das Beweisverwertungsverbot aus § 252 StPO „*im*

11 So BGHSt 45, 203, 207 unter Verweis auf BGHSt 22, 35, 36; 27, 231, 232; 40, 211, 214; s. dazu auch die Ausführungen im 1. Kapitel zum Sinn der Zeugnisverweigerungsrechte, S. 24 ff mwN.

12 BGHSt 45, 203, 207.

13 Vgl. BGHSt 45, 203, 207.

14 So BGHSt 45, 203, 208.

15 BGHSt 45, 203, 208; sowie die Ausführungen zu diesem Thema im 1. Kapitel, S. 31 f.

16 Vgl. BGHSt 45, 203, 208.

Hinblick auf den Grundsatz der Wahrheitserforschung auch (für, d. Verf.) sachgerecht."[17]

Bei der Beweiswürdigung müsse der Richter allerdings beachten, daß der Beweiswert der Aussage „*wesentlich geringer*" sei als bei einer unmittelbaren Aussage des Zeugen.[18] Denn die Möglichkeiten, die Aussage auf ihre Glaubhaftigkeit hin zu überprüfen, seien erheblich eingeschränkt, da der Zeuge für Fragen des Richters, des Strafverteidigers oder des Angeklagten in der Hauptverhandlung nicht zur Verfügung stehe.

Von der Möglichkeit des Zeugen, auf das Beweisverwertungsverbot des § 252 StPO zu verzichten, macht der Bundesgerichtshof jedoch eine Ausnahme: Handelt es sich bei der früheren Aussage des Zeugen um eine Aussage, die bei einer anwaltlichen Befragung erfolgt ist, so sei ein Verzicht nicht möglich.[19] Diese Aussage bleibe unverwertbar, wenn der Zeuge in der Hauptverhandlung von seinem Zeugnisverweigerungsrecht Gebrauch mache.

Diese Ausnahme rechtfertigt der Bundesgerichtshof damit, daß die Aussage des Zeugen bei einer anwaltlichen Befragung anders als bei einer Vernehmung ohne die Einhaltung von „*formellen Vorschriften*"[20] zustande gekommen sei. Ein Verzicht auf das Beweisverwertungsverbot des § 252 StPO sei aber nur denkbar, wenn der Zeuge die frühere Aussage bei einer Vernehmung, die „*nach gesetzlichen Vorschriften ordnungsgemäß*" durchgeführt wurde, oder bei einer „*amtlich*" angeordneten Sachverständigenuntersuchung gemacht habe.[21]

Außerdem führt der Bundesgerichtshof auch die Bedenken an, die er bereits gegen die Verwertbarkeit einer solchen Aussage vorgebracht hat: Daß dadurch eine Möglichkeit geschaffen werde, wesentliche Teile der Verhandlungsführung dem Gericht zu entziehen und in die Hände anderer Verfahrensbeteiligter zu legen.[22] Um das zu verhindern, dürfe die Vernehmung des Zeugen in der Hauptverhandlung „*nicht durch die Verwertung einer unter keinerlei formellen Vorschriften stehenden ‚Verteidigervernehmung' ersetzt werden.*"[23]

---

17 BGHSt 45, 203, 208.
18 Vgl. BGHSt 45, 203, 208.
19 Vgl. BGHSt 46, 1, 5 f.
20 BGHSt 46, 1, 6.
21 So BGHSt 46, 1, 5.
22 Vgl. BGHSt 46, 1, 5.
23 BGHSt 46, 1, 6.

II. Auffassungen in der Literatur

1. Herrschende Auffassung in der Literatur

Die überwiegende Meinung im Schrifttum[24] lehnt die Auffassung des Bundesgerichtshofes ab. Die Argumentation der einzelnen Autoren fällt dabei recht unterschiedlich aus und setzt verschiedene Schwerpunkte.

Die Möglichkeit eines Verzichts wird vor allem deshalb abgelehnt, da dadurch dem Zeugen eine Dispositionsbefugnis über die Sachverhaltsermittlung eingeräumt werde. Dies könne aus unterschiedlichen Gründen nicht befürwortet werden.[25]

Indem der Zeuge wählen könne, in welcher Form sein Tatwissen in die Hauptverhandlung eingeführt werde – entweder über ihn als unmittelbaren Zeugen oder nur unter Rückgriff auf die Verhörsperson, also einen mittelbaren Beweis –, werde der Unmittelbarkeitsgrundsatz tangiert.[26] Anders als bei den gesetzlichen Einschränkungen des Unmittelbarkeitsprinzips, z. B. nach § 251 StPO, habe es hier der Zeuge selbst in der Hand, wie seine Aussage zum Gegenstand in der Hauptverhandlung gemacht werde: Er, der Zeuge, bestimme, ob das Gericht ein Beweissurrogat heranziehen müsse oder nicht.[27] Das sei auch aus anderen Gründen bedenklich.

Denn wenn der Zeuge dem Gericht auf diese Weise vorschreiben könne, wie seine Aussage in die Hauptverhandlung eingeführt werde, kämen genau die Bedenken zum Tragen, die der Bundesgerichtshof in seiner Entscheidung vom 10. 2. 2000[28] äußere, beim Verzicht hingegen unberücksichtigt lasse: Dem Ge-

---

24 Vgl. Roxin, FS Rieß, S. 451, 453 ff; Keiser, NStZ 2000, 458, 458 ff; Fezer, JR 2000, 341, 341 f; Dallmeyer, JA 2000, 275, 277 f; Firsching, StraFo 2000, 124, 124; Volk, JuS 2001, 130, 133; Wollweber, NJW 2000, 1702, 1702 ff; ders., NJW 2001, 3760, 3760 f; Beulke, StPR, Rn. 420a; Eisenberg, Beweisrecht, Rn. 1301; HK-Julius, § 252 Rn. 17.

25 Vgl. HK-Julius, § 252 Rn. 17 mwN; Keiser, NStZ 2000, 458, 460; Roxin, FS Rieß, S. 451, 455, 457.

26 So Roxin, FS Rieß, S. 451, 455 f; Fezer, JR 2000, 341, 341; Eisenberg, Beweisrecht, Rn. 1301; Beulke, StPR, Rn. 420a. Während letztere den Unmittelbarkeitsgrundsatz durch den Verzicht als verletzt ansehen, weist Roxin darauf hin, daß der Unmittelbarkeitsgrundsatz schon im Gesetz an verschiedenen Stellen durchbrochen werde und daß er nach herrschender Auffassung nicht durch den Beweis vom Hörensagen verletzt werde. Insgesamt sei dies Problem aber noch immer *„nicht befriedigend"* geklärt, Roxin, FS Rieß, S. 451, 456.

27 Vgl. Wollweber, NJW 2000, 1702, 1703; ähnlich Roxin, FS Rieß, S. 451, 455.

28 BGHSt 46, 1, 5.

richt werde die Verhandlungsführung entzogen, da der Zeuge über die Gestaltung der Beweisaufnahme entscheide.[29]

Durch die Verzichtsbefugnis erlange der Zeuge das *„Potential zum Herrn des Verfahrens“*[30], denn er könne sowohl die Modalitäten seiner Vernehmung bestimmen als auch den Verfahrensstoff: Indem er seine Befragung zum Tatgeschehen allein dem Sachverständigen überlasse, könne der Zeuge sämtliche förmliche Vernehmungen durch die Strafverfolgungsorgane umgehen und dennoch sein Wissen in die Hauptverhandlung gelangen lassen.[31] Er brauche dafür bei der Vernehmung durch den Ermittlungsrichter nur soviel zu sagen, daß dieser eine Glaubwürdigkeitsbegutachtung anordnen kann.[32] Sein volles Tatwissen vertraue der Zeuge dann nur dem Sachverständigen an. In der Hauptverhandlung sage er unter Berufung auf sein Zeugnisverweigerungsrecht schließlich nichts aus, gestatte aber die Vernehmung des Sachverständigen über seine frühere Aussage.

Vertraue der Zeuge nur dem Sachverständigen seine Kenntnisse an, werde dadurch ferner der Sachverständige in eine Befugnis gedrängt, die ihm gar nicht zukomme[33]: Er vernehme faktisch den Zeugen. Nach § 80 II StPO dürfe er jedoch nur an Vernehmungen teilnehmen, nicht sie selber durchführen.[34] Durch die Verzichtsregelung des Bundesgerichtshofs sei es möglich, daß das Gespräch mit dem Sachverständigen völlig an die Stelle einer Vernehmung des Zeugen durch die Strafverfolgungsorgane trete. Die Befragung des Zeugen durch den Sachverständigen solle und könne jedoch eine förmliche Vernehmung nicht ersetzen.[35] Sonst könne der Zeuge auf diese Weise gezielt die Anwesenheits- und Mitwirkungsrechte des Beschuldigten und seines Strafverteidigers umgehen.[36] Denn bei der Sachverständigenbefragung bestehen keine Beteiligungsrechte des Beschuldigten und seines Verteidigers[37], und in der Hauptverhandlung stellt sich der

---

29 So Volk, JuS 2001, 130, 133; Fezer, JR 2000, 341, 342; ähnlich Keiser, NStZ 2000, 458, 460; Roxin, FS Rieß, S. 451, 455.

30 Keiser, NStZ 2000, 458, 460.

31 Vgl. Keiser, NStZ 2000, 458, 460; Fezer, JR 2000, 341, 341.

32 Vgl. Keiser, NStZ 2000, 458, 460.

33 So Fezer, JR 2000, 341, 342.

34 So Fezer, JR 2000, 341, 341; vgl. dazu auch die Ausführungen im 2. Kapitel, S. 67 f, 77 mwN sowie S. 80.

35 Vgl. Fezer, JR 2000, 341, 341: *„Das Gespräch mit dem Sachverständigen steht einer Vernehmung durch die Strafverfolgungsorgane nicht gleich.“* Ähnlich auch Keiser, NStZ 2000, 458, 460.

36 Vgl. Keiser, NStZ 2000, 458, 458, 460; Fezer, JR 2000, 341, 341; kritisch auch Roxin, FS Rieß, S. 451, 458.

37 Anwesenheits- und Mitwirkungsrechte bestehen für den Beschuldigten und seinen Verteidiger im Ermittlungsverfahren nur bei richterlichen Vernehmungen, vgl. § 168c II StPO. Dazu auch Fezer, JR 2000, 341, 341; Keiser, NStZ 2000, 458, 460.

Zeuge für die Fragen des Beschuldigten nicht zur Verfügung. Die Verteidigungsmöglichkeiten des Beschuldigten werden durch diese Konstruktion also verschlechtert.[38] Eine derartige Verfahrensherrschaft des Zeugen sei daher abzulehnen.

Sie widerspreche außerdem der Struktur des deutschen Beweisrechtes und sei weder vom Wortlaut des § 252 StPO noch seinem Sinn und Zweck gedeckt.

Das Beweisrecht der Strafprozeßordnung geht von einer richterlichen Verfahrensherrschaft aus.[39] Damit sei die Entscheidung des Bundesgerichtshofes, die dem Zeugen letztlich erlaube, dem Gericht die Form der Beweisgewinnung vorzuschreiben und aufzuzwingen, nicht vereinbar. Der Gesetzgeber habe es im Hinblick auf das Ziel des Strafprozesses, das richtige Urteil zu finden, als die *„beste Form der Beweisgewinnung"* angesehen, daß der Richter in der Hauptverhandlung den Zeugen *„selbst sehen, hören und vernehmen"* könne. Es bestehe, so Roxin, *„keine Veranlassung, dieses Konzept zur Disposition des Zeugen zu stellen."*[40]

Auch der Wortlaut des § 252 StPO habe keinen Zusatz, wie beispielsweise *„es sei denn, daß der Zeuge ihrer Verwertung zustimmt"*[41], und stütze daher eine solche Verfahrensherrschaft ebenfalls nicht.

Sie sei darüber hinaus auch nicht mit dem Sinn und Zweck des § 252 StPO zu rechtfertigen. § 252 StPO soll den Zeugen vor dem Konflikt zwischen Wahrheitspflicht und der familiären Bindung zum Beschuldigten schützen, indem er ihm das Recht gewährt, in der Hauptverhandlung durch die Ausübung seines Zeugnisverweigerungsrechtes seine frühere Aussage sperren zu lassen.[42] Wenn nun der Zeuge in der Hauptverhandlung sein Zeugnisverweigerungsrecht ausübe, aber dennoch die Verwertung seiner Aussage aus dem Ermittlungsverfahren gestatte, dann wolle er diesen Konflikt, vor dem ihn § 252 StPO schützen wolle, gar nicht vermeiden. Er belaste seinen Angehörigen und nehme keine Rücksicht auf die familiäre Beziehung. Der Zeuge entziehe sich auf diese Weise lediglich den (unangenehmen) Fragen des Gerichts, des Beschuldigten etc. – das sei aber nicht der Zweck des § 252 StPO.[43]

---

38 So Fezer, JR 2000, 341, 342 a. E.
39 Vgl. Roxin, FS Rieß, S. 451, 457.
40 Roxin, FS Rieß, S. 451, 457.
41 Roxin, FS Rieß, S. 451, 455.
42 Vgl. dazu auch die Ausführungen im 1. Kapitel zum Sinn des § 252 StPO, S. 24 ff, 31 f mwN, sowie Roxin, FS Rieß, S. 451, 455.
43 So Roxin, FS Rieß, S. 451, 455.

Der Wunsch des Zeugen, nur nicht nochmals aussagen zu müssen, könne nicht mit einer Zeugnisverweigerung zur Vermeidung eines Konfliktes zwischen Wahrheitsfindung und familiären Bindungen gleichgesetzt werden.[44] Der Schutz vor der Konfrontation mit dem Beschuldigten, vor der Belastung durch eine nochmalige Vernehmung bei einem Zeugen, der an sich sein Wissen zur Sachverhaltsaufklärung zur Verfügung stellen will, gehört nicht *„zum primären Schutzzweck“* der §§ 252, 52 StPO.[45] In dieser Situation greift vielmehr das Zeugenschutzgesetz, das für diese Fälle die §§ 58a, 168e, 247a, 255a StPO in das Gesetz eingefügt hat.[46] Diese gesetzlichen Möglichkeiten seien anzuwenden, um zu verhindern, daß ein Zeuge sein Zeugnis entgegen dem Zweck der §§ 252, 52 StPO allein deshalb verweigere, um der Belastung durch eine weitere Vernehmung zu entgehen. Das Strafverfahren sei so anzulegen, daß es einmal im Laufe des Verfahrens zu einer Vernehmung des Zeugen durch ein Strafverfolgungsorgan komme, wobei diese Vernehmung neben ein Gespräch mit dem Sachverständigen oder an dessen Stelle trete, und sich eine weitere Vernehmung des Zeugen in der Hauptverhandlung erübrige. Dabei sei der Zeuge zu belehren, daß er nur dieses eine Mal auszusagen brauche, er aber auch keine andere Möglichkeit habe, sein Wissen zum Tatgeschehen in die Hauptverhandlung einzuführen.[47] Gestehe man dagegen dem Zeugen die Befugnis zu, im Rahmen des § 252 StPO auf das Beweisverwertungsverbot verzichten zu können, würden diese abschließenden Zeugenschutzregelungen insofern *„außer Kraft gesetzt“*[48], als sich der Zeuge nach seinem Belieben der Vernehmung in der Hauptverhandlung entziehen könne.[49]

Durch den Verzicht werde das Zeugenschutzgesetz letztlich ad absurdum geführt. Bei den Beratungen darüber, wer die eine Vernehmung des Zeugen durchführen solle, hat man sich am Ende entschieden, dies gerade nicht dem Sachverständigen zu überlassen.[50] Diese Aufgabe ist vielmehr bewußt dem Richter über-

---

44 Vgl. Keiser, NStZ 2000, 458, 459; ähnlich Fezer, JR 2000, 341, 342.

45 Fezer, JR 2000, 341, 342 unter Verweis auf BGHSt 10, 77, 78. In dieser Entscheidung führt der Bundesgerichtshof aus, daß § 252 StPO dem Zeugen die seelischen Belastungen ersparen solle, daß seine frühere Aussage entgegen seinem Willen doch das Urteil beeinflussen könnte.

46 Die Vorschriften traten erst zum 1. 12. 1998 in Kraft (BGBl I 1998, 820) und konnten daher in dem Ermittlungsverfahren dieses Falles nicht berücksichtigt werden. Vgl. Fezer, JR 2000, 341, 342 sowie Keiser, NStZ 2000, 458, 459, die zusätzlich auf die Möglichkeiten vor der Einführung des ZSchG hinweist: § 247 StPO bzw. Ausschluß der Öffentlichkeit.

47 So Fezer, JR 2000, 341, 342.

48 Roxin, FS Rieß, S. 451, 458.

49 So Roxin, FS Rieß, S. 451, 458; Keiser, NStZ 2000, 458, 460.

50 Vgl. Keiser, NStZ 2000, 458, 460.

tragen worden, um so die Einhaltung justizieller Formen zu gewährleisten und die Anwesenheits- und Mitwirkungsrechte des Beschuldigten und seines Verteidigers zu wahren. Über die Verzichtsregelung des Bundesgerichtshofs ist es dem Zeugen hingegen möglich, sich nur vom Sachverständigen befragen zu lassen und die Beteiligungsrechte des Beschuldigten auf diese Weise doch ins Leere gehen zu lassen.[51] Auch an der Regelung des § 255a StPO, die der Gesetzgeber eigens für Mißbrauchsfälle geschaffen hat, könnte sich der Zeuge dadurch *„vorbeimogeln"*[52] und sich sein eigenes Zeugenschutzprogramm schaffen.[53] Das ist jedoch mit den *„gesetzlichen Beweisgewinnungs- und Zeugenschutzvorschriften unvereinbar."*[54]

Gegen die Verzichtsregelung wird ferner eingewandt, daß die Macht, die der Zeuge durch diese Gestaltungsmöglichkeit erhalte, Mißbrauchsmöglichkeiten ausgesetzt ist.[55] Es ist kaum zu verhindern, daß auf die Entscheidungsfreiheit des Zeugen, wie er von seiner Dispositionsbefugnis Gebrauch macht, Druck ausgeübt wird.

Überdies hat der Bundesgerichtshof durch die Verzichtsmöglichkeit eine Konstruktion geschaffen, die es erlaubt, statt des Zeugen nunmehr nicht nur die richterliche Verhörsperson zu vernehmen, sondern sogar nichtrichterliche Verhörspersonen einschließlich des Sachverständigen, der noch nicht einmal ein Strafverfolgungsorgan ist, als Zeugen vom Hörensagen in der Hauptverhandlung zu hören.[56] Das ist im Hinblick auf Art. 6 I, III d EMRK problematisch.[57] Nach Art. 6 III d EMRK hat der Angeklagte das Recht, Fragen an den Belastungszeugen zu stellen oder (durch seinen Strafverteidiger) stellen zu lassen. Gestatte der Zeuge die Verwertung seiner früheren Aussage über die Einvernahme des Sachverständigen, hat der Angeklagte diese Möglichkeit, Fragen an den Zeugen zu stellen, jedoch nicht. Die Verteidigungsmöglichkeiten des Angeklagten würden um so mehr beschränkt, als er auch bei der Befragung des Zeugen durch den Sachverständigen im Ermittlungsverfahren mangels entsprechender Anwesenheitsrechte keine Möglichkeit hatte, Fragen zu stellen.[58] Art. 6 III d EMRK verlangt jedoch, daß der Angeklagte wenigstens zu irgendeinem Zeitpunkt des Verfahrens die Gelegenheit hatte, den gegen ihn aussagenden Zeugen zu befragen und dessen

51 So Keiser, NStZ 2000, 458, 460; Roxin, FS Rieß, S. 451, 458.
52 Keiser, NStZ 2000, 458, 460.
53 Vgl. Roxin, FS Rieß, S. 451, 458.
54 Roxin, FS Rieß, S. 451, 458.
55 Vgl. Firsching, StraFo 2000, 124, 124.
56 So Keiser, NStZ 2000, 458, 459.
57 So Roxin, FS Rieß, S. 451, 457 f; Dallmeyer, JA 2000, 275, 278.
58 Vgl. Roxin, FS Rieß, S. 451, 457; dazu auch Fußnote 37 auf S. 112.

Glaubwürdigkeit in Frage zu stellen.[59] Das ist bei der Verzichtskonstruktion nicht gewährleistet, so daß sie unter Verstoß gegen Art. 6 III d EMRK die Verteidigungsmöglichkeiten des Beschuldigten in unzulässiger Weise beschränkt.[60]

Bedenken gegen die Entscheidung des Bundesgerichtshofes ergeben sich auch hinsichtlich seiner These, § 252 StPO diene ausschließlich dem Schutz des Zeugen und keinesfalls der Wahrheitsfindung.[61]

Diese These ist zum einen nicht selbstverständlich und zum anderen zu undifferenziert.[62] Für die mangelnde Selbstverständlichkeit bezieht sich Roxin auf die Entscheidung des Bundesgerichtshofes in BGHSt 10, 393, 393 f. In dieser Entscheidung erkenne der Senat durchaus noch einen weiteren, gleichwertigen Zweck des § 252 StPO an, indem er ausführt, daß das Zeugnisverweigerungsrecht dem Zeugen *„nicht nur deshalb gegeben worden"* ist, *„weil bei verwandten Zeugen die Gefahr unrichtiger Aussagen besonders naheliegt, sondern auch deshalb, weil kein Zeuge in den Gewissenskonflikt kommen soll, durch seine Aussage zur Verurteilung eines nahen Angehörigen beizutragen."*[63] Auch die Entscheidung BGHSt 46, 1 zeigt, daß für den Bundesgerichtshof auch im Rahmen des § 252 StPO durchaus Argumente eine Rolle spielten, die mit dem geringeren Beweiswert einer Aussage zu tun haben – und daß dieser geringere Beweiswert für den Bundesgerichtshof der Grund ist, die bei einer anwaltlichen Befragung zustande gekommene Aussage des Zeugen nach § 252 StPO für unverwertbar zu halten.[64] Dennoch zu behaupten, § 252 StPO diene nur dem Zeugenschutz, ist dann widersprüchlich.[65]

Zum anderen lehnt der Bundesgerichtshof zu undifferenziert ab, daß § 252 StPO keinen Bezug zur Wahrheitsfindung hat.[66] Zwar geschieht die Wahrheitsermitttlung nach § 261 StPO im Wege der freien Beweiswürdigung, außerdem sind Beweisregeln dem Strafverfahrensrecht fremd.[67] Daß Aussagen eines ange-

59 EGMR (Kostovski v. Niederlande) StV 1990, 481, 482 (Leitsatz), 482; Windisch v. Österreich) StV 1991, 193, 193 (Leitsatz), 194; (Van Mechelen v. Niederlande) StV 1997, 617, 617 (Leitsatz), 618; Wattenberg/Violet, StV 1997, 620, 621; Renzikowski, JZ 1999, 605, 610; Kleinknecht/Meyer-Goßner, Art. 6 EMRK, Rn. 22 mwN.

60 So Roxin, FS Rieß, S. 451, 457.

61 Vgl. Roxin, FS Rieß, S. 451, 453 ff; Fezer, JR 2000, 341, 341.

62 So Roxin, FS, Rieß, S. 451, 453.

63 BGHSt 10, 393, 393 f.

64 Vgl. Roxin, FS Rieß, S. 451, 454 unter Verweis auf die entsprechenden Stellen in der Entscheidung BGHSt 46, 1, 4 ff.

65 So Roxin, FS Rieß, S. 451, 454.

66 So Roxin, FS Rieß, S. 451, 454.

67 Vgl. BGHSt 11, 213, 215 f; 45, 203, 207.

hörigen Zeugen nicht von vornherein als unglaubwürdig gelten, ergibt sich schon daraus, daß der Zeuge auf jeden Fall aussagen darf.[68] Allerdings verbietet es die Strafprozeßordnung dem Richter durchaus, bestimmte Umstände zu würdigen, z. B. eine Zeugnisverweigerung, oder sie legt eine bestimmte Methode der Beweisgewinnung durch § 250 StPO fest.[69] Diese Bestimmungen haben – anders als § 261 StPO – aber doch auf ihre Weise mit der Wahrheitsfindung zu tun. In diesen Kontext ist § 252 StPO, auch wenn er selbst keine Regel für die Würdigung von Beweismitteln enthält, eingebunden und zu verstehen.[70] Das läßt der Bundesgerichtshof unberücksichtigt.

Sieht man die Wahrheitsfindung als weiteren, von § 252 StPO geschützten Zweck an, ist zu bemängeln, daß die Verzichtsmöglichkeit zu einer *„unnötigen Verschlechterung der Wahrheitsfindung"*[71] führt und dies nur unzureichend über die Beweiswürdigung ausgeglichen wird.[72] Das Urteil wird nun auf einen mittelbaren Beweis gestützt.[73] Die Qualitätseinbuße ist dabei gravierend, denn der Richter kann sich in der Hauptverhandlung selbst keinen Eindruck von der Persönlichkeit des Zeugen und damit von einer wesentlichen Entscheidungsgrundlage verschaffen. Dies wird ihm *„allein durch ein nichtrichterliches Medium – den Sachverständigen – vermittelt."*[74] Das dabei auftretende Defizit wird um so deutlicher, wenn man die Situation mit der Möglichkeit einer Ton-Bild-Aufzeichnung nach § 255a StPO vergleicht: Anders als bei der Vorführung einer solchen Aufzeichnung in der Hauptverhandlung kann die Einvernahme des Sachverständigen die *„verbale(n) und nonverbale(n) Ausdrucksformen des Zeugen während des Gesprächs, dessen Vorbereitung und Entwicklung sowie Einfluß- und Störfaktoren [...] nicht authentisch"*[75] reproduzieren.

Die Unverfügbarkeit des Beweisverwertungsverbotes ergibt sich auch aus der Betrachtung der weiteren Konsequenzen eines solchen Verzichtes: Während der Verzicht auf das Zeugnisverweigerungsrecht dazu führt, daß der Zeuge in der Hauptverhandlung selbst aussagt und so die Grundsätze der Unmittelbarkeit und Mündlichkeit gewahrt bzw. die Anwesenheits- und Beteiligungsrechte aller Verfahrensbeteiligten sichergestellt sind, ist dies beim isolierten Verzicht auf das Beweisverwertungsverbot anders. Er hat zur Folge, daß die frühere Aussage des

68 So Roxin, FS Rieß, S. 451, 454.
69 Vgl. Roxin, FS Rieß, S. 451, 454.
70 So Roxin, FS Rieß, S. 451, 454.
71 Fezer, JR 2000, 341, 342.
72 Vgl. Fezer, JR 2000, 341, 342; Wollweber, NJW 2000, 1702, 1703; ähnlich kritisch auch Roxin, FS Rieß, S. 451, 457.
73 Vgl. Dallmeyer, JA 2000, 275, 278.
74 Wollweber, NJW 2000, 1702, 1703.
75 Wollweber, NJW 2000, 1702, 1703.

Zeugen allein mittelbar über die Einvernahme der Verhörsperson zum Gegenstand der Hauptverhandlung wird und sich folglich alle Probleme zum Beweis des Zeugen vom Hörensagen (u. a. Verletzung des Unmittelbarkeitsgrundsatzes; des Art. 6 III d EMRK; Verletzung von Anwesenheits- und Beteiligungsrechten des Beschuldigten) stellen.[76]

Die Verschlechterung der Beweissituation, indem das Gericht nur den mittelbaren Beweis heranzieht, beruht auch *„nicht auf äußeren Unvermeidbarkeiten“*[77] wie beim Tod des Zeugen, sondern allein auf einer persönlichen Entscheidung des Zeugen. Daß der Bundesgerichtshof dennoch keine Bedenken hat, die Vernehmung des Sachverständigen als alleinige Urteilsgrundlage heranzuziehen, ist für Fezer unverständlich.[78]

Dabei akzeptiere der Bundesgerichtshof, daß auf diese Weise eine Aussage von geringerem Beweiswert[79] Grundlage der Urteilsfindung werde, allein weil das *„beste Beweismittel“*[80] sich nicht zur Verfügung stelle. Dieser Gedanke, dann das zweitbeste Beweismittel heranzuziehen, tauche sonst nur in der Diskussion um die Aussagen von V-Leuten und Verdeckten Ermittlern (VE) auf. Aber die Aufdeckung organisierter Kriminalität sei nicht anders möglich, so daß eine *„Notstandssituation“*[81] vorliege, die die Verwertung eines mittelbaren Beweises, eines Beweismittels von geringerem Wert, rechtfertige. Im vorliegenden Fall wollte der Zeuge dagegen lediglich nicht nochmals aussagen. Daß in einer solchen Situation dem Gericht *„Beweismittel zugemutet werden, deren Beweiswert wesentlich geringer ist als bei einer unmittelbaren Aussage“*[82] eines Zeugen, sei nicht zu begründen. Vielmehr müsse hier der *„Gewinnung eines vollwertigen Beweismittels“*[83] größere Bedeutung zukommen als dem Wunsch des Zeugen.

Darüber hinaus besteht auch gar kein Grund, § 252 StPO *„im Sinne einer Begünstigung unzuverlässiger Beweisgewinnung“*[84] auszulegen. Das Ziel des § 252 StPO, den Zeugen zu schützen, erfordert eine solche Interpretation jedenfalls nicht.[85] Denn es ist schon dadurch erreicht, daß die Aussage des Zeugen bei Aus-

76 Vgl. Dallmeyer, JA 2000, 275, 278 mwN; siehe dazu insbes. Lesch, JA 1995, 691, 693 f, 701 f; Renzikowski, JZ 1999, 605, 605 ff.
77 Fezer, JR 2000, 341, 342.
78 Vgl. Fezer, JR 2000, 341, 342.
79 Vgl. BGHSt 45, 203, 208; Roxin, FS Rieß, S. 451, 456; Keiser, NStZ 2000, 458, 460.
80 Roxin, FS Rieß, S. 451, 456.
81 Roxin, FS Rieß, S. 451, 456.
82 Roxin, FS Rieß, S. 451, 456 f unter Bezugnahme auf BGHSt 45, 203, 208.
83 Roxin, FS Rieß, S. 451, 457.
84 Roxin, FS Rieß, S. 451, 456.
85 So Roxin, FS Rieß, S. 451, 456.

übung des Zeugnisverweigerungsrechtes nicht in der Hauptverhandlung verwertet werden darf.

Selbst wenn man die These des Bundesgerichtshofes, daß § 252 StPO nur dem Schutz des Zeugen dient, akzeptiert, läßt sich daraus nicht folgern, daß der Zeuge isoliert auf das Beweisverwertungsverbot des § 252 StPO verzichten kann.[86] Denn die Bedeutung des § 252 StPO erschöpft sich nicht *„in der bloßen Verlängerung des Schutzzwecks des § 52 StPO."*[87] Dies werde aus der Stellung des § 252 StPO im Gesetz deutlich. § 252 StPO steht bei den Vorschriften, die die Beweisaufnahme in der Hauptverhandlung regeln, §§ 244 ff StPO. Dieser *„Normenkomplex des Strengbeweisrechts"* solle durch die *„strenge Formalisierung die Zuverlässigkeit der Wahrheitserforschung [...] und damit materiell richtige Urteile gewährleisten."*[88] Als eine dieser Normen solle auch § 252 StPO daher die Zuverlässigkeit der Wahrheitsfindung schützen. Stelle man diese strenge Formalisierung zur Disposition des Zeugen, würde sie *„obsolet."*[89] Daher sei das Beweisverwertungsverbot des § 252 StPO für den Zeugen unverzichtbar.

Nach Auffassung Wollwebers[90] verfolgt § 252 StPO noch weitere Zwecke, die der Annahme eines Verzichtes entgegenstünden. So solle § 252 StPO *„die rechtsstaatliche Garantiefunktion der Hauptverhandlung [...] gegenüber antizipierenden Beweisergebnissen aus dem Ermittlungsverfahren"*[91] absichern. Denn bei § 252 StPO gehe es nicht allein darum, dem Zeugen die Entscheidungsfreiheit bis zur Hauptverhandlung zu erhalten und so den möglichen Schaden für das Familienverhältnis abzuwenden. Ein solcher Schaden könne nämlich durch das Beweisverwertungsverbot *„vielmehr noch intensiviert werden, wenn der Zeuge erstmals in der Hauptverhandlung entlastende Angaben zurückhält."*[92] Indem die Verwertung der früheren Aussage des Zeugen unterbleibe, leiste § 252 StPO zudem einen *„Beitrag zum Rechtsfrieden."* Ansonsten würde durch die Zeugnisverweigerung des Zeugen in der Hauptverhandlung *„die Frage nach der Glaubhaftigkeit und Konsistenz des früheren Aussageverhaltens"* ausgelöst. Nach Ansicht Wollwebers verkörpern die *„essentielle Funktion der Hauptverhandlung und das Postulat des Rechtsfriedens [...] objektiv-rechtliche Strukturprinzipien des Strafprozesses, die der Disposition des Zeugen entzogen sind."* [93]

86 So Dallmeyer, JA 2000, 275, 277 f.
87 Dallmeyer, JA 2000, 275, 278.
88 Dallmeyer, JA 2000, 275, 278.
89 So Dallmeyer, JA 2000, 275, 278.
90 Vgl. Wollweber, NJW 2000, 1702, 1703.
91 Wollweber, NJW 2000, 1702, 1703.
92 Wollweber, NJW 2000, 1702, 1703.
93 Wollweber, NJW 2000, 1702, 1703.

Als weiteres Argument gegen die Verfügbarkeit des Beweisverwertungsverbotes nennt er den Öffentlichkeitsgrundsatz.[94] Danach werde vom Zeugen verlangt, entweder in der öffentlichen Hauptverhandlung oder gar nicht auszusagen. Da die *„Öffentlichkeitsmaxime"* zum Schutz des Beschuldigten *„die Einhaltung des formellen und materiellen Rechts, das heißt Verfahrensgerechtigkeit gewährleisten"*[95] solle, stehe sie nicht zur Disposition des Zeugen. Dabei verkennt Wollweber allerdings den Begriff des Öffentlichkeitsgrundsatzes, worauf auch Ranft[96] hinweist: Das Öffentlichkeitsprinzip verlangt, daß grundsätzlich jeder der mündlichen Hauptverhandlung beiwohnen kann, § 169 S.1 GVG.[97] Ein *„unmittelbares Miterleben der Beweisaufnahme"*[98] soll der Öffentlichkeit möglich sein, um so eine Kontrolle des Verfahrens durch die Öffentlichkeit zu gewährleisten. Ausnahmen sind gesetzlich geregelt, vgl. §§ 169 S.2, 170 ff GVG. Wenn wie im vorliegenden Fall in der Beweisaufnahme statt des Zeugen der Sachverständige vernommen wird, berührt das das Öffentlichkeitsprinzip nicht. Denn die Öffentlichkeit erlebt diese, für das Urteil relevante Beweisaufnahme unmittelbar und erfährt also genauso viel wie das Gericht auch. Sie ist, anders als in dem von Wollweber zitierten Urteil BGHSt 30, 193, nicht während der Aussage ausgeschlossen worden.

Gegen die Verzichtskonstruktion des Bundesgerichtshofes wird außerdem eingewandt, daß § 252 StPO ein absolutes Beweisverwertungsverbot statuiere, das *„im Zusammenspiel mit § 52 StPO"*[99] nicht verfügbar sei. Der Bundesgerichtshof habe, so äußern sich einige Autoren[100], bisher auch so entschieden. Deshalb folgert Dallmeyer aus den Entscheidungen BGHSt 10, 77, 78 f und BGH StV 1996, 522 = NStZ 1997, 95, der Verzicht in BGHSt 45, 203 ff betreffe nur das Vernehmungsverbot. Denn das Verlesungsverbot sei in diesen Entscheidungen für unverzichtbar erklärt worden, und der Bundesgerichtshof habe in seiner Entscheidung BGHSt 45, 203 nicht erkennen lassen, daß er davon abrücke. Die Entscheidungen, auf die die Autoren verweisen (BGHSt 10, 77; BGH StV 1996, 522 = NStZ 1997, 95), beschäftigen sich allerdings mit der Frage, wie der Zeuge vor einer von ihm nicht gewollten Verwertung seiner Aussage geschützt werden kann, wenn die Verfahrensbeteiligten, also Staatsanwalt, Strafverteidiger, Beschuldigter, der Verwertung durch Verlesung zustimmen. Für diesen Fall hat der

94 Vgl. Wollweber, NJW 2001, 3760, 3760.

95 Wollweber, NJW 2001, 3760, 3760.

96 Vgl. Ranft, NJW 2002, 3761, 3761 f.

97 Vgl. statt vieler Beulke, StPR, Rn. 27, 376 ff.

98 Ranft, NJW 2001, 3761, 3762.

99 Firsching, StraFo 2000, 124, 124.

100 Vgl. Dallmeyer, JA 2000, 275, 277; Volk, JuS 2001, 130, 133; Michaelis, NJW 1966, 117, 118.

Bundesgerichtshof entschieden, daß anders als bei § 251 I Nr. 4 StPO die Zustimmung der Verfahrensbeteiligten bei Zeugnisverweigerungsrecht des Zeugen irrelevant ist. Sie kann nämlich *„an der Interessenlage [...], der das Gesetz (in § 252 StPO, d. Verf.) Rechnung tragen will"*[101], nichts ändern. Aus den Entscheidungen läßt sich daher nur ableiten, daß das Beweisverwertungsverbot des § 252 StPO für den Staatsanwalt, Strafverteidiger und Beschuldigten unverzichtbar ist.[102]

Schließlich, so Firsching[103], gewähre § 252 StPO dem Zeugen ein einheitliches Recht. Dies könne er nur entweder im ganzen ausüben oder nicht ausüben. Das gelte auch für den Widerruf, auf den sich der Bundesgerichtshof beziehe. Eine Teilbarkeit dieses Rechtes, wie es der Bundesgerichtshof vorsehe, indem der Zeuge das Zeugnisverweigerungsrecht durch den Verzicht nur teilweise ausübe, finde im Gesetz keine Anhaltspunkte und sei daher abzulehnen. Die Entscheidung des Bundesgerichtshofes lasse ebenfalls unklar, ob es dem Zeugen auch gestattet sei, sein Recht insofern aufzusplitten, als er nur die Vernehmung einzelner Verhörspersonen erlauben könne.[104] Nach dem Wortlaut des Gesetzes könne der Zeuge sein Zeugnisverweigerungsrecht nur insgesamt ausüben.[105]

Daß der Zeuge berechtigt sei, auch in anderer Weise als durch seine Aussage an der Sachverhaltsaufklärung mitzuwirken, sei zwar richtig. Allerdings sei diese Mitwirkung auf passive Beiträge wie die Anwesenheit bei anderen Vernehmungen beschränkt. Die Gestattung, die frühere Aussage zu verwerten, sei hingegen ein aktiver Beitrag und gehe nach Firsching über das zulässige Maß der Mitwirkung in anderer Weise hinaus.[106]

Gegen den Verzicht wird vereinzelt vorgetragen, er sei unnötig und deshalb unzulässig, da über die Vernehmung des Zeugen durch den Ermittlungsrichter nach der Rechtsprechung des Bundesgerichtshofes eine verwertbare Aussage erhalten werden könne, die der Zeuge nicht durch die Ausübung seines Zeugnisverweigerungsrechtes in der Hauptverhandlung sperren könne.[107]

Die vom Bundesgerichtshof vorgenommene Differenzierung zwischen nichtrichterlichen Verhörspersonen einschließlich des Sachverständigen, deren Einver-

101 Roxin, FS Rieß, S. 451, 451.
102 So auch Keiser, NStZ 2000, 458, 460.
103 Vgl. Firsching, StraFo 2000, 124, 124.
104 Vgl. Firsching, StraFo 2000, 124, 124; kritisch auch Wollweber, NJW 2001, 3760, 3761, der sich vor allem gegen Ranft wendet.
105 So Firsching, StraFo 2000, 124, 124.
106 So Firsching, StraFo 2000, 124, 124.
107 Vgl. Wollweber, NJW 2001, 3760, 3760; ähnlich auch Firsching, StraFo 2000, 124, 124.

nahme der Zeuge gestatten kann, und dem Strafverteidiger, wo diese Möglichkeit nicht besteht, trifft den Kern der Problematik nicht.[108] Die Bedenken, die der Bundesgerichtshof gegen die Verwertbarkeit einer anwaltlichen Aussage anführe, träfen ebenso auf die Verzichtsregelung zu: In beiden Fällen könne der Zeuge so förmliche Vernehmungen umgehen und die Verhandlungsführung dem Gericht entziehen. Hier unterschiedliche Entscheidungen zu treffen, sei inkonsequent.[109]

Volk[110] weist darauf hin, daß es für die Zulassung eines Verzichts nicht entscheidend sein könne, ob die Aussage in einer förmlichen Vernehmung erfolgt sei oder nicht. Nur weil es sich um eine Aussage handele, die bei einer förmlichen Vernehmung zustande gekommen sei, habe sie nicht automatisch einen höheren Wahrheitsgehalt, wie der Bundesgerichtshof annehme.

Die Differenzierung des Bundesgerichtshofes führe auch dazu, daß eine Art Stufenverhältnis hinsichtlich der Einführung von Beweisen aus dem Ermittlungsverfahren entstehe: Die frühere Aussage des Zeugen vor dem Ermittlungsrichter sei trotz Zeugnisverweigerung in der Hauptverhandlung immer verwertbar, die vor einer nichtrichterlichen Verhörsperson oder dem Sachverständigen erfolgte Aussage nur bei einer Gestattung durch den Zeugen, während die vor einem Strafverteidiger erfolgte Aussage des Zeugen nie verwertet werden könne.[111]

2. *Mindermeinung in der Literatur*

Vereinzelt findet die Auffassung des Bundesgerichtshofes, einen Verzicht des Zeugen auf das Beweisverwertungsverbot des § 252 StPO zuzulassen, in der Literatur auch Zustimmung.[112]

Zur Begründung wird insbesondere der Schutzzweck des § 252 StPO herangezogen.[113] § 252 StPO diene dem Schutz der Zeugnisverweigerungsrechte und solle gewährleisten, daß der Zeuge noch in der Hauptverhandlung über ihre Ausübung

108 So Fezer, JR 2000, 341, 342.
109 So Volk, JuS 2001, 130, 133.
110 Vgl. Volk, JuS 2001, 130, 133.
111 So Volk, JuS 2001, 130, 133.
112 Vgl. Ranft, Jura 2000, 628, 628 ff; ders., NJW 2001, 1305, 1305 ff; ders., NJW 2001, 3761, 3761 f; Eckstein, JA 2002, 119, 125; Baier, JA 2000, 833, 836; Müller-Christmann, JuS 2000, 789, 793; LR-Gollwitzer, § 252 Rn. 12b; Dahs/Dahs, Revision, Rn. 272.
113 Vgl. Ranft, Jura 2000, 628, 632; ders., NJW 2001, 3761, 3761; Eckstein, JA 2002, 119, 125.

frei entscheiden könne.[114] Allein der Zeuge solle durch die Zeugnisverweigerungsrechte und § 252 StPO geschützt werden, und zwar vor dem Konflikt zwischen der Wahrheitspflicht und den familiären Bindungen zum Beschuldigten.[115] Dann aber sei der Zeuge auch befugt, auf diese, allein ihn betreffende, Schutzwirkung zu verzichten und die *„Sperrwirkung seiner Zeugnisverweigerung"*[116] selbst einzuschränken. Das Beweisverwertungsverbot des § 252 StPO stehe somit zur Disposition des Zeugen.[117] Die Entscheidungen des Bundesgerichtshofes, die eine Unverfügbarkeit des Beweisverwertungsverbotes feststellten[118], ständen dem nicht entgegen.[119] In den Entscheidungen ging es stets darum, ob das Einverständnis des Staatsanwaltes, des Strafverteidigers und des Beschuldigten das Beweisverwertungsverbot aufheben kann. Für diese Verfahrensbeteiligten gilt der Grundsatz der Unverfügbarkeit hinsichtlich des Beweisverwertungsverbotes – nicht jedoch für den Zeugen.[120]

Nach der Ansicht von Eckstein und Ranft kann der Verzicht auch nicht, wie Dallmeyer meint, im Hinblick auf die *„Zuverlässigkeit der Wahrheitserforschung"*[121] abgelehnt werden. Deren Schutz sei nämlich gar nicht von § 252 StPO umfaßt: Bereits das Zeugnisverweigerungsrecht sei als ein subjektives Weigerungsrecht, dessen Ausübung im Ermessen des Zeugen stehe, ungeeignet, die Wahrheitsfindung vor konfliktbehafteten, fragwürdigen Beweismitteln zu schützen.[122] Ebenso widersprächen Sinn und Zweck des § 252 StPO der Auslegung, daß § 252 StPO (auch) dem Schutz der Wahrheitsfindung diene – § 252 StPO solle die Zeugnisverweigerungsrechte schützen und sei damit *„streng individualistisch"* ausgerichtet.[123]

Auch aus der gesetzlichen Stellung des § 252 StPO bei Vorschriften, die die Zuverlässigkeit der Wahrheitsermittlung sicherten, lasse sich nicht die Unwirksamkeit des Verzichtes ableiten.[124] Wenn Dallmeyer dies aber aus der Stellung

---

114 Vgl. Ranft, Jura 2000, 628, 632, 633; s. dazu auch die Ausführungen im 1. Kapitel, S. 31 ff.

115 So Eckstein, JA 2002, 119, 125; s. auch Ranft, Jura 2000, 628, 630.

116 LR-Gollwitzer, § 252 Rn. 12b.

117 So Eckstein, JA 2002, 119, 125; ähnlich Ranft, NJW 2001, 3761, 3761.

118 BGHSt 10, 77; BGH StV 1996, 522 = NStZ 1997, 95.

119 So Ranft, Jura 2000, 628, 632; Eckstein, JA 2002, 119, 125.

120 So Ranft, Jura 2000, 628, 632; ders., NJW 2001, 1305, 1306; Eckstein, JA 2002, 119, 125; vgl. dazu auch Roxin, FS Rieß, S. 451, 451; Keiser, NStZ 2000, 458, 460; sowie die Ausführungen auf S. 121 f.

121 Dallmeyer, JA 2000, 275, 278.

122 So Eckstein, JA 2002, 119, 125.

123 So Ranft, Jura 2000, 628, 634, 632.

124 Vgl. Ranft, NJW 2001, 1305, 1307; ders., Jura 2000, 628, 632, 633 f.

des § 252 StPO bei den §§ 250, 251 StPO folgere[125], weil der Verzicht gegen das dort normierte Surrogationsverbot verstoße, übersehe er, daß § 251 StPO gerade Fälle nenne, in denen dieses Verbot nicht gelte und der Unmittelbarkeitsgrundsatz durchbrochen werde.[126]

Außerdem sei nicht überzeugend, *„die Einordnung einer Vorschrift (bei §§ 250, 251 StPO, d. Verf.) gegen ihren gedanklichen [...] Kontext auszuspielen."*[127] § 252 StPO diene ausschließlich dem Schutz der Zeugnisverweigerungsrechte. Wenn zusätzlich dazu der Schutzzweck der Wahrheitsfindung in den § 252 StPO hineingelesen werde, stelle dies *„einen nicht auflösbaren Wertungswiderspruch dar."*[128] § 252 StPO müsse daher inhaltlich *„streng"* von den Vorschriften, die die Geltung des Unmittelbarkeitsprinzips *„im Sinne der Heranziehung des sachnächsten Beweismittels"* regeln, getrennt werden.[129]

Zudem sei fraglich, worin der Gewinn für die Zuverlässigkeit der Wahrheitsfindung zu sehen sei, wenn die Verwertung des Beweismittels gänzlich unterbunden werde.[130] Denn die von der Gegenauffassung favorisierte Auslegung führe letztlich dazu, daß die früher gewonnene Aussage des Zeugen als Beweisgrundlage vollkommen ausfiele, und das sogar gegen den Willen des Zeugen. Ein solches *„Alles-oder-Nichts-Prinzip"* widerspreche aber dem Interesse an einer umfassenden Sachverhaltsaufklärung.[131] Verzicht und Zeugnisverweigerung schlössen sich folglich nicht gegenseitig aus. Wolle der Zeuge an der Sachverhaltsaufklärung mitwirken, ohne in der Hauptverhandlung auszusagen, sei sein Beitrag zur Wahrheitsfindung, indem er die Verwertung seiner früheren Aussage gestatte, grundsätzlich anzuerkennen.[132]

Dabei lasse der Verzicht die Verfahrensgrundsätze der Mündlichkeit und Unmittelbarkeit unberührt.[133] Daß der Unmittelbarkeitsgrundsatz vom Zeugen *„aus eigener Entscheidungsfreiheit"* durchbrochen werde, führe nicht schon zur Unzulässigkeit des Verzichtes. Der Blick auf § 251 StPO zeige, daß der Unmittelbarkeitsgrundsatz durchbrochen werden könne und der Gesetzgeber dies gerade in Fällen vorgesehen habe, in denen der Zeuge selbst nicht für die Beweisaufnahme zur Verfügung stehe.[134]

---

125 Vgl. Dallmeyer, JA 2000, 275, 278.
126 So Ranft, NJW 2001, 1305, 1307, dort Fußnote 20.
127 Ranft, Jura 2000, 628, 632.
128 Ranft, Jura 2000, 628, 632.
129 So Ranft, Jura 2000, 628, 632.
130 Vgl. Ranft, Jura 2000, 628, 632.
131 So Ranft, NJW 2001, 1305, 1306.
132 So Eckstein, JA 2002, 119, 125.
133 Eckstein, JA 2002, 119, 125.
134 So Ranft, NJW 2001, 1305, 1307. Außerdem stellt Ranft fest, daß die Zeugnisverweigerung nach allgemeiner Auffassung kein Fall des § 251 I Nr. 2 StPO, also kein

Nach Ansicht Ranfts[135] ist die Beweissituation, die beim Verzicht vorliegt, vergleichbar mit der, wenn der Zeuge vor der Hauptverhandlung stirbt. In diesem Fall sei die Verwertung seiner früheren Aussage auch davon abhängig, ob er zu Lebzeiten geäußert habe, in der Hauptverhandlung sein Zeugnisverweigerungsrecht ausüben zu wollen oder nicht.

Wollwebers Ansatz, daß § 252 StPO auch bezwecke, die *„rechtsstaatliche Garantie der Hauptverhandlung [...] gegenüber antizipierenden Beweisergebnissen aus dem Ermittlungsverfahren"*[136] abzusichern, sei abzulehnen und könne daher nicht als Begründung für die Unzulässigkeit des Verzichtes herangezogen werden.[137] Dem Gesetz lasse sich nicht entnehmen, daß dem Richter ein solches Mißtrauen entgegengebracht werde, daß der Angeklagte vor vorweggenommenen Beweisergebnissen geschützt werden müsse. Der Richter sei vielmehr von Amts wegen verpflichtet, in der Hauptverhandlung die Wahrheit zu ermitteln.

Ebensowenig könne der Verweis darauf, daß es eine andere Möglichkeit gebe, ein verwertbares Beweismittel zu erhalten, die Unzulässigkeit des Verzichtes rechtfertigen. Denn einen solchen Grundsatz, daß das Gericht ein Beweismittel nur deshalb nicht verwerten darf, weil im Ermittlungsverfahren die Möglichkeit bestand, *„ein ‚besseres' oder ‚sichereres' Beweismittel zu gewinnen"*[138], gebe es im Strafverfahren nicht.

Ferner könne der Staatsanwaltschaft nicht vorgeworfen werden, nicht noch zusätzlich eine richterliche Vernehmung im Ermittlungsverfahren herbeigeführt zu haben: Eine Vernehmung des Zeugen durch den Ermittlungsrichter führe nicht dazu, daß der Richter in der Hauptverhandlung nicht mehr verpflichtet sei, auf eine wahrheitsgemäße Aussage des unmittelbaren Zeugen hinzuwirken. Darüber hinaus dienten gerade die zum Zeugenschutz eingeführten Vorschriften der §§ 58a, 168e, 247a, 255a StPO dem Anliegen, *„mehrfach Vernehmungen insbesondere kindlicher Opfer-Zeugen zu vermeiden."*[139]

Durch die Befugnis, auf das Beweisverwertungsverbot des § 252 StPO verzichten zu können, werde der Zeuge auch nicht zum Herrn des Verfahrens.[140] Denn mit dem Verzicht würden die Aussagen des Zeugen, die er vor einer nicht-

---

rechtliches Hindernis im Sinne der Vorschrift, sei. Denn sonst könnte die Entscheidungsfreiheit des Zeugen, die ihm § 252 StPO gewährt, unterlaufen werden.

135 Vgl. Ranft, NJW 2001, 1305, 1307.

136 Wollweber, NJW 2000, 1702, 1703.

137 Vgl. Ranft, NJW 2001, 1305, 1307.

138 Ranft, NJW 2001, 3761, 3762.

139 Ranft, NJW 2001, 3761, 3762.

140 Vgl. Ranft, NJW 2001, 3761, 3762. So aber Keiser, NStZ 2000, 458, 460; Roxin, FS Rieß, S. 451, 455.

richterlichen Verhörsperson beziehungsweise dem Sachverständigen gemacht habe, zu Äußerungen außerhalb des Verfahrens. Solche Äußerungen, die ein Zeuge außerhalb des Ermittlungsverfahrens „ *‚aus freien Stücken' macht, stehen [...] von vornherein nicht unter dem Schutz des § 252 StPO; sie dürfen auf jeden Fall verwertet werden.*“[141]

Die Annahme, daß durch den Verzicht der Zeuge auch wählen könne, welche von verschiedenen Verhörspersonen aussagen dürfe, findet nach Ranft weder in den Äußerungen des Bundesgerichtshofes noch in seinen eigenen Beiträgen eine Stütze.[142] Nach Auffassung Ranfts führt der Verzicht auf das Beweisverwertungsverbot jedoch dazu, daß alle Verbote des § 252 StPO außer Kraft gesetzt würden.[143] Nicht nur die Vernehmung von Verhörspersonen, sondern auch die Verlesung von Protokollen sowie die Vorführung einer Ton-Bild-Aufzeichnung nach § 255a StPO seien damit trotz Zeugnisverweigerung des Zeugen in der Hauptverhandlung möglich.[144] Insofern sei die Entscheidung des Bundesgerichtshofes von großer Bedeutung.

Zur Differenzierung des Bundesgerichtshofes zwischen nichtrichterlichen Verhörspersonen (einschließlich des Sachverständigen) und dem Strafverteidiger hinsichtlich der Zulässigkeit eines Verzichtes äußert sich lediglich Baier. Seiner Meinung nach ist der Verzicht auch bei einer Aussage zulässig, die bei einer anwaltlichen Befragung zustande gekommen ist. Die Entscheidung des Bundesgerichtshofes, den Verzicht in dieser Konstellation nicht zuzulassen, hält er für nicht zwingend. Eine *„an den Interessen des Zeugen orientierte Auslegung“*[145] ermögliche auch hier den Verzicht.

---

141 Ranft, NJW 2001, 3761, 3762.

142 Vgl. Ranft, NJW 2001, 3761, 3762 (mit Verweisen auf seine Beiträge Jura 1999, 522 ff; StV 2000, 520 ff) gegen eine entsprechende Kritik Wollwebers zum *„Dogma von der Teilbarkeit der Zeugenentscheidung“* (Wollweber, NJW 2001, 3760, 3760).

143 Vgl. Ranft, NJW 2001, 1305, 1308; ders., Jura 2000, 628, 632; dagegen Dallmeyer, JA 2000, 275, 277, der das Verlesungsverbot für unverzichtbar hält (siehe dazu auch die Ausführungen auf S. 120 f in dieser Arbeit).

144 Vgl. Ranft, NJW 2001, 1305, 1308.

145 Baier, JA 2000, 833, 836.

4. Kapitel: Stellungnahme

I. Zum Regelungsgehalt des § 252 StPO

Meiner Ansicht nach kann der jetzige § 252 StPO vor allem aufgrund seines Normzwecks nur als umfassendes Beweisverwertungsverbot verstanden werden. Das bedeutet, daß die Aussage des Zeugen aus dem Ermittlungsverfahren bei Ausübung des Zeugnisverweigerungsrechtes in der Hauptverhandlung ausnahmslos weder verlesen noch durch die Verhörsperson als Zeugen vom Hörensagen in die Hauptverhandlung eingeführt sein darf.

1. Zur Ansicht des Bundesgerichtshofes

Die vom Bundesgerichtshof vorgenommene Differenzierung zwischen richterlichen und nichtrichterlichen Verhörspersonen halte ich daher nicht für plausibel.

Zum einen stehen ihr Argumente, die der Bundesgerichtshof selbst zum Sinn und Zweck des § 252 StPO anführt, entgegen. Außerdem ist sie auch nicht mit den vom Bundesgerichtshof angegebenen Gründen zu rechtfertigen.

a. Die Argumentation des Bundesgerichtshofes zum Zweck und zum Umfang des § 252 StPO ist bereits in sich nicht schlüssig. Sie spricht vielmehr für ein umfassendes Beweisverwertungsverbot.

In seiner Entscheidung BGHSt 45, 203 führt der Bundesgerichtshof aus, daß das Beweisverwertungsverbot des § 252 StPO gewährleisten soll, *„daß der zur Zeugnisverweigerung Berechtigte bis zur Hauptverhandlung frei entscheiden kann, ob seine frühere, vielleicht voreilige oder unbedachte Aussage verwertet werden darf.“*[1] Soll § 252 StPO nach diesen Worten des Bundesgerichtshofes also dazu dienen, daß der Zeuge noch in der Hauptverhandlung frei entscheiden kann, ob seine Aussage aus dem Ermittlungsverfahren für die Urteilsfindung verwertet werden soll oder nicht, also ohne bereits durch die frühere Aussage festgelegt zu sein, so ist es wenig konsequent, daß der Bundesgerichtshof die Einvernahme des Ermittlungsrichters über die frühere Aussage des Zeugen zuläßt. Denn in diesem Fall hat der Zeuge in der Hauptverhandlung die vom Bun-

1 BGHSt 45, 203, 208.

desgerichtshof genannte Entscheidungsfreiheit gerade nicht mehr.[2] Hat er während des Ermittlungsverfahrens vor dem Ermittlungsrichter ausgesagt, verliert er diese Entscheidungsfreiheit: Seine frühere Aussage kann über die richterliche Verhörsperson in die Hauptverhandlung eingeführt und verwertet werden; der Zeuge kann daran durch die Ausübung seines Zeugnisverweigerungsrechtes in der Hauptverhandlung nichts mehr ändern. Er kann seine frühere Aussage nicht mehr als Beweismaterial sperren.

Durch diese Handhabung des § 252 StPO mißachtet der Bundesgerichtshof zudem, daß die Hauptverhandlung als der maßgebliche Zeitpunkt für die Entscheidung des Zeugen hinsichtlich der Ausübung seines Zeugnisverweigerungsrechtes und damit der Verwertbarkeit seiner früheren Aussage festgelegt wird.[3] Denn nach dem Wortlaut des § 252 StPO kann der Zeuge noch in der Hauptverhandlung das Zeugnisverweigerungsrecht erstmalig ausüben und das Verwertungsverbot auslösen. § 252 StPO gibt damit dem Zeugen die Möglichkeit, noch in der Hauptverhandlung seinen Willen zu ändern und doch noch vom Zeugnisverweigerungsrecht Gebrauch zu machen. Er kann seine Aussagebereitschaft wieder aufgeben. Hinsichtlich der Verwertbarkeit seiner früheren Aussage ist also seine Entscheidung in der Hauptverhandlung entscheidend: *„Wesentlich ist also für die Nichtbenutzbarkeit der Aussage [...] die Verweigerung des Zeugnisses in der Hauptverhandlung."*[4] Das, was der Zeuge in der Hauptverhandlung äußert, ist beachtlich[5], sonst liefe die Möglichkeit, die § 252 StPO im Wortlaut dem Zeugen gewährt, nämlich in der Hauptverhandlung erstmalig das Zeugnisverweigerungsrecht auszuüben, ins Leere. Der Bundesgerichtshof hingegen läßt die Verwertung der früheren Aussage des Zeugen über die Einvernahme des Ermittlungsrichters zu. Die in der Hauptverhandlung getroffene Entscheidung des Zeugen wird nicht respektiert – sie bleibt wirkungslos: Die frühere Aussage wird über den Ermittlungsrichter in die Hauptverhandlung eingeführt und verwertet. Der Zeuge hat, anders als es § 252 StPO vorsieht, keine Möglichkeit mehr, noch in der Hauptverhandlung seinen Willen, seine Aussagebereitschaft zu ändern. Hat er einmal vor dem Ermittlungsrichter ausgesagt, muß er sich nach Ansicht des Bundesgerichtshofes daran festhalten lassen, so daß er auf seine frühere Aussage festgelegt ist. Eine solche Festlegung widerspricht aber der vom Bundesgerichtshof in BGHSt 45, 203 ausdrücklich festgestellten Entscheidungsfreiheit des Zeu-

---

2 So z. B. auch Muskat, Archiv für Strafrecht, Bd. 36 (1888), 281, 297; Fezer, JuS 1977, 669, 672; ders. JZ 1990, 875, 876; vgl. die Ausführungen im 1. Kapitel, S. 39 (Fußnote 136).

3 Vgl. Heinitz, JR 1966, 226, 227; Schmidt, JZ 1957, 98, 98 sowie weitere Nachweise im 1. Kapitel, S. 41 (insbes. Fußnote 152).

4 Muskat, Archiv für Strafrecht, Bd. 36 (1888), 281, 299.

5 So auch von Schwarze, GS 33 (1881), 270, 286.

gen, die § 252 StPO gewährleisten soll. Andererseits stellt er in einer anderen Entscheidung nur einschränkend fest, daß § 252 StPO die Festlegung auf die frühere Aussage des Zeugen ausschließen soll: *„Der Erfahrungstatsache, daß der Zeuge in dieser Lage (gemeint ist die Konfliktsituation des Zeugen, d. Verf.) häufig in seinen Entschlüssen schwankend ist, trägt § 252 StPO dadurch Rechnung, daß eine Festlegung auf früher gemachte Aussagen grundsätzlich ausgeschlossen ist.“*[6] Über die Formulierung ‚grundsätzlich' eröffnet sich der Bundesgerichtshof den Spielraum für seine Ausnahme, den Zeugen bei einer richterlichen Vernehmung doch auf diese frühere Aussage festzulegen. Ein solcher Spielraum läßt sich aber aus dem Gesetz nicht erkennen. § 252 StPO sichert dem Zeugen ausnahmslos die Möglichkeit zu, noch in der Hauptverhandlung erstmalig sein Zeugnisverweigerungsrecht zu benutzen und damit die Folgen des § 252 StPO auszulösen. Die Ausnahme des Bundesgerichtshofes nimmt dem Zeugen aber die Möglichkeit, die § 252 StPO ohne Einschränkung für ihn vorsieht: seinen Willen noch in der Hauptverhandlung zu ändern.

In seiner Grundsatzentscheidung BGHSt 2, 99 stellt der Bundesgerichtshof § 252 StPO in den sachlichen Zusammenhang zu den Zeugnisverweigerungsrechten nach §§ 52ff StPO.[7]

Diese seien vom Gesetzgeber bestimmten Personen gewährt worden, da aufgrund ihrer engen Beziehung zum Beschuldigten *„der Zeugniszwang für sie zu einem Widerstreit der Pflichten führen“* könne. *„Auf diese mögliche innere Belastung nimmt das Gesetz Rücksicht.“* Der Bundesgerichtshof geht noch weiter und stellt fest: *„Sie war dem Gesetzgeber wichtig genug, vor ihr das grundsätzliche Gebot der Aufklärung und Verfolgung zurücktreten zu lassen“*[8] – ausnahmslos. Der Bundesgerichtshof erkennt also an, daß die Zeugnisverweigerungsrechte die Wahrheitsfindung beeinträchtigen[9] und daß der Gesetzgeber durch die Gewährung der Zeugnisverweigerungsrechte auf die Aufklärung des Sachverhaltes, auf ein zentrales Prinzip des Strafverfahrens, insoweit verzichtet. Diesen Verzicht des Gesetzgebers, das ausnahmslose Zurücktreten des Gebotes der umfassenden Aufklärung, macht der Bundesgerichtshof jedoch in demselben Urteil gleich wieder rückgängig, indem er die Vernehmung der richterlichen Verhörsperson zuläßt und dies mit dem Grundsatz der Wahrheitserforschung begründet.[10] Damit relativiert der Bundesgerichtshof genau das, was er zuvor festgestellt hat: Die Rücksicht des Gesetzgebers auf die innere Belastung des angehörigen Zeugen und der

6 BGHSt 36, 384, 388.
7 Siehe BGHSt 2, 99, 104.
8 BGHSt 2, 99, 104.
9 So auch BGHSt 30, 193, 197: Die *„Erschwerung der Wahrheitserforschung ist Folge der Regelung des § 52 StPO.“*
10 Vgl. BGHSt 2, 99, 105 f.

daraus resultierende Verzicht auf eine umfassende Aufklärung des Sachverhaltes. Wenn diese innere Belastung des Zeugen dem Gesetzgeber so wichtig war, daß er, wie der Bundesgerichtshof zutreffend ausführt, das Gebot der Aufklärung deshalb zurücktreten läßt[11], dann ist die vom Bundesgerichtshof vorgenommene Einschränkung dieser Aussage damit aber nicht vereinbar.

Der Bundesgerichtshof führt weiter aus, daß der *„mit der Gewährung des Zeugnisverweigerungsrechts verfolgte Zweck des Gesetzes [...] nicht erreicht (wird, d. Verf.), wenn die frühere Aussage zwar nicht verlesen, aber dadurch zur Grundlage der richterlichen Überzeugungsbildung werden dürfte, daß in einer dem Grundgedanken des Zeugnisverweigerungsrechts widerstreitenden Weise über ihren Inhalt durch Vernehmung des Verhörsbeamten Beweis erhoben wird. Was das Gesetz dem Zeugen mit dem Verweigerungsrecht gewährt, würde es ihm wieder nehmen, wenn es erlaubt sein sollte, ihn ohne jede Rücksicht auf dieses Recht durch die Feststellung des Inhalts einer früheren Aussage und durch ihre Verwertung als Urteilsgrundlage derselben seelischen Belastung auszusetzen, die es ihm durch das Verweigerungsrecht ersparen will."*[12] Aus diesem Grunde leitet der Bundesgerichtshof konsequent aus § 252 StPO ein Beweisverwertungsverbot hinsichtlich früherer Aussagen des Zeugen ab.

Doch dann läßt der Bundesgerichtshof überraschend von diesem Beweisverwertungsverbot eine Ausnahme zu, die genau das bewirkt, was nach seinen eigenen Worten das aus § 252 StPO abgeleitete Verwertungsverbot verhindern sollte: *„Was das Gesetz dem Zeugen mit dem Verweigerungsrecht gewährt, würde es ihm wieder nehmen"*[13], wenn die frühere Aussage in die Hauptverhandlung eingeführt würde. Denn mit der Zulassung der Einvernahme der richterlichen Verhörsperson über die frühere Aussage des Zeugen kann der Zeuge durch die Ausübung seines Zeugnisverweigerungsrechtes in der Hauptverhandlung die Verwertung seiner früheren Aussage nicht mehr verhindern. Er wird ohne Rücksicht der psychischen Belastung ausgesetzt, die ihm durch das Verweigerungsrecht erspart werden soll.[14] Die Auslegung des § 252 StPO durch den Bundesgerichtshof ist damit in sich inkonsequent. Wenn er aus § 252 StPO aufgrund des Zusammenhanges mit den Zeugnisverweigerungsrechten ein Beweisverwertungsverbot ableitet, muß er dies auch folgerichtig durchhalten. Wird dem Zeugen ein Zeug-

11 Vgl. dazu die Diskussion bei der Entstehung des § 252 StPO (1. Kapitel, S. 20 ff) und die Motive für die Gewährung eines Zeugnisverweigerungsrechtes (1. Kapitel, S. 24 ff).

12 BGHSt 2, 99, 104 f.

13 BGHSt 2, 99, 105.

14 BGHSt 2, 99, 105.

nisverweigerungsrecht gewährt, hat dies, wie schon 1871 Haager ausführte[15], zur Folge, daß bei Ausübung dieses Rechtes die Zeugenaussage als Beweis gänzlich entfällt. Denn wenn das Zeugnisverweigerungsrecht auch noch in der Hauptverhandlung wirksam ausgeübt werden und den Zeugen vor der seelischen Belastung schützen können soll, ist allein diese Regelung konsequent. Der Bundesgerichtshof hingegen sieht zwar den Zweck der Zeugnisverweigerungsrechte und den Zusammenhang mit § 252 StPO, möchte aber letztlich nicht auf die Zeugenaussage verzichten. Er läßt die Einvernahme der richterlichen Verhörsperson zu. Dadurch kann das Zeugnisverweigerungsrecht den Zeugen nicht mehr vor dem Interessenkonflikt schützen, der sich bei Aussagen gegen Angehörige ergeben kann; es wird somit illusorisch – eine Konsequenz, die die Kommission 1876 verhindern wollte[16] und aufgrund derer sie die Einführung des § 252 StPO empfahl. Indem der Bundesgerichtshof die Einführung der früheren Zeugenaussage in die Hauptverhandlung über die Vernehmung der richterlichen Verhörsperson zuläßt, befindet sich der Zeuge dann genau in der Konfliktsituation, die ihm durch das Zeugnisverweigerungsrecht erspart bleiben sollte: Er wird damit belastet, daß seine Aussage entgegen seinem Willen Einfluß auf das Urteil hat.[17] Der Inhalt seines Zeugnisverweigerungsrechtes, *„daß es von seinem freien Entschluß abhängt, ob eine Zeugenaussage von ihm in dieser Strafsache als Beweismittel soll benutzt werden können oder nicht"*[18], läuft damit aber ins Leere.

Unverständlich bleibt, wie der Bundesgerichtshof in ein und demselben Urteil zunächst feststellen kann, daß die Einführung des Aussageinhaltes über die Vernehmung der Verhörsperson aus den eben genannten Gründen *„dem Grundgedanken des Zeugnisverweigerungsrechts"*[19] zuwiderläuft, und sie dann doch zuläßt. Erklären läßt sich diese Wendung im Urteil des Bundesgerichtshofes wohl nur vom Ergebnis her, der Angeklagte soll nicht freigesprochen werden. Also eine kriminalpolitische Überlegung.

Durch seine Ausnahmeregelung weicht der Bundesgerichtshof schließlich das zuvor aus § 252 StPO abgeleitete Beweisverwertungsverbot auf und ermöglicht, daß das Beweisverwertungsverbot ausgehöhlt und umgangen wird[20], indem die richterliche Vernehmung aus Beweissicherungsgründen in der Praxis zur Regel wird und sich das Regel – Ausnahme – Verhältnis umdreht. Von der Schutzfunk-

---

15 Vgl. Haager, GS 23 (1871), 81, 90.
16 Vgl. die Stellungnahme der Kommission, nach Hahn, Materialien, Bd. 3.2., S. 1562 (abgedruckt auch im 1. Kapitel, S. 22).
17 Vgl. dazu BGHSt 10, 77, 78.
18 Muskat, Archiv für Strafrecht, Bd. 36 (1888), 281, 297.
19 BGHSt 2, 99, 105.
20 Vgl. dazu die Ausführungen im 1. Kapitel, S. 41 f; ähnlich auch Roxin, 40 Jahre BGH, S. 66, 76.

tion des § 252 StPO, der das Zeugnisverweigerungsrecht vor „*Gefahren einer etwaigen Umgehung*“[21] und „*Verkümmerung*“[22] schützen soll, bleibt bei dieser Auslegung nicht mehr viel übrig. Diese Gefahr sieht zwar auch der Bundesgerichtshof: Das „*grundsätzliche Verwertungsverbot des § 252 StPO dürfe nicht so sehr ausgehöhlt werden, daß es im Regelfall überhaupt keine Bedeutung mehr hätte und beschränkt bliebe auf Fälle, in denen [...] die Belehrung des Zeugen unterblieben ist.*“[23] Ungeachtet dessen bleibt er jedoch bei seiner Auslegung des § 252 StPO und tritt der Aushöhlung des Beweisverwertungsverbotes nicht entschieden entgegen.

b. Die Differenzierung, die der Bundesgerichtshof zwischen richterlichen und nichtrichterlichen Verhörspersonen vornimmt, läßt sich weder mit den vom Bundesgerichtshof vorgetragenen noch mit weiteren Gründen rechtfertigen.

Schon im Gesetzeswortlaut findet sie keine Stütze. Anders als bei § 251 StPO hat der Gesetzgeber bei § 252 StPO nicht zwischen richterlichen und nichtrichterlichen Protokollen unterschieden, sondern alle gleichermaßen mit dem Verlesungsverbot belegt. Dem Gesetzgeber war also die Möglichkeit einer Differenzierung durchaus bewußt[24], er hat aber davon keinen Gebrauch gemacht. Im Unterschied zu § 251 StPO wollte er demnach nicht differenzieren, er sah dafür keinen Anlaß. Denn bei § 252 StPO geht es darum, den Zeugen vor einer Belastung zu schützen, die durch die Verwertung seiner Aussage eintritt.[25] Diese Belastung tritt aber bei jeder Verwertung ein[26] – bei Einführung der Aussage über ein richterliches, nichtrichterliches Protokoll oder eine Verhörsperson.

Auch das sog. Ausgleichsargument des Bundesgerichtshofes überzeugt nicht: „*Das Gesetz hat in § 252 StPO den Widerstreit der beiden Grundsätze (gemeint sind der Grundsatz der Wahrheitserforschung und der Grundsatz, daß dem Zeugen die seelische Belastung erspart bleiben soll, d. Verf.) in der Weise gelöst, daß der allgemeine Anspruch auf Aufklärung weitgehend der Rücksicht auf den weigerungsberechtigten Zeugen weichen muß. Als Ausgleich zwischen zwei berechtigten Grundsätzen kann die Lösung vom Gesetz nur in der Weise gewollt sein, daß die berechtigten Forderungen der Allgemeinheit nach wahrheitsgemäßer Aufklärung von Straftaten nicht weiter zurücktreten brauchen, als es die schutzwürdigen Interessen des weigerungsberechtigten Zeugen verlangen.*“[27]

---

21 Muskat, Archiv für Strafrecht, Bd. 36 (1888), 281, 296.
22 Muskat, Archiv für Strafrecht, Bd. 36 (1888), 281, 294.
23 BGHSt 21, 218, 219 a. E.
24 Vgl. Reinicke, NJW 1952, 1153, 1155.
25 Vgl. statt vieler BGHSt 10, 77, 78.
26 Vgl. dazu auch Gössel, NJW 1981, 2217, 2220.
27 BGHSt 2, 99, 105.

Der Bundesgerichtshof sieht es als seine Aufgabe an, „*die Grenze im einzelnen zu finden.*“[28] Ist § 252 StPO aber wirklich als ein Ausgleich zwischen diesen widerstreitenden Interessen zu verstehen, und ist es mit § 252 StPO vereinbar, daß der Bundesgerichtshof im Rahmen einer Abwägung festlegt, wo die Grenze für die Schutzbedürftigkeit des Zeugen liegt? Meiner Ansicht nach läßt § 252 StPO weder vom Wortlaut, seinem Normzweck noch seiner Entstehungsgeschichte Raum für eine derartige Abwägung und Grenzziehung, wie sie der Bundesgerichtshof vornimmt.

Vom Wortlaut her stellt § 252 StPO ein Verbot auf, das immer dann gilt, wenn der Zeuge in der Hauptverhandlung von seinem Zeugnisverweigerungsrecht Gebrauch macht. § 252 StPO sagt nicht, daß dieses Verbot nur eingreift, das Aufklärungsinteresse nur zurücktritt, soweit der Zeuge schutzwürdig ist. Es wird immer durch die Ausübung des Zeugnisverweigerungsrechtes ausgelöst. Eine Abwägung zwischen Strafverfolgungsinteresse und den Interessen des Zeugen ist im Wortlaut des § 252 StPO nicht angelegt.

Sie läuft darüber hinaus auch dem Normzweck des § 252 StPO zuwider.[29] Wie der Bundesgerichtshof dargelegt hat[30], soll das Zeugnisverweigerungsrecht den Zeugen vor der inneren Belastung schützen, die sich bei seiner Aussage gegen seinen Angehörigen ergeben kann. § 252 StPO verlängert diesen Schutz in die Hauptverhandlung, indem er die Verwertung der früheren Aussage des Zeugen von desssen Willen in der Hauptverhandlung abhängig macht. Der Zeuge kann aber nur dann noch frei von seinem Zeugnisverweigerungsrecht in der Hauptverhandlung Gebrauch machen und wirksam vor der inneren Belastung geschützt werden, wenn § 252 StPO ein umfassendes Beweisverwertungsverbot enthält[31] – also jede Verwertung der früheren Aussage untersagt. Denn die Belastung, die durch die Zeugnisverweigerungsrechte vermieden werden soll, tritt bei jeder Verwertung ein – gleichgültig, ob die Aussage über die Vernehmung eines Richters oder eines Staatsanwaltes oder eines Polizeibeamten reproduziert wird. Diese § 252 StPO zugrundeliegende Wertung, daß auf den Zeugen in jedem Fall Rücksicht zu nehmen ist, wird durch die Abwägung des Bundesgerichtshofes aber unterlaufen. Grünwald wirft dem Bundesgerichtshof daher zu Recht vor: „*Die in richtiger Erkenntnis der ratio des § 252 StPO getroffene Entscheidung des BGH ist einer der Fälle der Auflehnung der Rechtsprechung gegen das Gesetz.*“[32]

28 BGHSt 2, 99, 105 f.

29 Vgl. die Ausführungen im 1. Kapitel, S. 43 f; sowie Grünwald, Beweisrecht der StPO, S. 128 ff.

30 Siehe BGHSt 2. 99, 104.

31 Vgl. auch Grünwald, Beweisrecht der StPO, S. 128 ff.

32 Grünwald, Beweisrecht der StPO, S. 129.

Zwar ist „*das zentrale Anliegen des Strafprozesses*"[33] die umfassende Ermittlung und Aufklärung des tatsächlichen Sachverhaltes. Doch dieses Ziel kann eingeschränkt werden. Es geht nicht um Wahrheitsfindung um jeden Preis[34], und als eine solche, legitime Einschränkung der Wahrheitsfindung hat das Bundesverfassungsgericht die Zeugnisverweigerungsrechte anerkannt.[35] Sie behindern die Wahrheitsfindung zwangsläufig, indem sie das „*Geheimhaltungsinteresse*"[36] des Zeugen schützen. Diesen Konflikt zwischen dem Aufklärungsinteresse der Allgemeinheit und den persönlichen Interessen des Zeugen hat der Gesetzgeber im 19. Jahrhundert durch die Regelung des § 252 StPO entschieden – zugunsten des Zeugen.[37] Es ist durchaus, wie Löwe und Meier feststellen, eine „*sehr einseitige Lösung*"[38], die den Zeugen „*in übertriebenem Maße*"[39] berücksichtigen mag. Aber es ist anzuerkennen, daß sich der Gesetzgeber dafür entschieden hat: Er hat die Abwägung, die der Bundesgerichtshof zwischen den widerstreitenden Grundsätzen vornimmt, bereits vorgenommen![40] Bereits in der Diskussion über die Einführung des § 252 StPO wandten Vertreter des Bundesrates und der Abgeordnete Dr. Lenz im Reichstag immer wieder den Grundsatz der Wahrheitserforschung gegen § 252 StPO ein. Durch die Regelung des § 252 StPO werde „*der Gerechtigkeit kein guter Dienst geleistet*"[41], wenn der wahre Sachverhalt nicht aufgeklärt werden könne, der Beschuldigte freigesprochen werden müsse, nur weil sich der Zeuge hinter sein Zeugnisverweigerungsrecht zurückziehe. Der Wahrheitserforschung müsse ein unbedingter Vorrang zukommen.[42] Der Gesetzgeber ent-

---

33 Lammer, FS Rieß, 289, 292. Bei den ersten Beratungen über den Entwurf der Strafprozeßordnung führte von Mittnacht, nach Hahn, Materialien, Bd. 3.1., S. 500, aus: „*Der Satz, daß der Strafprozeß die Herstellung der materiellen Wahrheit als oberstes Ziel sich zu setzen habe, ist im Entwurfe nirgends ausdrücklich ausgesprochen, er beherrscht ihn aber als oberstes Axiom.*"

34 Vgl. statt vieler BGHSt 14, 358, 365; 31, 304, 309.

35 Vgl. Lammer, FS Rieß, 289, 293 unter Verweis auf die Entscheidung des Bundesverfassungsgerichtes BVerfGE 77, 65, 76: „*Sie (gemeint sind die Zeugnisverweigerungsrechte, d. Verf.) stellen Ausnahmen von der Pflicht zur umfassenden Aufklärung der materiellen Wahrheit dar und bergen demzufolge die Gefahr in sich, daß die Gerichte ihre Entscheidung auf mangelhafter Tatsachengrundlage treffen.*"

36 AK-Meier, § 252 Rn. 2.

37 So auch AK-Meier, § 252 Rn. 2.

38 AK-Meier, § 252 Rn. 2.

39 Löwe, § 251 Anm. 3.

40 So auch Grünwald, Beweisrecht der StPO, S. 129.

41 Nach Hahn, Materialien, Bd. 3.2., S. 1366. Vgl. auch die Einwände einiger Mitglieder der Reformkommission, Protokolle der Reformkommission, Bd. II, S. 212, daß ein solches Beweisverbot „*die Strafrechtspflege in hohem Maße schädigen*" würde und viele Delikte „*oft ungesühnt bleiben*" würden.

42 Vgl. Hahn, Materialien, Bd. 3.2., 1880.

schied sich aber anders. Er beließ nach all diesen Diskussionen § 252 StPO im Gesetz und ließ das Gebot der Sachverhaltsaufklärung bewußt zurücktreten. Die Möglichkeit, die Aufklärung über die Einvernahme der Verhörsperson zu ermöglichen, wurde als Manipulation empfunden: *„Gedanke und [...] Vorschrift des Gesetzes (würden, d. Verf.) illusorisch gemacht werden."*[43] Nach dem Willen des Gesetzgebers hat auch in der Hauptverhandlung der Wille des Zeugen hinsichtlich der Verwertung seiner früheren Aussage Vorrang vor der umfassenden Aufklärung des Sachverhaltes. Das Gebot der umfassenden Sachverhaltsaufklärung tritt nach dieser Abwägung des Gesetzgebers in jedem Fall zurück; er hat *„den Zweck des Zeugnisverweigerungsrechtes höher (gestellt, d. Verf.) als den Strafrechtszweck."*[44]

Hat aber der Gesetzgeber bereits eine solche Abwägung der widerstreitenden Interessen vorgenommen, ist es nicht die Aufgabe des Bundesgerichtshofes, eine erneute Abwägung zu treffen, die diesem Sinn der Regelung des § 252 StPO widerspricht. Der *„Richter ist nicht befugt, eine in ihrer Zielsetzung eindeutige Vorschrift des Gesetzes durch sinnwidrige Auslegung zu umgehen, weil er sie für ein Hemmnis bei der Wahrheitsermittlung und deshalb für kriminalpolitisch verfehlt erachtet."*[45] Hält der Bundesgerichtshof die Regelung des § 252 StPO aus kriminalpolitischen Zweckmäßigkeitserwägungen für eine falsche Lösung, weil sie gerade im Bereich der Familiendelikte durch den Ausfall von Beweismitteln zu viele (ungerechtfertigte) Freisprüche zur Folge hat, also eine zu einseitige Lösung zu Lasten der Wahrheitsfindung darstellt, dann bleibt es dennoch die Aufgabe des Gesetzgebers, dies zu ändern.[46] Als Organ der Judikative kann der Bundesgerichtshof Gesetzesvorschriften auslegen – aber nicht so, daß dabei eine Umgehung des Gesetzes als Lösung herauskommt. Der *„Versuch einer Abwägung widerstreitender Belange entgegen dem [...] Sinn der Gesetzesregelung"*[47] ist abzulehnen.

Nicht überzeugend ist auch die Ansicht des Bundesgerichtshofes, wonach der Zeuge vor dem Ermittlungsrichter in Kenntnis der vollen Tragweite seiner Entscheidung, vom Zeugnisverweigerungsrecht keinen Gebrauch zu machen, aussage und deshalb nicht mehr schutzwürdig sei.[48]

---

43 Nach Hahn, Materialien, Bd. 3.2., S. 1881.

44 Muskat, Archiv für Strafrecht, Bd. 36 (1888), 281, 302.

45 OLG Düsseldorf, HESt 1, 174, 176.

46 So lautet auch schon die Forderung von Löwe 1894, vgl. Löwe, § 251 Anm. 3, sowie die Ausführungen im 1. Kapitel, S. 45 f mwN.

47 Hanack, JZ 1972, 236, 238.

48 So aber BGHSt 2, 99, 106 f: Der Zeuge, *„der vom Richter ausdrücklich auf sein Zeugnisverweigerungsrecht hingewiesen worden ist [...]"*, hat *„in Kenntnis der*

Zunächst einmal weiß der Zeuge gar nicht, daß sein jetziger Verzicht auf das Zeugnisverweigerungsrecht zur Folge hat, daß der Ermittlungsrichter auch im Falle der späteren Ausübung des Zeugnisverweigerungsrechtes in der Hauptverhandlung über die frühere Aussage des Zeugen vernommen werden darf. Über diese Folge wird der Zeuge gerade nicht belehrt, da diese sog. qualifizierte Belehrung nach Ansicht des Bundesgerichtshofes nicht notwendig ist.[49] Dabei wäre sie gerade erforderlich, um dem Zeugen tatsächlich die Tragweite seines Verhaltens im Ermittlungsverfahren deutlich zu machen: Daß es dann in der Hauptverhandlung kein Zurück mehr für ihn gibt trotz Ausübung des Zeugnisverweigerungsrechtes – und er sich an der Aussage vor dem Ermittlungsrichter festhalten lassen muß. Der Zeuge wird sonst in der Hauptverhandlung überrascht: Belehrt, daß er vom Zeugnisverweigerungsrecht auch noch in der Hauptverhandlung Gebrauch machen und schweigen kann, muß er erleben, daß seine frühere Aussage dennoch verwertet wird. Es mutet eher wie eine List an, den Zeugen über diese Folge, über eine entscheidungserhebliche Tatsache nicht zu belehren; als ob man ihn in falscher Sicherheit wiegen möchte, um auf jeden Fall eine Aussage von ihm im Ermittlungsverfahren zu erhalten. Denn so mancher Zeuge könnte vor dem Ermittlungsrichter doch vor einer Aussage zurückschrecken, wenn er wüßte, welche Konsequenzen damit verbunden sind. Da ihm, einem juristischen Laien, diese Konsequenzen jedoch nicht vor Augen geführt werden, läßt sich nur schwer behaupten, daß der Zeuge sich der vollen Tragweite seines Verzichtes auf das Zeugnisverweigerungsrecht bei der Aussage vor dem Ermittlungsrichter bewußt ist.

Ferner ist der Zeuge auch nach der Vernehmung durch den Ermittlungsrichter wie bisher schutzwürdig. Denn das Motiv für die Gewährung des Zeugnisverweigerungsrechtes erledigt sich nicht durch diese Vernehmung im Ermittlungsverfahren.[50] Auch dann noch bedarf der Zeuge des Schutzes des Zeugnisverweigerungsrechtes in der Hauptverhandlung und ist dessen auch würdig. Der Anlaß, dem Zeugen ein Zeugnisverweigerungsrecht zu geben, war nicht, dem Zeugen eine Aussage in der Hauptverhandlung in Gegenwart des Angeklagten zu ersparen. Allein das hätte als Grund nicht genügt, um zu rechtfertigen, daß entgegen dem Gebot der umfassenden Sachverhaltsaufklärung der Zeuge mit dem Zeugnisverweigerungsrecht die Gewähr erhielt, daß seine frühere Aussage ohne seinen Willen nicht bei der Urteilsfindung berücksichtigt würde: „*Das Motiv des Gesetzge-*

Tragweite seines Verhaltens ausgesagt[...]. In diesem Falle hat er die Folgen, die ihm das Gesetz durch die Zubilligung des Zeugnisverweigerungsrechts ersparen will, durch freiwillige Entschließung im Bewußtsein ihrer Bedeutung auf sich genommen.“

49 Vgl. BGHSt 32, 25, 31 f.

50 So auch von Schwarze, GS 33 (1881), 270, 287.

bers muß ein höheres, [...] edleres und ethischeres gewesen sein, um dem Zeugen eine solche Berechtigung zuzugestehen."[51] Dieses Motiv liegt darin, daß man aus Rücksicht auf die Familienbande, die den Zeugen mit dem Beschuldigten verbinden, aufgrund dieser *„Pietät"*[52], *„dem Zeugen die Sorge benehmen wollte, daß er durch seine Aussage den Angeklagten schädige und zu dessen Verurtheilung beitrage."*[53] Dieser Anlaß zur Sorge bleibt auch dann noch bestehen, wenn der Zeuge vor dem Ermittlungsrichter ausgesagt hat – er besteht bis zur Urteilsverkündung. Wird in der Hauptverhandlung statt des Zeugen der Ermittlungsrichter vernommen, wird diese Sorge zur Realität. Ob der Zeuge selbst in der Hauptverhandlung aussagt oder der Ermittlungsrichter seine Aussage wiedergibt, immer ist es die Aussage des Zeugen, die die Verurteilung des Angeklagten (mit)veranlaßt hat.[54] Eine Schonung der Empfindungen des Zeugen ist also keineswegs, wie das Reichsgericht meinte[55], allein dadurch erreicht, daß der Zeuge nicht selbst in der Hauptverhandlung aussagen muß. *„Die Collision der Pflichten und Gefühle des Zeugen bezieht sich auf den* ***Inhalt*** *seiner Aussage und die Verwertung des Inhalts bei der Aburtheilung des Verwandten; das Motiv würde daher darin, daß der Zeuge mit der wiederholten Abhörung [...] verschont bliebe, nicht seine völlige Erledigung finden."*[56] Daher ist der Zeuge auch nach einer Vernehmung im Ermittlungsverfahren noch immer schutzwürdig, denn das *„Gesetz will einem Zeugen [...] die seelische Belastung ersparen, daß sein, vielleicht voreilig, erstattetes Zeugnis entgegen seinem Willen doch noch Einfluß auf die Entscheidung haben kann."*[57] Das gilt für alle früheren Zeugnisse.

Das vom Bundesgerichtshof nach der Angleichung der unterschiedlichen Belehrungspflichten zwischen richterlichen und nichtrichterlichen Verhörspersonen vertretene Argument, eine richterliche Verhörsperson sei deshalb in der Hauptverhandlung vernehmbar, weil die Allgemeinheit ein höheres Vertrauen in richterliche Vernehmungen habe[58], ist nicht überzeugend.

Die Qualität einer Vernehmung hängt von der Persönlichkeit eines Menschen ab, nicht von der Funktion, die er ausübt.[59] Wie Eisenberg bemerkt[60], spielt dabei

---

51 Von Schwarze, GS 33 (1881), 270, 287.

52 So bei der Diskussion über die Zeugnisverweigerungsrechte, nach Hahn, Materialien, Bd. 3.2., S. 563.

53 Von Schwarze, GS 33 (1881), 270, 287.

54 So bereits von Schwarze, GS 33 (1881), 270, 288; ähnlich auch Muskat, Archiv für Strafrecht, Bd. 36 (1888), 281, 297.

55 Vgl. RGSt 5, 142, 144 sowie die Ausführungen dazu im 1. Kapitel, S. 16 mwN.

56 Von Schwarze, GS 33 (1881), 270, 287.

57 BGHSt 10, 77, 78.

58 Vgl. BGHSt 21, 218, 218 f.

59 Vgl. dazu die Ausführungen im 1. Kapitel, S. 50 f mwN.

60 Eisenberg, NStZ 1988, 488, 488.

auch die Ausbildung bezüglich der Verhörstechnik eine Rolle. Daß aber eine richterliche Vernehmung unbedingt höherwertiger ist als eine nichtrichterliche, ein höheres Vertrauen also rechtfertigt, läßt sich so pauschal nicht sagen. Außerdem ist für die Konstruktion des Bundesgerichtshofes auch nicht entscheidend, welche Qualität die Vernehmung im Ermittlungsverfahren hat, denn in der Hauptverhandlung soll ja nicht das aufgenommene Protokoll verlesen, sondern die Verhörsperson vernommen werden. Dabei kommt es vielmehr darauf an, ob die Verhörsperson sich gut an das damalige Verhör erinnern kann, ob sie dem Gericht gut wiedergeben kann, was der Zeuge gesagt hat und wie er gewirkt hat. Diese Fähigkeit hängt aber von persönlichen Eigenschaften der Verhörsperson ab, ob sie beispielsweise zuhören, gut Fragen stellen, auf den Zeugen eingehen kann. Diese Eigenschaften können bei einem Staatsanwalt oder Polizeibeamten genauso ausgeprägt sein wie bei einem Ermittlungsrichter. Für die Annahme, ein Richter sage in der Hauptverhandlung zuverlässiger aus als ein Polizeibeamter oder Staatsanwalt, läßt sich keine Grundlage finden.[61] Sie kann daher die Differenzierung des Bundesgerichtshofes nicht rechtfertigen.

Der Bundesgerichtshof begründet schließlich die Zulässigkeit der Einvernahme der richterlichen Verhörsperson damit, daß dies ein Weg sei, um dem Einfluß des Zeugen eine Grenze zu setzen und zu verhindern, daß er *„zum Herrn des ganzen Verfahrens"*[62] werde. Dem ist entgegenzuhalten, daß dieser Einfluß des Zeugen aber in § 252 StPO und den dazugehörigen Zeugnisverweigerungsrechten so angelegt ist und die Argumentation des Bundesgerichtshofes allein kriminalpolitischen Erwägungen folgt. Der Gesetzgeber hat dem Zeugen durch die Gewährung des Zeugnisverweigerungsrechtes in allen Verfahrensstadien die Möglichkeit gegeben, von vornherein oder erst in der Hauptverhandlung als Beweismittel auszufallen. Er muß sich nicht als Beweismittel zur Verfügung stellen. Die daraus resultierende Beeinträchtigung der Wahrheitsfindung ist eine logische Folge der Zubilligung des Zeugnisverweigerungsrechtes.[63] Schweigt der Zeuge von Anfang an aufgrund seines Zeugnisverweigerungsrechtes oder redet er nur bei der polizeilichen Vernehmung und macht bei allen weiteren Vernehmungen von seinem Zeugnisverweigerungsrecht Gebrauch, kann er das Verfahren ebenso massiv beeinflussen wie durch die spätere Ausübung des Zeugnisverweigerungsrechtes in

---

61 Vgl. Eisenberg, NStZ 1988, 488, 488: *„Es gibt auch keinen allgemeinen Erfahrungssatz, daß Richter zuverlässigere Zeugen seien als Staatsanwälte oder Polizeibeamte."*

62 BGHSt 2, 99, 107.

63 So auch BGHSt 30, 193, 197; vgl. auch die Protokolle der Reformkommission, Bd. II, S. 215: *„Allein mit diesem (bedauerlichen Beweisverlust) rechne das Gesetz ohnedies, indem es das Zeugnisverweigerungsrecht aufstelle."*

der Hauptverhandlung – in allen Fällen kann er auf den Verlauf des Verfahrens einwirken, indem entweder gar keine Anklage erhoben werden kann oder gegebenenfalls ein Freispruch erfolgt. Er kann also durchaus tun, was nach Ansicht des Bundesgerichtshofes nicht eintreten soll: Dem *„ganzen Verfahren eine andere Wendung geben."*[64] Der Gesetzgeber hat, das zeigen die Materialien, diesen Einfluß des Zeugen auch gesehen. Gerade von den Gegnern des § 252 StPO wurde eingewandt, daß die Zeugnisverweigerungsrechte und § 252 StPO der Herstellung der Gerechtigkeit hinderlich seien, zu ungerechtfertigten Freisprüchen führten.[65] Der Gesetzgeber hat dem Zeugen dennoch das Zeugnisverweigerungsrecht gewährt und dabei so ausgestaltet, daß der Zeuge bei jeder Vernehmung erneut die Wahl hat, ob er es ausüben will oder nicht und sich auch noch während der Vernehmung umentscheiden kann, § 52 III 1 a. E., 2 StPO. Damit hat der Gesetzgeber auch in Kauf genommen, daß der Zeuge Einfluß auf das Verfahren hat. Ist er z. B. der einzige Zeuge, kann er durch die Ausübung seines Zeugnisverweigerungsrechtes erreichen, daß das Verfahren im Ermittlungsstadium eingestellt oder in der Hauptverhandlung ohne Schuldspruch beendet wird. Daß der Gesetzgeber diesen Einfluß begrenzen wollte, und zwar im Sinne der Lösung des Bundesgerichtshofes auf das Ermittlungsverfahren, ist aus dem Gesetz nicht ersichtlich.

Angesichts des Vergleichs mit den Antragsdelikten, die dem Antragsteller ebenfalls Einfluß auf den Gang des Verfahrens einräumen, ist die Schlußfolgerung des Bundesgerichtshofes[66] für mich nicht zwingend. Bei einigen Antragsdelikten hängt nicht nur die Einleitung des Strafverfahrens vom Antrag des angehörigen Verletzten ab. Der Verletzte kann seinen Strafantrag nach § 77d I StGB noch bis zum rechtskräftigen Abschluß des Verfahrens zurücknehmen, also auch noch in der Hauptverhandlung. Das Verfahren muß dann eingestellt werden. Damit gibt ihm das Gesetz aber die Möglichkeit, das Strafverfahren jederzeit zu beenden – ganz ähnlich wie im Fall der Zeugnisverweigerung.[67] Ist der zeugnisverweigerungsberechtigte Zeuge der einzige Zeuge, so kann er, indem er sich von Anfang an auf sein Zeugnisverweigerungsrecht beruft oder es erst in der Hauptverhandlung ausübt, das Verfahren genauso beeinflussen wie ein Antragsteller mit der Zurücknahme seines Strafantrags; er ist nicht an den einmal gestellten Antrag bzw. an die einmal gemachte Aussage gebunden. Der Gesetzgeber kennt also durchaus die Konstellation, daß das Verfahren durch das Verhalten des An-

64 BGHSt 2, 99, 108.
65 Vgl. dazu die Ausführungen zur Entstehungsgeschichte des § 252 StPO im 1. Kapitel, S. 22 f.
66 Vgl. BGHSt 2, 99, 107 f.
67 So auch Michaelis, NJW 1968, 58, 59 f.

tragstellers/Zeugen noch eine andere Wendung nehmen kann.[68] Läßt sich wirklich mit dem Bundesgerichtshof behaupten, dies sei nur im Bereich der Antragsdelikte so, da es sich um Delikte handle, die für die Allgemeinheit nicht so bedeutend seien, während man bei den Offizialdelikten einen solchen Einfluß nicht hinnehmen könne? Hier sei der Einfluß des Zeugen vielmehr zu begrenzen, so daß seine Zeugnisverweigerung in der Hauptverhandlung nicht den Einfluß auf das Verfahren hat wie eine Zeugnisverweigerung zu Beginn des Verfahrens. Der Gesetzgeber hat bei der Gewährung des Zeugnisverweigerungsrechtes nicht zwischen Antrags- und Offizialdelikten und auch nicht zwischen den verschiedenen Verfahrensstadien unterschieden. Auch bei Offizialdelikten steht dem Zeugen ein Zeugnisverweigerungsrecht zu und zwar in jeder Phase des Verfahrens, §§ 52 III, 252 StPO. Das spricht aber dafür, daß der Gesetzgeber den Einfluß des Zeugen über das Zeugnisverweigerungsrecht bei allen Delikten und in allen Verfahrensstadien gleichermaßen in Kauf genommen hat.

Bedenken gegen die Einvernahme der richterlichen Verhörsperson ergeben sich für mich auch aus den Folgen des Beweismittels Zeuge vom Hörensagen.[69]

Sagt der Ermittlungsrichter als ein solcher Zeuge vom Hörensagen über die Aussage des angehörigen Zeugen in der Hauptverhandlung aus, dann wird auf diese Weise dem Gericht eine wesentliche Grundlage für seine Urteilsfindung genommen: Dem Gericht wird die Möglichkeit entzogen, die Glaubwürdigkeit des Zeugen aufgrund eines persönlichen Eindruckes selbst zu prüfen, selbst zu beurteilen. Es kann sich vom Zeugen nun selbst kein eigenes Bild machen, sondern ist dafür auf die Schilderung des Ermittlungsrichters angewiesen. Ob dieser aber nach längerer Zeit den Zeugen, sein Verhalten bei der Vernehmung noch so präsent vor Augen hat, daß dies eine Glaubwürdigkeitsprüfung durch das Gericht ersetzen kann, bezweifle ich. Der Ermittlungsrichter wird möglicherweise keine objektive Schilderung des Verhaltens geben, sondern diese Schilderung wird schon eine erste Wertung des Verhaltens des Zeugen enthalten. Nach der Intention des Gesetzes soll sich das Gericht selbst und unmittelbar einen persönlichen Eindruck von dem Zeugen, dessen Wahrnehmungen entscheidungserheblich sind, verschaffen können. Gerade das ist das Ziel der Grundsätze der Unmittelbarkeit und Mündlichkeit. Mag auch durch die Konstruktion des Zeugen vom Hörensagen der Unmittelbarkeitsgrundsatz nicht verletzt sein[70], da dieser Zeuge ja unmittelbar Zeugnis für das von ihm Gehörte, die Aussage des eigentlichen Zeugen,

---

68 Vgl. auch Michaelis, NJW 1968, 58, 59 f.

69 Diese Bedenken werden auch bei den anderen Problemen des § 252 StPO wieder auftauchen.

70 Vgl. dazu die Ausführungen im 1. Kapitel, S. 12, Fußnote 2 mwN.

gibt – er ist und bleibt dennoch nur ein Surrogat für den eigentlichen Zeugen. Dessen Aussageinhalt ist letztlich für das Gericht wichtig und damit auch seine Glaubwürdigkeit.

Problematisch ist ferner, daß weder das Gericht zur Aufklärung noch der Angeklagte zu seiner Verteidigung Fragen an den Zeugen in der Hauptverhandlung stellen können und Widersprüche in der vom Ermittlungsrichter vorgetragenen Aussage des Zeugen somit nicht aufgeklärt werden können, da der Zeuge selbst nicht zur Verfügung steht.[71] Es besteht dabei auch die Gefahr, daß das Zeugnis des Ermittlungsrichters ungenau ist, etwas fehlt oder, was selbst durch einen Vorhalt des Vernehmungsprotokolls nicht zu beheben ist, daß der Ermittlungsrichter den Zeugen bei der Vernehmung mißverstanden hat und daher auch die Aussage dementsprechend falsch wiedergibt.[72] Damit ist aber dem Ziel des Strafverfahrens, die Wahrheit herauszufinden, aufgrund dessen der Bundesgerichtshof den Ermittlungsrichter als Zeugen vom Hörensagen zuläßt, kein guter Dienst getan.

In einem solchen Fall könnte sich der Zeuge, dem es durch das Zeugnisverweigerungsrecht freistehen soll, ob er (in der Hauptverhandlung) aussagt oder nicht, in der Hauptverhandlung doch zur Aussage gezwungen sehen: Wie schon Ditzen entgegen der Ansicht des Reichsgerichtes dargelegt hat[73], kann für den Zeugen der Aussagezwang geradezu dadurch entstehen, daß der vernommene Ermittlungsrichter die frühere Zeugenaussage falsch oder mißverständlich wiedergibt. Hier kann sich nun der Zeuge, in Sorge um seinen Angehörigen, veranlaßt sehen, doch auszusagen, seine Aussage richtig zu stellen. Seine Zeugnisverweigerung in der Hauptverhandlung wird damit dann inhaltslos.[74]

Eingedenk des Zieles des Strafverfahrens, die Wahrheit herauszufinden, wäre das Vernehmungsprotokoll eine bessere Beweisquelle als die Verhörsperson: Das Protokoll bietet mehr Sicherheit, daß der Zeuge auch so ausgesagt hat[75], da es di-

---

71 So bereits von Schwarze, GS 33 (1881), 270, 284 f; Muskat, Archiv für Strafrecht, Bd. 36 (1888), 281, 284 f.

72 Vgl. Muskat, Archiv für Strafrecht, Bd. 36 (1888), 281, 285: Das Zeugnis des Zeugen vom Hörensagen *„entzieht sich völlig der Kontrolle eines Mißverständnisses."* Bedenken gegen den Zeugen vom Hörensagen äußerte auch die Reformkommission, Protokolle der Reformkommission, Bd. I, S. 37: Sie hielt die Rekonstruktion der Aussage des Zeugen durch die Vernehmung der Verhörsperson *„für ein so minderwertiges Beweismittel"*, daß es für *„die Erforschung der objektiven Wahrheit [...] jedenfalls kein Verlust sein"* werde, *„wenn eine solche Rekonstruktion unmöglich gemacht werde"* durch eine entsprechende Präzisierung des § 252 StPO.

73 Vgl. Ditzen, ZStW 10 (1890), 111, 156 entgegen RGSt 5, 142, 145.

74 So Ditzen, ZStW (1890), 111, 156.

75 Vgl. Ditzen, ZStW (1890), 111, 155; Löwe, § 251 Anm. 3.

rekt bei der Vernehmung, also zeitnah entstanden ist, und der Zeuge das Protokoll nochmals durchgelesen und unterschrieben hat. Für den Gesetzgeber jedenfalls war, das zeigt die Regelung des § 251 StPO, die Verlesung des Protokolls der geeignete Ersatz, wenn der Zeuge selbst wegen Todes etc. als Beweismittel ausfiel.[76] Er hat dafür eigens Ausnahmeregelungen vom Unmittelbarkeitsgrundsatz geschaffen. Gerade diesen Ersatzbeweis verbietet er im Fall der Zeugnisverweigerung durch § 252 StPO aber. Damit untersagt er dem Gericht, von der – für damalige Verhältnisse[77] – denkbar genauesten Wiedergabe der Zeugenaussage Gebrauch zu machen. Dann aber impliziert dieses Verbot, daß der Inhalt der Aussage überhaupt zum Gegenstand der Beweisaufnahme in der Hauptverhandlung gemacht wird.[78] Denn es wäre unsinnig, die beste Ersatzmöglichkeit (Verlesung des Protokolls) zu unterbinden, die schlechtere (Vernehmung der Verhörsperson) aber zuzulassen. Das kann im Interesse der Wahrheitsfindung auch nicht gewollt sein.

Ist die Verlesung des Protokolls unstreitig von § 252 StPO untersagt, muß dies nach meiner Meinung auch hinsichtlich des Vorhaltes gelten. Die Argumentation, daß nicht der Vorhalt und damit nicht das Protokoll als Urkunde das Beweismittel sei, sondern die Aussage des Ermittlungsrichters[79], ist gut konstruiert, überzeugt aber nicht. Unbefangen betrachtet, wird in der Hauptverhandlung das Protokoll dem Ermittlungsrichter und auf diese Weise öffentlich vorgelesen – und der Ermittlungsrichter bestätigt den Inhalt des Protokolls. Denn er wird sich kaum noch aus eigener Kraft so genau an die frühere Vernehmung des Zeugen erinnern, da Zeit vergangen ist und er noch weitere Vernehmungen durchgeführt hat.[80] Seine Aussage, die Details, basieren also meistens auf dem vorgehaltenen, vorgelesenen Protokoll. Für mich ist damit der Unterschied zu einer reinen Verlesung des Protokolls nur noch so geringfügig, daß sich eine unterschiedliche Behandlung von Verlesung und Vorhalt nicht rechtfertigen läßt.[81] In beiden Fällen ist das Protokoll das entscheidende Mittel, einmal direkt als Beweismittel, das andere Mal als unentbehrliche Erinnerungshilfe. Ist aber die Verlesung verboten,

---

A. A. Teile der Reformkommission, vgl. Protokolle der Reformkommission, Bd. II, S. 214, die diese Bedenken als rein theoretisch bezeichneten.

76 Vgl. dazu die Ausführungen im 1. Kapitel, S. 48 f mwN. So auch die Mitglieder der Reformkommission, Protokolle der Reformkommission, Bd. II, S. 214, 215, die die Rekonstruktion der Zeugenaussage über die Vernehmung der Verhörsperson wegen der *„geringen Zuverlässigkeit dieses Mittels für bedenklich"* (S. 215) halten.

77 Heute ließe sich an eine Ton-Bild-Aufnahme als genaueste Wiedergabemöglichkeit denken.

78 Sehr deutlich Ditzen, ZStW (1890), 111, 156.

79 Vgl. dazu die Ausführungen im 1. Kapitel, S. 51, dort Fußnote 218.

80 Vgl. dazu die Ausführungen im 1. Kapitel, S. 51 f mwN.

81 So auch Eser, NJW, 1963, 234, 247.

dann darf, wie das Reichsgericht[82] in einer seiner frühen Entscheidungen gefordert hat, dieses Verbot nicht über einen Vorhalt umgangen werden.

Darüber hinaus habe ich gegen die Vernehmung der Verhörsperson einzuwenden, daß damit, losgelöst von § 252 StPO, die Hauptverhandlung letztlich nicht mehr das Schwergewicht der Urteilsfindung bildet.[83]

Der Strafprozeß ist so ausgestaltet worden, daß das Ermittlungsverfahren ein Vorverfahren ist, das die Hauptverhandlung vorbereiten soll. Das, und nur das, was dann in der Hauptverhandlung mündlich vorgetragen, erörtert und bewiesen wird, darf Grundlage der Urteilsfindung des Gerichtes werden, vgl. § 261 StPO: *„Über das Ergebnis der Beweisaufnahme entscheidet das Gericht nach seiner freien, aus dem Inbegriff der Verhandlung geschöpften Überzeugung."*

In diesem Sinn äußert sich auch von Schwarze: *„Das Urtheil [...] soll auf die in der Hauptverhandlung vorgebrachten [...] Beweise gestützt werden."*[84] Einen Rückgriff auf Ergebnisse des Ermittlungsverfahrens hat der Gesetzgeber nur ausnahmsweise zugelassen, zum Beispiel durch die Verlesung des Vernehmungsprotokolls nach § 251 StPO, da dies einen Eingriff in den Grundsatz der Mündlichkeit darstelle und *„Bedenken gegen die Zuverlässigkeit der Urtheilssprüche"*[85] erwecke. Der Gesetzgeber war der Auffassung, daß der Angeklagte und die Öffentlichkeit in dem Urteil nur dann *„eine genügende Gewähr für die Rechtssicherheit finden"*, wenn das Gericht *„ausschließlich aus den lebendigen Erkenntnisquellen der mündlichen Verhandlung"* seine Entscheidung schöpft.[86] Grundsätzlich sollte *„eine Aussage, welche von dem Zeugen in der Hauptverhandlung nicht reproducirt worden, nicht berücksichtigt"*[87] werden. Der Ausnahmekatalog des § 251 StPO wurde vom Gesetzgeber mit der Notwendigkeit dieser Ausnahmen begründet und bewußt relativ eng gehalten im Vergleich zu den vorher in den einzelnen Ländern geltenden Möglichkeiten.[88] Der Fall der Zeugnisverweigerung wurde nach kontroverser Diskussion nicht in § 251 StPO aufgenommen.[89] Auch bei den Reformüberlegungen 1905 wurde ein entsprechender Antrag abgelehnt, da an dem *„Grundsatz (des § 250 StPO, d.Verf.) [...]*

---

82 RGSt 8, 122, 123.

83 Auch dies ist ein Aspekt, auf den ich noch im Rahmen der anderen Probleme des § 252 StPO (Sachverständiger, Verzicht) wieder zurückkommen werde.

84 Von Schwarze, GS 33 (1881), 270, 286.

85 So die Motive des Entwurfes, nach Hahn, Materialien, Bd. 3.1., S. 194; zustimmend auch von Schwarze, GS 33 (1881), 270, 275.

86 So die Motive des Entwurfes, nach Hahn, Materialien, Bd. 3.1., S. 194.

87 Von Schwarze, GS 33 (1881), 270, 286.

88 Vgl. die Motive des Entwurfes, nach Hahn, Materialien, Bd. 3.1., S. 194 f.

89 Vgl. dazu die Ausführungen zur Entstehungsgeschichte des § 252 StPO im 1. Kapitel, S. 20 ff.

aber unbedingt festgehalten werden" müsse, „*wenn man den Schwerpunkt des Verfahrens in der Hauptverhandlung belassen wolle.*"[90] Bei Zeugnisverweigerung sollte also gerade kein Rückgriff auf das Vernehmungsergebnis des Ermittlungsverfahrens erlaubt sein. Diese Entscheidung umgeht der Bundesgerichtshof, indem er die Einvernahme des Ermittlungsrichters zuläßt und damit einen Rückgriff (wenn auch nicht durch Verlesung) auf eine Vernehmung im Ermittlungsverfahren erlaubt.

Durch diese Möglichkeit, den Ermittlungsrichter anstelle des Zeugen in der Hauptverhandlung zu vernehmen und auf diese Weise die frühere Aussage des Zeugen zum Gegenstand der Hauptverhandlung zu machen, wird die Hauptverhandlung aber zu einer „*Reproduktion des Vorverfahrens*"[91] und zu einer Art „*Schlußverhandlung.*"[92] Denn die entscheidende Aussage hat der Zeuge schon im Ermittlungsverfahren gemacht, dort hat sich alles abgespielt, in der Hauptverhandlung trägt der Ermittlungsrichter die frühere Aussage nur noch wie ein Berichterstatter vor, reproduziert sie. Das sollte nach dem Willen des Gesetzgebers nicht sein. Das Ermittlungsverfahren sollte lediglich der Vorbereitung der Hauptverhandlung dienen[93] und dementsprechend „*nur Handlungen zur vorläufigen Aufklärung*", nicht aber „*eigentliche Beweiserhebungen*"[94] enthalten. Diese endgültige Aufklärung sollte das Gericht in Gegenwart des Angeklagten, des Staatsanwaltes und der Öffentlichkeit vornehmen. Durch die Vernehmung des Ermittlungsrichters über die frühere Aussage des Zeugen wird die Vernehmung im Ermittlungsverfahren aber zur endgültigen Aufklärungshandlung. Denn in der Hauptverhandlung kann keine über die im Ermittlungsverfahren hinausgehende Aufklärung mehr erlangt werden – der Zeuge selbst steht aufgrund seiner Zeugnisverweigerung nicht dafür zur Verfügung. Das Ergebnis der Vernehmung, der Ermittlung aus dem Vorverfahren, wird damit ein endgültiges, das in der Hauptverhandlung nur noch vorgetragen wird. Das Gericht betreibt folglich keine eigene Aufklärung mehr – es schöpft seine Überzeugung nicht mehr frei aus der Hauptverhandlung. Seine Entscheidung kann nicht mehr anders ausfallen als das Ergebnis am Ende des Ermittlungsverfahrens.

---

90 Protokolle der Reformkommission, Bd. II, S. 215; vgl. auch Mehner, Vernehmung von Verhörspersonen, S. 199.

91 Muskat, Archiv für Strafrecht, Bd. 36 (1888), 281, 293.

92 So von Mittnacht bei den ersten Beratungen über den Entwurf der Strafprozeßordnung, nach Hahn, Materialien, Bd. 3.1., S. 501.

93 Vgl. dazu die Motive des Entwurfes, nach Hahn, Materialien, Bd. 3.1., S. 112 f, sowie die Ausführungen von Minister von Mittnacht bei den Beratungen über den Entwurf, nach Hahn, Materialien, Bd. 3.1., S. 501.

94 So die Motive des Entwurfes, nach Hahn, Materialien, Bd. 3.1., S. 112; vgl. auch Muskat, Archiv für Strafrecht, Bd. 36 (1888), 281, 293.

2. Zu den Auffassungen der Mindermeinung und des Reichsgerichtes

Der Auffassung der Mindermeinung, die die Einvernahme jeder Verhörsperson zulassen will[95], und der des Reichsgerichtes stimme ich auch nicht zu.

Im Ergebnis führt die Ansicht der Mindermeinung dazu, daß § 252 StPO wie zu Zeiten des Reichsgerichtes nur ein Verlesungsverbot enthält, da alle Verhörspersonen bei Zeugnisverweigerung vernommen werden dürfen. Diese weitergehende Relativierung und Auflösung des Beweisverwertungsverbotes des § 252 StPO ist aber abzulehnen. Gegen die Abwägung, die die Vertreter der Mindermeinung unter Berücksichtigung der Wahrheitsfindung und der effektiven Strafverfolgung im Rahmen des § 252 StPO vornehmen, sprechen die bereits oben gegen die Abwägung des Bundesgerichtshofes vorgebrachten Gründe.

§ 252 StPO läßt sich meines Erachtens unter Berücksichtigung der Entstehungsgeschichte, dem mit der Regelung verfolgten Sinn nur als ein umfassendes Beweisverwertungsverbot verstehen, von dem dann konsequenterweise auch keine Ausnahmen zulässig sind. Wahrheitsfindung ist meiner Meinung nach weder der Zweck des § 252 StPO noch der Zeugnisverweigerungsrechte.

Die Zeugnisverweigerungsrechte wurden dem angehörigen Zeugen aus verschiedenen Motiven gewährt. Es ist, wie Muskat[96] darlegt, ein Bündel von Motiven: die Schonung, die Rücksicht auf den Zeugen, der dem Beschuldigten verbunden ist, auf die Familie – und auch, was gerne zitiert wird, daß der Zeuge eher als Beweismittel ausfallen soll als eine Falschaussage zu machen.[97] Stehen die Zeugnisverweigerungsrechte damit doch im Dienst der Wahrheitsfindung? Viele Autoren[98] verneinen dies. Ich schließe mich ihnen an. Um das Verfahren vor falschen, die Wahrheitsfindung gefährdenden Aussagen zu schützen, bieten die Zeugnisverweigerungsrechte keine umfassende Gewähr. Dem Mißtrauen gegenüber dem angehörigen Zeugen entspräche eher der Ausschluß des Zeugen als Beweismittel. Denn durch die Gewährung des Zeugnisverweigerungsrechtes steht es im Ermessen des Zeugen, ob er aussagt oder nicht. Wer gewährleistet aber, daß eine Zeugenaussage allein deshalb weniger wahrheitsgefährdend ist, nur weil es dem Zeugen freisteht, ob er aussagt? Der Zeuge kann sich inneren Zwängen ausgesetzt sehen, für seinen Angehörigen falsch auszusagen. Die Gefahr für die Wahrheitsfindung wird allein durch die Zubilligung eines Zeugnisverweigerungsrechtes nicht völlig aufgehoben. Sie bleibt. Die empirischen Untersuchungen, auf

95 Vgl. dazu die Ausführungen im 1. Kapitel, S. 52 ff mwN.

96 Vgl. Muskat, Archiv für Strafrecht, Bd. 36 (1888), 281, 297.

97 Vgl. Motive des Entwurfes, nach Hahn, Materialien, Bd. 3.1., S. 107.

98 Vgl. zum Sinn der Zeugnisverweigerungsrechte die Ausführungen im 1. Kapitel, S. 24 ff.

die Rengier[99] verweist, überzeugen mich in diesem Punkt auch nicht. Für mich bleibt die entscheidende Frage offen: Wie will der Untersuchende tatsächlich feststellen, ob allein aufgrund der Möglichkeit, vom Zeugnisverweigerungsrecht Gebrauch machen zu können, der Zeuge wahrheitsgemäß aussagt, wenn er aussagt. Das setzt doch voraus, daß der Untersuchende die Wahrheit, den tatsächlichen Sachverhalt kennt. Das ist im Regelfall gerade nicht der Fall, denn die Wahrheit soll im Strafverfahren ja erst herausgefunden, rekonstruiert werden.

Letztendlich bleibt festzustellen, daß die Zeugnisverweigerungsrechte die Wahrheitsfindung im Strafprozeß behindern[100], da der Zeuge als Beweismittel ausfällt, wenn er vom Zeugnisverweigerungsrecht Gebrauch macht. Wenn er der einzige Zeuge ist oder gar das einzige Beweismittel, kann er die Aufklärung des wahren Sachverhaltes nicht nur erschweren, sondern unmöglich machen. Gegebenenfalls kann das auch eine erfolgreiche Verteidigung des Angeklagten verhindern und zu einem ungerechtfertigten Schuldspruch führen.[101] So wie eine falsche Aussage des Zeugen zur Folge haben kann, daß der wahre Sachverhalt nicht aufgeklärt wird, kann der Ausfall des Beweismittels Zeuge auch dazu führen. Worin liegt also durch die Gewährung der Zeugnisverweigerungsrechte der Gewinn für die Wahrheitsfindung?

Für mich ist der Zweck der Zeugnisverweigerungsrechte daher eher in der Rücksicht des Gesetzgebers auf den Zeugen, auf sein Geheimhaltungsinteresse, auf den Konflikt zwischen wahrheitsgemäßer Aussage und den Interessen, die der Zeuge mit Blick auf den Beschuldigten hat, zu sehen. Der Gesetzgeber sieht dieses Problem und bietet dem Zeugen eine andere Lösung an. Er kann ohne Angabe von Gründen vom Zeugnisverweigerungsrecht Gebrauch machen und schweigen, statt sich aufgrund innerer Zwänge in eine Falschaussage mit strafrechtlichen Konsequenzen flüchten zu müssen. Er soll nicht gezwungen werden, gegen seinen Angehörigen aussagen, ihn belasten zu müssen. Er kann sich dem entziehen. Denn er steht dem Beschuldigten nun einmal nicht neutral gegenüber, sondern ist mit ihm durch familiäre Bande verbunden und erlebt gelegentlich auch aus nächster Nähe mit, wie sich die Verhaftung und Verurteilung des Angehörigen auf die Familie auswirkt.

---

99 Vgl. Rengier, Zeugnisverweigerungsrechte, S. 61 ff.

100 Vgl. BGHSt 30, 193, 197.

101 Dieses Problem der Zeugnisverweigerungsrechte sieht auch das Bundesverfassungsgericht, BVerfGE 77, 65, 76: „*Gegenstände, auf die sich Zeugnisverweigerungsrechte [...] beziehen, sind grundsätzlich nicht nur der Anklage, sondern auch der Verteidigung entzogen. Diese Rechte beschränken die Möglichkeiten des von Strafe bedrohten Bürgers, den gegen ihn bestehenden Verdacht in einem rechtsstaatlichen Strafverfahren auszuräumen.*“

Diesen Schutz für den Zeugen verlängert § 252 StPO in die Hauptverhandlung hinein; auch hier hat der Zeuge die Möglichkeit, von seinem Zeugnisverweigerungsrecht Gebrauch zu machen.[102] Soll die Ausübung des Zeugnisverweigerungsrechtes in der Hauptverhandlung nach einer Aussage im Ermittlungsverfahren diesen Schutz gewährleisten und sinnvoll sein, dann muß die Ausübung des Zeugnisverweigerungsrechtes in der Hauptverhandlung zur Folge haben, daß die frühere Aussage des Zeugen als Beweis entfällt – also genauso wirken wie eine Zeugnisverweigerung von Beginn an. Daß die Folgen bei einer erstmaligen Zeugnisverweigerung in der Hauptverhandlung andere, geringere sein sollen als bei einer Zeugnisverweigerung von Anfang an, läßt sich für mich aus § 252 StPO nicht entnehmen.

Das Gesetz billigt dem Zeugen über § 252 StPO noch in der Hauptverhandlung zu, vom Zeugnisverweigerungsrecht Gebrauch zu machen, auch wenn er es zuvor im Ermittlungsverfahren nicht ausgeübt und eine Aussage gemacht hat. Es gibt ihm damit die Möglichkeit, seinen Willen noch in der Hauptverhandlung zu ändern, und will ihm auch nach einer früheren Aussage noch den Schutz des Zeugnisverweigerungsrechtes zukommen lassen. Dann muß § 252 StPO aber ein umfassendes Beweisverwertungsverbot enthalten, sonst läßt sich ein solcher Schutz nicht verwirklichen. Die Vernehmung der Verhörsperson ist schlicht eine Umgehung des § 252 StPO, durch die das Zeugnisverweigerungsrecht in der Hauptverhandlung illusorisch wird, wie schon im 19. Jahrhundert Muskat und von Schwarze feststellten.[103] Muskat[104] rief daher die Gerichte auf, das Zeugnisverweigerungsrecht des Zeugen zu respektieren, denn der Zeuge habe keine Möglichkeit, sich gegen diese Aushöhlung seines Rechtes zu schützen.

Auch wenn die frühere Aussage des Zeugen in den Akten zu finden ist, ist dies, anders als es das Reichsgericht[105] annimmt, keine Rechtfertigung für eine Verwertung in der Hauptverhandlung – es ist vielmehr der Grundsatz der Mündlichkeit zu beachten: Zur Urteilsfindung darf demnach nur das herangezogen werden, was in der Hauptverhandlung mündlich vorgebracht wird.

Daß § 252 StPO vom Wortlaut her nur die Verlesung verbietet, hat seinen Grund schlicht in seiner Stellung bei den §§ 250 ff StPO. Diese Vorschriften regeln den Grundsatz der Unmittelbarkeit, der Mündlichkeit und Ausnahmen davon. Als Ausnahme kam für den damaligen Gesetzgeber die Verlesung in Be-

---

102 Vgl. dazu auch die Ausführungen im 1. Kapitel, S. 31 ff.

103 Siehe Muskat, Archiv für Strafrecht, Bd. 36 (1888), 281, 298; von Schwarze, GS 33 (1881), 270, 288.

104 Vgl. Muskat, Archiv für Strafrecht, Bd. 36 (1888), 281, 298.

105 So RGSt 5, 142, 144; vgl. auch die Ausführungen im 1. Kapitel, S. 16, dort auch Fußnote 18.

tracht. Mit § 252 StPO stellte er klar, daß im Fall der Zeugnisverweigerung keine solche Ausnahme von den Grundsätzen gemacht werden sollte. Im Zusammenhang mit den §§ 250 ff StPO hat er daher die Verlesung als das Mittel, das diese Grundsätze durchbricht, verboten.[106]

3. Lösungen

Diese Auslegung des § 252 StPO als umfassendes Beweisverwertungsverbot hat, darüber bin ich mir im klaren, Beweisausfälle zur Folge und führt in der Konsequenz zu gegebenenfalls ungerechtfertigten Urteilssprüchen.

Aber, und da stimme ich Löwe[107] zu: Die Verantwortung dafür trifft den Gesetzgeber! Wenn er diese Konsequenz nicht hinnehmen will, muß er § 252 StPO ändern, das Spannungsverhältnis zwischen Zeugnisverweigerungsrecht und Wahrheitsfindung anders lösen. Dieses Spannungsverhältnis läßt sich meines Erachtens allerdings nicht zur beiderseitigen Zufriedenheit auflösen – entweder gibt man dem Schutz des Zeugen Vorrang (wie in § 252 StPO) oder aber der Wahrheitsfindung. Beachtet werden sollte dabei, daß die Wahrheitsfindung zwar Ziel des Strafverfahrens ist, es aber keinen Grundsatz gibt, daß sie um jeden Preis zu gewinnen ist.[108] Gerade Beweisverbote bringen den Gedanken zum Ausdruck, *„daß das strafprozessuale Klärungsinteresse, so wichtig es ist, doch u. U. durch Gegeninteressen überwogen wird.“*[109] Die Entscheidung über eine Lösung kommt aber auf jeden Fall dem Gesetzgeber zu, nicht den Gerichten. Sie sind vielmehr nach Art. 20 III GG „an Gesetz und Recht gebunden“ – sie dürfen sich *„auch durch Auslegung nicht über den objektivierten Willen des Gesetzgebers hinwegsetzen.“*[110]

Änderungen an § 252 StPO könnte man dergestalt vornehmen, daß für bestimmte Delikte (vgl. § 255a II StPO) die Ausnahmeregelung des Bundesgerichtshofes ausdrücklich in das Gesetz aufgenommen wird. Um die Rechte des Beschuldigten zu wahren, sollte dieser oder sein Strafverteidiger bei der richterlichen Vernehmung des Zeugen im Ermittlungsverfahren dann allerdings ein Anwesenheits- und Fragerecht erhalten, da er sonst keine Möglichkeit hat, Wider-

---

106 Vgl. auch von Schwarze, GS 33 (1881), 270, 289.

107 Löwe, § 251 Anm. 3, stellt das schon 1894 fest.

108 Vgl. statt vieler BGHSt 31, 304, 309; 14, 358, 365: *„Es ist […] kein Grundsatz der Strafprozeßordnung, daß die Wahrheit um jeden Preis erforscht werden müßte (§§ 245, 52 ff, 252, 81a ff, 95 ff, 69 Abs. 3 StPO).“*

109 Beling, Reichsstrafprozeßrecht, S. 289.

110 Mehner, Vernehmung von Verhörspersonen, S. 204.

sprüche in der Aussage des Zeugen aufzuklären.[111] Auch die Belehrung des Zeugen sollte dann im Ermittlungsverfahren erweitert werden: Um dem Zeugen tatsächlich eine freie Entscheidung im Bewußtsein der vollen Tragweite seines Tuns zu ermöglichen, muß ihm gesagt werden, daß seine Aussage in der Hauptverhandlung verwertbar bleibt, wenn er jetzt aussagt. Die Aufnahme einer solchen qualifizierten Belehrung in das Gesetz bei § 52 StPO halte ich für erforderlich, damit der Zeuge weiß, was auf ihn zukommt. Das Problem bei dieser Lösung bliebe nach wie vor, daß die eigentliche Beweisaufnahme schon im Ermittlungsverfahren stattfindet und nicht in der Hauptverhandlung, die entgegen dem Willen des Gesetzes damit Gefahr läuft, zu einer *„Schlußverhandlung degradirt"*[112] zu werden.

Angesichts der Schwierigkeiten bzgl. des Beweises vom Hörensagen könnte man auch erwägen, dem Zeugen, der im Ermittlungsverfahren ausgesagt hat, in der Hauptverhandlung kein Zeugnisverweigerungsrecht mehr zuzugestehen. Hat er einmal im Laufe des Verfahrens ausgesagt, muß er auch in der Hauptverhandlung wie jeder andere Zeuge aussagen. Auch in diesem Fall hielte ich aber im Ermittlungsverfahren eine qualifizierte Belehrung für zwingend geboten.

Eine weitere Lösungsmöglichkeit findet sich bei Kohlhaas[113], der anregt, im Bereich der Familiendelikte eine Regelung aus dem Jugendstrafrecht zu übernehmen, § 27 JGG, um so die Folgen eines Strafprozesses zu mildern. Danach wird vom Gericht zunächst nur die Schuld festgestellt, die Verhängung der Strafe erfolgt aber erst bei einer Wiederholungstat. Kohlhaas hofft, daß der Zeuge von seinem Zeugnisverweigerungsrecht keinen Gebrauch macht und aussagt, weil er keine schwerwiegenden Folgen eines Urteils für seinen Angehörigen zu befürchten hat. Es ist zweifelhaft, ob diese Regelung tatsächlich ausreichen würde, um den Zeugen zum Reden zu bringen und um zu verhindern, daß Familiendelikte völlig verschwiegen werden.

II. Zur Verwertbarkeit von Befund- und Zusatztatsachen

Der Sachverständige darf bei Ausübung des Zeugnisverweigerungsrechtes durch den angehörigen Zeugen in der Hauptverhandlung weder die Befund- noch die Zusatztatsachen vortragen.

---

111 Vgl. auch Schünemann, StV 1998, 391, 398.

112 So von Mittnacht bei den ersten Beratungen über den Entwurf der Strafprozeßordnung, nach Hahn, Materialien, Bd. 3.1., S. 501.

113 Vgl. Kohlhaas, NJW 1967, 958, 961.

Zunächst eine kurze Begründung der folgenden Ausführungen zu dieser These: Bevor ich mich damit auseinandersetze, ob von einer Aussage iSd § 252 StPO auch die vom Sachverständigen festgestellten Befund- und/oder Zusatztatsachen erfaßt sind, beschäftige ich mich zunächst damit, wie diese Tatsachen überhaupt gewonnen werden – eine Frage, die zu meinem Bedauern im Rahmen des § 252 StPO üblicherweise nicht diskutiert wird. Um jedoch die Sachverständigenuntersuchung ggfs. einer Vernehmung gleichsetzen, Befund- und Zusatztatsachen unter § 252 StPO subsumieren zu können, muß man sich in einem ersten Schritt Gedanken darüber machen, wie eine solche Untersuchung abläuft, ob sie beispielsweise mit denselben rechtsstaatlichen Garantien versehen ist wie eine Vernehmung oder ob ihr Bedenken entgegenstehen, die bereits eine Verwertung der gewonnenen Tatsachen ausschließen. In einem zweiten Schritt setze ich mich mit der Frage auseinander, ob eine Verwertbarkeit auch aus Gesichtspunkten des § 252 StPO aussscheidet.

1. Zum Verfahren bei einer Glaubwürdigkeitsuntersuchung

Bei einer Glaubwürdigkeitsuntersuchung des Zeugen wendet der Sachverständige als Untersuchungsmethoden Explorationsgespräche, testpsychologische Untersuchungen und Verhaltensbeobachtungen an.[114] Diesen Methoden stehen meiner Ansicht nach erhebliche Bedenken gegenüber.

a. Objektivität und Validität

Als zentrale Gütekriterien einer Untersuchungsmethode gelten Objektivität[115], Reliabilität[116] und Validität[117]. Sind diese Kriterien bei einem angewandten Test-

---

114 Vgl. Eisenberg, Beweisrecht, Rn. 1890; Fisseni, Psychologie Praxis, Diagnostik, S. 19, 21 ff zu den verschiedenen Verfahrensklassen (Verhaltensbeobachtung, explorative Techniken, projektive Verfahren, Leistungs- und Persönlichkeitstests) und ihren Grenzen. Auf die Probleme und Grenzen der Leistungs- und Persönlichkeitstests sowie der Verhaltensbeobachtung werde ich im folgenden nicht näher eingehen.

115 Die Objektivität gibt an, *„wie weit in einem Test menschliches Verhalten eindeutig quantifiziert wird"*, vgl. Fisseni, Psychologie Praxis, Diagnostik, S. 19, 32. Objektivität bezeichnet also den Grad der Unabhängigkeit der Interpretation des Testergebnisses von der Person des Sachverständigen.

116 Die Reliabilität gibt an, *„wie weit ein Testwert frei ist von Meßfehlern"*, vgl. Fisseni, Psychologie Praxis, Diagnostik, S. 19, 33.

117 Die Validität beantwortet *„die Frage, wie weit sich das Verhalten **in** einer Testsituation generalisieren läßt auf das Verhalten **außerhalb** der Testsituation, wie ge-*

verfahren nicht erfüllt und somit Regeln zur Feststellung der Glaubwürdigkeit angewandt worden, die nicht empirisch überprüfbar sind, gefährdet dies die Wahrheitsfindung im Strafprozeß.[118]

Sowohl das Explorationsgespräch zwischen dem Zeugen und dem Sachverständigen als auch vor allem die projektiven Testverfahren sind jedoch in hohem Maße einer subjektiven Auswertung unterworfen, und ihre Ergebnisse sind keineswegs valide.

Beim Explorationsgespräch wird eine halbstandardisierte oder nichtstandardisierte Methode angewandt[119], d. h. jedes Gespräch verläuft mit einem anderen Sachverständigen anders und ist damit von der Person des Sachverständigen abhängig, also kein objektives Verfahren. Eine Vergleichbarkeit entfällt dadurch.[120] Außerdem lenken Voreinstellungen beim Sachverständigen die Aussagerichtung[121], z. B. wenn der Sachverständige durch die vollständige Akteneinsicht mit einem bestimmten Vorurteil belastet ist.[122] Schließlich besteht die Gefahr, daß das Gespräch nur *„selektiv registriert und selektiv ausgewertet"*[123] wird. Damit entzieht sich das Gespräch zwischen dem Sachverständigen und dem Zeugen aber weitgehend einer Überprüfung durch die empirischen Gütekriterien.[124]

Auch die Auswertung projektiver Tests ist nicht unproblematisch.

Projektive Tests *„sind Methoden, die versuchen, Anteile im Erleben und Verhalten zu erfassen, über die ein Pb nicht sprechen will oder nicht sprechen kann."*[125] In ihnen soll sich *„die Innerlichkeit des Probanden, namentlich dessen Phantasie- und Impulsleben, ungewollt in den Akten der Deutung, Wahl und Gestaltung auf das Testmaterial"*[126] abbilden und dadurch nach außen verlegt und

nau ein Testwert also ein Testmerkmal vorhersagt", vgl. Fisseni, Psychologie Praxis, Diagnostik, S. 19, 33.

118 Vgl. Eisenberg, Beweisrecht, Rn. 1888, der auf die Gefahr hinweist, daß ein falsches Gutachten des Sachverständigen mit großer Wahrscheinlichkeit unentdeckt bleibt.

119 Vgl. Fisseni, Psychologie Praxis, Diagnostik, S. 19, 24; Eisenberg, Beweisrecht, Rn. 1891.

120 So Fisseni, Psychologie Praxis, Diagnostik, S. 19, 24 zu den Grenzen explorativer Techniken.

121 Vgl. Fisseni, Psychologie Praxis, Diagnostik, S. 19, 25.

122 Vgl. Krauß, ZStW 85 (1973), 320, 332.

123 Fisseni, Psychologie Praxis, Diagnostik, S. 19, 25.

124 So das Fazit Eisenbergs, Beweisrecht, Rn. 1891.

125 Fisseni, Psychologie Praxis, Diagnostik, S. 19, 25. Projektive Tests werden in verschiedenen Bereichen angewandt: Sie sollen Hinweise zu biographischen Daten des Probanden, seinen kognitiven Fähigkeiten, seiner Intelligenz, anderen Fähig- und Fertigkeiten, seinen sozialen Beziehungen sowie zu seinen Hobbys und Interessen geben, vgl. die Übersicht bei Fisseni, Psychologie Praxis, Diagnostik, S. 19, 30.

126 Hofstätter, Psychologie, S. 290.

objektiviert werden.[127] Diese plausible Hypothese läßt sich nach Hofstätter jedoch nur schwer in exakter Weise bestätigen, *„da dazu eine vom Testverhalten unabhängige Kenntnis der Innerlichkeit des Probanden erforderlich wäre."*[128]

Darüber hinaus ist auch eine Interpretationsobjektivität, also eine Unabhängigkeit der Interpretation des Testergebnisses von der Person des Sachverständigen, nicht gegeben.[129]

Projektive Tests setzen interpretatorische Schritte voraus, da *„die Reaktionen des Zeugen auf die Tests nicht (völlig) vorhersehbar sind"*[130]; ihre Auswertung erfordert also eine Deutung der Antworten des Probanden, wobei das Ergebnis nicht zwingend vorgegeben ist: *„Die Antworten bilden nicht direkt das Erleben des Pb ab; denn nicht eindeutig geklärt ist die Relation zwischen der Antwort des Pb und dem ‚Merkmal', das die Antwort anzeigen soll."*[131] Die Interpretation projektiver Tests ist daher in einem sehr hohen Maße vom Einfühlungsvermögen des jeweiligen Sachverständigen abhängig.[132] Als Beispiel eines projektiven Tests sei der Rorschach-Test genannt, der zu den sog. Formdeutungsverfahren gehört.[133] Für die Erstellung des Glaubwürdigkeitsgutachtens wird der Zeuge aufgefordert, unstrukturiertes Reizmaterial zu betrachten und zu berichten, was er wahrnimmt. Beim Rorschach-Test (ink-blot-test) werden dem Probanden 10 teils bunte, teils unbunte symmetrische Kleckstafeln vorgelegt, die der Proband frei deuten soll (Phantasiedeutung). Dem Konzept nach werden die Reaktionen des Probanden *„in hohem Maße durch die Personenvariablen (Emotionen, Erfahrungen, persönliche Motive usw.) bestimmt, er ‚projiziert' diese Anteile [...] in das unstrukturierte Material."*[134] Die Antworten des Probanden werden dann nach einem Schlüssel signiert, also jede Antwort wird einem (Verhaltens-/ Wesens-) Merkmal zugeordnet. Die Determiniertheit der Signa läßt dem auswertenden Sachverständigen jedoch gewisse Freiheiten[135] und damit Raum für eigene subjektive Deutungen. Die Testauswertung ist folglich keineswegs objektiv[136], sondern von der jeweiligen Person des Sachverständigen abhängig. Subjektive

127 Vgl. Hofstätter, Psychologie, S. 290.
128 Hofstätter, Psychologie, S. 290 f.
129 Vgl. dazu die Definition des Gütekriteriums Objektivität auf S. 150 in Fußnote 115.
130 Eisenberg, Beweisrecht, Rn. 1619g; vgl. auch Rn. 1619b, dort Fußnote 81, sowie Rn. 1865.
131 Fisseni, Psychologie Praxis, Diagnostik, S. 19, 26.
132 Vgl. Hofstätter, Psychologie, S. 291.
133 Vgl. Fisseni, Psychologie Praxis, Diagnostik, S. 19, 25; Eisenberg, Beweisrecht, Rn. 1619g: Persönlichkeits-Entfaltungsverfahren.
134 Eisenberg, Beweisrecht, Rn. 1619g.
135 Vgl. Drever, Wörterbuch zur Psychologie, S. 229.
136 So auch Eisenberg, Beweisrecht, Rn. 1619g; Rode/Legnaro, StV 1995, 496, 496, 499.

Einflüsse des Diagnostikers wie seine Lerngeschichte, seine eigene Voreingenommenheit, die durch die unterschiedlichen wissenschaftlichen Modelle und Konventionen bedingt ist, fließen in die Auswertung der Tests mit ein.[137] So kann der Sachverständige je nach seiner wissenschaftstheoretischen Orientierung den erhobenen Daten zur Persönlichkeit, zu den Interessen, kognitiven Fähigkeiten etc. des Probanden ein unterschiedliches Gewicht zuweisen.[138] Die Auswertung ist damit unsicherheitsbehaftet.[139] Psychologen fordern daher zur Stabilisierung der Interpretationsobjektivität eine Vereinheitlichung der Interpretationen der Testergebnisse sowie eine Vereinheitlichung der daraus abzuleitenden diagnostischen Urteile.[140] Einige schlagen dafür eine sog. kommunikative Validierung vor; d. h. die Testergebnisse sollen unterschiedlichen Psychologen zur Interpretation vorgelegt und die Deutungen diskutiert werden.[141]

Die Tests unterliegen jedoch nicht nur bei der Bewertung einzelner diagnostischer Methoden möglichen Fehlern des Sachverständigen. Es sind auch Fehler bei der Anwendung der diagnostischen Methoden sowie bei der Verknüpfung von Einzelinformationen in der diagnostischen Beurteilung (mit der Folge einer Fehldiagnose) denkbar.[142]

Die Interpretationsobjektivität hängt jedoch nicht allein mit Fehlern zusammen, die der Sachverständige bei der Auswertung machen kann. Vielmehr ist es grundsätzlich unmöglich, zu einem objektiven Urteil bei der Auswertung zu gelangen, da der Verstehensprozeß an sich subjektiv ist.[143] Nach Gadamer ist die Welt des Menschen als sinn- und bedeutungsstrukturierte Wirklichkeit zu begreifen. Um sie zu verstehen, entwirft der Interpret eine *„Antizipation von Sinn"*[144], die unser Verständnis leitet. Dieser Prozeß wird durch das jeweilige Vorverständnis bestimmt.[145] Dies ist individuell geprägt durch die Lebens- und Leseerfahrungen, die eigenen Werte, Überzeugungen, die Sach- und Methodenkompe-

137 Vgl. Fisseni, Psychologie Praxis, Diagnostik, S. 19, 29; Eisenberg, Beweisrecht, Rn. 1616; Rode/Legnaro, StV 1995, 496, 496, 499.

138 Vgl. Fisseni, Psychologie Praxis, Diagnostik, S. 19, 29 f.

139 So auch Eisenberg, Beweisrecht, Rn. 1619g. Angesichts der Uneinigkeit über wichtige Fachfragen bestehen für den Richter schon bei der Auswahl des Sachverständigen nicht unerhebliche Probleme, vgl. Dippel, Stellung des Sachverständigen, S. 38.

140 Vgl. Kempf, Psychologie Einführung, Testtheorie, S. 559, 570.

141 Vgl. Appelsmeyer, Psychologie Einführung, Qualitative Methoden, S. 709, 734.

142 Vgl. Eisenberg, Beweisrecht, Rn. 1613.

143 Vgl. Gadamer, Wahrheit und Methode, S. 290 ff.

144 Gadamer, Wahrheit und Methode, S. 277.

145 Vgl. Gadamer, Wahrheit und Methode, S. 277; Fisseni, Psychologie Praxis, Diagnostik, S. 19, 29 f; siehe auch Kriele, Text und Applikation, S. 409, 409 f; andeutungsweise auch Eisenberg, Beweisrecht, Rn. 1468.

tenz, die Sozialkompetenz, durch Vorurteile, Vorannahmen, Erwartungen etc. Es ist daher eine Illusion, vom Sachverständigen als einem objektiven Beurteiler bei der Glaubwürdigkeitsuntersuchung des Zeugen auszugehen.[146] Die Umsetzung des Vorschlags von Fisseni, alle Sachverständigen gleich zu schulen[147], wäre zwar wünschenswert, greift aber zu kurz. Die Schulung der Sach- und Methodenkompetenz reicht (allein) nicht aus, um eine auch nur annähernd objektive Deutung der Tests zu erreichen.

Das Gericht muß sich daher bei der Erstattung des Gutachtens in der Hauptverhandlung bewußt sein, daß das Gutachten nicht lediglich das dem Richter fehlende Fachwissen vermittelt, sondern subjektive Deutungen bezogen auf die Glaubwürdigkeit des Zeugen enthält – erstens Deutungen des Zeugen selbst, der die ihm vorgelegten Bilder etc. ausgedeutet hat, und zweitens des Sachverständigen, der diese Deutungen ausgewertet und damit für seine Schlußfolgerungen abermals interpretiert hat. Die Ergebnisse der Begutachtung dürfen also nicht *„für objektive Fakten mit diagnostischen Wahrheiten“*[148] gehalten werden: Gutachterliche Schlußfolgerungen sind *„keine ‚objektiven‘ Aussagen, wenngleich sie als solche ausgegeben werden.“*[149]

Auch die Analyse des Aussageinhaltes durch den Sachverständigen ist nicht so unbedenklich, wie es der Bundesgerichtshof offensichtlich[150] annimmt.

Die Aussage des Zeugen wird im Hinblick auf das Vorhandensein sog. Realkennzeichen untersucht. In diesen Kennzeichen sollen sich Berichte über wirklich erlebte von jenen über erfundene Erlebnisse unterscheiden.[151] Während der Bundesgerichtshof die Realkennzeichen als *„grundsätzlich empirisch überprüft“*[152] ansieht, gestehen selbst Psychologen wie Lösel und Bender ein, daß *„sie sich nur teilweise als trennscharf erwiesen“*[153] hätten, manche auch nur selten vorkämen. Da menschliche Fähigkeiten *„gemäß Disposition und Sozialisation“* bei den Zeugen unterschiedlich verteilt sind[154], kann z. B. Detailreichtum einer Aussage

---

146 So Eisenberg, Beweisrecht, Rn. 1468.

147 Vgl. Fisseni, Psychologie Praxis, Diagnostik, S. 19, 26.

148 Rode/Legnaro, StV 1995, 496, 496.

149 Rode/Legnaro, StV 1995, 496, 499. Scholz/Endres, NStZ 1995, 6, 12, verlangen daher, daß im Gutachten zwischen den Ergebnissen der Untersuchungen und deren Interpretation differenziert werden müsse.

150 Vgl. BGHSt 45, 164, 170 ff.

151 Vgl. Lösel/Bender, Psychologie Praxis, Rechtspsychologie, S. 581, 596 mit einer Liste dieser Realkennzeichen. Für den Bundesgerichtshof ist diese Annahme empirisch abgesichert, vgl. BGHSt 45, 164, 170.

152 BGHSt 45, 164, 171.

153 Lösel/Bender, Psychologie Praxis, Rechtspsychologie, S. 581, 597.

154 So Eisenberg, Beweisrecht, Rn. 1427; ähnlich auch Müller, JZ 2000, 267, 268.

für ein wirklich erlebtes Ereignis sprechen, muß es aber nicht. Für jedes Realkennzeichen läßt sich ein Gegenbeispiel finden. Klarheit, Kürze einer Zeugenaussage und des auch beobachteten Aussageverhaltens sind daher ambivalente Merkmale.[155] Bestimmte Verhaltensweisen hängen eben *„nicht (nur) vom Wahrheitsgehalt der Aussage ab, sondern von Persönlichkeits- und Situationsvariablen."*[156] Auch wenn für die abschließende Diagnose des Sachverständigen das Gesamtbild der Realkennzeichen entscheidend ist[157], bleibt dabei problematisch, daß *„kein eindeutiger Algorithmus"*[158] für die Gewichtung und Integration der einzelnen Realkennzeichen besteht. Derartige *„Richtlinien für ein regelgeleitetes Entscheidungsverhalten"* des Sachverständigen existieren nicht.[159] Überdies ist die Frage ungeklärt, wie (neben den Realkennzeichen) die übrigen Faktoren, die für den Beurteilungsprozeß von Bedeutung sind (also Aussageverhalten, Aussagemotivation, Persönlichkeit), zu integrieren sind[160] und was wie zu gewichten ist.

Anders als der Bundesgerichtshof hält Eisenberg die Realkennzeichen nicht für empirisch überprüft[161], und auch Lösel und Bender verweisen auf das grundsätzliche Dilema der Validierung: *„Wenn man Realkennzeichen empirisch überprüfen will, muß man den jeweiligen Sachverhalt genau kennen."*[162]

Man braucht also ein *„objektives Außenkriterium"*[163], was jedoch bei echten Zeugenaussagen gerade nicht der Fall ist.[164] Eine empirische Überprüfung bei echten Zeugenaussagen ist daher unmöglich. Die Forschung greift aus diesem Grund auf Experimente zurück.[165] Deren Ergebnisse *„können jedoch nicht pauschal generalisiert werden, sondern es sind die Realitätsnähe des Fallmaterials, der Befragungstechnik, der Involviertheit der Versuchsperson und andere Ge-*

---

155 Vgl. Eisenberg, Beweisrecht, Rn. 1452a, 1462.
156 Eisenberg, Beweisrecht, Rn. 1462.
157 Vgl. Lösel/Bender, Psychologie Praxis, Rechtspsychologie, S. 581, 597; BGHSt 45, 164, 171.
158 Lösel/Bender, Psychologie Praxis, Rechtspsychologie, S. 581, 597.
159 Vgl. Eisenberg, Beweisrecht, Rn. 1463.
160 Vgl. Eisenberg, Beweisrecht, Rn. 1469.
161 So Eisenberg, Beweisrecht, Rn. 1435. Auch Müller, JZ 2000, 267, 267 hält die Auffassung des Bundesgerichtshofes für eine *„noch zu optimistische Einschätzung"*.
162 Lösel/Bender, Psychologie Praxis, Rechtspsychologie, S. 581, 598.
Hinsichtlich des Polygraphen stellt auch der Bundesgerichtshof, BGHSt 44, 308, 325, fest, daß es kaum Kriterien zur Überprüfung der Richtigkeit dieses Tests gibt, *„da das an sich maßgebliche Kriterium der ‚tatsächlichen Wahrheit' nicht bekannt ist."*
163 So Eisenberg, Beweisrecht, Rn. 1429.
164 Lösel/Bender, Psychologie Praxis, Rechtspsychologie, S. 581, 598.
165 Vgl. Lösel/Bender, Psychologie Praxis, Rechtspsychologie, S. 581, 598.

sichtspunkte zu beachten.“[166] So valide, wie vom Bundesgerichtshof festgestellt, sind die Realkennzeichen und damit die Ergebnisse der Aussageanalyse folglich nicht.

Das Ergebnis, das der Sachverständige durch seine Analysen des Aussageinhaltes, der Motivation (Entstehungs- und Entwicklungsgeschichte der Aussage), der Persönlichkeit des Zeugen gewinnt, ist also kein objektives, sondern es enthält subjektive Wertungen des Sachverständigen und ist mit Unsicherheitsfaktoren, die den Tests innewohnen, behaftet. Ob der Sachverständige mit seiner Beurteilung der Glaubwürdigkeit des Zeugen im Ergebnis richtig liegt (Trefferquote), läßt sich mangels verläßlicher Befunde nicht sagen.[167]

Als weiterer Unsicherheitsfaktor kommt schließlich noch hinzu, daß die Auswahl der anzuwendenden Tests in das Ermessen des Sachverständigen gestellt wird, wobei verlangt wird, daß der Sachverständige sich nur solcher methodischen Mittel bedient, die dem *„wissenschaftlichen Kenntnisstand gerecht werden.“*[168] Wie aber soll der Richter, der ja gerade in diesem Gebiet über keine Sachkunde verfügt, feststellen, ob und in welchem Umfang die vom Sachverständigen angewandten diagnostischen Mittel wissenschaftlich abgesichert sind oder ob sie mangels empirischer Überprüfbarkeit die Wahrheitsfindung potentiell gefährden?[169]

Man muß folglich, wie mehrfach erwähnt, diese Methoden bei Exploration und projektiven Tests als fragwürdig ansehen. Die so gewonnenen Tatsachen sind meines Erachtens als Grundlage für ein Glaubwürdigkeitsgutachen eines kindlichen Zeugen nicht verwertbar; der Sachverständige darf darüber in der Hauptverhandlung nicht gehört werden.

b. Menschenwürde und Objekt des Verfahrens

Bedenken gegen Exploration und Testverfahren ergeben sich auch aus rechtlichen Gesichtspunkten, vor allem in Anbetracht der Zielsetzung der Fragen und Tests.

---

166 Vgl. Lösel/Bender, Psychologie Praxis, Rechtspsychologie, S. 581, 598. Siehe zu diesem Problem auch Müller, JZ 2000, 267, 267 f.

167 Vgl. Eisenberg, Beweisrecht, Rn. 1860; Müller, JZ 2000, 267, 267; Fischer, NStZ 1994, 1, 4, der darauf hinweist, daß *„die Anzahl der erfolgreichen Täuschungen der Natur der Sache nach unbekannt bleiben muß.“*

168 BGHSt 45, 164, 169.

169 Ausführlich zu dieser potentiellen Gefährdung der Wahrheitsfindung, vgl. Eisenberg, Beweisrecht, Rn. 1887, 1888.

Diese Fragen und Tests sollen dem Sachverständigen dazu dienen, „*das menschliche Verhalten in allen Facetten zu erfassen.*“[170] Dabei sollen auch unbewußte Prozesse ermittelt werden, was besonders durch die projektiven Testverfahren geschieht. Diese versuchen, „*Anteile im Erleben und Verhalten zu erfassen, über die ein Pb nicht sprechen will oder nicht sprechen kann.*“[171] Die Untersuchungsmethoden zielen also auf eine „*völlige Durchleuchtung*“, eine „*totale Ausforschung*“[172] des Zeugen ab; sein komplettes Lebens- und Charakterbild wird bloßgestellt.[173]

Der Sachverständige beschränkt sich bei seinen Untersuchungen nicht darauf, nur Fähigkeiten und Charakterzüge des Zeugen zu erforschen, sondern legt auch dessen Gefühle, emotionale Reaktionen, innere Konflikte bloß.[174] Die projektiven Tests dienen ihm ja gerade dazu, diese Innerlichkeit des Zeugen nach außen zu verlegen[175], sie sichtbar zu machen. Damit aber dringt der Sachverständige „*rücksichtslos*“ in die Intimsphäre des Zeugen ein.[176] Er beläßt dem Zeugen nicht den „*lebensnotwendige(n) und unverzichtbare(n) seelische(n) Eigenraum*“[177], der zur „*Erhaltung und Entwicklung der Persönlichkeit gehört*“ und „*der auch im Strafverfahren unantastbar bleiben muß.*“[178] Ein solcher „*unantastbare(r) Bereich*“[179] wird jedem Menschen vom Grundgesetz durch das Recht auf freie Persönlichkeitsentfaltung (Art. 2 I GG iVm Art. 1 I GG) sowie durch die Menschenwürde (Art. 1 I GG) gewährleistet.[180] Einen derartigen unantastbaren Bereich im Innenleben des Zeugen, einen weißen Fleck kennt der Sachverständige hingegen nicht; alles, selbst das Unbewußte, soll ausgeforscht werden. Damit stempelt, so Bockelmann, die Exploration durch den Sachverständigen „*den, der ihr unterworfen wird, bis zum gewissen Grade zum Objekt des Verfahrens. Sie versachlicht ihn, sie macht ihn zum Ding, zum Wahrheitserforschungsmaterial.*“[181] Dies führt zu einer „*Entpersönlichung*“, die „*im Strafprozeß nicht an-*

---

170 Fisseni, Psychologie Praxis, Diagnostik, S. 19, 31.
171 Fisseni, Psychologie Praxis, Diagnostik, S. 19, 25.
172 Krauß, ZStW 85 (1973), 320, 330.
173 Vgl. Krauß, ZStW 85 (1973), 320, 330.
174 Vgl. Dippel, Stellung des Sachverständigen, S. 164.
175 Vgl. dazu die Definition der projektiven Tests, S. 151 f dieser Arbeit, sowie bei Hofstätter, Psychologie, S. 290 f.
176 LR-Dahs, Vor § 72 Rn. 17; ähnlich Dippel, Stellung des Sachverständigen, S. 164, 167.
177 BGHSt 5, 332, 335.
178 BGHSt 5, 332, 335.
179 BVerfGE 33, 367, 376.
180 Vgl. statt vieler BVerfGE 33, 367, 376; 38, 105, 114.
181 Bockelmann, GA 1955, 321, 335; ähnlich auch Dippel, Stellung des Sachverständigen, S. 52: „*Objekt empirischer Forschung*“.

gängig"[182] ist. Der Zeuge verliert bei der Untersuchung durch den Sachverständigen seine Subjekteigenschaft.[183] Das ist aber mit den Prinzipien des Strafprozesses, der Achtung der Menschenwürde, dem Recht auf ein faires Verfahren, nicht vereinbar. Diese verlangen, daß der Zeuge „*ungeachtet seiner prozessualen Funktion als Beweismittel nicht zum Objekt eines Verfahrens gemacht werden*" darf.[184] Staatliches Handeln müsse den Menschen „*in seiner Eigenständigkeit achten und schützen.*"[185] Durch die Untersuchungsmethoden des Sachverständigen wird der Zeuge jedoch zum „*Untersuchungsobjekt*"[186] degradiert.

Seine Subjekteigenschaft behält er auch nicht, weil er in die Untersuchung eingewilligt hat, anders als der Bundesgerichtshof es für den Lügendetektor neuerdings annimmt.[187] Denn der Zeuge wird vielmehr zwangsläufig zum Objekt des Forschers und zwar „*angesichts der Undurchsichtigkeit*"[188] der besonderen Sachkunde des Forschers. Der Verstoß gegen die Menschenwürde, den auch die Einwilligung des Zeugen in die Untersuchung nicht heilen kann, liegt bei den Untersuchungsmethoden des Sachverständigen darin, daß „*die Unkenntnis und der Irrtum des Probanden über die Bedeutung, die der Psychologe seinen Antworten und Äußerungen gibt, und auch über deren Auswertung für eine Begutachtung ausgenutzt werden.*"[189] Auf diese Weise wird die Entscheidungsfreiheit des Zeugen unterlaufen; er ist kein frei handelndes Subjekt vor dem Sachverständigen. Er überblickt gar nicht, wozu er seine Einwilligung erteilt hat. Zwar ist sein Bewußtsein nicht wie bei einer Hypnose ausgeschaltet, „*der Zeuge handelt bewußt. Aber – und das ist das Wesentliche dieser Tests – er erkennt nicht, welche Informationen er durch sein Tun, durch seine Äußerungen dem Psychologen verschafft.*"[190] Der Zeuge gibt damit ohne Kontrolle durch seinen Willen Informationen an den Sachverständigen preis.

Gerade bei den projektiven Tests sind Inhalt und Zweck der Testverfahren für den Zeugen „*wenig transparent.*"[191] Dann ist er aber auch nicht Herr seiner Antworten, nicht freiverantwortlich handelndes Subjekt. Es wird vielmehr etwas mit ihm gemacht, was er nicht überschauen kann – er wird erforscht und ausgeforscht. Zudem ist es gerade das Wesen der projektiven Tests, daß sich die In-

182 Bockelmann, GA 1955, 321, 335.
183 Vgl. LR-Dahs, Vor § 72 Rn, 17; Krauß, ZStW 85 (1973), 320, 342, 343; Dippel, Stellung des Sachverständigen, S. 52.
184 BVerfGE 38, 105, 114. Vgl. auch Rieß, FS Schäfer, S. 155, 170.
185 BVerfGE 38, 105, 114.
186 So LR-Dahs, Vor § 72 Rn. 17.
187 Vgl. BGHSt 44, 308, 317.
188 Krauß, ZStW 85 (1973), 320, 343.
189 Dippel, Stellung des Sachverständigen, S. 158.
190 Grünwald, Beweisrecht der StPO, S. 74.
191 Vgl. Eisenberg, Beweisrecht, Rn. 1619g, 1865.

nerlichkeit des Zeugen ungewollt[192] abbildet, also ohne daß der Zeuge dies bewußt will, wird sein Innenleben nach außen projiziert.

Auch bei der Exploration gehört es zur Technik, daß die Fragen, die der Sachverständige dem Zeugen stellt, von diesem nicht in ihrer Tragweite zu durchschauen sind.[193] Durch Kontrollen, belastende Vergleichsfragen sollen sogar ganz gezielt willensunabhängige Antworten des Zeugen provoziert werden.[194] Nach Undeutsch gehört zum Wesen der Explorationstechnik, *„daß sie experimentell gestaltet ist und sich nicht auf die Erlangung eines freien Berichts des Zeugen beschränkt, sondern mancherlei Kontrollen einführt und verschiedenartige Abdrängungs- und Belastungsversuche einschiebt."*[195]

Damit geraten für einige Autoren[196] die Untersuchungsmethoden aber in die Nähe der nach § 136a StPO[197] verbotenen Vernehmungsmethoden. Die Entscheidungsfreiheit des Zeugen werde durch den Sachverständigen in einer Weise unterlaufen, die dem Richter und Staatsanwalt nach der Strafprozeßordnung verboten ist[198]: Denn der Zeuge wird *„zu Offenbarungen veranlaßt, die er nicht aus freiem, einsichtsvollem Willensentschluß"*[199] macht. Dieses Merkmal hat die Exploration mit der Narkoseanalyse oder dem Lügendetektor (Polygraphen) gemeinsam, und für Bockelmann[200] gehört sie daher auch in eine Reihe mit ihnen: Sie ist ebenso unzulässig. Der *„entscheidende Unterschied [...] unter verfassungsrechtlichen Gesichtspunkten"* zwischen dem erlaubten Rorschach-Test und dem unzulässigen Lügendetektor ist auch für Fischer[201] nicht erkennbar. Auch der Lügendetektor zielt darauf ab, *„sonst nicht wahrnehmbare, unwillkürliche*

---

192 Vgl. die Definition der projektiven Tests auf S. 151 f dieser Arbeit.

193 Vgl. Eisenberg, Beweisrecht, Rn. 1864 mwN.

194 Vgl. Eisenberg, Beweisrecht, Rn. 1864; Dippel, Stellung des Sachverständigen, S. 159, 165.

195 So Undeutsch, zitiert nach Dippel, Stellung des Sachverständigen, S. 165. Nach LR-Dahs, Vor § 72 Rn. 17, geht die Exploration *„über alles hinaus, was die Strafprozeßordnung [...] Zeugen [...] sonst zumutet."*

196 Vgl. Dippel, Stellung des Sachverständigen, S. 165; Eisenberg, Beweisrecht, Rn. 1864; Müller, JZ 2000, 267, 268.

197 § 136a StPO gilt über § 69 III StPO auch bei Zeugenvernehmungen. Nach BGHSt 11, 211, 212 muß auch der Sachverständige, da ihm als Gehilfen des Richters das verwehrt sei, was dem Richter nicht erlaubt sei, bei seiner Untersuchung § 136a StPO beachten.

198 So Dippel, Stellung des Sachverständigen, S. 158, S. 163; ähnliche Bedenken hat auch Fischer, NStZ 1994, 1, 4.

199 Bockelmann, GA 1955, 321, 335.

200 Vgl. Bockelmann, GA 1955, 321, 335.

201 Vgl. Fischer, NStZ 1994, 1, 4.

körperliche Reaktionen zu registrieren, um daraus Schlüsse auf die subjektive Richtigkeit des Ausgesagten zu ziehen.“[202]

„Neben der bewußten und gewollten Antwort auf die Fragen ‚antwortet‘, ohne daß der Beschuldigte es hindern kann, auch das Unbewußte.“[203] Gleiches gilt jedoch auch für die Exploration, die projektiven Tests – auch sie zielen darauf ab, dem Unterbewußten des Zeugen Informationen zu entlocken. Die projektiven Tests sollen, wie oben dargelegt, vor allem das Phantasie- und Impulsleben des Zeugen ungewollt nach außen sichtbar machen; die Exploration versucht, willensunabhängige Antworten zu erlangen. Eine solche *„Durchleuchtung der Person*“[204], einen derartigen *„Einblick in die Seele [...] und ihre unbewußten Regungen*“[205] lehnten Bundesgerichtshof und Bundesverfassungsgericht beim Polygraphen im Hinblick auf Menschenwürde und Persönlichkeitsrecht ab. Dem Menschen sei zur Entfaltung und Entwicklung ein *„unantastbare(r) Bereich*“[206] vom Grundgesetz gewährleistet worden, der der Wahrheitsfindung Grenzen setze.[207] Diese verfassungsrechtlichen Bedenken treffen jedoch für mich in gleicher Weise auf die psychologischen Untersuchungsmethoden zu – nur daß sie dort von der Rechtsprechung nicht gesehen werden.

Statt dessen begründet der Bundesgerichtshof die verfassungsrechtliche Unbedenklichkeit des Polygraphen (dessen Einsatz er nur noch mangels gesicherter wissenschaftlicher Erkenntnisse ablehnt) mit der zulässigen Verwendung psychologischer Untersuchungsverfahren – ein Zirkelschluß: *„Im Übrigen werden unter dem Gesichtspunkt der Menschenwürde keine Bedenken erhoben, daß in der gerichtlichen Praxis andere Untersuchungsverfahren – projektive Tests sowie psychoanalytische und psychiatrische Explorationsmethoden – verwendet werden, die zwar nicht ungewollte Körpervorgänge registrieren, wohl aber darauf abzielen, aus dem Unterbewußten des untersuchten Menschen Informatinen (sic, d. Verf.) über diesen zu erlangen.*“[208] Damit unterläßt es der Bundesgerichtshof, die Bedenken, die, wie soeben ausgeführt, sehr wohl im Hinblick auf die Menschenwürde gegen die projektiven Tests und Explorationsmethoden geäußert werden, zur Kenntnis zu nehmen und sich mit ihnen auseinanderzusetzen.

Sein weiteres Argument, daß der Polygraph letztlich nichts anderes mache als der Richter in der Hauptverhandlung, nämlich *„nicht steuerbare Ausdrucksvor-*

---

202 BVerfG NStZ 1981, 446, 446 f.
203 BGHSt 5, 332, 335.
204 BVerfG NStZ 1981, 446, 447.
205 BGHSt 5, 332, 335.
206 BVerfGE 33, 367, 376; 38, 105, 114.
207 So das Bundesverfassungsgericht, NStZ 1981, 446, 447.
208 BGHSt 44, 308, 316.

gänge" zu verwerten, und deshalb nichts Unzulässiges tue[209], ist meiner Ansicht nach ebenso unzutreffend: Im Unterschied zum Polygraphen und zu den psychologischen Tests kann der Richter in der Hauptverhandlung nur *„recht grobe Sinneseindrücke des täglichen Lebens"*[210] gewinnen, während das Gerät wie auch die Tests tiefer dringen und gerade *„sonst nicht wahrnehmbare [...] Reaktionen"*[211] festhält und zur *„seelenkundlichen Deutung"*[212] benutzt. Wie der Zeuge durch derartige Untersuchungsmethoden in *„seiner Subjektstellung unangetastet"*[213] bleiben soll, ist mir unverständlich. Mit Krauß halte ich es vielmehr für sehr bedenklich, daß bei den Psychologen und Psychiatern die Bereitschaft besteht, *„in Intimbereiche vorzustoßen, die den Juristen von Rechts wegen verschlossen sind, dabei Methoden anzuwenden, die die Strafprozeßordnung den Juristen untersagt, und insgesamt auf eine Art zu prozedieren, die nicht dem Verfahren des Gesetzes entspricht."*[214] Sich die so gewonnenen Ergebnisse zunutze zu machen, läßt sich meines Erachtens auch nicht mit dem Ziel des Strafverfahrens Wahrheitsfindung rechtfertigen. Untersuchungsmethoden, die dem Richter nach der Strafprozeßordnung nicht erlaubt wären, darf das Gericht auch nicht über den Umweg des Sachverständigen anwenden.

Die Tatsachen, die der Sachverständige bei der Untersuchung des kindlichen Zeugen auf diese Weise gewonnen hat, dürfen daher nicht über den Sachverständigen in die Hauptverhandlung eingeführt werden.

c. Freie richterliche Beweiswürdigung in der Hauptverhandlung

Der Sachverständige als Beweismittel stellt im übrigen auch allgemeine Grundsätze der Hauptverhandlung in Frage.

Das deutsche Strafprozeßrecht hat für die Ausschöpfung der Erkenntnisquellen als Ort und Zeit eindeutig den Gerichtssaal und die Hauptverhandlung unter Anwesenheit möglichst aller Beteiligten festgelegt. Als Art und Weise der Ausschöpfung ist *„die unvermittelte direkte Ausschöpfung der Beweismittel"* vorge-

---

209 Vgl. BGHSt 44, 308, 316 f.
210 BGHSt 5, 332, 336.
211 BVerfG NStZ 1981, 446, 447.
212 BGHSt 5, 332, 336.
213 So aber der Bundesgerichtshof hinsichtlich einer mit Einwilligung des Beschuldigten erfolgten Untersuchung mit dem Polygraphen, BGHSt 44, 308, 317.
214 Krauß, ZStW 85 (1973), 320, 330; vgl. auch Dippel, Stellung des Sachverständigen, S. 158, S. 163; Fischer, NStZ 1994, 1, 4: *„Ausforschungen, welche dem Gericht über § 68a I StPO verboten wären, gehören zum Standardrepertoire der Begutachtung."*

sehen.[215] Dadurch soll eine möglichst wirklichkeitsgetreue Rekonstruktion des abschließend vom Gericht zu beurteilenden Sachverhaltes gewährleistet sein.[216] Denn im Strafprozeß *„wird keine Wahrheit entdeckt, sondern man verständigt sich [...] auf eine Beschreibung der Welt"*, die der *„Wirklichkeit möglichst nahe kommen, [...] möglichst wahr sein"*[217] soll. Deshalb müssen im Sinne einer Chancengleichheit alle Beteiligten des Verfahrens die Möglichkeit haben, an der Erarbeitung des rechtlich zu beurteilenden Sachverhaltes mitzuwirken.[218] Nach der Strafprozeßordnung ist das *„eigentliche Forum der Wahrheitsfindung"*[219] die Hauptverhandlung; hier liegt nach dem Willen der Gesetzesväter das Schwergewicht der Urteilsfindung. Hier und nicht im Ermittlungsverfahren sollen die *„eigentliche(n) Beweiserhebungen"* stattfinden.[220] Die Hauptverhandlung *„stellt – als alleinige Erkenntnisgrundlage der Urteilsfindung – das Kernstück des Strafverfahrens dar. Alle vorhergehenden Verfahrensabschnitte sind ihr gegenüber von untergeordneter Bedeutung."*[221]

Untersucht der Sachverständige den kindlichen Zeugen nun außerhalb der Hauptverhandlung hinsichtlich der Glaubwürdigkeit, befragt und testet ihn also zur Person und Aussage, dann entzieht er auf diese Weise diesen Vorgang der Hauptverhandlung und verlagert einen wesentlichen Teil aus dem Gerichtssaal in sein Institut.[222] Die Aussage des Zeugen zur Tat und auch ihre Überprüfung kommen dort und damit außerhalb der Hauptverhandlung zustande und werden in der Hauptverhandlung nur noch reproduziert.[223] Die Vernehmung wird vom Gericht weg zum Sachverständigen vorverlagert; die Aussage des oftmals wichtigsten und einzigen Zeugen wird aus der Hauptverhandlung herausgenommen und vorweg vom Sachverständigen beurteilt.[224] Dann aber *„ist die maßgebliche Aussage eben nicht in der Hauptverhandlung gemacht, dann hat der wichtigste Akt des Prozesses praktisch im Institut des Sachverständigen stattgefunden und das Verfahren vor dem Richter wird zur Formalität."*[225] Die Strafprozeßordnung

---

215 Lammer, FS Rieß, S. 289, 298.
216 Vgl. Lammer, FS Rieß, S. 289, 298.
217 Lammer, FS Rieß, S. 289, 293, 294.
218 So Lammer, FS Rieß, S. 289, 298.
219 Krauß, ZStW 85 (1973), 320, 323; so auch Roesen, NJW 1964, 442, 443.
220 So die Motive des Entwurfes, nach Hahn, Materialien, Bd. 3.1. S. 112.
221 BVerfGE 39, 156, 167; so auch Roesen, NJW 1964, 442, 443.
222 Vgl. Krauß, ZStW 85 (1973), 320, 332; Dippel, Stellung des Sachverständigen, S. 168.
223 Vgl. Bockelmann, GA 1955, 321, 333.
224 Vgl. Eisenberg, Beweisrecht, Rn. 1873; Dippel, Stellung des Sachverständigen, S. 168.
225 Bockelmann, GA 1955, 321, 333; ähnlich auch Eisenberg, Beweisrecht, Rn. 1866; Dippel, Stellung des Sachverständigen, S. 168.

geht indes von einer Vorläufigkeit des Ermittlungsverfahrens aus, die endgültige Beweiserhebung soll erst in der Hauptverhandlung stattfinden, und dort soll das Schwergewicht der Urteilsfindung liegen[226], vgl. § 261 StPO. Beim Sachverständigenbeweis werden *„die entscheidenden Weichen“*[227] jedoch außerhalb der Hauptverhandlung gestellt, in der Hauptverhandlung wird die Aussage des Zeugen gleichsam nur noch *„nachgespielt.“*[228] Verweigert der Zeuge zudem noch in der Hauptverhandlung überhaupt das Zeugnis und trägt der Sachverständige seine Untersuchungsergebnisse und ggf. die Zeugenaussage vor, dann sind die Verfahrensbeteiligten völlig von der eigentlichen Beweiserhebung und damit von einem *„Kernstück der Wahrheitsfindung“* ausgeschlossen.[229] Sie hatten und haben keine Gelegenheit, vom Zeugen und seiner Aussage selbst einen Eindruck zu gewinnen, ihm Fragen zu stellen und Unklarheiten zu klären. Sie erfahren alles Wesentliche nur aus zweiter Hand, vom Sachverständigen. Da bei einer Sachverständigenuntersuchung keinerlei Mitwirkungsrechte für den Beschuldigten bestehen, ist dieser dadurch besonders in seinen Verteidigungsmöglichkeiten eingeschränkt. Dabei gewährleistet Art. 103 I GG dem Beschuldigten, daß *„einer gerichtlichen Entscheidung regelmäßig nur solche Tatsachen und Beweisergebnisse zugrunde gelegt werden, zu denen die Beteiligten Stellung nehmen konnten.“*[230] Wie die übrigen Verfahrensbeteiligten kann sich auch das Gericht nur anhören, was der Sachverständige ihm vom Zeugen erzählt. Es findet keine *„unvermittelte direkte Ausschöpfung“*[231] des Beweismittels Zeuge in der Hauptverhandlung statt. Die eigentliche Beurteilung des Zeugen und seiner Aussage, die Beweiserhebung, hat entgegen der Konzeption der Strafprozeßordnung außerhalb der Hauptverhandlung und in Abwesenheit der Verfahrensbeteiligten stattgefunden.[232] Die Hauptverhandlung *„degeneriert“* zu einem *„Beurkundungster-*

226 Vgl. Rieß, FS Schäfer, S. 155, 184.
227 Rieß, FS Schäfer, S. 155, 184.
228 Krauß, ZStW 85 (1973), 320, 332; ebenso Eisenberg Beweisrecht, Rn. 1866.
229 Krauß, ZStW 85 (1973), 320, 332; siehe auch Dippel, Stellung des Sachverständigen, S. 168; Roesen, NJW 1964, 442, 443.
230 BVerfGE 57, 250, 274 mwN.
231 Lammer, FS Rieß, S. 289, 298.
232 Vgl. Krauß, ZStW 85 (1973), 320, 332. Anders als Nack, StraFo 2001, 1, 6, hält Lammer, FS Rieß, S. 289, 300, es für fragwürdig, ob die Wahrheit nur bei einem Gespräch zwischen dem kindlichen Zeugen und dem Sachverständigen *„in entspannter kindgerechter Umgebung“* herausgefunden werden kann, nicht aber bei einer Befragung durch das Gericht selbst. Eine solche *„Delegationsmöglichkeit“* hat jedenfalls zur Konsequenz, daß Ergebnisse des Ermittlungsverfahrens entgegen der Intention der Strafprozeßordnung festgeschrieben werden.

min"[233] für das Ergebnis, das der Sachverständige im Ermittlungsverfahren herausgefunden hat.

Außerdem wird auf diese Weise die Kommunikation, die öffentliche Auseinandersetzung zwischen dem Zeugen und den Verfahrensbeteiligten behindert.[234] Es kann sich kein Gespräch mit dem Zeugen entwickeln, Fragen an ihn, zu seiner Person, seinen entscheidungserheblichen Wahrnehmungen sind nicht möglich. Es steht nur der Sachverständige zur Verfügung, der vom Zeugen berichtet. Die Hauptverhandlung ist jedoch von der Strafprozeßordnung als eine Gesprächssituation angelegt, in die die Explorationsaussage des Sachverständigen statisch hineinragt.[235] Im Gespräch, durch Rede und Gegenrede und in einer öffentlichen Auseinandersetzung soll die Wahrheit gefunden, über eine Beurteilung des Zeugen und seiner Aussage befunden und die Gemeinschaft befriedet werden.[236] Indem die Urteilsfindung auf einem solchen Weg *„sozialtypischer Auseinandersetzung"*[237] beruht, wollte der Gesetzgeber sicherstellen, daß das Urteil von der Allgemeinheit sowie dem Angeklagten akzeptiert werden kann.[238] Die Grundsätze der Öffentlichkeit, Unmittelbarkeit und Mündlichkeit sollen daher diese Kommunikationsstruktur absichern. Der Sachverständige ist hingegen schon bei seiner Untersuchung nicht an ein derartiges *„Prinzip der öffentlichen Erörterung"*[239] gebunden. Er führt die Tests mit dem Zeugen allein durch, wertet sie aus und folgt dabei seinen Untersuchungsmethoden. Und diese kann er teilweise nur durchführen, indem er gerade auf eine sozialtypische öffentliche Auseinandersetzung mit dem Zeugen verzichtet. Zum *„Leitbild des Strafverfahrens als einer öffentlichen Auseinandersetzung"*[240] paßt dies jedoch kaum.

---

233 Lammer, FS Rieß, S. 289, 300.

234 Vgl. Krauß, ZStW 85 (1973), 320, 333 f, 344 ff, siehe auch Fischer, NStZ 1994, 1, 4 f.

235 So Roesen, NJW 1964, 442, 443, der die Aussage des Sachverständigen mit einem Felsblock vergleicht; siehe auch Dippel, Stellung des Sachverständigen, S. 168; Krauß, ZStW 85 (1973), 320, 332.

236 Vgl. Krauß, ZStW 85 (1973), 320, 344 f; Roesen, NJW 1964, 442, 443, der das Wesen der Hauptverhandlung als eine *„gemeinsame thetisch – antithetisch – synthetische Findung der Wahrheit"* umschreibt. Auch Fischer, NStZ 1994, 1, 5, spricht von einem *„kommunikative(n) Prozeß"* zur Feststellung der Wahrheit.

237 Krauß, ZStW 85 (1973), 320, 345.

238 Vgl. dazu die Motive des Entwurfes, nach Hahn, Materialien, Bd. 3.1., S. 194, sowie die Ausführungen dazu unter I. in diesem Kapitel, S. 143 f mwN; Krauß, ZStW 85 (1973), 320, 345.

239 Krauß, ZStW 85 (1973), 320, 346.

240 Krauß, ZStW 85 (1973), 320, 345.

Erfolgen die Beurteilung der Aussage und des Zeugen z. B. in den Räumen des Sachverständigen, handelt es sich um eine Beweiserhebung, die nicht öffentlich und außerhalb jeder richterlichen Kontrolle erfolgt ist.

Mag auch durch das Sachverständigengutachten ein zutreffendes Bild von dem Zeugen entstehen, die Entstehung dieses Bildes hinsichtlich der Glaubwürdigkeit des Zeugen und seiner Aussage, das betont Krauß[241] zu Recht, entspricht nicht der Intention der Strafprozeßordnung. Diese geht vielmehr davon aus, daß der Zeuge, dessen Wahrnehmungen entscheidungserheblich sind, selbst in der Hauptverhandlung zu hören ist und sich die Verfahrensbeteiligten auf diese Weise von ihm unmittelbar einen Eindruck machen können[242], vgl. § 250 StPO. Denn dadurch werden zum einen dem Angeklagten die besten Verteidigungsmöglichkeiten gegeben – er ist bei der Zeugenvernehmung anwesend und hat das Recht, Fragen an den Zeugen zu stellen; dies auch mit dem Ziel, dessen Glaubwürdigkeit zu erschüttern. Zum anderen kann sich nur so das Gericht selbst einen Eindruck vom Zeugen und seiner Aussage machen, kann nachfragen und Unklarheiten ausräumen. Es ist die *„relativ verläßlichste Art der Beweiserhebung."*[243] § 250 StPO erklärt deshalb *„die wahrheitsgewährleistende Funktion des persönlichen Eindrucks mit der Möglichkeit von Fragen, Vorhalten und Gegenüberstellungen grundsätzlich für unverzichtbar."*[244] Das Urteil soll auf *„lebendigen Erkenntnisquellen der mündlichen Verhandlung"*[245] beruhen – der Sachverständigenbeweis hingegen stellt die Grundsätze der Unmittelbarkeit, Öffentlichkeit und Mündlichkeit in der Hauptverhandlung in Frage, die die Richtigkeit der richterlichen Entscheidung gewährleisten sollen.[246]

Zudem ist die außerhalb der Hauptverhandlung erfolgte Beweiserhebung durch den Sachverständigen völlig der richterlichen Kontrolle entzogen.[247] Mangels entsprechender Sachkunde kann das Gericht weder nachprüfen, ob die angewandten Untersuchungsmethoden des Sachverständigen wissenschaftlich abgesi-

---

241 Vgl. Krauß, ZStW 85 (1973), 320, 333.

242 Nach BVerfGE 57, 250, 283 ist der persönliche Eindruck vom Zeugen jedoch wichtig, da nur so seine Glaubwürdigkeit *„umfassend beurteilt werden"* kann. Ansonsten blieben *„Gesichtspunkte, die zu Zweifeln Anlaß geben könnten, [...] möglicherweise unentdeckt."*

243 Grünwald, Beweisrecht der StPO, S. 117.

244 BVerfGE 57, 250, 278.

245 Aus den Motiven des Entwurfes, nach Hahn, Materialien, Bd. 3.1., S. 146.

246 So Rieß, FS Schäfer, S. 155, 185, zur Funktion dieser Grundsätze.

247 Vgl. Fischer, NStZ 1994, 1, 4; Dippel, Stellung des Sachverständigen, S. 167; Eisenberg, Beweisrecht, Rn. 1864, 1873.

chert sind[248], noch besteht überhaupt, wie bereits oben dargelegt[249], eine zuverlässige Möglichkeit einer objektiven Überprüfung des Untersuchungsergebnisses. Damit kann das Gericht in der Hauptverhandlung aber die *„ausschließlich ihm zugewiesene Kompetenz"*[250], das Untersuchungsergebnis und die daraus abgeleiteten Schlüsse zu überprüfen und nachzuvollziehen, gar nicht wahrnehmen, anders als der Bundesgerichtshof[251] dies annimmt. Angesichts des *„wissensmäßige(n) Unterlegenheits-Überlegenheitsverhältnisses"* zwischen Richter und Sachverständigem fragt sich auch, *„wie der Richter [...] zu einer eigenen, freien und kritischen Würdigung [...] kommen soll, wenn er nicht in der Lage ist, das Zustandekommen eines Gutachtens und seine theoretischen Voraussetzungen zu durchschauen."*[252] Das Gericht kann folglich keine *„eigen- und letztverantwortliche Entscheidung"*[253] im Rahmen der Beweiswürdigung treffen, obwohl dies seine Aufgabe ist.

Außerdem steht das Gericht bei der Beweiswürdigung vor der Frage, ob und inwieweit es der besonderen Sachkunde des Sachverständigen unterworfen und ob es an ein angefordertes Gutachten gebunden ist.[254] Die Glaubwürdigkeitsbeurteilung gehört an sich nach dem Gesetz zum ureigenen Wirkungskreis des Richters, des Gerichtes[255] – für das Urteil kommt es *„entscheidend auf die vom Gericht zu beurteilende Glaubwürdigkeit des Zeugen"*[256] an. Aber trifft das Gericht wirklich im Rahmen der freien Beweiswürdigung noch diese Entscheidung? Die weitgehende Verpflichtung zur Heranziehung des Sachverständigen hat im Gegenteil eine *„verhängnisvolle Verschiebung der Verantwortung für das Urteil"*[257] zur Konsequenz. Zwar betont der Bundesgerichtshof[258], daß die Verant-

---

248 Vgl. dazu die Ausführungen auf S. 155 f, sowie Eisenberg, Beweisrecht, Rn. 1887, 1888.

249 Vgl. dazu die Ausführungen zur Objektivität und Validität auf S. 150 ff.

250 So BGHSt 44, 308, 322 (Lügendetektorentscheidung).

251 BGHSt 45, 164, 180.

252 Maisch, MschrKrim 1973, 189, 194. Für Fezer, Strafprozeßrecht II, Fall 12, Rn. 68, besteht daher die Gefahr, daß die Grundlagen der Entscheidungsfindung vom Sachverständigen gelegt werden. Bedenken äußert auch Dippel, Stellung des Sachverständigen, S. 47: *„Voll treffen den Richter schließlich die Schwierigkeiten bei der Würdigung des Gutachtens. Dort sind sie in extremen Fällen im Sinne des Anspruchs, den die Verfahrensordnung an das richterliche Urteil stellt, unüberwindbar."*

253 BGHSt 44. 308, 322.

254 Krauß, ZStW 85 (1973), 320, 335 f.

255 Statt vieler Bockelmann, GA 1955, 321, 330; Eisenberg, Beweisrecht, Rn. 1470; Nack, StraFo 2001, 1, 1; sowie die Ausführungen im 2. Kapitel, S. 63 (Fußnote 48).

256 BGHSt 22, 347, 348 f.

257 Bockelmann, GA 1955, 321, 329.

wortung für das Urteil beim Richter bleibe, das Gericht die Entscheidung auf der Grundlage der freien Beweiswürdigung treffe und diese Freiheit auch gegenüber einem Sachverständigengutachten bestehe. „*Aber an diese Freiheit des Richters zu appellieren, hat nur da wirklich Sinn, wo der Sachverständige darauf beschränkt werden kann, Erfahrungssätze seiner Wissenschaft in abstracto mitzuteilen.*“[259]

Denn nur dann kann sich der Richter über den fraglichen Vorgang ein eigenes Urteil bilden, wenn er die Kenntnisse des Sachverständigen auf den konkreten Fall anwendet. Bei der „*Glaubwürdigkeitsprüfung ist es nicht damit getan, daß sich der Richter über die Erkenntnisse der Aussagepsychologie unterrichten läßt [...]. Jetzt kommt es vielmehr darauf an, daß der Sachverständige jene Kenntnisse auf die konkrete Aussage anwendet, d. h. aber ein Werturteil fällt, welches einen [...] subjektiven [...] Einschlag hat und sich deshalb einer kritischen Beurteilung im wesentlichen entzieht.*“[260]

De facto nimmt somit der Sachverständige dem Richter die Beurteilung der Glaubwürdigkeit des Zeugen und seiner Aussage ab. Er, der dem Richter eigentlich nur die für die Beurteilung nötigen Kenntnisse, also Sachkunde, liefern soll, „*mausert sich zum eigentlichen Entscheidungsproduzenten.*“[261] Er liefert dem Richter eine Entscheidung über die Glaubwürdigkeit des Zeugen und seiner Aussage und bricht so in die Entscheidungskompetenz des Gerichtes ein.[262] Er erlangt eine verfahrensbeherrschende Rolle, die das Gesetz für ihn nicht vorsieht.[263] Die freie, richterliche Würdigung des Sachverständigenbeweises besteht für das Gericht, wie Bockelmann[264] zutreffend ausführt, dann nur noch darin,

---

258 BGHSt 7, 238, 239: „*Der Sachverständige ist weder berufen noch in der Lage, dem Richter die Verantwortung für die Feststellungen abzunehmen, die dem Urteil zugrunde gelegt werden. Dies gilt nicht nur von der Ermittlung des Sachverhaltes, von dem der Sachverständige [...] auszugehen hat, sondern auch von seinen ärztlichen Beobachtungen. Selbst diese hat der Richter [...] auf ihre Überzeugungskraft zu prüfen (vgl § 261 StPO).*“ So auch BGH NStZ 1984, 467, 467.

259 Bockelmann, GA 1955, 321, 329.

260 Bockelmann, GA 1955, 321, 329.

261 Krauß, ZStW 85 (1973), 320, 335; in diesem Sinne auch Grünwald, Beweisrecht der StPO, S. 42.

262 So Krauß, ZStW 85 (1973), 320, 334. Die vom Bundesgerichtshof, BGHSt 7, 238, 240, gesehene „*Gefahr, daß der Richter die Verantwortung für einen wichtigen Teil der Entscheidung einem anderen überläßt, dem sie nicht zukommt*“, verwirklicht sich insoweit.

263 Vgl. Eisenberg, Beweisrecht, Rn. 1508.

264 Vgl. Bockelmann, GA 1955, 321, 329. Maisch, MschrKrim 1973, 189, 194, spricht sogar davon, daß der Richter dem Resultat des Sachverständigen „*in mehr oder weniger ‚blindem Glauben‘*“ folge, da es ihm nicht „*hinreichend möglich sein (werde,*

sich entweder der Entscheidung des Sachverständigen zu beugen oder sein eigenes Werturteil an dessen Stelle zu setzen. Dafür muß das Gericht allerdings die dem Gutachten entgegenstehenden Umstände ausführlich erörtern und sein „*beanspruchtes besseres Sachwissen*" darlegen.[265] Ist das überhaupt möglich, wenn dem Gericht doch gerade die nötige Sachkunde fehlt, es einen Sachverständigen heranziehen muß und es außerdem den zu beurteilenden Zeugen gar nicht vor sich hat? Es ist doch Fiktion, so auch Dippel[266], daß der Sachverständige dem Richter die erforderliche Sachkunde vermittelt und ihn in der Frage selbständig urteilsfähig macht: „*Die Folge ist, daß der Richter die Verantwortung für eine Entscheidung trägt, die in Wirklichkeit ein anderer, nämlich der Sachverständige, produziert hat.*"[267]

Es wäre deshalb erforderlich, dem Sachverständigenbeweis diese verfahrensbeherrschende Rolle zu nehmen, den Einfluß des Sachverständigen auf das nötige Maß zu begrenzen. Der Sachverständige soll dem Richter nur Sachkunde vermitteln, nicht aber eine Entscheidung liefern! Am Ende der Hauptverhandlung soll das Gericht in der Lage sein, über den rekonstruierten Sachverhalt sein eigenes Urteil zu fällen. Es muß daher an der Herstellung der Wahrheit unmittelbar teilnehmen können, die Zeugenvernehmung muß in der Hauptverhandlung stattfinden, und der Sachverständige sollte sich hinsichtlich der Beurteilung des Zeugen und seiner Aussage eines eigenen Werturteils enthalten, das ihm nicht zusteht.

Problematisch bleibt letztlich auch, ob der Sachverständige tatsächlich über eine viel bessere Sachkunde als das Gericht verfügt. Anders als man angesichts des Selbstbewußtseins mancher Sachverständigen vermuten könnte, ist die Ausbildungs- und Qualifikationssituation eher unklar.[268] Psychologen wie Lösel und Bender bedauern, daß nur 7 deutsche Universitäten das Fach Rechtspsychologie anbieten und in der Konsequenz nur „*etwa 5% der praktisch tätigen Psychologen [...] ihren Arbeitsschwerpunkt in der Rechtspsychologie*" haben.[269] Wesent-

d. Verf.), das betreffende Gutachten selbst kritisch zu reflektieren." So auch Gerchow, FS Schmidt-Leichner, S. 67, 68, 69.

265 Vgl. Eisenberg, Beweisrecht, Rn. 1609. Der Bundesgerichtshof, StV 1981, 113, 113, verlangt in einem solchen Fall vom Richter, daß er in den Urteilsgründen mitteilt, „*welche Anknüpfungstatsachen der Sachverständige seiner Beurteilung zugrunde gelegt und welche Schlußfolgerungen er gezogen hat.*" Nur so könne überprüft werden, ob die Erwägungen, mit denen das Gericht seine abweichende Ansicht begründe, „*hinreichen, die [...] Sachkunde des Gerichts zu belegen.*"

266 Vgl. Dippel, Stellung des Sachverständigen, S. 205.

267 Dippel, Stellung des Sachverständigen, S. 205.

268 So auch Eisenberg, Beweisrecht, Rn. 1889.

269 Vgl. Lösel/Bender, Psychologie Praxis, Rechtspsychologie, S. 581, 584.

lich mehr Psychologen sind aber für die Gerichte in diesem Bereich tätig – also mit einer unzureichenden Ausbildung.

2. *Zur Verwertbarkeit von Befund- und Zusatztatsachen im Rahmen des § 252 StPO*

Macht der Zeuge in der Hauptverhandlung von seinem Zeugnisverweigerungsrecht erstmalig Gebrauch, dürfen weder Befund- noch Zusatztatsachen in der Hauptverhandlung vom Sachverständigen vorgetragen werden, sofern diese auf Angaben des Zeugen gegenüber dem Sachverständigen beruhen. Ihre Verwertung ist nach § 252 StPO ausgeschlossen.

Zwar untersagt § 252 StPO nur die Verwertung solcher Angaben des Zeugen, die dieser im Rahmen einer Vernehmung gemacht hat.[270] Eine solche liegt, wie oben ausgeführt[271], nur vor, wenn ein mit der Strafverfolgung beauftragtes Staatsorgan den Zeugen befragt. Der Sachverständige ist kein solches Strafverfolgungsorgan.[272] Er hat, das zeigt die Regelung des § 80 StPO, auch gar nicht die Befugnis, eine Vernehmung durchzuführen.[273]

Dennoch stimme ich dem Bundesgerichtshof darin zu, daß die Angaben, die der Zeuge im Rahmen der Untersuchung gegenüber dem Sachverständigen macht, *„nicht Mitteilungen an außenstehende Personen"*[274] gleichgestellt werden können. Das, was der Sachverständige bei seiner Glaubwürdigkeitsuntersuchung, den Fragen und Tests, herausfindet, erfährt er nicht als Privatperson. Das Explorationsgespräch und die Testverfahren sind kein privates Gespräch zwischen Nachbarn. Es handelt sich vielmehr um eine von der Staatsanwaltschaft oder vom Richter angeordnete und damit staatlich veranlaßte Untersuchung. Der Sachverständige wird erkennbar für den Zeugen gezielt im Auftrag eines staatlichen Organs tätig.[275]

---

270 Vgl. dazu die Ausführungen im 2. Kapitel dieser Arbeit, S. 55.

271 Zur Definition des Vernehmungsbegriffes siehe 2. Kapitel, S. 55 f.

272 So u. a. BGH NJW 1968, 2297, 2297 = JR 1969, 231, 231; Sternberg-Lieben, JZ 1995, 844, 844; sowie die Ausführungen im 2. Kapitel, S. 68 (mwN in Fußnote 69) und S. 80 (mwN in Fußnote 164).

273 Vgl. u. a. Fezer, Strafprozeßrecht II, Fall 12, Rn 56 mwN; Weigend, JZ 1990, 48, 49; Peters, JR 1969, 232, 232; Rengier, Zeugnisverweigerungsrechte, S. 274; sowie die Ausführungen im 2. Kapitel, S. 68 (Fußnoten 70, 71), S. 72f und S. 80 (Fußnote 165).

274 BGHSt 11, 97, 99.

275 So u. a. Sternberg-Lieben, JZ 1995, 844, 844; Geppert, Jura 1988, 363, 363 f; SK-Schlüchter, § 252 Rn. 4.

Er fungiert als ein Zuträger für seinen Auftraggeber, den Staatsanwalt oder Richter, dem die erforderliche Sachkunde fehlt, um insbesondere die Befundtatsachen festzustellen. Anders als bei einem Privatgespräch ist der Sachverständige im Zusammenhang und aus Anlaß eines konkreten Strafverfahrens tätig. Damit ist der Sachverständige aber keineswegs eine Privatperson, die ja gerade eine Person ist, die nicht amtlich am Verfahren beteiligt ist.[276] Der gesamten Untersuchung des Sachverständigen liegt ein verfahrensbezogener Auftrag zugrunde.[277] Der Sachverständige arbeitet für den Staatsanwalt, für den Richter – und damit wie ein verlängerter Arm der Strafverfolgungsorgane. Dadurch ist die Konfliktlage, in der sich der Zeuge bei der Untersuchung, bei der Beantwortung der Fragen und Tests befindet, aber der bei einer Vernehmung ähnlich[278]: Der Zeuge sieht sich einer staatlichen Bedrängnis ausgesetzt, dem Sachverständigen wahrheitsgetreu zu antworten.

Zwar ist der Zeuge, unabhängig von seinem Zeugnisverweigerungsrecht, gegenüber dem Sachverständigen wie gegenüber einer Privatperson nicht zur Aussage verpflichtet.[279] Er muß bei der gesamten Untersuchung, die noch nicht einmal im Gesetz geregelt ist, überhaupt nicht mitwirken. Nur vor dem Richter, dem Staatsanwalt besteht für den Zeugen die Pflicht, zu erscheinen und wahrheitsgemäß auszusagen.[280] Aber – anders als bei einem Privatgespräch – weiß der Zeuge dies nicht. Die Belehrung, die er vor der Untersuchung oder irgendwann im Laufe des Verfahrens[281] erhält, mutet nämlich anders an: Nach Ansicht des Bundesgerichtshofes[282] ist nur der zeugnisverweigerungsberechtigte Zeuge überhaupt zu belehren, daß er an der Untersuchung nicht mitwirken muß, während ein genereller Anspruch auf die Information, daß er zur Teilnahme an der Untersuchung unabhängig vom Zeugnisverweigerungsrecht nicht verpflichtet ist, nicht besteht.[283] Das und die Beauftragung des Sachverständigen durch ein Strafverfolgungsorgan erweckt jedoch für den Zeugen den Anschein, daß er dem Sachverständigen Rede und Antwort stehen muß, ihm gegenüber zur Aussage verpflichtet ist.[284] *„Der Sachverständige hat durch seine Eingliederung im Strafverfahren*

276 Vgl. die Definition der Privatperson im 2. Kapitel, S. 57 (Fußnote 14).
277 Vgl. Schmidt-Recla, NJW 1998, 800, 801.
278 Vgl. auch Ranft, Jura 2000, 628, 631.
279 So Dippel, Stellung des Sachverständigen, S. 188.
280 Vgl. Bockelmann, GA 1955, 321, 331.
281 Vgl. BGH StV 1995, 564, 564 = NJW 1998, 838, 839 = NStZ 1997, 296, 297.
282 Vgl. BGHSt 11, 97, 100; 13, 394, 399.
283 Dazu kritisch Weigend, JZ 1990, 48, 49.
284 Kritisch gegenüber der Rechtsprechung des Bundesgerichtshofs äußern sich Weigend, JZ 1990, 48, 49; Dippel, Stellung des Sachverständigen, S. 188. Hinsichtlich der Gewinnung von Zusatztatsachen sieht hingegen auch der Bundesgerichtshof diese Gefahr, vgl. BGHSt 13, 1, 5.

dem Zeugen gegenüber eine besondere Stellung, die den Zeugen glauben machen kann, er sei zur Aussage verpflichtet."[285] Zu Recht spricht Bockelmann daher von „*Manipulationen, die zu dulden [...] (der Zeuge, d. Verf.) keineswegs verpflichtet*"[286] ist. Der Zeuge macht folglich seine Angaben zu den Fragen und Tests des Sachverständigen nicht aus freien Stücken wie gegenüber einer Privatperson, sondern in Erfüllung seiner zumindest vorgestellten Zeugenpflicht – und damit genau in der Konfliktsituation, die § 252 StPO iVm § 52 StPO voraussetzt.[287] Der Sachverständige tritt ihm dabei mit „*abgeleiteter staatlicher Autorität*"[288] aufgrund der amtlich angeordneten Befragung entgegen. Das unterscheidet die Untersuchung aber von einem Privatgespräch und verlangt, sie wie eine Vernehmung zu behandeln.

Auch inhaltlich besteht bei den Fragen des Sachverständigen zur Person des Zeugen und zur Tat kein Unterschied zur Vernehmung[289]; auch dort wird der Zeuge insoweit befragt, vgl. §§ 68, 68a, 69 StPO. Nur dringen die Fragen der Strafverfolgungsorgane nicht in die Geheimbereiche des Zeugen ein wie die Untersuchungsmethoden des Sachverständigen.[290] Der Zeuge muß bei der sachverständigen Untersuchung daher erst recht durch das Zeugnisverweigerungsrecht und die Regelung des § 252 StPO geschützt werden. Dürfte das, was er dem Sachverständigen bei der Untersuchung, die gerichtlich angeordnet und eine vernehmungsähnliche Situation ist[291], in der Hauptverhandlung auch bei Zeugnisverweigerung des Zeugen verwertet und der Sachverständige insoweit einer Privatperson gleichgestellt werden, würde das Zeugnisverweigerungsrecht des Zeugen ausgehöhlt.[292] Dieses Weigerungsrecht des angehörigen Zeugen erstreckt sich aber auf „*die Mitteilung jeglicher Anhaltspunkte*", die der Zeuge gegenüber dem Sachverständigen gemacht hat.[293] Denn er hat sich gegenüber einem „*in einem staatlichen Verfahren Mitwirkende(n)*"[294] geäußert. Wenn der Zeuge von seinem Zeugnisverweigerungsrecht noch in der Hauptverhandlung sinnvoll Gebrauch machen können soll, muß das Beweisverwertungsverbot des § 252 StPO die Einführung aller Angaben (Befund- und Zusatztatsachen) untersagen, die der Zeuge innerhalb dieser amtlich angeordneten Untersuchung gemacht hat.

---

285 Fezer, JuS 1977, 813, 816.
286 Bockelmann, GA 1955, 321, 331.
287 Vgl. dazu die Ausführungen im 2. Kapitel, S. 57 f.
288 Sternberg-Lieben, JZ 1995, 844, 847.
289 Vgl. Schmidt-Recla, NJW 1998, 800, 801; Rengier, Zeugnisverweigerungsrechte, S. 274.
290 Vgl. dazu die Ausführungen in diesem Kapitel unter II. 1., S. 156 ff.
291 So Ranft, Jura 2000, 628, 631.
292 Vgl. Ranft, Jura 2000, 628, 630.
293 Vgl. Rengier, Zeugnisverweigerungsrechte, S. 276.
294 Geerds, JuS 1991, 199, 202.

Entgegen der Auffassung des Bundesgerichtshofes[295] halte ich somit nicht nur die Zusatztatsachen, sondern auch die Befundtatsachen für unverwertbar. Die Begründung, die der Bundesgerichtshof für die Verwertbarkeit der Befundtatsachen anführt, ist nicht haltbar: Die vor dem Sachverständigen gemachten Angaben des Zeugen sind nicht *„wie Aussagen vor Gericht"*[296] zu behandeln.

Mit diesem Argument verweist der Bundesgerichtshof auf seine ohnehin umstrittene Ausnahme im Rahmen des § 252 StPO für richterliche Verhörspersonen und stellt den Sachverständigen hinsichtlich der Befundtatsachen einer richterlichen Verhörsperson gleich. Die Ausnahmeregelung des Bundesgerichtshofes für die richterliche Verhörsperson ist aber, wie oben ausgeführt, abzulehnen. Aus der Gleichstellung des Sachverständigen mit einer richterlichen Verhörsperson läßt sich daher nicht die Zulässigkeit der Anhörung des Sachverständigen hinsichtlich der Befundtatsachen ableiten.

Selbst wenn man die Ausnahmeregelung des Bundesgerichtshofes akzeptierte, lassen sich doch die Gründe, mit denen der Bundesgerichtshof seine Ausnahme vom Beweisverwertungsverbot des § 252 StPO bei der richterlichen Verhörsperson rechtfertigt (insbesondere das höhere Vertrauen der Allgemeinheit in die richterliche Vernehmung, die sorgfältige richterliche Belehrung)[297], nicht auf den Sachverständigen übertragen. Weder ist ein besonderes Vertrauen der Allgemeinheit oder des Gesetzes in die sachverständigen Untersuchungsmethoden erkennbar noch erfolgt durch den Sachverständigen überhaupt eine Belehrung des Zeugen, die diesem die Tragweite seines Tuns erkennen ließe.[298]

Unklar bleibt auch, wie es funktionieren soll, daß in ein und derselben Untersuchung der Sachverständige teilweise wie eine richterliche Verhörsperson auftritt (bei der Feststellung von Befundtatsachen) und teilweise als nichtrichterliche Verhörsperson (bei der Ermittlung von Zusatztatsachen).[299] Wie soll diese unterschiedliche Zuordnung für den zeugnisverweigerungsberechtigten Zeugen erkennbar sein? Auch der Sachverständige dürfte Schwierigkeiten haben, immer genau zu unterscheiden, ob er die Frage, den Test als richterliche oder nichtrichterliche Verhörsperson vorlegt.

---

295 Vgl. BGHSt 11, 97, 98; 13, 1,2; 13, 250, 252; 18, 107, 108.

296 BGHSt 11, 97, 100.

297 Vgl. BGHSt 2, 99, 106; 21, 218, 219; 36, 384, 386.

298 So auch Fincke, ZStW 86 (1974), 656, 662; Eisenberg/Kopatsch, NStZ 1997, 297, 299.

299 Der Bundesgerichtshof stellt den Sachverständigen lediglich im Bereich der Befundtatsachen einer richterlichen Verhörsperson gleich. In einer anderen Entscheidung, BGH StV 1995, 563, 563 = NJW 1996, 206, 207 = NStZ 1996, 95, 96, in der es um die Verwertbarkeit von Zusatztatsachen ging, stellt er den Sachverständigen ausdrücklich einer nichtrichterlichen Verhörsperson gleich.

Darüber hinaus steht jedoch einer (partiellen) Gleichstellung des Sachverständigen mit einer richterlichen Verhörsperson entscheidend entgegen, daß dem Sachverständigen und dem Richter ganz unterschiedliche Funktionen im Strafprozeß zugewiesen sind.[300] Der Sachverständige ist nach der Strafprozeßordnung ein Beweismittel. Er hat dabei die Funktion, dem Richter fehlendes Fachwissen zu vermitteln, das dieser braucht, um letztlich seine eigene Entscheidung treffen zu können.[301] Die rechtlichen Schlüsse zu ziehen, ist indes dem Richter vorbehalten. Er hat die Aufgabe, die Tat aufzuklären, die Wahrheit zu erforschen, § 244 II StPO. Der Richter, nicht der Sachverständige, muß die Frage klären, ob der Beschuldigte die ihm vorgeworfene Tat begangen hat oder nicht und dazu alle Beweismittel heranziehen und auswerten. Das aber sind zwei völlig unterschiedliche Funktionen. Sie ergänzen sich teilweise, da der Richter Informationen vom Sachverständigen braucht, dieser ihm *„Beurteilungsgrundlagen und Beurteilungsmethoden"*[302] liefert. Insoweit ist der Sachverständige *„Gehilfe des Gerichts."*[303] Aber er ist, wie Grünwald zu Recht betont, *„eben nur Gehilfe."*[304] Den Sachverständigen im Bereich der Befundtatsachen einer richterlichen Verhörsperson gleichzustellen, ist somit angesichts der verschiedenen Aufgaben nicht zu rechtfertigen. Der Sachverständige hat keine *„dem Richter angenäherte Stellung im Strafprozeß."*[305] Auch das Gesetz geht nicht davon aus, daß der Sachverständige (partiell) einem Richter gleichzustellen ist: Die Strafprozeßordnung macht zwischen beiden einen wesentlichen Unterschied – während der Zeuge vor dem Richter erscheinen und wahrheitsgemäß aussagen muß, ist kein Zeuge, unabhängig davon, ob er zeugnisverweigerungsberechtigt ist oder nicht, vor dem Sachverständigen zur Aussage verpflichtet.[306]

Die vom Bundesgerichtshof im Rahmen des § 252 StPO getroffene Unterscheidung zwischen verwertbaren Befund- und unverwertbaren Zusatztatsachen überzeugt schon vom Ansatz her nicht. Meiner Ansicht nach sind bei Zeugnisverweigerung des Zeugen in der Hauptverhandlung alle Angaben, die der Zeuge vor

---

300 Vgl. auch Wohlers, StV 1996, 192, 193.

301 So auch BGHSt 7, 238, 239: Der Sachverständige soll dem Richter *„das wissenschaftliche Rüstzeug [...] vermitteln, das eine sachgerechte Auswertung ermöglicht."*

302 Peters, JR 1969, 232, 232.

303 BGHSt 11, 97, 99 f; 13, 1, 4.

304 Grünwald, Beweisrecht der StPO, S. 47.

305 Peters, JR 1969, 232, 232.

306 Vgl. Dippel, Stellung des Sachverständigen, S. 188; sowie die Ausführungen im 2. Kapitel, S. 69 (Fußnote 81).

dem Sachverständigen gemacht hat, unverwertbar, da eine unterschiedliche Zuordnung nicht möglich ist.[307]

In einigen Urteilen des Bundesgerichtshofes selbst wird deutlich, daß die Einteilung nicht so klar und einfach ist, wie sie erscheint. Jedenfalls gibt der Bundesgerichtshof bedauerlicherweise keine klare Linie vor. Fraglich bleibt vor allem, was tatsächlich unverwertbare Zusatztatsachen sind, also wann die Angaben des Zeugen zur Tat solche unverwertbaren Zusatztatsachen sind. Durften nach der Entscheidung des Bundesgerichtshofes vom 15.11.1994[308] die *„das Tatgeschehen selbst betreffenden Tatsachen (Zusatztatsachen) [...] nicht [...] verwertet werden"*[309], ordnet der Bundesgerichtshof die Tatangaben in einigen anderen Urteilen als verwertbare Befundtatsachen ein: Bei seiner Entscheidung vom 20.7.1995[310] hält er die Angaben des Zeugen, die sich sowohl auf die Persönlichkeit des Beschuldigten als auch auf den Tatvorwurf bezogen, trotz Zeugnisverweigerung des Zeugen in der Hauptverhandlung für verwertbar – und stuft sie damit als Befundtatsachen ein. Auch in der Entscheidung vom 29.8.1984 bemängelt er nicht, daß das LG Gießen die von der Zeugin gemachten *„Angaben zum Tatgeschehen herangezogen"* hat, *„da es sich insoweit um Befundtatsachen handele."*[311] Offensichtlich sollten hier Beweislücken vermieden oder geschlossen werden.[312] Derartige Verwertungsinteressen und kriminalpolitische Erwägungen dürfen jedoch nicht über die (partielle) Anwendbarkeit des § 252 StPO entscheiden. Rechtssicherheit verlangt auch, daß hier eine klare Linie vom Gesetzgeber vorgegeben und von der Rechtsprechung eingehalten wird.

In seiner Entscheidung vom 20.11.1984[313] äußert der Bundesgerichtshof sogar Zweifel an der Einstufung der Tatangaben als Zusatztatsachen, da mit dem Aussageinhalt untrennbar das Aussageverhalten verknüpft sei. Er scheint daher dazu zu neigen, in diesem Fall alle Angaben des Zeugen als verwertbare Befundtatsachen anzusehen, läßt dies aber offen. Alle Erklärungen, die der Zeuge gegenüber dem Sachverständigen abgegeben hat, als Befundtatsachen einzustufen, läßt sich meines Erachtens jedoch nicht rechtfertigen. Nach der einhelligen Definition sind Befundtatsachen nur diejenigen Tatsachen, die nur der Sachver-

---

307 Vgl. dazu Fincke, ZStW 86 (1974), 656, 667, 673; Weigend, JZ 1990, 48, 49.

308 Vgl. BGH NJW 1995, 1501 ff (insoweit auch abgedruckt unter BGHSt 40, 337); ebenso BGH StV 1995, 563, 563.

309 BGH NJW 1995, 1501, 1502.

310 Vgl. BGH StV 1995, 564, 564 = NJW 1998, 838, 839 = NStZ 1997, 296, 197.

311 BGH StV 1984, 453, 453.

312 Vgl. Wohlers, StV 1996, 192, 193.

313 Vgl. BGH NStZ 1985, 182, 182.

ständige aufgrund seiner besonderen Sachkunde feststellen kann.[314] Dazu gehört der Aussageinhalt indes nicht. Dieser kann auch vom Gericht selbst festgestellt werden – und dort soll auch diese Beweiserhebung nach dem Willen des Gesetzes stattfinden. Denn es „*kann und soll der Sachverständige den vollen Beweis, dessen Erhebung dem Gericht in der Hauptverhandlung obliegt, nicht ersetzen, und es besteht dafür auch kein Bedürfnis.*"[315] Sind Aussageinhalt und Verhalten untrennbar, dann ist daraus meiner Ansicht nach eine andere Konsequenz zu ziehen: Alles ist unverwertbar.

Bedenklich finde ich die Auffassung des Richters am Bundesgerichtshof Nack, die Aussageinhalte seien deshalb Befundtatsachen, weil der Sachverständige sie aus dem Zeugen herausgeholt und dafür seine besonderen Fragetechniken benutzt habe, die dem Gericht nicht zur Verfügung stünden.[316] Bei der Untersuchung durch den Sachverständigen ist der Zeuge, wie oben dargelegt[317], den Fragetechniken und Untersuchungsmethoden des Sachverständigen weitgehend hilflos ausgeliefert. Dabei bestehen gerade im Hinblick auf diese Methoden des Sachverständigen und auch wegen der Unbedenklichkeit, mit der sie zur Gewinnung von Tatsachen, die nur auf diese Weise festgestellt werden können, angewandt werden, erhebliche verfassungsrechtliche Bedenken.[318]

Stuft man die so gewonnenen Tatangaben des Zeugen dann auch noch als Befundtatsachen und damit als verwertbar ein, kann und wird der Sachverständige bewußt funktionswidrig zur Sachverhaltsermittlung eingesetzt werden. Es bietet sich auf diese Weise den Juristen ein hervorragender Weg, um die durch Beweisverwertungsverbote abgesicherten „*Grenzen staatlicher Ausforschung*"[319] und

---

314 Vgl. u. a. BGHSt 18, 107, 108; Wohlers, StV 1996, 192, 193f; Lesch, JA 1997, 364, 366; zur Definition siehe auch 2. Kapitel, S. 61 f.

315 BGHSt 9, 292, 295.

316 Vgl. Nack, StraFo 2001, 1, 6: „*Der Sachverständige hat [...] eine besondere Kompetenz bei der ‚Produktion' von Aussagen. Er [...] verfügt [...] über eine besondere Fragetechnik.*" Ähnlich wohl auch BGHSt 7, 82, 83; dort ist die Rede von „*überlegenen Erkenntnismittel(n).*" Nach Roesen, NJW 1964, 442, 443, zeigt das Urteil BGHSt 7, 82, „*daß der Senat den Vorteil des Sachverständigen gar nicht so sehr in einer größeren Sachkunde gegenüber dem Richter erblickt wie in einer dem Sachverständigen möglichen, in der Hauptverhandlung dem Richter vermeintlich unmöglichen Methode.*"

317 Vgl. die Ausführungen zu den Einwänden gegen das Verfahren bei der Glaubwürdigkeitsuntersuchung unter II. 1., S. 156 ff.

318 So auch Dippel, Stellung des Sachverständigen, S. 157.

319 Krauß, ZStW 85 (1973), 320, 329. Vgl. auch Dippel, Stellung des Sachverständigen, S. 167: Die Exploration des Sachverständigen dringt in „*Geheimbereiche*" des Zeugen ein und steht damit „*in klarem Widerspruch zu dem [...] Bemühen, durch Beweisverbote verfahrensrechtlich die Verletzung materiellrechtlich [...] abgesicherter Geheimbereiche zu verhindern.*"

die ihnen „*oktroyierten Regeln [...] zu modifizieren und zu umgehen.*“[320] Der Zeuge antwortet dem Sachverständigen, ohne durch die „*strengbeweislichen Verfahrensgarantien wie bei einer Vernehmung*“[321] geschützt zu sein. Mitwirkungs- und Anwesenheitsrechte des Beschuldigten und seines Verteidigers, die bei einer richterlichen Vernehmung des Zeugen bestünden und eine gewisse „*strafprozessuale Sicherung*“[322] darstellen, können so umgangen werden.[323] Dadurch fehlen indes auch weitere Garantien für die Wahrheitsfindung, die eine richterliche Vernehmung gegenüber einer sachverständigen Befragung bietet: Die Grundsätze der Mündlichkeit, der Öffentlichkeit und der Unmittelbarkeit der Beweisaufnahme sind durch die Befragung des Zeugen außerhalb des Gerichtssaales durch den Sachverständigen berührt.[324] § 80 StPO legt bewußt die Ermittlungstätigkeit in die Hände des Richters[325], um so eine Gewähr für die Einhaltung „*der nicht zuletzt im Interesse der Wahrheitsfindung bestehenden Verfahrensgarantien*“ zu gewährleisten.[326] Der Sachverständige ist für ihre Einhaltung dagegen „*kein zuverlässiger Garant.*“[327] Denn zum einen ist er sich als juristischer Laie der Tragweite vieler Vorschriften, so auch des Zeugnisverweigerungsrechtes, das den Zeugen schützen soll, nicht bewußt. Zum anderen bringen „*das Selbstverständnis des Sachverständigen und seine naturwissenschaftlich ausgerichtete Denkweise Gefahren für die Stellung des Befragten als Rechtssubjekt mit sich.*“[328]

Auch der Bundesgerichtshof sieht die Gefahr, die eine solche „*selbständige Ermittlungstätigkeit des Sachverständigen*“ birgt: Es „*fehlen auch sonst die verfahrensrechtlichen Garantien für die Wahrheitsfindung, die eine richterliche Vernehmung bietet.*“[329] Er zieht daraus jedoch leider nicht die Schlußfolgerung, daß alle Tatangaben, die der Sachverständige ermittelt, als unverwertbar behan-

---

320 Krauß, ZStW 85 (1973), 320, 329.

321 KMR-Paulus, Vor § 72 Rn. 40.

322 LG Oldenburg, StV 1994, 646, 647.

323 So auch LG Oldenburg StV 1994, 646, 647.

324 Vgl. dazu Dippel, Stellung des Sachverständigen, S. 154 ff, für den die Vernehmung durch den Sachverständigen „*mit tragenden Grundsätzen des Verfahrensrechts unvereinbar*“ ist (S. 155). Siehe dazu auch Krauß, ZStW 85 (1973), 320, 327 ff; sowie die Ausführungen zu den Einwänden gegen das Verfahren bei der Glaubwürdigkeitsuntersuchung, S. 156 ff, 162 ff.

325 Oder in die Hände des Staatsanwaltes, § 161a I 2 StPO.

326 So Rengier, Zeugnisverweigerungsrechte, S. 273; ähnlich Dippel, Stellung des Sachverständigen, S. 155, 159.

327 Rengier, Zeugnisverweigerungsrechte, S. 273; so auch Fezer, JuS 1977, 813, 816.

328 Rengier, Zeugnisverweigerungsrechte, S. 274.

329 BGH JR 1962, 111, 111. Schmidt-Recla, NJW 1998, 800, 801, spricht daher vom Sachverständigen als einem „*vom Gesetz nicht gebundenen Richter in Weiß.*“

delt werden müssen. Denn nur so kann eine durch die Exploration des Sachverständigen zu befürchtende *„Informationserschleichung“*[330] verhindert werden. Können Befundtatsachen von diesem Aussageinhalt nicht getrennt werden, dann wird dadurch – anders als es der Bundesgerichtshof andeutet[331] – nicht alles verwertbar. Im Gegenteil, dann müssen auch die mit dem Aussageinhalt untrennbar verbundenen Befundtatsachen als unverwertbar gelten.

Befund- und Zusatztatsachen fallen auch deshalb bei Zeugnisverweigerung des Zeugen in der Hauptverhandlung gleichermaßen unter das Beweisverwertungsverbot des § 252 StPO, da eine korrekte Trennung auch aus anderen Gründen (oftmals) gar nicht möglich ist.

Zunächst sei auf die schwierige Grenzziehung zwischen der Anwendung der Sachkunde und der dem Richter vorbehaltenen rechtlichen Subsumtion hingewiesen.[332] Fraglich bleibt, wo die vom Sachverständigen vorzunehmende *„Bewertung auf tatsächlicher Ebene“* endet und die dem Richter obliegende *„rechtliche Bewertung im Einzelfall“*[333] beginnt und ob dies überhaupt trennbar ist.

Darüber hinaus spricht gegen die Verwertbarkeit der Befundtatsachen, daß es dem Sachverständigen als einem juristischen Laien große Schwierigkeiten bereiten dürfte, die Befundtatsachen einwandfrei von den Zusatztatsachen abzugrenzen.[334]

Dabei ist die von Eisenberg angedeutete Gefahr kaum zu leugnen, daß die unverwertbaren Zusatztatsachen mittelbar die Darstellung und Gewichtung der Befundtatsachen beeinflussen, *„ohne daß sie in zulässiger Weise (§ 80) gewonnen bzw als Zusatztatsachen eindeutig ausgewiesen worden sind.“*[335] Der Inhalt einer Zeugenaussage, einschließlich der Angaben zur Tat, ist zum Beispiel auch nach Ansicht des Bundesgerichtshofes ein Urteilselement für die Bewertung der Glaubwürdigkeit des Zeugen und fließt dementsprechend in die Beurteilung des Sachverständigen mit ein. Da dies jedoch *„nur ein Urteilselement“*[336] von mehreren ist, wird es nach Auffassung des Bundesgerichtshofes *„auch nicht unmittelbar zur Grundlage entsprechender tatsächlicher Feststellungen“*[337] des Sachverständigen und müßte (der Bundesgerichtshof läßt dies offen) daher nicht als

---

330 Schmidt-Recla, NJW 1998, 800, 801.

331 Vgl. BHG NStZ 1985, 182, 182.

332 Vgl. Grünwald, Beweisrecht der StPO, S. 47.

333 Fezer, Strafprozeßrecht II, Fall 12, Rn. 68, der der Ansicht ist, dies lasse sich *„schwer trennen.“* Vgl. auch Grünwald, Beweisrecht der StPO, S. 47.

334 Vgl. Rengier, Zeugnisverweigerungsrechte, S. 273; ders.; Jura 1981, 299, 305; Weigend, JZ 1990, 48, 49; Dippel, Stellung des Sachverständigen, S. 156 f; ähnlich auch Krauß, ZStW 85 (1973), 320, 328.

335 Eisenberg, Beweisrecht, Rn. 1612.

336 BGH NStZ 1985, 182, 182.

337 BGH NStZ 1985, 182, 182.

unverwertbare Zusatztatsache angesehen, sondern könnte für die Feststellung der Befundtatsachen verwertet werden. Selbst wenn der Aussageinhalt nicht unmittelbar zur Grundlage für die Feststellungen des Sachverständigen wird, so wird er es doch mittelbar – denn der Aussageinhalt wird im Ergebnis für die Beurteilung der Glaubwürdigkeit mitverwertet. Diese Zusatztatsachen dienen dabei auch *„dem gutachterlichen Verständnis der beobachteten bzw untersuchten Tatsachen."*[338]

Schließlich kann der Sachverständige die Befundtatsachen auch gar nicht feststellen, ohne die Aussageinhalte heranzuziehen.[339] Die Stimmigkeit der Aussage, ihre Entstehungsgeschichte etc. lassen sich ohne den Inhalt der Aussage des Zeugen nicht beurteilen. Das Verhalten des Zeugen bei der Aussage läßt ebenfalls ohne die Aussage des Zeugen keine Einschätzung durch den Sachverständigen zu. Die gesamte Aussageanalyse, die Überprüfung der Aussage im Hinblick auf das Vorliegen der sog. Realkennzeichen ist ohne eine Aussage des Zeugen nicht durchführbar. Die Aussage des Zeugen bildet die Grundlage, den Ausgangspunkt schlechthin für die Glaubwürdigkeitsuntersuchung des Sachverständigen. Fincke ist daher zuzustimmen, wenn er die Unterscheidung in Befund- und Zusatztatsachen ablehnt, *„weil alle für das Gutachten nützlichen Informationen notwendig die Tat betreffen."*[340] Befund- und Zusatztatsachen sind insoweit untrennbar, sie gehören zusammen. Daher sind sie bei Zeugnisverweigerung des Zeugen auch gleichermaßen nach § 252 StPO unverwertbar.

Ist nach neuerer Rechtsprechung des Bundesgerichtshofes nunmehr nicht zwischen der allgemeinen und der speziellen Glaubwürdigkeit zu unterscheiden[341], besteht für den Sachverständigen bei der Begutachtung des Zeugen der Auftrag darin, zu beurteilen, *„ob auf ein bestimmtes Geschehen bezogene Angaben zutreffen, d. h. einem tatsächlichen Erleben der untersuchten Person entsprechen."*[342] Das ist aber denknotwendig ohne eine Aussage des Zeugen zum Tatgeschehen gar nicht möglich. Der Sachverständige wird den Zeugen also zwangs-

---

338 Eisenberg, Beweisrecht, Rn. 1612.

339 Vgl. dazu die Ausführungen zum Verfahren bei der Glaubwürdigkeitsuntersuchung; S. 155 f; S. 67 (Fußnote 66). Siehe auch Weigend, JZ 1990, 48, 48 f: Der Sachverständige kann *„zur Glaubhaftigkeit einer prozeßrelevanten Aussage [...] nichts Sinnvolles sagen, wenn er nicht mit dem Zeugen mehr oder weniger eingehend über das Tatgeschehen gesprochen [...] hat."* Nach Eisenberg, Beweisrecht, Rn. 1869, ist es ein *„Grundproblem"*, daß der Sachverständige auch zum konkreten Tatgeschehen Untersuchungen durchzuführen und seinem Auftraggeber Angaben zu machen hat.

340 Fincke, ZStW 86 (1974), 656, 673.

341 Vgl. die Ausführungen auf S. 67 in Fußnote 66 in dieser Arbeit unter Hinweis auf BGHSt 45, 164.

342 BGHSt 45, 164, 167.

läufig bei der Untersuchung in seinem Institut zum Tatgeschehen befragen müssen, wenn nicht bereits in den Akten eine entsprechende Aussage des Zeugen als Anknüpfungstatsache vorliegt. Er kann nämlich sonst sein Gutachten nicht erstellen, die Glaubwürdigkeit des Zeugen nicht beurteilen und keine Befundtatsachen liefern.[343] Das läuft auf eine eigenständige Ermittlungstätigkeit des Sachverständigen hinaus.[344]

Eine solche Aufklärung des Tatgeschehens, der Wahrheit ist jedoch, wie bereits ausgeführt, nicht die Aufgabe des Sachverständigen, sondern die des Richters.[345] Mit der Befragung des Zeugen zum Tathergang überschreitet der Sachverständige folglich seine Kompetenzen. Denn nicht *„die Eruierung von be- bzw. entlastenden Tatsachenmaterial gehört zu den Aufgaben des Gutachters, sondern die Prüfung der aussagepsychologischen Relevanz, d. h. die Feststellung, ob und ggf. inwieweit die Zeugenaussagen als Personalbeweis gerichtsverwertbar“*[346] sind. Die Exploration des Sachverständigen zum Tatgeschehen ist dagegen – wie eine Vernehmung – darauf angelegt, die Wahrheit über den Tatvorgang herauszufinden.[347] Aussagen, die der Zeuge hierbei zum Tatgeschehen macht, müssen wie eine Aussage bei einer Vernehmung unter das Beweisverwertungsverbot des § 252 StPO fallen.

Als selbständiger Ermittler bewegt sich der Sachverständige seiner Prozeßrolle zuwider *„in Bereichen, die den Strafverfolgungsorganen vorbehalten sind.“*[348] Da dies seiner Funktion als Beweismittel, als Zuträger von Sachkunde, nicht entspricht, hat der Sachverständige jegliche Ausforschung des Zeugen zu unterlassen, die auf die Ermittlung der Tat gerichtet ist.[349] Zudem ist, wie bereits angesprochen, eine solche ermittelnde Tätigkeit des Sachverständigen weder mit

---

343 Kritisch dazu auch Eisenberg, Beweisrecht, Rn. 1869.

344 Vgl. Rengier, Zeugnisverweigerungsrechte, S. 272; Krauß, ZStW 85 (1973), 320, 334 f.

345 Vgl. BGH JR 1969, 231, 231 = NJW 1968, 2297, 2297; Peters, JR 1969, 232, 233; Weigend, JZ 1990, 48, 49; Fischer, NStZ 1994, 1, 5; Schmidt-Recla, NJW 1998, 800, 801; Scholz/Endres, NStZ 1995, 6, 11; Rengier, Zeugnisverweigerungsrechte, S. 275: *„Die Befragung von Zeugen ist ausschließlich Sache des Gerichts bzw. der Staatsanwaltschaft.“*

346 Scholz/Endres, NStZ 1995, 6, 11.

347 So auch Dippel, Stellung des Sachverständigen, S. 152, 165; Roesen, NJW 1964, 442, 443; Fischer, NStZ 1994, 1, 5, der daher der Ansicht ist, daß die Begutachtung der speziellen Glaubwürdigkeit *„in der Regel ausscheiden“* muß.

348 Schmidt-Recla, NJW 1998, 800, 801; so auch Krauß, ZStW 85 (1973), 320, 335; Dippel, Stellung des Sachverständigen, S. 152; Peters, JR 1969, 232, 233.

349 So auch Dippel, Stellung des Sachverständigen, S. 171; Peters, JR 1969, 232, 233: *„Der Sachverständige darf sich mit dem Tatvorgang nur insoweit befassen, als er ihm von dem Auftraggeber, insbes. dem Gericht, vorgelegt wird.“*

den verfahrensrechtlichen Garantien richterlicher Wahrheitsfindung vereinbar[350] noch ist sie vom Gesetz, vgl. § 80 StPO, vorgesehen.[351] Wenn der Sachverständige die Aussage des Zeugen braucht – und ohne sie kann er sein Gutachten nicht erstellen –, muß er den *„verfahrensrechtlich einwandfreien Weg"*[352] des § 80 StPO wählen.[353] In Anwesenheit des Richters, des Beschuldigten, seines Verteidigers und des Staatsanwaltes kann der Sachverständige der Vernehmung des Zeugen beiwohnen und einzelne Fragen an den Zeugen richten, deren Erörterung für das Gutachten notwendig ist.[354] Die Vernehmung an sich bleibt aber die Aufgabe des Richters.

Dem Sachverständigen ein eigenständiges Vernehmungsrecht zuzugestehen und die derzeitige Praxis stillschweigend zu dulden, ist dagegen abzulehnen.[355] Es gibt dafür zwar vor allem praktische Gründe[356], aber dies bringt, wie oben ausgeführt, *„die Gefahr einer Verlagerung der Vernehmung"*[357] mit sich. Außerdem fehlen die Garantien für die Wahrheitsfindung, die die richterliche Vernehmung bietet, bei einer Befragung des Zeugen durch den Sachverständigen außerhalb des Gerichtssaales.[358] Sie sind meines Erachtens jedoch unverzichtbarer Bestandteil des Strafverfahrens. Vor allem darf nicht vergessen werden, daß in *„Prozessen mit Begutachtung [...] der Gutachter maßgeblichen Einfluß auf deren Ausgang"*[359] nimmt.

---

350 Vgl. BGH JR 1962, 111, 111; Dippel, Stellung des Sachverständigen, S. 155; Rengier, Zeugnisverweigerungsrechte, S. 272.

351 Vgl. u. a. Dippel, Stellung des Sachverständigen, S. 152; Rengier, Zeugnisverweigerungsrechte, S. 273 f; Weigend, JZ 1990, 48, 49; LG Oldenburg, StV 1994, 646, 646.

352 BGH JR 1962, 111, 111.

353 Vgl. Dippel, Stellung des Sachverständigen, S. 151; Peters, JR 1969, 232, 233; LG Oldenburg, StV 1994, 646, 646; Eisenberg, Beweisrecht, Rn. 1589; Rengier, Zeugnisverweigerungsrechte, S. 276.

354 Vgl. Eisenberg, Beweisrecht, Rn. 1590; Fezer, Strafprozeßrecht II, Fall 12, Rn. 56; sowie die Ausführungen im 2. Kapitel, S. 80 f.

355 Vgl. auch Dippel, Stellung des Sachverständigen, S. 155 ff; so wohl auch Rengier, Zeugnisverweigerungsrechte, S. 276, der für eine Beibehaltung des § 80 StPO plädiert.

356 Vgl. u. a. Dippel, Stellung des Sachverständigen, S. 158 mwN, S. 169 unter dem Hinweis auf die besondere Atmosphäre *„des ungestörten Gesprächs"* zwischen dem Sachverständigen und dem Zeugen. Siehe auch Rengier, Zeugnisverweigerungsrechte, S. 275 f.

357 Eisenberg, Beweisrecht, Rn. 1589.

358 So auch BGH JR 1962, 111, 111; Dippel, Stellung des Sachverständigen, S. 155 ff; Rengier, Zeugnisverweigerungsrechte, S. 272.

359 Schmidt-Recla, NJW 1998, 800, 801.

Ziel des Strafprozesses ist die Erforschung der Wahrheit – aber nicht um jeden Preis.[360] Die Wahrheit ist vielmehr auf justizförmigem, rechtsstaatlichem Weg[361] und damit unter Beachtung und Wahrung u. a. der Grundsätze der Mündlichkeit, der Öffentlichkeit und der Unmittelbarkeit der Beweisaufnahme und verschiedener Beweisverwertungsverbote als „*Grenzen staatlicher Ausforschung*“[362] festzustellen. Die Befragung von Zeugen zum Tatgeschehen außerhalb einer richterlichen Vernehmung im Sinne des § 80 StPO ist daher dem Sachverständigen zu verwehren; so gewonnene Tatsachen dürfen meines Erachtens nicht verwertet werden.

Daß sich dadurch die Erfolgsquote des Sachverständigen und möglicherweise auch die Zahl der Verurteilungen verringert, sehe ich durchaus. Aber mit Dippel möchte ich einwenden, daß dies angesichts der in dieser Arbeit nur angedeuteten verfahrens- und verfassungsrechtlichen Problempunkte „*keine durchschlagenden Argumente (sind, d. Verf.), wenn es um unzulässige Methoden der Wahrheitsfindung geht.*“[363]

Eine klare gesetzliche Regelung hinsichtlich der Glaubwürdigkeitsuntersuchung ist insgesamt unumgänglich. Wie Krauß und Fischer bin ich der Auffassung, daß „*die Tätigkeit des Sachverständigen inhaltlich auf die fehlende und zugleich erforderliche Sachkunde des Richters*“ abgestimmt[364] „*und dadurch das Gutachten des Sachverständigen wirklich zu einem sinnvollen, vom Richter beherrschten Instrument einer richterlichen Entscheidung*“[365] gemacht werden muß.

III. Zur Verwertbarkeit der vor dem Strafverteidiger gemachten Angaben eines zeugnisverweigerungsberechtigten Zeugen

Verweigert der Zeuge in der Hauptverhandlung das Zeugnis, darf das Gericht das Protokoll, das der Strafverteidiger des Beschuldigten in seiner Anwaltskanzlei über die Angaben des Zeugen aufgenommen hat, nicht verwerten, § 252 StPO.

---

360 Vgl. BGHSt 14, 358, 365; 31, 304, 309.

361 Vgl. u. a. BVerfGE 57, 250, 275; BGHSt 5, 332, 334.

362 Krauß, ZStW 85 (1973), 320, 329; vgl. auch Fischer, NStZ 1994, 1, 5; Grünwald, Beweisrecht der StPO, S. 141.

363 Dippel, Stellung des Sachverständigen, S. 171.

364 Fischer, NStZ 1994, 1, 5, schlägt dazu vor, den Sachverständigen darauf zu beschränken, „*empirisches Material zur richterlichen Beweiswürdigung beizutragen.*“ Denn der Richter muß gegenüber dem Sachverständigen „*der eigentliche Herr des Verfahrens bleiben*“, LR-Dahs, Vor § 72 Rn. 19.

365 Krauß, ZStW 85 (1973), 320, 326.

Die Angaben, die der Zeuge dem Strafverteidiger gemacht hat, sind wie Aussagen innerhalb einer Vernehmung zu behandeln und damit bei Zeugnisverweigerung unverwertbar.[366]

Wie oben ausgeführt, liegt eine Vernehmung im Sinne des § 252 StPO zwar nur vor, wenn *„der Vernehmende dem Zeugen in amtlicher Funktion gegenübertritt [...] und in dieser Eigenschaft von ihm Auskunft verlangt."*[367] Der Strafverteidiger ist hingegen kein mit der Strafverfolgung beauftragtes staatliches Organ. Er ist kein Angehöriger der Ermittlungsbehörden, sondern der Beistand des Beschuldigten, § 137 I 1 StPO. Den Strafverteidiger aber deshalb einer Privatperson gleichzustellen mit der Folge, daß die Angaben des Zeugen nicht nach § 252 StPO unverwertbar sind[368], läßt sich meiner Ansicht nach auch nicht rechtfertigen.

Eine Privatperson ist nach allgemeiner Definition eine Person, die nicht amtlich mit dem Verfahren befaßt ist.[369] Gemeint ist damit in Abgrenzung zum Staatsanwalt, zum Polizeibeamten und Richter eine am Verfahren unbeteiligte Person – eine *„außenstehende Person."*[370] Das trifft auf den Strafverteidiger jedoch nicht zu. Er ist Verfahrensbeteiligter. Als Beistand des Beschuldigten ist er sehr wohl beruflich mit dem Verfahren befaßt. Zwar nicht als ein Strafverfolgungsorgan, aber als Helfer für den Beschuldigten. Er steht quasi neben dem Beschuldigten, hilft diesem, durch das Verfahren zu gelangen, seine Rechte im Verfahren geltend zu machen. Der Strafverteidiger hat eine *„Schutzaufgabe zugunsten des Beschuldigten"*[371] zu erfüllen, und seine Tätigkeit ist dabei *„einseitig an den Interessen des Beschuldigten orientiert."*[372]; er wird ausschließlich zu seinen Gunsten tätig.[373] Für ihn sammelt der Strafverteidiger entlastendes Beweismaterial. Er steht damit im Verfahren, nicht außerhalb. Ihn mit einem Nachbarn des Zeugen oder einer sonstigen Privatperson gleichzustellen, die tatsächlich nichts

---

366 So auch der Bundesgerichtshof, BGHSt 46, 1 ff, und die herrschende Auffassung in der Literatur; vgl. die Ausführungen im 2. Kapitel, S. 95 ff.

367 BGHSt 40, 211, 213.

368 So aber eine Auffassung in der Literatur, u. a. Roxin, FS Rieß, S. 451, 459 ff; Schittenhelm, NStZ 2001, 50, 50 f; vgl. auch die Ausführungen im 2. Kapitel, S. 100 ff.

369 Vgl. die Definition im 2. Kapitel, S. 58 in Fußnote 15.

370 BGHSt 11, 97, 99.

371 Müller-Dietz, Jura 1979, 242, 248; ebenso BVerfGE 38, 105, 111.

372 Müller-Dietz, Jura 1979, 242, 248.

373 Vgl. dazu die Ausführungen im 2. Kapitel, S. 88 ff; Ostendorf, NJW 1978, 1345, 1348: *„Von daher ist die Verteidigung immer einseitig zu Gunsten des Beschuldigten, immer entlastend, niemals belastend."*

mit dem Strafverfahren zu tun haben und außerhalb des Verfahrens stehen, überzeugt mich daher nicht.

Der Vergleich der Befragung des Zeugen durch den Strafverteidiger mit einer Untersuchung des Zeugen durch den Sachverständigen[374] macht deutlich, daß die Anwendbarkeit des § 252 StPO nicht zwingend eine förmliche Vernehmung voraussetzt, sondern es auch Situationen gibt, die keine Vernehmung sind und dennoch unter § 252 StPO fallen, weil sie vernehmungsähnlich sind. Aus der Sicht des Zeugen, da stimme ich Volk[375] zu, ist das Gespräch des Zeugen mit dem Strafverteidiger eher mit einer Vernehmung vergleichbar als mit einem Privatgespräch. Denn zwischen dem Gespräch in der Kanzlei des Strafverteidigers und dem Strafverfahren gegen den Beschuldigten besteht ein enger Zusammenhang.[376] Nur weil ein solches Ermittlungsverfahren gegen den Beschuldigten läuft, der Strafverteidiger seine Interessen vertritt und entlastende Beweise sucht, bittet der Strafverteidiger den angehörigen Zeugen zu sich. Anders als bei einem privaten Gespräch erzählt der Zeuge dem Verteidiger nicht aus einem *„mit dem Verfahren nicht in Zusammenhang stehenden Grund"*[377] von der Tat. Das laufende Ermittlungsverfahren, nicht die persönliche Neugier, ist vielmehr Anlaß und Hintergrund des Gesprächs mit dem Strafverteidiger.

Wenn Roxin dennoch die Anwendung des § 252 StPO ablehnt, da es sich bei dem Geprächsprotokoll um eine *„außeramtliche"*[378] Beweissammlung durch den Strafverteidiger handele, möchte ich dem entgegenhalten, daß es sich zwar insofern um ein außeramtliches Gespräch handelt, als kein Strafverfolgungsorgan tätig geworden ist – daß es aber dennoch, anders als Roxin meint, kein privates Gespräch war. Angesichts der Funktion des Strafverteidigers läßt sich meines Erachtens eine Einordnung des Gesprächs als vernehmungsähnliche Situation und damit in den Anwendungsbereich des § 252 StPO rechtfertigen. Der Befragung durch den Strafverteidiger liegt ein verfahrensbezogener Auftrag des Beschuldigten zugrunde. Die Angaben des Zeugen erfolgen gegenüber dem Strafverteidiger als einem im *„staatlichen Verfahren Mitwirkende(n)"*[379] – und damit innerhalb eines staatlichen Verfahrens. Sollen, wie Rengier[380] ausführt, über § 252 StPO alle Tatangaben erfaßt werden, die der Zeuge innerhalb des staatlichen Verfahrens gemacht hat, gehören auch die gegenüber dem Strafverteidiger dazu.

---

374 Vgl. die Ausführungen im 2. Kapitel zur Unverwertbarkeit der Zusatztatsachen, S. 79 f.

375 So Volk, JuS 2001, 130, 132.

376 So auch BGHSt 46, 1, 5; Baier, JA 2000, 833, 835.

377 Baier, JA 2000, 833, 835.

378 Roxin, FS Rieß, S. 451, 461.

379 Geerds, JuS 1991, 199, 202.

380 Vgl. Rengier, Jura 1981, 299, 305.

Schließlich sind die Angaben des Zeugen gegenüber dem Strafverteidiger das Ergebnis einer zielgerichteten Befragung. Die Aussage des Zeugen in der Anwaltskanzlei erfolgt gezielt für das Verfahren; sie wird allein mit dem Zweck, sie in der Hauptverhandlung zu verwerten, gewonnen.[381] Damit besteht bei dem Gespräch aber dieselbe Intention wie bei einer Vernehmung des Zeugen durch den Richter oder Staatsanwalt. Auch Roxin gesteht ein, daß der Strafverteidiger hiermit den *„Weg der quasi ‚förmlichen' Vernehmung"*[382] geht. Immer geht es darum, ein Beweismittel für die Hauptverhandlung zu gewinnen. Es ist daher nicht einzusehen, warum die Angaben des Zeugen vor dem Richter letztlich nach § 252 StPO unverwertbar, die vor dem Strafverteidiger hingegen verwertbar sein sollten.

Auch die fehlende Aussagepflicht des Zeugen ändert nichts an der Einstufung des anwaltlichen Gespräches als vernehmungsähnlich im Sinne des § 252 StPO. Grundsätzlich soll § 252 StPO dem Zeugen nur die Konflikte ersparen, *„die in seiner prozessualen Zeugenrolle (Aussagepflicht, Wahrheitspflicht) begründet sind."*[383] Eine Aussagepflicht besteht zwar nach der Strafprozeßordnung beim Gespräch mit dem Strafverteidiger für den Zeugen nicht. Es ist jedoch zu bedenken, daß auch vor dem Sachverständigen nach der Strafprozeßordnung keine Pflicht für den Zeugen zu einer wahrheitsgemäßen Aussage besteht und daß dennoch nach einhelliger Ansicht die Tatangaben, die der Zeuge vor dem Sachverständigen gemacht hat, nach § 252 StPO unverwertbar sind.[384]

Es ist zudem immerhin möglich, daß sich der Zeuge, wie vor dem Sachverständigen, auch vor dem Strafverteidiger für aussagepflichtig hält.[385] Denn der Strafverteidiger ist für den Zeugen erkennbar Beteiligter des Strafverfahrens. Die Feststellung Fezers zum Sachverständigen ließe sich durchaus auf den Strafverteidiger übertragen: Auch dieser erhält durch *„seine Eingliederung im Strafverfahren [...] eine besondere Stellung, die den Zeugen glauben machen kann, er sei zur Aussage verpflichtet."*[386]

Außerdem soll § 252 StPO nach einer Formulierung des Bundesgerichtshofes *„in allen Fällen gelten [...], in denen der Zeuge seine Angaben nicht aus freien Stücken gemacht hat."*[387] Diese Gefahr besteht aber auch bei einem Gespräch des

---

381 So auch BGHSt 46, 1, 5; Baier, JA 2000, 833, 835; Volk, JuS 2001, 130, 132; vgl. auch die Ausführungen im 2. Kapitel, S. 93, 96.

382 Roxin, FS Rieß, S. 451, 462.

383 Geppert, FS Oehler, S. 323, 334.

384 Vgl. die Ausführungen im 2. Kapitel zur Verwertbarkeit von Zusatztatsachen, S. 79 ff.

385 So auch Baier, JA 2000, 833, 835.

386 Fezer, JuS 1977, 813, 816.

387 BGHSt 36, 384, 387; so auch BGHSt 29, 230, 232; 40, 211, 215; 46, 1, 5.

Zeugen mit dem Strafverteidiger des Beschuldigten. Der Zeuge äußert sich gegenüber dem Verteidiger nicht völlig frei. Er ist zu einer Aussage in der Regel vom Strafverteidiger seines Angehörigen – wie zu einer Vernehmung – bestellt worden. Das laufende Ermittlungsverfahren ist der Anlaß dieses Gespräches, und damit lastet auch der Druck des Strafverfahrens auf dem Zeugen. Denn er weiß, daß diese Aussage von ihm in der Hauptverhandlung verwertet werden soll. Der von §§ 252, 52 StPO vorausgesetzte Konflikt zwischen Wahrheitspflicht und den Interessen hinsichtlich seines Angehörigen kann sich für den Zeugen bei diesem Gespräch durchaus ergeben. Zumal auch ein gewisser moralischer Druck nicht zu leugnen sein dürfte, der durch den Strafverteidiger, der den angehörigen Beschuldigten vertritt, noch verstärkt wird – der Druck auf den Zeugen, eine entlastende[388] Aussage zugunsten des Beschuldigten zu machen. Die Angaben des Zeugen erfolgen daher nicht aus freien Stücken und sind bei Zeugnisverweigerung des Zeugen in der Hauptverhandlung daher nach § 252 StPO unverwertbar.

Gegen die Verwertbarkeit sprechen aus meiner Sicht schließlich auch noch andere, über § 252 StPO hinausgehende Gründe, die ich schon beim Regelungsgehalt und Umfang des § 252 StPO sowie beim Sachverständigen angesprochen habe. Auch beim Strafverteidiger komme ich erneut auf das Verständnis von der Hauptverhandlung zurück. Nach der Strafprozeßordnung und dem Willen des Gesetzgebers soll in der Hauptverhandlung das Schwergewicht der Urteilsfindung liegen, während Ermittlungsergebnisse des Vorverfahrens grundsätzlich nur vorläufige sein sollen.[389] Die Hauptverhandlung *„stellt – als alleinige Erkenntnisgrundlage der Urteilsfindung – das Kernstück des Strafverfahrens dar.“*[390] Vernimmt der Strafverteidiger den vielleicht einzigen Zeugen in seiner Kanzlei und damit in Abwesenheit der übrigen Verfahrensbeteiligten, findet die *„eigentliche Beweiserhebung“*[391] jedoch dort und nicht in der Hauptverhandlung statt. Die Hauptverhandlung ist nicht mehr die *„alleinige Erkenntnisgrundlage.“*[392] Das Schwergewicht der Urteilsfindung wird verschoben. Ein *„Kernstück der Wahrheitsfindung“*[393], nämlich die unmittelbare Ausschöpfung des Beweismittels Zeuge im Sinne von § 250 S. 1 StPO, wird aus der Hauptverhandlung herausverlagert. In der Hauptverhandlung liefert der Strafverteidiger nur noch das Proto-

388 Denn der Verteidiger des Beschuldigten sucht gemäß seiner Funktion nur solche entlastenden Beweise.

389 Vgl. zum Verhältnis Vorverfahren – Hauptverhandlung auch die Ausführungen unter I. in diesem Kapitel, S. 143 f.

390 BVerfGE 39, 156, 167.

391 Motive des Entwurfes, nach Hahn, Materialien, Bd. 3.1., S. 112.

392 BVerfGE 39, 156, 167.

393 Krauß, ZStW 85 (1973), 320, 332.

koll seiner Befragung und damit das Ergebnis dieser Beweiserhebung zur Kenntnisnahme ab.

Durchaus darf der Strafverteidiger selbständig ermitteln. Aber daraus läßt sich für mich, anders als für Roxin[394], nicht folgern, daß dann die Ergebnisse dieser selbständigen Ermittlungen auch immer verwertbar sein müssen. Denn wie im Ermittlungsverfahren der Staatsanwaltschaft werden auch bei der Befragung durch den Strafverteidiger nur vorläufige Ergebnisse gewonnen. Die endgültige und *„eigentliche Beweiserhebung"*[395] soll nach der Konzeption der Strafprozeßordnung gerade nicht im Verfahren vor der Hauptverhandlung geschehen – also weder im Ermittlungsverfahren noch bei parallel dazu verlaufenden eigenen Ermittlungen des Strafverteidigers. Hier finden *„nur Handlungen zur vorläufigen Aufklärung"*[396] statt; die endgültige Aufklärung soll in der Hauptverhandlung unter Anwesenheit möglichst aller Beteiligten erfolgen. Andernfalls würde die Hauptverhandlung zu einer Art *„Schlußverhandlung"*[397], in der Ergebnisse aus dem Vorverfahren nur noch reproduziert würden. Ein solcher *„Beurkundungstermin"*[398] ist vom Gesetzgeber jedoch nicht gewollt gewesen. Die Verfahrensweise des Strafverteidigers, den Zeugen außerhalb der Hauptverhandlung zu befragen und dann in der Hauptverhandlung das Protokoll der Befragung als Beweismittel vorzulegen, berührt dieses Verständnis der Hauptverhandlung als *„eigentliche(s) Forum der Wahrheitsfindung"*[399] empfindlich.

Zudem vollzieht sich die Beweisaufnahme in der Kanzlei des Verteidigers anders als in der Hauptverhandlung nicht öffentlich. Ob die Befragung des Zeugen durch den Strafverteidiger ebenso die Garantien für die Wahrheitsfindung bietet, die eine richterliche Vernehmung gewährleistet, erscheint mir unabhängig von irgendwelchen Manipulationsbefürchtungen gleichfalls zweifelhaft.

Anders als bei einer richterlichen Vernehmung in Anwesenheit der übrigen Verfahrensbeteiligten ist der Strafverteidiger mit dem Zeugen allein – er ist als einziger Verfahrensbeteiligter bei der Befragung anwesend: *„Er ist einer und damit einseitig."*[400] Eine Kommunikation mit dem Zeugen[401] von verschiedenen

394 Vgl. Roxin, FS Rieß, S. 451, 461 f.

395 Vgl. dazu die Motive des Entwurfes, nach Hahn, Materialien, Bd. 3.1., S. 112 f; sowie die Ausführungen von Minister von Mittnacht bei den Beratungen über den Entwurf der StPO, nach Hahn , Materialien, Bd. 3.1., S. 501.

396 So die Motive des Entwurfes, nach Hahn, Materialien, Bd. 3.1., S. 112; vgl. auch Muskat, Archiv für Strafrecht, Bd. 36 (1888), 281, 293.

397 So von Mittnacht bei den ersten Beratungen über den Entwurf der StPO, nach Hahn, Materialien, Bd. 3.1., S. 501.

398 Lammer, FS Rieß, S. 289, 300.

399 Krauß, ZStW 85 (1973), 320, 323.

400 Roesen, NJW 1964, 442, 443.

Seiten wie bei einer richterlichen Vernehmung vor oder in der Hauptverhandlung, ein Suchen nach der Wahrheit durch Fragen, Vorhalte an den Zeugen von den verschiedenen Verfahrensbeteiligten kommt hier nicht zustande. Zudem geht es dem Strafverteidiger, das muß man realistisch sehen, nicht unbedingt darum, die Wahrheit aufzuklären. Das hängt mit seiner Aufgabe zusammen, die eine andere ist als die des Richters. Der Strafverteidiger will den Beschuldigten entlasten.[402] Dieses Ziel muß nicht immer mit der Wahrheitsfindung zusammenfallen.

Da statt der persönlichen Aussage des Zeugen dem Gericht nur ein Protokoll vorliegt, entfällt auch die nach § 250 StPO grundsätzlich unverzichtbare, weil *„wahrheitsgewährleistende Funktion des persönlichen Eindrucks mit der Möglichkeit von Fragen, Vorhalten und Gegenüberstellungen."*[403] Es ist dem Gericht nicht möglich, sich von dem Zeugen einen persönlichen Eindruck zu verschaffen, da dieser für Rückfragen, die Aufklärung von Unklarheiten, in der Hauptverhandlung nicht zur Verfügung steht. Das ist jedoch problematisch für die Glaubwürdigkeitsbeurteilung und damit für die richterliche Würdigung der Zeugenangaben. Nach dem Willen des Gesetzgebers sollten daher Wahrnehmungen, die für die Urteilsfindung entscheidungserheblich sind, vom Zeugen unmittelbar und mündlich in der Hauptverhandlung geäußert werden, § 250 S. 1 StPO. Die Verlesung eines Vernehmungsprotokolls oder einer zu Beweiszwecken angefertigten schriftlichen Erklärung sollte als Ersatz für diese unmittelbare Vernehmung grundsätzlich nicht möglich sein, § 250 S. 2 StPO.[404] Wie bereits oben ausgeführt, wurde vom Gesetzgeber in Abweichung zur damaligen Praxis bewußt nur ein begrenzter Ausnahmekatalog u. a. in § 251 StPO an Verlesungsmöglichkeiten, die einen Rückgriff auf Ergebnisse des Ermittlungsverfahrens darstellen, zugelassen.[405] Denn das Urteil sollte *„ausschließlich aus lebendigen Erkenntnisquellen der mündlichen Verhandlung"*[406] geschöpft werden, um so *„eine genügende Gewähr für die Rechtssicherheit"* zu bieten.[407] Die Verfahrensweise des Strafverteidigers, den Zeugen außerhalb der Hauptverhandlung zu vernehmen und in die Hauptverhandlung nur das Protokoll der Befragung einzubringen, entspricht meines Erachtens dieser Konzeption nicht.

---

401 Vgl. die Ausführungen zur Kommunikationsstruktur der Hauptverhandlung beim Sachverständigen, S. 163 f.

402 Vgl. die Ausführungen zum Strafverteidiger im 2. Kapitel, S. 89 ff mwN, S. 91.

403 BVerfGE 57, 250, 278.

404 Vgl. die Motive des Entwurfes der StPO, nach Hahn, Materialien, Bd. 3.1., S. 194.

405 Vgl. die Ausführungen unter I. in diesem Kapitel, S. 143 ff mwN.

406 Motive des Entwurfes der StPO, nach Hahn, Materialien, Bd. 3.1., S. 194.

407 So die Motive des Entwurfes der StPO, nach Hahn, Materialien, Bd. 3.1., S. 194. Denn nur so ließen sich *„Bedenken gegen die Zuverlässigkeit der Urtheilssprüche"* vermeiden.

Die Angaben des Zeugen gegenüber dem Strafverteidiger für verwertbar zu halten, da § 261 StPO *„als Korrektiv"*[408] hinsichtlich möglicher Manipulationen durch den Strafverteidiger ausreiche[409], überzeugt mich nicht.

Die Strafprozeßordnung hat die Grundsätze der Unmittelbarkeit, der Mündlichkeit und der Öffentlichkeit für die Beweisaufnahme mit gutem Grund aufgestellt, um so eine möglichst verläßliche Wahrheitsfindung zu garantieren.[410] Diese Grundsätze sollen die Richtigkeit der richterlichen Entscheidung am Ende der Hauptverhandlung gewährleisten[411] – nicht allein § 261 StPO. Die richterliche Würdigung ist erst ein zweiter Schritt, vorher muß die Beweisaufnahme sich nach den genannten Grundsätzen richten.

Da es auch die Funktion des Strafverteidigers als Organ der Rechtspflege ist, im Interesse der Allgemeinheit darauf zu achten, daß die Wahrheit auf *„justizförmige(m) Wege"*[412] gefunden wird, muß er sich als Teil dieses Verfahrens auch an diesen verfahrensrechtlichen Weg halten und sich diesen Grundsätzen beugen – ebenso wie die Anklagebehörde auch. Für seine selbständigen Ermittlungen kann nichts anderes gelten als für die des staatlichen Ermittlungsverfahrens. Beides dient letztlich der Vorbereitung der Hauptverhandlung, ist Teil des Strafverfahrens.

Daß der Strafverteidiger den Zeugen bitten darf, von seinem Zeugnisverweigerungsrecht Gebrauch zu machen[413], ist dabei eine Sache – statt der Vernehmung eines Originalzeugen ein Schriftstück in der Hauptverhandlung verlesen lassen zu wollen, eine andere. Die Zulässigkeit dieser Verlesung ist an den §§ 250 ff StPO zu messen.

Sicherlich ist es angesichts des Ziels des Strafverfahrens, die Wahrheit aufzuklären, mißlich, wenn auf diese Weise entlastendes Material nicht in der Hauptverhandlung vorgebracht werden kann, weil der Zeuge von seinem Zeugnisverweigerungsrecht Gebrauch macht. Dasselbe Problem stellt sich aber genauso hinsichtlich der Einführung von belastendem Beweismaterial – § 252 StPO macht keinen Unterschied, ob die Angaben des Zeugen ent- oder belastend sind. Die Behinderung der Wahrheitsfindung durch die Ausübung des Zeugnisverweigerungsrechtes sehe ich vielmehr als ein typisches Problem des Spannungsverhält-

---

408 Eckstein, JA 2002, 119, 125.

409 So u. a. Roxin, FS Rieß, S. 451, 462.

410 Vgl. die Motive des Entwurfes, nach Hahn, Materialien, Bd. 3.1., S. 194; von Schwarze, GS 33 (1881), 270, 286; Grünwald, Beweisrecht der StPO, S. 117.

411 So Rieß, FS Schäfer, S. 155, 185, zur Funktion dieser Grundsätze.

412 Vgl. Müller-Dietz, Jura 1979, 242, 248.

413 Vgl. dazu die Ausführungen im 2. Kapitel, S. 97 f mwN.

nissses zwischen Zeugnisverweigerungsrecht und der Pflicht des Gerichts zur Wahrheitsfindung.

IV. Zum Verzicht des Zeugen auf das Beweisverwertungsverbot des § 252 StPO

Besteht ein Beweisverwertungsverbot nach § 252 StPO, weil der Zeuge in der Hauptverhandlung von seinem Zeugnisverweigerungsrecht Gebrauch gemacht hat, kann der Zeuge nicht die Verwertung seiner früheren Aussage durch ihre Verlesung oder die Einvernahme der nichtrichterlichen Verhörsperson (einschließlich des Sachverständigen) gestatten. Ein isolierter Verzicht des Zeugen auf das Beweisverwertungsverbot des § 252 StPO bei gleichzeitiger Ausübung des Zeugnisverweigerungsrechtes ist aus mehreren Gründen entgegen der Auffassung des Bundesgerichtshofes und einer Mindermeinung im Schrifttum abzulehnen.

Bereits im Wortlaut des § 252 StPO findet die Verzichtskonstruktion des Bundesgerichtshofes keine Stütze. § 252 StPO hat, wie Roxin darlegt[414], keinen Zusatz, der eine solche Gestattungsmöglichkeit für den Zeugen vorsähe.

Darüber hinaus ist der Verzicht des Zeugen auf das Beweisverwertungsverbot, anders als der Bundesgerichtshof meint[415], nicht mit der gleichzeitigen Ausübung des Zeugnisverweigerungsrechtes durch den Zeugen vereinbar. § 252 StPO ist als einheitliche Regelung zu verstehen: Der Zeuge kann entweder das Zeugnisverweigerungsrecht ausüben und seine frühere Aussage damit nach § 252 StPO für die Beweisaufnahme sperren – oder er macht von seinem Zeugnisverweigerungsrecht keinen Gebrauch und sagt selbst aus.[416] Die Ausübung des Zeugnisverweigerungsrechtes und die Unverwertbarkeit der früheren Aussage gehören bei § 252 StPO untrennbar zusammen. Denn nur so kann § 252 StPO im Zusammenhang mit dem Zeugnisverweigerungsrecht nach § 52 StPO seinen Zweck, Absicherung des Zeugnisverweigerungsrechtes[417], erfüllen. Die Unverwertbarkeit der früheren Aussage ist nach dem Gesetz die Konsequenz der Ausübung des Zeugnisverweigerungsrechtes in der Hauptverhandlung. Auf diese Rechtsfolge zu verzichten und nur das Zeugnisverweigerungsrecht auszuüben, ist vom Gesetz nicht vorgesehen. Der Zeuge muß sich entscheiden – entweder er re-

414 Vgl. Roxin, FS Rieß, S. 451, 455.

415 BGHSt 45, 203, 206; so auch Eckstein, JA 2002, 119, 125.

416 Vgl. Firsching, StraFo 2000, 124, 124: *„Bei §§ 52, 252 StPO handelt es sich um ein einheitliches Recht, das der Berechtigte entweder ausüben kann oder nicht."* Ähnlich auch Wollweber, NJW 2001, 3760, 3761.

417 Vgl. dazu die Ausführungen im 1. Kapitel, S. 24 ff.

det oder er übt das Zeugnisverweigerungsrecht aus und macht damit seine früheren Angaben unverwertbar.

Ein isolierter Verzicht auf das Beweisverwertungsverbot läßt sich zudem nicht mit dem Sinn des Zeugnisverweigerungsrechtes nach § 52 StPO und des § 252 StPO in Einklang bringen.[418] Durch das Zeugnisverweigerungsrecht trägt das Gesetz einer möglichen Konfliktlage beim Zeugen, der mit dem Beschuldigten verwandt ist, Rechnung und will den Zeugen vor diesem Konflikt schützen.[419] § 252 StPO soll dabei dem Zeugen gewährleisten, daß er sich noch in der Hauptverhandlung frei entscheiden kann, ob seine Angaben verwertet werden sollen[420] oder ob er den Konflikt lieber vermeiden möchte. Der Schutz des Zeugnisverweigerungsrechtes soll dem Zeugen auch noch in der Hauptverhandlung zugute kommen. Indem § 252 StPO die Verwertung der früheren Zeugenaussage unterbindet, wird der Zeuge ausreichend geschützt; er hat die Möglichkeit, den Konflikt zu vermeiden – ein isolierter Verzicht auf das Beweisverwertungsverbot ist, um dies zu erreichen, nicht notwendig.

Außerdem bezweckt der Verzicht auf das Beweisverwertungsverbot, anders als die §§ 52, 252 StPO, gerade nicht, den Zeugen vor diesem Konflikt zu schützen. Beim Verzicht will der Zeuge – und das ist der wesentliche Unterschied –, daß seine früheren Angaben verwertet werden. Damit will er aber dem Konflikt, vor dem ihn das Gesetz über §§ 52, 252 StPO schützen will, gerade nicht aus dem Wege gehen. Ohne Rücksicht auf das verwandtschaftliche Verhältnis will der Zeuge den Beschuldigten belasten. Er will nur nicht, wie es das Gesetz nach § 250 StPO vorsieht, selbst unmittelbar vernommen werden, sich in der Hauptverhandlung den Fragen des Gerichtes stellen[421]. Das ist aber kein Fall des § 252 StPO! § 252 StPO geht vielmehr davon aus, daß der Zeuge vor dem Konflikt bewahrt werden will und deshalb die Verwertung seiner Angaben verhindern möchte. Zwar hat der Gesetzgeber in Kauf genommen, daß der Zeuge das Zeugnisverweigerungsrecht aus anderen als den gesetzgeberischen Gründen ausübt[422], aber bei der Ausübung des Zeugnisverweigerungsrechtes und damit auch bei § 252 StPO geht es immer darum, daß die Verwertung früherer Angaben nicht erfolgen soll. Beim Verzicht dagegen soll die Verwertung erfolgen; mit dem Schutzzweck der §§ 52, 252 StPO hat das nichts mehr gemeinsam. Mit der Zulassung des Verzichtes leistet der Bundesgerichtshof einem *„manipulativen Gebrauch des Zeugnisverweigerungsrechts"*[423] Vorschub, der nach meiner Ansicht

418 Vgl. Roxin, FS Rieß, S. 451, 455.
419 Vgl. dazu statt vieler BGHSt 45, 203, 207.
420 So auch BGHSt 45, 203, 208; vgl. die Ausführungen im 1. Kapitel, S. 31 ff.
421 So auch Roxin, FS Rieß, S. 451, 455.
422 Vgl. BGHSt 30, 193, 196.
423 Lammer, FS Rieß, S. 289, 301.

nicht zu rechtfertigen ist. Dem Zeugen wird so die Möglichkeit eröffnet, seine Aussage in die Hauptverhandlung zu lancieren, ohne selbst vernommen zu werden.

Da das Zeugnisverweigerungsrecht seinem Schutz dient, kann der Zeuge auf das Zeugnisverweigerungsrecht verzichten. Das bedeutet jedoch nicht, wie Ranft und Eckstein meinen[424], daß er deshalb auch isoliert auf das Beweisverwertungsverbot des § 252 StPO verzichten kann. Wenn der Zeuge den Schutz des Zeugnisverweigerungsrechtes und des § 252 StPO nicht will, sondern möchte, wie beim Verzicht, daß seine Angaben verwertet werden, dann übt er das Zeugnisverweigerungsrecht nicht aus und wird in der Hauptverhandlung vernommen.

Gegen die Ablehnung des Verzichts spricht auch nicht, wie Ranft[425] vorbringt, daß dann die Aussage des Zeugen gegen dessen Willen als Beurteilungsgrundlage entfalle. Die Angaben des Zeugen entfallen nur deshalb für die Urteilsfindung, weil der Zeuge das Zeugnisverweigerungsrecht ausübt. Für diesen Fall hat das Gesetz in § 252 StPO die Unverwertbarkeit dieser Angaben verfügt. Will der Zeuge die Verwertbarkeit seiner Angaben erreichen, hindert ihn niemand daran, selbst auszusagen. Zwischen diesen beiden Möglichkeiten muß sich der Zeuge entscheiden – eine dritte gibt es nicht. Wie jedes Verfahren hat auch das Strafverfahren seine Regeln, und die sind auf das Verfahrensziel, Wahrheitsfindung, abgestimmt. Es steht dabei nicht im Belieben des Zeugen, wie die Beweise gewonnen werden. Das Gesetz legt z. B. durch § 250 StPO eine bestimmte *„Methode der Beweisgewinnung"*[426] verbindlich fest. Wenn sich der Zeuge für die Verwertbarkeit seiner Angaben entscheidet, muß er nach meiner Auffassung diese Methode akzeptieren.

Das Beweisrecht der Strafprozeßordnung steht der Verzichtskonstruktion auch aus weiteren Gründen entgegen.

Die Strafprozeßordnung geht von einer richterlichen Verfahrensherrschaft aus.[427] Der Richter leitet die Hauptverhandlung und die Beweisaufnahme, vgl. § 238 I StPO. Er entscheidet im Rahmen der Aufklärungspflicht über die Heranziehung der Beweise, §§ 244 II, 245 I StPO. Durch die Verzichtsmöglichkeit wird hingegen der Zeuge in einer Weise zum *„Herrn des Verfahrens"*[428], die die Strafprozeßordnung nicht vorgesehen hat. Er, der Zeuge, entscheidet nunmehr

424 Vgl. Ranft, Jura 2000, 628, 634; ders., NJW 2001, 3761, 3761; Eckstein, JA 2002, 119, 125.
425 Vgl. Ranft, NJW 2001, 1305, 1306.
426 Roxin, FS Rieß, S. 451, 454.
427 Vgl. Roxin, FS Rieß, S. 451, 457.
428 Keiser, NStZ 2000, 458, 460; vgl. dazu auch die Ausführungen im 3. Kapitel, S. 111 ff.

über die Art und Weise der Beweisgewinnung – er hat es in der Hand, ob er sich dem Gericht selbst als Zeuge anbietet oder ob lediglich ein *„minderwertiges Surrogat"*[429] als Beweismittel herangezogen wird. Damit entscheidet entgegen der Konzeption der Strafprozeßordnung nicht der Richter, sondern der Zeuge über die Gestaltung der Beweisaufnahme. Dem Gericht wird die vom Zeugen bestimmte Form der Beweisgewinnung folglich aufgezwungen. Mit Roxin sehe ich diese Form der Beweisgewinnung als unvereinbar mit der Struktur der *„auf der richterlichen Verfahrensherrschaft beruhenden Hauptverhandlung"*[430] an.

Daß der Zeuge wählen kann, auf welche Weise er sein Tatwissen lieber in die Hauptverhandlung einführen möchte, ist für mich auch im Hinblick auf ein anderes wichtiges Prinzip der Hauptverhandlung – das Unmittelbarkeitsprinzip – bedenklich. Der Hinweis Ranfts[431] auf Regelungen, die wie § 251 StPO den Unmittelbarkeitsgrundsatz durchbrechen, kann den Verzicht nicht rechtfertigen. Die Regelung des § 251 StPO unterscheidet sich wesentlich vom Verzicht: Zunächst einmal legt § 251 StPO enge Möglichkeiten der Durchbrechung des Unmittelbarkeitsgrundsatzes fest, da der Gesetzgeber gerade die willkürliche, ausufernde Handhabung der Verlesung anstelle der unmittelbaren Vernehmung begrenzen wollte.[432] Er hat dabei in § 251 StPO nur solche Ausnahmen von § 250 StPO gestattet, die ihm notwendig, unerläßlich erschienen, um Beweislücken abzudecken. Einen Verzicht hat er dort nicht geregelt. Anders als beim Verzicht ist auch das Eingreifen der Ausnahmen vom Unmittelbarkeitsgrundsatz eindeutig gesetzlich geregelt. Es besteht bei keiner der Regelungen des § 251 StPO ein Wahlrecht für den Zeugen, ob er aussagen will oder statt dessen die Verwertung des Surrogates wünscht. Das Unmittelbarkeitsprinzip wird durchbrochen in Fällen, in denen der Zeuge wegen Krankheit, Todes – also Gründen, die außerhalb seiner Macht liegen, – nicht zur Verfügung steht. Selbst bei der Regelung des § 251 I Nr. 4 StPO müssen die übrigen Verfahrensbeteiligten, nicht der Zeuge, der Verlesung des Protokolls zustimmen. Beim Verzicht hingegen durchbricht der Zeuge den Unmittelbarkeitsgrundsatz *„aus eigener Entscheidungsfreiheit."*[433] Nach der Konzeption des § 250 StPO hat der Zeuge aber nicht die Wahl, ob er vernommen wird oder ein Surrogat zum Einsatz kommt. Denn Ziel des gesamten Verfahrens ist die Wahrheitsfindung. Um dieses Ziel zu erreichen, eine möglichst zuverlässige Art der Beweiserhebung zu garantieren und eine richtige Entscheidung zu gewährleisten, sind in der Strafprozeßordnung bestimmte Grundsätze aufgestellt

429 Lammer, FS Rieß, S. 289, 301.
430 Roxin, FS Rieß, S. 451, 457.
431 Vgl. Ranft, NJW 2001, 1305, 1307.
432 Vgl. dazu die Motive des Entwurfes, nach Hahn, Materialien, Bd. 3.1., S. 194 f.
433 Ranft, NJW 2001, 1305, 1307, der daraus aber nicht die Unzulässigkeit des Verzichtes ableiten will.

worden.[434] Die Einhaltung dieser Grundsätze der Unmittelbarkeit, Mündlichkeit, Öffentlichkeit in der Hauptverhandlung steht nicht zur Disposition des Zeugen.

Selbst wenn man die Wahrheitsfindung nicht als Zweck des § 252 StPO ansieht, kann man, anders als dies vor allem Ranft betont[435], § 252 StPO auch nicht völlig isoliert davon betrachten.[436] Die Wahrheitsfindung ist immerhin Ziel des Strafverfahrens, in dem die Regelung des § 252 StPO zur Anwendung kommt. § 252 StPO trifft dabei eine Regelung im Spannungsverhältnis Zeugnisverweigerungsrecht – Aufklärungspflicht. Das darf, auch wenn § 252 StPO sachlich zu den Zeugnisverweigerungsrechten gehört[437], bei der Auslegung nicht völlig vergessen werden. Die Dispositionsbefugnis, die § 252 StPO dem Zeugen einräumt, reicht nur soweit, daß er über das Ob der Verwertung seiner Angaben entscheiden kann – nicht aber darüber, wie die Verwertung und damit die Wahrheitsfindung erfolgen soll.

Der Verzicht auf das Beweisverwertungsverbot des § 252 StPO läßt sich auch nicht damit rechtfertigen, daß der Zeuge auf das Zeugnisverweigerungsrecht verzichten könne[438]; beides führt zu völlig unterschiedlichen Konsequenzen.

Wenn der Zeuge auf das Zeugnisverweigerungsrecht verzichtet, sagt er selbst aus und wird unmittelbar im Sinne von § 250 S. 1 StPO in der Hauptverhandlung vernommen. Die Grundsätze der Unmittelbarkeit, der Mündlichkeit und Öffentlichkeit sind ebenso gewahrt wie die Anwesenheits- und Beteiligungsrechte aller Verfahrensbeteiligten. Beim Verzicht auf das Beweisverwertungsverbot sieht das ganz anders aus: Der Zeuge schweigt und seine Aussage wird durch einen mittelbaren Beweis von geringerem Beweiswert Gegenstand der Hauptverhandlung.[439] Mag auch nach herrschender Auffassung der Beweis durch den Zeugen vom Hörensagen den Unmittelbarkeitsgrundsatz nicht verletzen[440], so führt er doch zu einer Verschlechterung der Wahrheitsfindung, die noch dazu allein auf dem Willen des Zeugen beruht.[441] Der Richter kann sich bei seiner Entscheidung, das sieht auch der Bundesgerichtshof, nur auf ein Beweismittel von *„wesentlich ge-*

---

434 Vgl. zur Funktion dieser Grundsätze Rieß, FS Schäfer, S. 155, 185; sowie die Ausführungen in diesem Kapitel unter II., S. 164 f.

435 Ranft, Jura 2000, 628, 632; so wohl auch der Bundesgerichtshof, BGHSt 45, 203, 207 f.

436 So auch Roxin, FS Rieß, S. 451, 454; ähnlich auch Dallmeyer, JA 2000, 275, 278.

437 Vgl. dazu die Ausführungen im 1. Kapitel, S. 24 ff.

438 So aber wohl der Bundesgerichtshof, BGHSt 45, 203, 206.

439 Vgl. Dallmeyer, JA 2000, 275, 278; zum geringeren Beweiswert auch BVerfGE 57, 250, 292 f; BGHSt 45, 203, 208.

440 Vgl. dazu BVerfGE 57, 250, 292 f; sowie die Ausführungen im 1. Kapitel, S. 12, Fußnote 2 mwN.

441 Auch Fezer, JR 2000, 341, 342, hat deshalb Bedenken.

ringer(em)"[442] Wert stützen. Wollte der Unmittelbarkeitsgrundsatz nicht etwas anderes erreichen? Das Urteil sollte vom Richter *„ausschließlich aus den lebendigen Erkenntnisquellen der mündlichen Verhandlung"*[443] geschöpft werden, um die Zuverlässigkeit der richterlichen Entscheidung zu gewährleisten. Der Zeuge vom Hörensagen ist zwar ein lebendiges Erkenntnismittel, aber er ist nicht die Quelle. Verglichen mit dem Zeugen, der Quelle, ist er nur ein Surrogat.

Bedenklich ist dabei auch, daß bei der Gewinnung der Aussage des Zeugen, die die nichtrichterliche Verhörsperson beziehungsweise der Sachverständige in der Hauptverhandlung vorträgt, keine Anwesenheits- und Mitwirkungsrechte des Beschuldigten und seines Strafverteidigers bestanden.[444] Dem Beschuldigten ist es damit entgegen Art. 6 III d EMRK verwehrt, dem Zeugen zu irgendeinem Zeitpunkt des Verfahrens Fragen zu stellen und seine Glaubwürdigkeit zu prüfen.[445] Seine Verteidigungsmöglichkeiten sind dadurch erheblich beschränkt. Entgegen der Ansicht des Bundesverfassungsgerichtes und des Bundesgerichtshofes[446] kann es nicht ausreichen, daß der Beschuldigte schriftlich Fragen an den Zeugen stellen kann. Der Beschuldigte oder zumindest sein Verteidiger muß die Reaktionen des Zeugen auf die Fragen beobachten können[447], denn sonst ist eine Prüfung der Glaubwürdigkeit des Zeugen doch gar nicht möglich. Auch um eine *„kontradiktorische Argumentation"*[448] zu ermöglichen, muß die Erhebung der Beweise in Anwesenheit möglichst aller Beteiligten öffentlich erfolgen. Denn die Hauptverhandlung ist so angelegt, daß die Wahrheit im Gespräch gefunden werden soll. Dabei müssen alle Beteiligten des Verfahrens die Möglichkeit haben, an der Erarbeitung des rechtlich relevanten Sachverhaltes mitzuwirken – u. a. durch Fragen, Vorhalte etc. an den Zeugen.

Wenn nur die nichtrichterliche Verhörsperson, z. B. der Sachverständige, vom Tatwissen des Zeugen berichtet, kann sich auch das Gericht keinen persönlichen Eindruck vom Zeugen verschaffen. Die Einwände, die ich insoweit bereits

---

442 BGHSt 45, 203, 208.

443 So die Motive des Entwurfes, nach Hahn, Materialien, Bd. 3.1., S. 194.

444 Vgl. dazu Roxin, FS Rieß, S. 451, 457 f; sowie die Ausführungen im 3. Kapitel, S. 115.

445 Vgl. EGMR (Kostovski v. Niederlande) StV 1990, 481, 481 (Leitsatz), 482; (Windisch v. Österreich) StV 1991, 193, 193 (Leitsatz), 194; sowie die Ausführungen im 3. Kapitel, S. 115.

446 Vgl. BVerfGE 57, 250, 274; BGH NStZ 1985, 376, 377; NStZ 1993, 292, 292.

447 So auch EGMR (Van Mechelen v. Niederlande) StV 1997, 617, 619; Renzikowski, JZ 1999, 605, 611.

448 EGMR (Kostovski v. Niederlande) StV 1990, 481, 481 (Leitsatz), 482; (Windisch v. Österreich) StV 1991, 193, 193 (Leitsatz), 194; (Van Mechelen v. Niederlande) StV 1997, 617, 619; vgl. dazu auch die Ausführungen in diesem Kapitel unter II., S. 163 f.

gegen die Einvernahme der richterlichen Verhörsperson vorgebracht habe[449], gelten auch hier. Nach § 250 StPO ist es (grundsätzlich) unverzichtbar, daß das Gericht einen unmittelbaren Eindruck von dem Zeugen erhält, ihn selbst befragen, erleben kann. Denn nur so gewinnt es eine tragfähige Grundlage zur Beurteilung des Aussageinhaltes, der Glaubwürdigkeit des Zeugen. Es geht um die *„wahrheitsgewährleistende Funktion des persönlichen Eindrucks mit der Möglichkeit von Fragen, Vorhalten und Gegenüberstellungen."*[450] Das entfällt beim Beweis mit Hilfe des Zeugen vom Hörensagen. Da das Gericht die Glaubwürdigkeit des Zeugen nicht aus eigener Wahrnehmung beurteilen kann, bleibt es auf die Einschätzung der Verhörsperson angewiesen. Die Einvernahme der Verhörsperson kann allerdings nur schwerlich die *„verbale(n) und nonverbale(n) Ausdrucksformen des Zeugen während des Gesprächs, dessen Vorbereitung und Entwicklung sowie Einfluß- und Störfaktoren [...] authentisch"*[451] reproduzieren. Die Glaubwürdigkeit des Zeugen *„kann nicht umfassend beurteilt werden; Gesichtspunkte, die zu Zweifeln Anlaß geben könnten, bleiben möglicherweise unentdeckt."*[452] Damit fehlt aber eine wesentliche Beurteilungsgrundlage für die richterliche Entscheidung. Hinzu kommen noch die bereits erwähnten[453] möglichen Fehler bei der Reproduktion des Aussageinhaltes.

Angesichts all dieser (ungelösten) Probleme, die der mittelbare Beweis durch den Zeugen vom Hörensagen mit sich bringt, läßt sich der Verzicht für mich nicht *„im Hinblick auf den Grundsatz der Wahrheitserforschung [...] (für, d. Verf.) sachgerecht"*[454] erachten. Wo ist der von Ranft beschworene[455] Gewinn für die Sachverhaltsaufklärung, die Wahrheitsfindung, wenn das Gericht zwar die Angaben des Zeugen durch den Zeugen vom Hörensagen erfährt, aber gleichzeitig die Glaubhaftigkeit dieser Angaben, die Glaubwürdigkeit des Zeugen nicht prüfen kann, da der Zeuge nicht selbst in der Hauptverhandlung aussagt? Der Zeuge steht für Fragen oder die Klärung etwaiger Unklarheiten nicht zur Verfügung; Widersprüche in der vom Zeugen vom Hörensagen vorgetragenen Aussage können nicht ausgeräumt werden. Für das Gericht bleibt die Frage, ob der Zeuge vom Hörensagen zuverlässig die Angaben des Zeugen wiedergegeben hat. Zu Recht vertritt Roxin daher die Auffassung , daß der Wahrheitsfindung *„kein guter Dienst erwiesen (wird, d. Verf.), wenn das Gericht die Aussage ‚trotz der er-*

449 Vgl. dazu meine Ausführungen in diesem Kapitel unter I., S. 140 ff.
450 BVerfGE 57, 250, 278.
451 Wollweber, NJW 2000, 1702, 1703.
452 BVerfGE 57, 250, 283.
453 Vgl. dazu die Ausführungen in diesem Kapitel unter I., S. 140 f.
454 BGHSt 45, 203, 208; so auch Ranft, NJW 2001, 1305, 1306.
455 Vgl. Ranft, Jura 2000, 628, 632; ders., NJW 2001, 1305, 1306.

heblich eingeschränkten Möglichkeiten zur Überprüfung der Glaubhaftigkeit' (BGHSt 45, 208) zur Grundlage einer Verurteilung macht. "[456]

Meines Erachtens kann die Beweiswürdigung nach § 261 StPO diesen geringeren Beweiswert des Beweismittels Zeuge vom Hörensagen, „*die nur begrenzte Zuverlässigkeit des Zeugnisses vom Hörensagen*" nicht voll ausgleichen.[457] Wenn der persönliche Eindruck vom Zeugen fehlt, ein Nachfragen nicht möglich ist, eventuelle Unklarheiten nicht beseitigt werden können und zusätzlich auch ungewiß ist, ob der Zeuge tatsächlich im Ermittlungsverfahren das gesagt und sich so verhalten hat, wie der Zeuge vom Hörensagen berichtet, wie soll der Richter das alles durch seine Würdigung kompensieren? Mit dem Europäischen Gerichtshof für Menschenrechte[458] halte ich die Beweiswürdigung nicht für den geeigneten Ersatz einer direkten Beobachtung und einer unmittelbaren Befragung des Zeugen durch das Gericht in Anwesenheit der übrigen Verfahrensbeteiligten.

Nicht akzeptabel ist die Verzichtslösung des Bundesgerichtshofes für mich auch deshalb, da via Verzicht letztlich doch wieder die Einvernahme des Sachverständigen über das Tatwissen des Zeugen – also über Zusatztatsachen sowie die untrennbar damit verbundenen Befundtatsachen – möglich ist. Die oben ausgeführten Bedenken[459] gegen die Verwertbarkeit der Befund- und Zusatztatsachen lassen sich nicht dadurch ausräumen, daß der Zeuge die Verwertung gestattet. Die Vernehmung des Zeugen, die eigentliche Beweisaufnahme, soll nach dem Willen des Gesetzes bewußt in der Hauptverhandlung und nicht außerhalb des Gerichtes stattfinden. Der Zeuge hat keine Dispositionsbefugnis, dies anders zu entscheiden, da hier Verfahrensgrundsätze berührt werden, die im Interesse der Wahrheitsfindung aufgestellt worden sind und nicht nur im Interesse des Zeugen gelten. Überdies würde über den Verzicht der Sachverständige endgültig in die Rolle des Vernehmenden gedrängt, die ihm in seiner prozessualen Rolle als Beweismittel nicht zukommt.[460]

Schließlich stellt sich auch bei der Verzichtslösung die Frage nach dem Verhältnis Ermittlungsverfahren – Hauptverhandlung. Wie mehrfach erwähnt[461], soll nach dem Willen des Gesetzes die endgültige Beweiserhebung nicht im Ermitt-

---

456 Roxin, FS Rieß, S. 451, 457.

457 So aber u. a. BVerfGE 57, 250, 292 f: „*Der [...] Grundsatz der freien Beweiswürdigung ist [...] ausreichend, um die besonderen Gefahren der beweisrechtlichen Lage aufzufangen*" (S. 293). In diesem Sinne auch BGHSt 45, 203, 208.

458 Vgl. EGMR (Kostovski v. Niederlande) StV 1990, 481, 482: „*Es trifft zu, daß die Gerichte [...] vorsichtig bei der Würdigung der [...] Aussagen (waren, d. Verf.), aber dies kann schwerlich als ein geeigneter Ersatz für eine direkte Beobachtung (des Zeugen, d. Verf.) angesehen werden.*"

459 Vgl. die Ausführungen in diesem Kapitel unter II., S. 150 ff.

460 Statt vieler Dippel, Stellung des Sachverständigen, S. 152.

461 Vgl. die Ausführungen in diesem Kapitel unter I., S. 143 ff, unter II., S. 161 ff.

lungsverfahren erfolgen, sondern in der Hauptverhandlung. Diese ist das „*Herz- und Kernstück der Wahrheitsfindung.*“[462] Durch den Verzicht wird dieses Schwergewicht der Urteilsfindung jedoch von der Hauptverhandlung ins Ermittlungsverfahren vorverlagert. Dort, nicht in der Hauptverhandlung, wird der Zeuge vernommen, der Beweis endgültig erhoben. In der Hauptverhandlung reproduziert ihn der Zeuge vom Hörensagen lediglich. Dadurch wird die Hauptverhandlung letztlich das, was die Gesetzesväter verhindern wollten – eine bloße „*Schlußverhandlung.*“[463]

Anstatt nach immer neuen Wegen zu suchen, wie bei Zeugnisverweigerung des Zeugen der Inhalt seiner früheren Aussage unter allen Umständen doch verwertet werden kann, sollte sich der Bundesgerichtshof darauf besinnen, daß die Gesetzesväter es als „*die beste Form der Beweisgewinnung*“ angesehen haben, „*wenn der Richter den Zeugen in der Hauptverhandlung selbst sehen, hören und vernehmen kann.*“ Letzten Endes besteht, wie Roxin darlegt, auch „*keine Veranlassung [...], dieses Konzept zur Disposition des Zeugen zu stellen.*“[464] Der Schutz des Zeugen ist ausreichend über das Zeugnisverweigerungsrecht und das Beweisverwertungsverbot des § 252 StPO beziehungsweise das Zeugenschutzgesetz gewährleistet. Eines Verzichtes bedarf es nicht.

---

462 Roesen, NJW 1964, 442, 443.
463 So von Mittnacht bei den ersten Beratungen über den Entwurf der StPO, nach Hahn, Materialien, Bd. 3.1., S. 501.
464 Roxin, FS Rieß, S. 451, 457.

Schlußbemerkungen

Um die mit § 252 StPO zusammenhängenden Probleme zu lösen, reicht es nicht aus, allein § 252 StPO beispielsweise dahingehend zu ändern, daß das Verwertungsverbot auch im Wortlaut deutlich zum Ausdruck kommt oder daß die von § 252 StPO vorausgesetzte Vernehmungssituation im Hinblick auf den Sachverständigen und den Strafverteidiger genauer definiert wird. Die in dieser Arbeit aufgezeigten Probleme des § 252 StPO hängen auch mit anderen Regelungen, Problemen der Strafprozeßordnung zusammen, wie zum Beispiel mit dem § 80 StPO, der fehlenden Regelung der Glaubwürdigkeitsuntersuchung und des Hörensagenbeweises. Zur Lösung dieser Probleme ist vielmehr ein Gesamtkonzept gefordert.

Der in §§ 52, 252 StPO verankerte Respekt des Gesetzgebers vor der freien Entscheidung des Zeugen, seinen Angehörigen nicht belasten zu wollen, beeinträchtigt das Ziel des Strafverfahrens. Andererseits darf das Bestreben nach *„voller Aufklärung des Sachverhalts [...] nicht verabsolutiert werden."* Andere gleichwertige Rechtsgüter des Einzelnen, der Gemeinschaft begrenzen es. *„Ein justizförmiges und rechtsstaatliches Strafverfahren rechtfertigt (daher, d. Verf.) auch Einschränkungen der Wahrheitsfindung durch Zeugnisverweigerungsrechte."*[1] Im Hinblick auf die auch im Strafverfahren zu wahrende Menschenwürde und das Persönlichkeitsrecht des Einzelnen ist ein *„Kernbestand zu schützender Vertrauensverhältnisse"* zu beachten und der Aufklärungspflicht des Gerichtes entzogen. Allerdings dient der Rechtsstaat nicht einseitig dem Schutz des Zeugen – und darf sich daher auch *„nicht zu Tode liberalisieren."*[2]

Der Gesetzgeber kann und muß sich entscheiden, wie weit das Zeugnisverweigerungsrecht den Zeugen schützen und – über ein Beweisverwertungsverbot im Sinne des § 252 StPO – die Wahrheitsfindung beeinträchtigen soll: Ob dem Schutz des Zeugen ein unbedingter Vorrang vor der Wahrheitsfindung zukommt, so daß dann aber auch ganz konsequent (und damit anders als bisher) bei Zeugnisverweigerung des Zeugen in der Hauptverhandlung die Aussage des Zeugen auf keine Weise zum Gegenstand der Beweisaufnahme gemacht werden darf, so

1 Rieß, FS Schäfer, S. 155, 193.
2 Rieß, FS Schäfer, S. 155, 182.

wie es die Intention des § 252 StPO ist[3] – oder ob dem Zeugen zuzumuten ist, sich in bestimmten Fällen zum Zweck der Wahrheitsfindung an einer einmal erfolgten Aussage im Verfahren festhalten lassen zu müssen.

Dabei muß sich der Gesetzgeber auch der Frage stellen, welche Rolle der Hauptverhandlung im Strafverfahren zukommen soll.

Soll in der Hauptverhandlung, wie nach dem ursprünglichen Willen des Gesetzes[4], das *„Herz- und Kernstück der Wahrheitsfindung"*[5] liegen, und sollen die Beweiserhebungen im Ermittlungsverfahren nur vorläufige sein, dann sind daraus auch im Hinblick auf § 252 StPO entsprechende Konsequenzen zu ziehen. Eine Auslegung des § 252 StPO, die eine Einvernahme der richterlichen, nichtrichterlichen Verhörsperson, des Sachverständigen gestattet, ist damit unvereinbar – durch sie wird das Schwergewicht der Urteilsfindung, die endgültige Beweiserhebung, ins Ermittlungsverfahren vorverlagert. Die damit einhergehende *„Delegation der Erkenntniserlangung und -bewertung"*[6] auf andere Personen als den zur Entscheidung berufenen Richter ist, wie mehrfach ausgeführt, bedenklich. Denn dabei besteht auch die Gefahr, daß *„tendenziell einseitig belastende Aufklärungsbemühungen aus dem Ermittlungsverfahren"*[7] festgeschrieben werden; außerdem werden die Möglichkeiten des Beschuldigten, an der Erarbeitung des rechtlich zu beurteilenden Sachverhaltes mitzuwirken, erheblich eingeschränkt mangels entsprechender Mitwirkungsrechte im Vorverfahren. Das Schwergewicht der Wahrheitsfindung muß deshalb in der Hauptverhandlung belassen werden. Die dort geltenden Grundsätze der Mündlichkeit, Öffentlichkeit und Unmittelbarkeit der Beweisaufnahme, der kontradiktorischen Argumentation und die gemeinsame Findung der Wahrheit gewährleisten die Zuverlässigkeit der Urteilsfindung und die Richtigkeit der richterlichen Entscheidung.[8] Indem das Urteil nach dem Willen der Gesetzesväter *„aus lebendigen Erkenntnisquellen der mündlichen Verhandlung"*[9] in Anwesenheit aller Beteiligten geschöpft wird, bietet das Verfahren eine unverzichtbare Gewähr für die Akzeptanz des Urteilsspruches durch den Angeklagten, aber auch durch die Allgemeinheit. Eine Her-

3 Vgl. dazu die Ausführungen im 4. Kapitel unter I., S. 134 f.
4 Vgl. dazu die Ausführungen im 4. Kapitel unter I., S. 143 ff; unter II. S. 161 ff; unter III., S. 184 ff; unter IV., S. 196 f.
5 Roesen, NJW 1964, 442, 443.
6 Lammer, FS Rieß, S. 289, 302.
7 Lammer, FS Rieß, S. 289, 302.
8 Vgl. Motive des Entwurfes der StPO, nach Hahn, Materialien, Bd. 3.1., S. 194 f; von Schwarze, GS 33 (1881), 270, 286; Rieß, FS Schäfer, S. 155, 185.
9 Motive des Entwurfes der StPO, nach Hahn, Materialien, Bd. 3.1., S. 194 f.

abstufung der Hauptverhandlung zur *„Schlußverhandlung“*[10] könnte die Urteilsakzeptanz verringern, weil die Findung der tatsächlichen Grundlage des Urteils *„willkürlich, unvorhersehbar und manipulativ erscheint.“*[11] Dann aber ist fraglich, ob das Strafverfahren noch seine Aufgabe, eine Rechtsfrieden schaffende Entscheidung herbeizuführen, erfüllen kann.

In diesem Zusammenhang wäre auch eine gesetzliche Regelung des Hörensagenbeweises wünschenswert, da dieses Beweismittel von der Rechtsprechung als Ausnahme zu § 252 StPO oder über den Verzicht im Rahmen des § 252 StPO immer wieder herangezogen wird, um die Angaben des Zeugen aus dem Vorverfahren doch in die Hauptverhandlung einführen zu können – und damit die Grundentscheidung des § 252 StPO im Ergebnis zu umgehen.[12] Denn für den Fall der Zeugnisverweigerung hat der Gesetzgeber bewußt keine Regelung in § 251 StPO getroffen – obwohl er die Beweislücke durchaus gesehen hatte.[13]

Meines Erachtens ist die Priorität der unmittelbaren Befragung des Originalzeugen aufrechtzuerhalten. Der persönliche Eindruck von dem Zeugen, dessen Wahrnehmungen für das Urteil entscheidungserheblich sind, ist unverzichtbar, um seine Angaben im Rahmen des § 261 StPO beurteilen zu können.[14] Dieses Konzept des § 250 StPO, das der Wahrheitsfindung dient, sollte nicht über die vom Gesetzgeber für notwendig erachteten Ausnahmen hinaus aufgeweicht werden. Auch wenn der Zeuge über den Verzicht die Einvernahme des Zeugen vom Hörensagen gestattet, ändert dies nichts daran, daß das Gesetz eine solche Ausnahme zu § 250 S. 1 StPO nicht vorsieht. Die Systematik der §§ 249 ff StPO, ihr Ziel, eine zuverlässige Beweiserhebung zu gewährleisten, darf bei der Auslegung des § 252 StPO nicht völlig vergessen werden. Angesichts der *„nur begrenzte(n) Zuverlässigkeit des Zeugnisses vom Hörensagen“*[15] halte ich die Lösung aus dem anglo-amerikanischen Raum für vorzugswürdig: Hearsay is no evidence.[16] Der Gesetzgeber hat sich bei der Schaffung der Strafprozeßordnung entschieden, daß bei Zeugnisverweigerung des Zeugen die nach § 250 StPO *„relativ verläßlichste*

---

10 So von Mittnacht bei den ersten Beratungen über den Entwurf der Strafprozeßordnung, nach Hahn, Materialien, Bd. 3.1., S. 501.

11 Lammer, FS Rieß, S. 289, 302.

12 Vgl. die Ausführungen im 4. Kapitel unter I., S. 133 ff.

13 Vgl. die Ausführungen im 1. Kapitel zur Entstehungsgeschichte, S. 20 ff; im 4. Kapitel unter I., S. 136 f.

14 Vgl. die Ausführungen im 4. Kapitel unter I., S. 142 f; unter II., S. 164 f; unter III., S. 186 f; unter IV. S. 196 f.

15 BVerfGE 57, 250, 292.

16 Vgl. Roxin, 40 Jahre BGH, S. 66. 94. Diese Lösung favorisiert auch schon Muskat, Archiv für Strafrecht, Bd. 36 (1888), 281, 288.

Art der Beweisgewinnung"[17], die unmittelbare Vernehmung des Zeugen, ausscheidet. Die beste Ersatzlösung, die Verlesung des Protokolls, hat er bewußt in § 251 StPO nicht vorgesehen. Dennoch den Zeugen vom Hörensagen als Beweismittel mit all seinen Fehlerquellen zuzulassen, bleibt mir unverständlich. Welcher Gewinn für die Wahrheitsfindung wird erzielt, wenn sich der Originalzeuge einer unmittelbaren Prüfung seiner Glaubwürdigkeit durch die Verfahrensbeteiligten in der Hauptverhandlung entzieht, so daß er und seine Angaben nicht vom Gericht persönlich geprüft werden können? Bereits 1888 weist Muskat darauf hin, daß der Ausfall des Originalzeugen *„nicht so bedauerlich sei, als wenn in Folge der Mangelhaftigkeit des Beweismittels (Zeuge vom Hörensagen, d. Verf.) eine unrichtige Tatsache als erwiesen angenommen würde."*[18]

Eine Balance zwischen Zeugnisverweigerungsrecht und Wahrheitsfindung zu finden und zu halten, ist schwierig. Die *„Zuverlässigkeit der Urtheilssprüche"*[19] und die Achtung vor den Regelungen, die den Zeugen schützen sollen, müssen auch weiterhin gewährleistet werden.

Deshalb ist es eine dringliche Aufgabe des Gesetzgebers, hier klare Regelungen zu schaffen.

---

17 Grünwald, Beweisrecht der StPO, S. 117.
18 Muskat, Archiv für Strafrecht, Bd. 36 (1888), 281, 287.
19 Motive des Entwurfes, nach Hahn, Materialien, Bd. 3.1., S. 194.

Abkürzungsverzeichnis

a. A.	andere Ansicht
a. E.	am Ende
Anm.	Anmerkung
Archiv für Strafrecht	Archiv für das preußische Strafrecht (begründet von Goltdammer). Zitiert nach Band (Jahr) und Seite
Art.	Artikel
BayObLG	Bayerisches Oberstes Landgericht
Bd.	Band
BGBl I, II, III	Bundesgesetzblatt Teil I, Teil II, Teil III
BGH	Bundesgerichtshof
BGHR	BGH – Rechtsprechung – Strafsachen, hrsg. von den Richtern des Bundesgerichtshofes. Zitiert nach Paragraph, Stichwort und Nummer
BGHSt	Entscheidungen des Bundesgerichtshofes in Strafsachen. Zitiert nach Band und Seite
BT-Drucks.	Drucksache des Bundestages
BverfG	Bundesverfassungsgericht
BverfGE	Entscheidungen des Bundesverfassungsgerichtes. Zitiert nach Band und Seite
bzgl.	bezüglich
bzw.	beziehungsweise
ders.	derselbe
dgl.	dergleichen
d. h.	das heißt
dies.	dieselbe
d. Verf.	die Verfasserin
Diss.	Dissertation
EMRK	Europäische Konvention zum Schutz der Menschenrechte und Grundfreiheiten vom 4. 11. 1950 (BGBl II 1952, S. 686)
etc.	et cetera
f	folgende
ff	fortfolgende
FS	Festschrift

GA	Goltdammer's Archiv für Strafrecht. Zitiert nach Band (Jahr) und Seite
Geh.	Geheimer
GG	Grundgesetz für die Bundesrepublik Deutschland (BGBl III Nr. 100-1)
ggf.	gegebenenfalls
grds.	grundsätzlich
GrS	Großer Senat
GS	Der Gerichtssaal. Zitiert nach Band (Jahr) und Seite
h. A.	herrschende Auffassung
HESt	Höchstrichterliche Entscheidungen. (Entscheidungen der Oberlandesgerichte und der Obersten Gerichte in Strafsachen). Zitiert nach Band und Seite
h. M.	herrschende Meinung
Hrsg.	Herausgeber
hrsg.	herausgegeben
HS	Halbsatz
ieS	im engeren Sinn
insbes.	insbesondere
iSd	im Sinne der/des
iSv	im Sinne von
iVm	in Verbindung mit
JA	Juristische Arbeitsblätter für Ausbildung und Examen Zitiert nach Jahr und Seite
JR	Juristische Rundschau. Zitiert nach Jahr und Seite
Jura	Juristische Ausbildung. Zitiert nach Jahr und Seite
JuS	Juristische Schulung. Zitiert nach Jahr und Seite
JZ	Juristenzeitung. Zitiert nach Jahr und Seite
krit.	kritisch
LG	Landgericht
MDR	Monatsschrift für Deutsches Recht. Zitiert nach Jahr und Seite
MschrKrim	Monatsschrift für Kriminologie und Strafrechtsreform. Zitiert nach Jahr und Seite
mwN	mit weiteren Nachweisen
NJW	Neue Juristische Wochenschrift. Zitiert nach Jahr und Seite
Nr.	Nummer
NStZ	Neue Zeitschrift für Strafrecht. Zitiert nach Jahr und Seite

NStZ-RR	NStZ-Rechtsprechungsreport. Zitiert nach Jahr und Seite
OLG	Oberlandesgericht
OGHSt	Entscheidungen des Obersten Gerichtshofs für die Britische Zone. Zitiert nach Band und Seite
Pb	Proband
RG	Reichsgericht
RGSt	Entscheidungen des Reichsgerichts in Strafsachen. Zitiert nach Band und Seite
RG Rspr.	Rechtsprechung des Deutschen Reichsgerichts in Strafsachen, hrsg. von den Mitgliedern der Reichsanwaltschaft. Zitiert nach Band und Seite
Rn.	Randnummer
S.	Seite, Satz
s.	siehe
sog.	sogenannte(r)
StA	Staatsanwalt/Staatsanwaltschaft
StGB	Strafgesetzbuch
StPO	Strafprozeßordnung
StraFo	Strafverteidiger Forum. Zitiert nach Jahr und Seite
st. Rspr.	ständige Rechtsprechung
StV	Strafverteidiger. Zitiert nach Jahr und Seite
vgl.	vergleiche
u. a.	unter anderem
u. U.	unter Umständen
z. B.	zum Beispiel
zit.	zitiert
ZSchG	Zeugenschutzgesetz vom 30.4.1998 (BGBl I S. 820)
ZStW	Zeitschrift für die gesamte Strafrechtswissenschaft. Zitiert nach Band (Jahr) und Seite

Literaturverzeichnis

Alsberg, Max/Nüse, Karl-Heinz/Meyer, Karlheinz, Der Beweisantrag im Strafprozeß, Köln/Berlin/Bonn/München, 5. Auflage 1983 (zit.: Alsberg/Nüse/Meyer, Beweisantrag).

Alternativkommentar zur Strafprozeßordnung (AK), Kommentar zur Strafprozeßordnung in 3 Bänden, in der Reihe Alternativkommentar, hrsg. von Rudolf Wassermann, Bd. 2/Teilbd. 2 §§ 213-275; Neuwied 1993 (zit.: AK-Bearbeiter).

Appelsmeyer, Heike/Kochinka, Alexander/Straub, Jürgen, Qualitative Methoden, in: Psychologie. Eine Einführung, hrsg. von Jürgen Straub, Wilhelm Kempf, Hans Werbik, München, 4. Auflage 2002, S. 709 (zit.: Appelsmeyer, Psychologie Einführung, Qualitative Methoden).

Artkämper, Heiko, Der Sachverständige im Strafverfahren, Blutalkohol 38 (2001), 7.

Baier, Helmut, Verwertbarkeit der Ergebnisse einer anwaltlichen Zeugen- bzw Beschuldigtenvernehmung bei Ausübung des Zeugnisverweigerungsrechts in der Hauptverhandlung, JA 2000, 833.

Beling, Ernst, Die Beweisverbote als Grenzen der Wahrheitserforschung im Strafprozeß, Breslau 1903 (zit.: Beling, Beweisverbote).

– Deutsches Reichsstrafprozeßrecht mit Einschluß des Strafgerichtsverfassungsrechts, Berlin/Leipzig 1928 (zit.: Beling, Reichsstrafprozeßrecht).

Beulke, Werner, Strafprozeßrecht, Heidelberg, 5. Auflage 2001 (zit.: Beulke, StPR).

– Der Verteidiger im Strafverfahren: Funktionen und Rechtsstellung, Frankfurt am Main 1980 (zit.: Beulke, Strafverteidiger).

– Die Strafbarkeit des Verteidigers: Eine systematische Darstellung der Beistandspflicht und ihrer Grenzen, Heidelberg 1989 (zit.: Beulke, Strafbarkeit des Verteidigers).

BGH-Rechtsprechung (BGHR), Strafsachen, StPO, hrsg. von Richtern des Bundesgerichtshofes, Köln/Berlin/Bonn/München, Loseblattsammlung (zit.: BGHR).

Blau, Günter, Anmerkung zu den Urteilen des BGH vom 18 .9. 1990 und 25. 9. 1990 (abgedruckt StV 1991, 405), StV 1991, 406.

– Beweisverbote als rechtsstaatliche Begrenzung der Aufklärungspflicht im Strafprozeß, Jura 1993, 513.

Bundestags-Drucksache 10/1313, Entwurf eines Strafverfahrensänderungsgesetzes 1984 (StVÄG 1984) (zit.: BT-Drucksache 10/1313)

– 10/6592, Beschlußempfehlung und Bericht des Rechtsausschusses zu dem von der Bundesregierung eingebrachten Entwurf eines Strafverfahrensänderungsgesetzes 1984 (StVÄG) – Drucksache 10/1313 – (zit.: BT-Drucksache 10/6592).

Busch, R., Anmerkung zum Urteil des BayObLG vom 6. 5. 1953 (abgedruckt in JZ 1953, 702), JZ 1953, 703.

Butenuth, Heiko, Absolute oder relative Wirkung von strafprozessualen Zeugnisverweigerungsrechten und Beschlagnahmeverboten, Diss. Münster 1999 (zit.: Butenuth, Wirkung von Zeugnisverweigerungsrechten).

Bockelmann, Paul, Strafrichter und psychologischer Sachverständiger, GA 1955, 321.

Dahs, Hans/Dahs, Hans, Die Revision im Strafprozeß, München, 6. Auflage 2001 (zit.: Dahs/Dahs, Revision).

Dahs,Hans/Langkeit, Jochen, Demontage des Zeugnisverweigerungsrechts? (zugleich eine Anmerkung zu BGH 1 StR 334/90 vom 29. 10. 1991), StV 1992, 492.

Dallinger, Wilhelm, Aus der Rechtsprechung des Bundesgerichtshofes in Strafsachen, MDR 1979, 196.

Dallmeyer, Jens, Verzicht des Zeugen auf das Verwertungsverbot trotz Zeugnisverweigerung in der Hauptverhandlung, JA 2000, 275.

Dencker, Friedrich, Über Heimlichkeit, Offenheit und Täuschung bei der Beweisgewinnung im Strafverfahren – Anmerkungen aus Anlaß zweier Entscheidungen des BGH –, StV 1994, 667.

Dippel, Karlhans, Die Stellung des Sachverständigen im Strafprozeß: Eine Studie unter besonderer Berücksichtigung der Zulässigkeit und der Folgen eigener Ermittlungen des Sachverständigen nach geltendem und künftigem Recht, R. v. Decker's rechts- und sozialwissenschaftliche Abhandlungen, Band 30, Heidelberg 1986 (zit.: Dippel, Stellung des Sachverständigen).

Ditzen, Über Zeugenbeweisanträge im Strafverfahren, ZStW 10 (1890), 111.

Graf zu Dohna, Alexander, Das Strafprozeßrecht, Berlin, 3. Auflage 1929 (zit.: Graf zu Dohna, StPR).

Dudel, Bernd, Das Widerspruchserfordernis bei Beweisverwertungsverboten: Eine Untersuchung der vom BGH entwickelten Widerspruchslösung und ihrer dogmatischen Rechtfertigung, Baden-Baden 1999 (zit.: Dudel, Widerspruchserfordernis).

Eckstein, Ken, Zeugnisverweigerung und Vernehmung von Verhörspersonen, JA 2002, 119.

Eisenberg, Ulrich, Beweisrecht der StPO: Spezialkommentar, München, 4. Auflage 2002 (zit.: Eisenberg, Beweisrecht).
- Beweisrecht der StPO: Spezialkommentar, München, 2. Auflage 1996 (zit.: Eisenberg, Beweisrecht, 2. Auflage).
- Anmerkung zum Urteil des BGH vom 18. 4. 1984 (abgedruckt unter NStZ 1984, 467), NStZ 1985, 84.
- Zur „besonderen Qualität" richterlicher Vernehmung im Ermittlungsverfahren, NStZ 1988, 488.

Eisenberg, Ulrich/Kopatsch, Anja, Anmerkung zum Beschluß des BGH vom 20. 7. 1995 (abgedruckt unter NStZ 1997, 296 = StV 1995, 564 = NJW 1998, 838), NStZ 1997, 297.

Eser, Albin, Das Verwertungsverbot des § 252 StPO und die Vernehmung des vernehmenden Richters, NJW 1963, 234.

Fahl, Christian, §§ 163a IV, 136 I 2 StPO: Belehrungspflichten bei der Beschuldigtenvernehmung und Aussagefreiheit, JA 1996, 922.
- Beweisverbote im Strafprozeß – Policeman Donavan und die Früchte des vergifteten Baumes, JuS 1996, 1013.

Fezer, Gerhard, Strafprozeßrecht II, Schwerpunkte: Hauptverfahren und Rechtsmittel, München, 2. Auflage 1995 (zit.: Fezer, Strafprozeßrecht II).
- Grundfälle zum Verlesungs- und Verwertungsverbot im Strafprozeß, JuS 1977, 382, 669, 813.
- Anmerkung zum Urteil des BGH vom 20. 3. 1990 (abgedruckt in BGHSt 36, 384), JZ 1990, 875.
- Anmerkung zum Urteil des BGH vom 23. 9. 1999 (abgedruckt in BGHSt 45, 203), JR 2000, 341.

Fincke, Martin, Die Pflicht des Sachverständigen zur Belehrung des Beschuldigten, ZStW 86 (1974), 656.

Firsching, Cornelia A., Anmerkung zum Urteil des BGH vom 23. 9. 1999 (abgedruckt in BGHSt 45, 203), StraFo 2000, 124.

Fischer, Thomas, Glaubwürdigkeitsbeurteilung und Beweiswürdigung – Von der Last der „ureigenen Aufgabe", NStZ 1994, 1.

Fisseni, Herman-Josef, Diagnostik, in: Psychologie in der Praxis, hrsg. von Jürgen Straub, Alexander Kochinka, Hans Werbik, München 2000, S. 19 (zit.: Fisseni, Psychologie Praxis, Diagnostik).

Friedrichs, Anne, Verwertungsverbote bei partieller Zeugnisverweigerung nach § 52 StPO, Diss. Göttingen 1995 (zit.: Friedrichs).

Fuhrmann, Hans, Das Verwertungsverbot des § 252 StPO und die Aufklärungspflicht des Gerichts – BGHSt 17, 324 –, JuS 1963, 273.

Gadamer, Hans-Georg, Wahrheit und Methode, Tübingen, 2. Auflage 1965 (zit.: Gadamer, Wahrheit und Methode).

Geerds, Friedrich, Über Vorhalt und Urkundsbeweis mit Vernehmungsprotokollen, in: Festschrift für Günter Blau zum 70. Geburtstag, hrsg. von Hans-Dieter Schwind, Berlin/New York 1985, S. 67 (zit.: Geerds, FS Blau).
– Zur Reichweite des Verwertungsverbots (§ 252 StPO) nach früheren Aussagen – BGHSt 36, 384 –, JuS 1991, 199.
Geppert, Klaus, Der Grundsatz der Unmittelbarkeit im deutschen Strafverfahren, Berlin/New York 1979 (zit.: Geppert, Unmittelbarkeit).
– Notwendigkeit und rechtliche Grenzen der „informatorischen Befragung" im Strafverfahren, in: Festschrift für Dietrich Oehler zum 70. Geburtstag, hrsg. von Rolf Dietrich Herzberg, Köln/Berlin/Bonn/München 1985, S. 323 (zit.: Geppert, FS Oehler).
– Das Beweisverbot des § 252 StPO, Jura 1988, 305 und 363.
– Der Zeuge vom Hörensagen, Jura 1991, 538.
– Die höchstrichterliche Rechtsprechung zu beweisrechtlichen Fragen bei behördlich geheimgehaltenem V-Mann, Jura 1992, 244.
Gerchow, Joachim, Der Sachverständigenbeweis aus rechtsmedizinischer Sicht, in: Festschrift für Erich Schmidt-Leichner zum 65. Geburtstag, hrsg. von Rainer Hamm, Walter Matzke, München 1977, S. 67 (zit.: Gerchow, FS Schmidt-Leichner).
Gerland, Heinrich, Der deutsche Strafprozeß, Eine systematische Darstellung, Mannheim/Berlin/Leipzig 1927 (zit.: Gerland, Strafprozeß).
Gollwitzer, Walter, Anmerkung zum Urteil des BGH vom 25. 3. 1980 (abgedruckt in BGHSt 29, 230), JR 1981, 126.
Gössel, Karl Heinz, Die Beweisverbote im Strafverfahren, in: Festschrift für Paul Bockelmann zum 70. Geburtstag, hrsg. von Arthur Kaufmann, Günter Bemmann, Detlef Krauss, Klaus Volk, München 1979, S. 801 (zit.: Gössel, FS Bockelmann).
– Überlegungen zu einer neuen Beweisverbotslehre, NJW 1981, 2217.
Grünwald, Gerald, Das Beweisrecht der Strafprozeßordnung, Baden-Baden 1993 (zit. Grünwald, Beweisrecht der StPO).
– Beweisverbote und Verwertungsverbote im Strafverfahren, JZ 1966, 489.
Gusy, Christoph, Anmerkung zum Urteil des BGH vom 21. 7. 1994 (abgedruckt in BGHSt 40, 211), StV 1995, 449.
Haager, Ueber die Vorladung der Zeugen und Sachverständigen in die Hauptverhandlung und über deren Beeidigung im Strafverfahren, GS 23 (1871), 81.
Hahn, C., Die gesamten Materialien zu den Reichs-Justizgesetzen. Dritter Band: Materialien zur Strafprozeßordnung. Erste Abtheilung, Berlin 1880. Zweite Abtheilung, Berlin 1881 (zit.: Hahn, Materialien, Bd. 3.1. bzw. Bd. 3.2.).
Hanack, Ernst-Walter, Die Rechtsprechung des Bundesgerichtshofs zum Strafverfahrensrecht, JZ 1972, 236.

Haubich, Thomas, Informatorische Befragung von Beschuldigten und Zeugen, NJW 1981, 803.

Heidelberger Kommentar zur Strafprozeßordnung (HK), von Michael Lemke/ Karl-Peter Julius/ Christoph Krehl/Hans-Joachim Kurth/Erardo Cristoforo Rautenberg/Dieter Temming, Heidelberg, 3. Auflage 2001 (zit.: HK-Bearbeiter).

Heinitz, Ernst, Anmerkung zum Urteil des BGH vom 14. 10. 1959 (abgedruckt in BGHSt 13, 394), JR 1960, 226.

von Hippel, Robert, Der deutsche Strafprozeß, Marburg 1941 (zit.: von Hippel, Strafprozeß).

Hoffmann, Diether, Zum Zeugnisverweigerungsrecht der Angehörigen eines Verstorbenen, MDR 1990, 111.

Hofstätter, Peter, Psychologie, Fischer-Lexikon 1957 (zit.: Hofstätter, Psychologie).

Karlsruher Kommentar zur Strafprozeßordnung und zum Gerichtsverfassungsgesetz (KK), hrsg. von Gerd Pfeiffer, München, 4. Auflage 1999 (zit.: KK-Bearbeiter).

Keiser, Claudia, Der Zeuge als Herr des Verfahrens, Anmerkung zu BGH NJW 2000, 596 (abgedruckt in BGHSt 45, 203), NStZ 2000, 458.

Kempf, Wilhelm, Testtheorie, in: Psychologie. Eine Einführung, hrsg. von Jürgen Straub, Wilhelm Kempf, Hans Werbik, München, 4. Auflage 2002, S. 559 (zit.: Kempf, Psychologie Einführung, Testtheorie).

Kiehl, Walter-Hermann, Anmerkung zum Urteil des BGH vom 14. 1. 1986 (abgedruckt in StV 1988, 46 = NStZ 86, 232), StV 1988, 48.

Kleinknecht, Theodor/Meyer-Goßner, Lutz, Strafprozeßordnung, Gerichtsverfassungsgesetz, Nebengesetze und ergänzende Bestimmungen, München, 44. Auflage 1999 (zit.: Kleinknecht/Meyer-Goßner).

KMR, Loseblattkommentar zur Strafprozeßordnung, begründet von Kleinknecht/Müller/Reitberger, 7. Auflage 1980, fortgeführt von Müller/Sax/Paulus; 8. Auflage 1990, hrsg. von Fezer/Paulus, nunmehr hrsg. von Heintschell-Heinegg/Stöckel, bis zur 32. Lieferung , Stand Mai 2002 (zit.: KMR-Bearbeiter).

Kohlhaas, Max, Vom ersten Zugriff zum Schlußgehör, NJW 1965, 1254.

– Schwierigkeiten bei der Aufklärung von Kindesmißhandlungen, NJW 1967, 958.

Krauß, Detlef, Richter und Sachverständiger im Strafverfahren, ZStW 85 (1973), 320.

Krekeler, Wilhelm, Strafrechtliche Grenzen der Verteidigung, NStZ 1989, 146.

Kretschmer, Joachim, Zu den Grenzen des aus § 252 StPO abzuleitenden Verwertungsverbots in Fällen unlauterer Verfahrensmanipulation, Jura 2000, 461.

Kriele, Martin, Besonderheiten juristischer Hermeneutik, in: Text und Applikation – Theologie, Jurisprudenz und Literaturwissenschaft im hermeneutischen Gespräch, hrsg. von Manfred Fuhrmann u.a., München 1981, S. 409 (zit.: Kriele, Text und Applikation).

Lammer, Dirk, Zeugenschutz versus Aufklärungspflicht, in: Festschrift für Peter Rieß zum 70. Geburtstag, hrsg. von Ernst-Walter Hanack, Volkmar Mehle, Hans Hilger, Gunter Widmaier, Berlin/New York 2002, S. 289 (zit.: Lammer, FS Rieß).

Leipold, Klaus, Zulässige Einwirkung und Belehrung von Zeugen durch den Verteidiger, StraFo 1998, 79.

Lesch, Heiko, Strafprozeßrecht, Neuwied/Kriftel, 2. Auflage 2001 (zit.: Lesch, Strafprozeßrecht).

– Die Grundsätze der Mündlichkeit und Unmittelbarkeit im Strafverfahren, JA 1995, 691.

– § 252 StPO: Beweisverbot bei Ausübung eines Zeugnisverweigerungsrechts, JA 1997, 364.

Lösel, Friedrich/Bender, Doris, Rechtspsychologie, in: Psychologie in der Praxis, hrsg. von Jürgen Straub, Alexander Kochinka, Hans Werbik, München 2000, S. 581 (zit.: Lösel/Bender, Psychologie Praxis, Rechtspsychologie).

Löwe, E., Die Strafprozeßordnung für das Deutsche Reich nebst dem Gerichtsverfassungsgesetz und den das Strafverfahren betreffenden Bestimmungen der übrigen Reichsgesetze, Kommentar, Berlin, 8. Auflage 1894 (zit.: Löwe).

Löwe-Rosenberg, Die Strafprozeßordnung und das Gerichtsverfassungsgesetz, Großkommentar, hrsg. von Peter Rieß, Berlin,/New York, 24. Auflage 1984ff, 25. Auflage 1997ff (zit.: LR-Bearbeiter).

Maisch, Herbert, Methodische Aspekte psychologisch-psychiatrischer Täterbegutachtung – Zur Rolle des Sachverständigen im Strafprozeß, MschrKrim 1973, 189.

Mehner, Ingo, Die Vernehmung von Verhörspersonen im deutschen Strafprozeß, Diss. Köln 1975 (zit.: Mehner, Vernehmung von Verhörspersonen).

Michaelis, Gustav, Anmerkung zum Urteil des BayObLG vom 8. 7. 1965 (abgedruckt in NJW 1966, 117), NJW 1966, 117.

– Anmerkung zum Urteil des BGH vom 14. 3. 1967 (abgedruckt in BGHSt 21, 218), NJW 1968, 58.

– Zum Zeugnisverweigerungsrecht im Strafverfahren. Einige Gedanken zu neueren Entscheidungen, NJW 1969, 730.

Mitsch, Wolfgang, Protokollverlesung nach berechtigter Auskunftsverweigerung (§ 55 StPO) in der Hauptverhandlung, JZ 1992, 174.

– Rechtsanwalt Rechenbergs Revisionsrügen, Fall aus dem Strafverfahrensrecht, Jura 1998, 306.

Müller, Henning Ernst, Anmerkung zum Urteil des BGH vom 30. 7. 1999 (abgedruckt in BGHSt 45, 164), JZ 2000, 267.

Müller-Christmann, Bernd, Aktuelles Strafprozeßrecht, JuS 1997, 636; JuS 2000, 789; JuS 2001, 682.

Müller-Dietz, Heinz, Strafverteidigung und Strafvereitelung, Jura 1979, 242.

Muskat, Eugen, Das Zeugnis vom Hörensagen im Deutschen Strafprozesse, Archiv für Strafrecht, Bd. 36 (1888), S. 281.

Nack, Armin, Der Zeugenbeweis aus aussagepsychologischer und juristischer Sicht, Interdisziplinärer Dialog – Sichtweise eines Revisionsrichters, StraFo 2001, 1.

Niese, Werner, Die Rechtsprechung des Bundesgerichtshofs in Strafsachen, JZ 1953, 219.

Nüse, Karl-Heinz, Zu den Beweisverboten im Strafprozeß, JR 1966, 281.

Ortloff, Der Amts- und Untersuchungsrichter und deren Gerichtsschreiber als Zeugen in der Hauptverhandlung betreffs der im Vorverfahren erhobenen Beweise, GS 37 (1885), 358.

Ostendorf, Heribert, Strafvereitelung durch Strafverteidigung – Zur Diskussion um Gründe und Leitbild berufsmäßiger Strafverteidigung, NJW 1978, 1345.

Otto, Harro, Strafvereitelung durch Verteidigerhandeln, Jura 1981, 329.

Paulus, Rainer, Rechtsdogmatische Bemerkungen zum Urkundenbeweis in der Hauptverhandlung des Strafverfahrens, JuS 1988, 873.

– Dogmatik der Verteidigung, NStZ 1992, 305.

Peters, Karl, Strafprozeß. Ein Lehrbuch, Heidelberg, 4. Auflage 1985 (zit.: Peters, Strafprozeß).

– Anmerkung zum Urteil des BGH vom 14. 3. 1967 (abgedruckt in BGHSt 21, 218), JR 1967, 467.

– Anmerkung zum Urteil des BGH vom 6. 9. 1968 (abgedruckt in NJW 1968, 2297 = JR 1969, 231), JR 1969, 232.

– Anmerkung zum Urteil des BGH vom 13. 5. 1969 (abgedruckt in BGHSt 23, 111), JR 1970, 68.

Pfeiffer, Gerd, Strafprozeßordnung und Gerichtsverfassungsgesetz, Kommentar, München, 4. Auflage 2002 (zit.: Pfeiffer, StPO).

Pollack, Mittheilungen aus der Praxis, ein Beitrag zur Auslegung der §§ 244, 249., 251 und 51 der Strafprozeßordnung., Archiv für Strafrecht. Bd. 33 (1885), S. 232.

Ranft, Ottfried, Strafprozeßrecht – Systematische Lehrdarstellung für Studium und Praxis, Stuttgart/München, 2. Auflage 1995 (zit.: Ranft, StPR).

– Das strafprozessuale Zeugnisverweigerungsrecht des Angehörigen bei Inanspruchnahme der Hilfe des Jugendamtes und des Vormundschaftsrichters – BGH StV 1998, 360 –, Jura 1999, 522.

– Schutz der Zeugnisverweigerungsrechte bei Äußerungen außerhalb eines anhängigen Strafverfahrens, StV 2000, 520.

– Die auf Verletzung des § 252 StPO gestützte Revisionsrüge bei Verzicht des Zeugen auf das Verwertungsverbot, Jura 2000, 628.

– Ausübung des Zeugnisverweigerungsrechts in der Hauptverhandlung bei gleichzeitigem Verzicht auf das Verwertungsverbot des § 252 StPO, NJW 2001, 1305.

– Ausübung des Zeugnisverweigerungsrechts in der Hauptverhandlung bei gleichzeitigem Verzicht auf das Verwertungsverbot, NJW 2001, 3761.

Reinicke, G. und D., Die Ausfüllung primärer und sekundärer Gesetzeslücken nach der Rechtsprechung des Bundesgerichtshofs, NJW 1952, 1153.

Rengier, Rudolf, Die Zeugnisverweigerungsrechte im geltenden und künftigen Strafverfahrensrecht: Grundlagen, Reformfragen und Stellung im System der Beweisverbote und im Revisionsrecht, Paderborn/München/Wien/Zürich 1979 (zit.: Rengier, Zeugnisverweigerungsrechte).

– Grundlegende Verwertungsprobleme bei den §§ 252, 168c, 251 StPO, Jura 1981, 299.

– Anmerkung zum Beschluß des BGH vom 20. 3. 1997 (abgedruckt in NStZ 1998, 46), NStZ 1998, 47.

Renzikowski, Joachim, Fair trial und anonymer Zeuge: Die Drei-Stufen-Theorie des Zeugenschutzes im Lichte der Rechtsprechung des EuGHMR, JZ 1999, 605.

Riegner, H., Verhörsbeamte als Zeugen in der Hauptverhandlung, NJW 1961, 63.

Rieß, Peter, Prolegomena zu einer Gesamtreform des Strafverfahrensrechts, in: Festschrift für Karl Schäfer zum 80. Geburtstag, hrsg. von Helwig Hassenpflug, Berlin/New York 1980, S. 155 (zit.: Rieß, FS Schäfer).

Rode, Irmgard/Legnaro, Aldo, Der Straftäter und sein Gutachter – Subjektive Aspekte der psychiatrischen Begutachtung, StV 1995, 496.

Roesen, Anton, Der psychologische Sachverständige im Sittlichkeitsprozeß, NJW 1964, 442.

Roxin, Claus, Strafverfahrensrecht, München, 25. Auflage 1998 (zit.: Roxin, Strafverfahrensrecht).

– Die Rechtsprechung des Bundesgerichtshofs zum Strafverfahrensrecht – Ein Rückblick auf 40 Jahre –, in: 40 Jahre Bundesgerichtshof, Festveranstaltung am 1. Oktober 1990 mit Ansprache des Präsidenten des Bundesgerichtshofes,

Vorträge von Othmar Jauernig und Claus Roxin, Heidelberg 1991, S. 66 (zit.: Roxin, 40 Jahre BGH).
– Steht im Falle des § 252 StPO die Verwertbarkeit der früheren Aussage zur Disposition des Zeugen?, in: Festschrift für Peter Rieß zum 70. Geburtstag, hrsg. von Ernst-Walter Hanack, Volkmar Mehle, Hans Hilger, Gunter Widmaier, Berlin/New York 2002, S. 451 (zit.: Roxin, FS Rieß).

Rückel, Christoph, Probleme bei der Benennung und Befragung von Zeugen durch den Strafverteidiger, Diss. Passau 1986 (zit.: Rückel, Befragung von Zeugen durch den Strafverteidiger).
– Strafverteidigung und Zeugenbeweis, Heidelberg 1988 (zit.: Rückel, Strafverteidigung und Zeugenbeweis).

Rudolphi, Hans-Joachim, Die Revisibilität von Verfahrensmängeln im Strafprozeß, MDR 1970, 93.

Russ, Wolfgang, Tatsachenbekundungen des Sachverständigen im Strafverfahren, NJW 1963, 385.

Schäfer, Gerhard, Die Praxis des Strafverfahrens an Hand einer Akte, Stuttgart/Berlin/Köln, 5. Auflage 1992 (zit.: Schäfer, Praxis des Strafverfahrens).

Schittenhelm, Ulrike, Anmerkung zum Urteil des BGH vom 10. 2. 2000 (abgedruckt in BGHSt 46, 1), NStZ 2001, 50.

Schlüchter, Ellen, Das Strafverfahren, Köln/Berlin/Bonn/München, 2. Auflage 1983 (zit.: Schlüchter, Strafverfahren).
– Kernwissen Strafprozeßrecht, Thüngersheim/Frankfurt am Main , 3. Auflage 1999 (zit.: Schlüchter, Kernwissen).

Schlüchter, Ellen/ Radbruch, Jochen, Anmerkung zum Urteil des BGH vom 21. 7. 1994 (abgedruckt in BGHSt 40, 211), NStZ 1995, 354.

Schmidt, Eberhard, Lehrkommentar zur Strafprozeßordnung und zum Gerichtsverfassungsgesetz, Teil II: Erläuterungen zur Strafprozeßordnung und zum Einführungsgesetz zur Strafprozeßordnung, Göttingen 1957 (zit.: Schmidt, Lehrkommentar).
– Anmerkung zum Urteil des BGH vom 12. 7. 1956 (abgedruckt in BGHSt 10, 77), JZ 1957, 98.
– Die Verletzung der Belehrungspflicht gemäß § 55 II StPO als Revisionsgrund, JZ 1958, 596.
– Kritische Bemerkungen zu dem Beschluß des Großen Senats für Strafsachen vom 8. 12. 1958, betreffend das Untersuchungsverweigerungsrecht nach StPO § 81c (abgedruckt in BGHSt 12, 235), JR 1959, 369.
– Anmerkung zum Urteil des BGH vom 20. 11. 1962 (abgedruckt in BGHSt 18, 146), JR 1963, 267.

Schmidt-Recla, Adrian, Beweisverwertungsverbote und der Richter in Weiß, NJW 1998, 800.

Schneidewin, Der Urkundenbeweis in der Hauptverhandlung, JR 1951, 481.

Scholz, O. Bernd/Endres, Johann, Aufgaben des psychologischen Sachverständigen beim Verdacht des sexuellen Kindesmißbrauchs – Befunde, Diagnostik, Begutachtung –, NStZ 1995, 6.

Schöneborn, Christian, Die Beweisverbotsproblematik der §§ 52 Abs. 2, 55 Abs. 2 StPO im Lichte des § 68 Satz 2 StPO, MDR 1974, 457.

Schroeder, Friedrich-Christian/Meindl, Wolfgang, Strafprozeßrecht – Fälle und Lösungen nach höchstrichterlichen Entscheidungen, Heidelberg, 3. Auflage 1998 (zit.: Schroeder/Meindl).

Schroth, Ulrich, Beweisverwertungsverbote im Strafverfahren – Überblick, Strukturen und Thesen zu einem umstrittenen Thema, JuS 1998, 969.

Schünemann, Bernd, Der deutsche Strafprozeß im Spannungsfeld von Zeugenschutz und materieller Wahrheit, StV 1998, 391.

von Schwarze, Oscar, Bemerkungen zur Lehre von der Befreiung der Verwandten von der Pflicht zum Zeugnisse, GS 21 (1869), 60.

– Beitrag zur Auslegung des § 251 der Strafprozeßordnung, GS 33 (1881), 270.

Seebode, Manfred/Sydow, Fritz, „Hörensagen ist halb gelogen" – Das Zeugnis vom Hörensagen im Strafprozeß, JZ 1980, 506.

Seydel, Helmut, Anmerkung zum Urteil des BGH vom 31. 8. 1965 (abgedruckt in BGHSt 20, 384), NJW 1966, 740.

Spendel, Günter, Wahrheitsfindung im Strafprozeß, JuS 1964, 465.

– Beweisverbote im Strafprozeß, NJW 1966, 1102.

Stenglein, M., Kommentar zur Strafprozeßordnung für das Deutsche Reich, München, 3. Auflage 1898 (zit.: Stenglein).

Sternberg-Lieben, Detlev, Anmerkung zum Urteil des BGH vom 21. 7. 1994 (abgedruckt in BGHSt 40, 211), JZ 1995, 844.

von Stetten, Annette, Die Sperrwirkung des § 258 StGB im Rahmen der Tätigkeit eines Strafverteidigers, StV 1995, 606.

Systematischer Kommentar zur Strafprozeßordnung und zum Gerichtsverfassungsgesetz (SK), von Hans-Joachim Rudolphi (Gesamtredaktion), Neuwied/Kriftel/Berlin, Stand: August 2002 (zit.: SK-Bearbeiter).

Tröndle, Herbert/Fischer, Thomas, Strafgesetzbuch und Nebengesetze, Kommentar, München, 49. Auflage 1999 (zit.: Tröndle/Fischer).

Volk, Klaus, Strafprozeßrecht, München, 2. Auflage 2001 (zit.: Volk, StPR).

– Die „Vernehmung" durch den Verteidiger und das Verwertungsverbot des § 252 StPO – BGH, NJW 2000, 1277 –, JuS 2001, 130.

Wattenberg, Andreas/Violet, Daniel, Anmerkung zum Urteil des EGMR in der Sache Von Mechelen (abgedruckt in StV 1997, 617), StV 1990, 620.

Weigend, Thomas, Anmerkung zum Urteil des BGH vom 29. 6. 1989 (abgedruckt in BGHSt 36, 217), JZ 1990, 48.

Wesche, A., Inwiefern kann die frühere Aussage eines zur Ablehnung des Zeugnisses berechtigten Verwandten gegen dessen Willen in der Hauptverhandlung benutzt werden?, GS 22 (1870), 369.

Widmaier, Gunter, Anmerkung zum Urteil des BGH vom 21. 7. 1994 (abgedruckt in BGHSt 40, 211) – Zugleich Erwiderung auf Gusy StV 1995, 449 –, StV 1995, 621.

Wohlers, Wolfgang, Anmerkung zu den Beschlüssen des BGH vom 23. 8. 1995 (abgedruckt in StV 1995, 563 f = NStZ 1996, 95 = NJW 1996, 206) und vom 20. 7. 1995 (abgedruckt in StV 1995, 564 f = NStZ 1997, 297 = NJW 1998, 838), StV 1996, 192.

Wollweber, Harald, Der Griff nach der halben Wahrheit – ein fragwürdiges Experiment, NJW 2000, 1702.

– Nochmals: Ausübung des Zeugnisverweigerungsrechts in der Hauptverhandlung bei gleichzeitigem Verzicht auf das Verwertungsverbot des § 252 StPO, NJW 2001, 3760.

Wolter, Jürgen, Beweisverbote und Umgehungsverbote zwischen Wahrheitserforschung und Ausforschung, in: 50 Jahre Bundesgerichtshof, Festgabe aus der Wissenschaft, Band IV Strafrecht, Strafprozeßrecht, hrsg. von Claus Roxin, Gunter Widmaier, München 2002, S. 963 (zit.: Wolter, 50 Jahre BGH).

Wörterbuch zur Psychologie, hrsg. von James Drever sen., Werner D. Fröhlich, München, 3. Auflage 1970 (zit.: Drever, Wörterbuch zur Psychologie).

Thomas Gemmeke

Beweisverwertungsverbote im arbeitsgerichtlichen Verfahren

Frankfurt am Main, Berlin, Bern, Bruxelles, New York, Oxford, Wien, 2003.
XVII, 245 S.
Schriften zum Verfahrensrecht. Herausgegeben von Peter Gottwald und Ulrich Haas. Bd. 5
ISBN 3-631-51015-2 · br. € 45.50*

Die vorliegende Arbeit beschäftigt sich mit der aufgrund rasanter technischer Entwicklung immer praxisrelevanter werdenden Frage, ob Beweismittel, die rechtswidrig, etwa durch heimliche Tonbandaufzeichnung oder versteckte Videoüberwachung, erlangt wurden, im folgenden Arbeitsprozess verwertet werden dürfen. Nach umfassender Auseinandersetzung mit den zu dieser Frage vertretenen Lösungsvorschlägen in Literatur und Rechtsprechung gelangt der Verfasser zu dem Ergebnis, dass rechtswidrig erlangte Beweismittel wegen Verstoßes gegen das im Arbeitsprozess besonders ausgeprägte Gebot zu redlicher Prozessführung regelmäßig einem Beweisverwertungsverbot unterliegen. Eigene Abschnitte sind Sonderfragen wie der Fernwirkung von Beweisverwertungsverboten und der Heilung einer Verwertung trotz Beweisverwertungsverbots gewidmet.

Aus dem Inhalt: Historische Entwicklung · Lösungsansätze der Literatur · Fallgruppen in der Rechtsprechung (Heimliche Zeugen, Tonbandaufnahmen, Videoüberwachung, Internet) · Treu und Glauben im Prozess – Gebot zu redlicher Prozessführung (Herleitung, Reichweite, Verstoß durch Beweisführung mit rechtswidrig erlangten Beweismitteln) · Fernwirkung eines Beweisverwertungsverbots · Heilung einer Verwertung trotz Beweisverwertungsverbots

FSC
www.fsc.org
MIX
Papier | Fördert gute Waldnutzung
FSC® C083411

Kolibri 360 GmbH
Ferdinand-Jühlke-Straße 7
99095 Erfurt, Deutschland
produktsicherheit@kolibri360.de

Druck:
CPI Druckdienstleistungen GmbH
im Auftrag der
Kolibri 360 GmbH
Ferdinand-Jühlke-Str. 7
99095 Erfurt